AF156270

Karl Oppel

## Das alte Wunderland der Pyramiden Geographische, geschichtliche und kulturhistorische Bilder aus der Vorzeit, der Periode der Blüte sowie des Verfalls des alten Aegyptens

Karl Oppel

**Das alte Wunderland der Pyramiden Geographische, geschichtliche und kulturhistorische Bilder aus der Vorzeit, der Periode der Blüte sowie des Verfalls des alten Aegyptens**

ISBN/EAN: 9783742892799

Hergestellt in Europa, USA, Kanada, Australien, Japan

Cover: Foto ©ninafisch / pixelio.de

Manufactured and distributed by brebook publishing software (www.brebook.com)

Karl Oppel

**Das alte Wunderland der Pyramiden Geographische, geschichtliche und kulturhistorische Bilder aus der Vorzeit, der Periode der Blüte sowie des Verfalls des alten Aegyptens**

# Inhalt des Buches.

## I.

## Land und Volk.

## II.

## Sagen und Geschichtliches.

## Tonbilder,

### welche an den betreffenden Stellen einzuheften sind.

Das

# Land der Pyramiden.

## I.

## Land und Volk.

Goldne Früchte seh' ich glühen,
winkend zwischen dunklem Laub,
    und die Blumen, die dort blühen,
werden keines Winters Raub.
    Dort erblick' ich schöne Hügel,
ewig jung und ewig grün!
    Hätt' ich Schwingen, hätt' ich Flügel, —
o, wie gern zög' ich dahin!

# Die
# Reise vor dreitausend Jahren.

## I.

### Das gesegnete Wunderland Aegypten.

Die alte Sprache. — Der heilige Jaro. — Orientirung. — Die Granitregion. — Pilak. — Aegyptische Bauart. — Die Wasserfälle. — Ein Inselmeer. — Syan und seine Steinbrüche. — Die Sandsteinregion. — Fruchtbarkeit. — Weingärten.

Willst du eine Reise mit mir machen? Eine prächtige, weite Reise, wie du kaum eine schönere auf der Erde machen kannst? — So komm' mit nach Aegypten; nicht nach dem heutigen Aegypten mit seinen Trümmern, seinem Sande und seinen trägen, verschmitzten, diebischen Bewohnern, — nein, nach dem alten Aegypten, dem Lande der Wunder, dem Schatzhause uralter Weisheit, aus dem Phönizier, Griechen und Römer ihr Wissen geholt, aus dem selbst ein großer Theil unserer heutigen Kultur stammt. Denn schon vor vier Jahrtausenden lebte dort ein hochgebildetes Volk; also zu einer Zeit, da unser Vaterland noch von einem Ende zum andern mit finsterem Urwalde bedeckt war, in dem der Bär und der Ur hausten; zu einer Zeit, da noch kein Rom stand, da selbst über Griechenland noch nicht die Sonne der Gesittung aufgegangen war.

Komm', dorthin wollen wir ziehen, sehen, was in weiter Ferne von einem untergegangenen Volke Gewaltiges unternommen worden ist, wie man in jenen alten Zeiten dort im Lande der Pyramiden dachte und fühlte, wie

1*

man lebte, genoß und wieder einkehrte in die ewigen Wohnungen der Mutter Erde. Wir wollen mit einander den heiligen Fluß befahren, wandeln an seinen Ufern in den Palmenhainen, besuchen die belebten Städte und die lieblichen Dörfer, einkehren in die Läden und Wohnungen der Geschäftsleute, in die Paläste der Könige, in die Tempel und die stillen Gemächer der Weisen; wir wollen einbringen in die Pyramiden, in die Felsengräber und tief hinunter in die Katakomben.

Doch merke dir: wir reisen nicht 1862 nach Christi Geburt, und dennoch schreiben wir dieselbe Jahreszahl, aber vor dem Beginne unserer Zeitrechnung; wir fliegen in Gedanken über die Alpen, über das Mittelmeer und noch ein Stücklein weiter, und — Gott sei Dank! da sind wir in diesem herrlichen Aegypten, diesem Himmelsgarten, diesem uralten Wunderlande!

Sieh, da steht ein Landmann in seinem Spargenfelde, der mag uns zurechtweisen. Himmel, sind das Spargen! drei Fuß lang und so dick wie der Knotenstock eines Handwerksburschen! Doch — lassen wir das! Wir sehen uns noch näher um auf den Feldern. Guter Freund, wo ist die Insel Philä?

„Philä? Das kenne ich nicht.“

Nun, wo geht's denn nach dem Nil?

„Nil? Nil?“ Er schüttelt wieder sein ernstes Haupt. „Nil kenn' ich nicht.“

Das ist aber sonderbar! Ein Aegypter und kennt den Nil nicht. — Guter Freund, Ihr seid wohl nicht aus Aegypten?

„Aegypten? Kenn' ich nicht.“

Halt, halt, jetzt haben wir's! Wir müssen erst die altägyptischen Namen wieder einführen, dürfen Nichts anders nennen als die Eingeborenen. Das ist eine eigenthümliche Sache. Die Beschreibungen des alten Aegyptens, welche aus der Vorzeit auf uns gekommen sind, wurden von Griechen verfaßt. Diese haben die alten Eigennamen von Städten, Personen, Göttern ꝛc. zum Theil bis zur Unkenntlichkeit verzerrt, zum Theil ins Griechische übersetzt, zum Theil nur mit einer griechischen Endsylbe bedacht, und es bedurfte der ernstesten Studien und des ganzen Scharfsinnes der Aegyptologen, die alten, echten Namen wieder herzustellen. Ganz ist es bis zu dieser Stunde noch nicht gelungen.

Fragen wir jetzt den Landmann, ob er aus Kemi sei, so wird er uns freudig antworten: „Rem-en-Kemi“, denn Kemi hieß das Land, und der Einwohner nennt sich Rem-en-Kemi, d. i. Mann von Kemi. Und fragen wir nach dem Jaro, statt nach dem Nil, da glänzen ihm die Augen, und Freude strahlt von seinem Angesicht, — das Wasser des Jaro zu schlürfen ist ja das größte Glück, welches sich ein Sterblicher hienieden wünschen kann; und wird er einst abgerufen aus dieser irdischen Herberge nach den ewigen Wohnungen, — er wollte ja Alles gern missen, aber — das Wasser des Jaro, daß er das nicht mehr trinken soll, das macht den Abschied schwer.

Doch genug! Wandern wir nun schnell hinauf bis zur Südgrenze des Landes, — da steht schon die Barke zu unserer Reise bereit, bestimmt zum

Transport von Menschen und Gethier. Steigen wir ein! Wir fahren abwärts. Rüstige Ruderer beschleunigen den Lauf des Schiffchens. Pfeilschnell schießt es auf dem Wasser dahin. Der geschickte Steuermann da hinten sorgt schon, daß uns kein Leid widerfährt. Hier zu Lande giebt es die besten Schiffer der Welt; wird ja doch während der Ueberschwemmung Monate lang fast aller Verkehr durch Nachen vermittelt. Lassen wir uns zum Schutze vor der glühenden Sonne unter diesem Baldachin nieder und orientiren wir uns zuerst ein wenig!

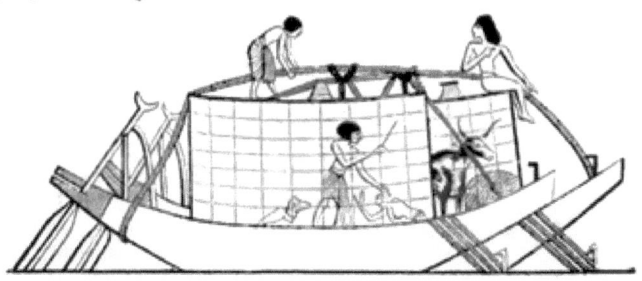

Aegyptische Barken.

Kemi ist im Norden begrenzt von dem Mittelländischen Meere, im Osten von der Landenge von Suez und dem Rothen Meere, im Süden von Nubien. Hier läßt sich die Grenze nicht in ihrer ganzen Länge scharf bestimmen, da sie durch öde, unbewohnte Gegenden geht; doch können wir ziemlich genau den 24.° nördlicher Breite annehmen. Im Westen fällt die Grenze in das libysche Gebirge, war also nie wirklich erkennbar, denn hier ist es wüst, kahl, durchaus unangebaut; Grenznachbaren konnten sich kein Stück Landes streitig machen, denn — es gab und giebt keine Grenznachbaren.

Der Flächenraum des Wunderlandes, welches wir durchreisen, beträgt circa 8000 Quadratmeilen, also beinahe die Größe des Königreiches Spanien; bewohnt und angebaut sind aber nur etwa 750 Geviertmeilen, d. i. ungefähr so viel wie Hannover.

Mitten durch das Land fließt von Süden nach Norden in einer Länge von 320 Stunden der Jaro, der einzige Fluß des Landes; und nur das enge Flußthal, das durchschnittlich nicht breiter als vier bis sechs Stunden, ist bewohnt und angebaut. Rechts, also nach dem Rothen Meere zu, erheben sich steile Felsberge, die so kahl sind, daß nicht ein einziger Baum, nicht ein Grashalm auf ihnen zu sehen ist. Sie sind von trockenen Querthälern durchschnitten, halten sich ziemlich in gleicher Höhe und fallen am Rothen Meere wieder steil ab.

In gleicher Weise erheben sich links die libyschen Berge, — nicht minder öde, einsam, todt. Doch sind hier die Abhänge schiefer, so daß das

Gebirge an den meisten Stellen erstiegen werden kann. Es reicht bis zur libyschen Wüste und ist einigermaßen Schutzmauer gegen den Alles begrabenden Sand. Von den Querthälern, die sich auch hier finden, führen einige zu den Oasen.

Der Fluß hat sein Bette meist auf der rechten, östlichen Seite des Thales. Etwa vierzig Stunden vom Meere entfernt, treten die Berge nach beiden Seiten zurück und lassen so eine Ebene zwischen sich frei, die immer breiter wird, ungefähr die Gestalt eines Dreiecks hat. Der Fluß theilt sich erst in zwei, später durch weitere Theilungen in sieben Arme, von denen der östlichste vom westlichsten an der Mündung etwa 50 Stunden entfernt ist. Der Weg, den der Jaro nach seiner Theilung durchfließt, beträgt wegen der vielen Krümmungen immer noch 70 Stunden; von der ersten Theilung bis zur Südgrenze sind es 250 Stunden.

Halten wir an! Werfen wir einen Blick auf die Gegend! Wir sind noch immer an der Südgrenze von Kemi. Der Jaro hat hier durchschnittlich eine Breite von einer Viertelstunde. Von beiden Seiten treten die steilen Felsberge, die namentlich rechts fast senkrecht wie eine Wand abfallen, bis auf einige Hundert Fuß nahe an's Ufer; ja, manchmal bleibt nur nothdürftig Raum zu einem Fahrwege.

Hier sehen wir auf einer Länge von vier Stunden nur Granitgestein (Syenit). Das ist derselbe prachtvolle, rothe Stein, aus dem alle Obelisken, eine Menge Särge und andere kolossale Steinmetz-Arbeiten gemacht werden; dieser im ganzen Alterthume weit und breit berühmte Stein, der so überaus beliebt war wegen seiner Farbe, seiner Dauerhaftigkeit und der herrlichen, spiegelglatten Politur, die man ihm hier in Kemi zu geben weiß. Das schöne Roth wird meist nur in den Bruchstellen sichtbar; die Außenseite der Felsen hat eine dunklere, braunrothe Färbung angenommen; aber die Steinmassen in Mitten frischgrünender Bäume gewähren einen überaus malerischen Anblick.

An manchen Stellen ist der Granit heller, — graugelblich, — an andern wechselt die Farbe noch mehr, wird schwärzlich. Hier ist er grau mit grünen Punkten, da schwarz mit weißen Punkten, dort dunkelgrün. Die letztgenannten Sorten sind besonders beliebt zu Bildhauerarbeiten, Bildsäulen der Götter und Könige, Sphinxen xc.

Aber jetzt müssen wir einen Blick auf den Fluß selbst werfen! Siehe, er erweitert sich, nimmt zu an Breite, und Inseln treten aus ihm hervor. Ja, wir sind jetzt in eine wahre Inselwelt hineingerathen. Auf einem Wege von drei Stunden erheben sich über 160 größere und kleinere Inseln aus dem Flusse, meist kleine Felseninseln, — auch wieder rother Granit, — zum Theil aber auch größere, ebene Flächen, die angebaut und bewohnt sind; die kleinsten mögen kaum einige Hundert Fuß lang und etwa eben so breit sein; die größte aber, — und an diese kommen wir zuerst, — ist über 20 Minuten breit und gegen drei Viertelstunden lang.

Der Iſi-Tempel auf der Nil-Inſel Pilak.

Wir halten uns nun rechts; denn drüben am linken Ufer iſt es ganz unmöglich, durch alle jene Klippen hindurchzukommen. Plötzlich entrollt ſich vor unſern Augen ein neues, herrliches Bild! Das iſt der erſte Tempel, den wir ſehen! Dort taucht die Inſel Pilak auf, welche die Alles gräciſirenden Hellenen Philä getauft haben; an ſich ein unbedeutendes Inſelchen; von Nord= weſt nach Südoſt in ſeiner größten Ausdehnung nur 1152 Fuß lang, 408 Fuß breit. In einer Viertelſtunde kann man längs des Ufers die ganze Inſel umſchritten haben. Aber wie viel iſt darauf zu ſehen! Vor Allem der große, weit berühmte Oſiri=Tempel mit ſeinen Säulenhallen, mit den hohen Thor= flügeln, den Obelisken, mit all' dem Bildwerk, den ungezählten Reliefdarſtellungen auf ſeinen Wänden! — Nur Prieſtern iſt hier der Eingang geſtattet; jedem Andern ſind die ehernen Pforten unwandelbar verſchloſſen, — denn hier, hier ſchläft der große Oſiri, — hier iſt er begraben.

Hier iſt auch noch ein kleiner Tempel der Iſi, ſeiner Gemahlin. Siehe die Maſſe von Prachtbauten, Prieſterwohnungen und Nebengebäuden! — Bei den Einzelheiten können wir uns nicht aufhalten, aber einige Punkte wollen wir gleich hier uns merken:

1. Von all' den vielen Säulen an dem großen Tempel ſind nicht zwei ganz gleich; jede hat ein anderes Kapitäl, und dennoch —

welche Harmonie! Das erinnert uns an die gothische Bauweise, bei der wir ja Aehnliches finden.

2. Alle Wände sind — viele tausend und aber tausend Quadratfuß groß — mit Bildern bedeckt, von denen die auf der Außenseite der Wände auch erhaben sind. Aber weder die Farbe, noch das Relief stört den Eindruck der einfachen, großartigen Architektur, denn die Erhabenheiten sind zu flach, um Schatten zu werfen, und sie und die Farben stören nicht mehr, sobald man sich so weit entfernt hat, daß man den Tempel im Ganzen überblicken kann.

3. Höchst merkwürdig ist die Art, wie die Ufer der Insel durch Mauerwerk gegen das allmälige Herabrutschen der Erde und das Abspülen durch den Fluß gesichert sind. Die Mauern, welche sich jedoch nicht über die Fläche der Insel erheben, bilden gleichsam Gewölbe, die gegen das Wasser konkav, nach dem Innern der Insel konvex sind. So widerstehen sie dem Druck der Erdmassen von Jahrtausend zu Jahrtausend und bleiben für jeglichen Wasserbaumeister ein Musterbild.

Setzen wir unsere Reise weiter fort, — wir kommen jetzt in den romantischsten Theil des ganzen Flußgebietes, in den Bereich der berühmten Katarakten. Den breitesten Theil des Flusses haben wir hinter uns, denn bei Pilak ist er drei Viertelstunden breit, — die wildeste Partie liegt gerade vor uns. In grotesken Formen rücken die Felsberge von beiden Seiten nahe an das Ufer, so daß sie hier und da unmittelbar aus dem Wasser emporstarren und nicht eine Handbreit Boden lassen, wohin der Wanderer den Fuß setzen könnte. Das Wasser aber zischt und braust, und die Wellen schäumen und tosen; unzählige Klippen, Felsbrocken und scharfe Zacken ragen über den Wasserspiegel hervor, oder sind dicht unter seiner Oberfläche verborgen, dem unkundigen Schiffer Tod und Verderben drohend. Ein weißer Schaum bedeckt den Fluß, und über eine Stunde weit reihet sich Strudel an Strudel und Wirbel an Wirbel. Das Schifflein wird von einer Stromschnelle in die andere gejagt. — Das sind die Wasserfälle des Nil, die freilich keine Aehnlichkeit haben mit dem, was wir gewöhnlich unter einem Wasserfalle verstehen. Wir verlangen, daß das Wasser haushoch oder wenigstens zimmerhoch senkrecht herabstürzt, — Derartiges ist hier nicht zu finden. Der Strom rauscht über eine Masse von Felsblöcken und bildet so ungezählte Wasserfällchen, von denen aber keines höher als ½, höchstens ¾ Fuß ist. So geht's fünf Viertelstunden weit fort. Einmal auch kommt eine Stelle, an der wenige Zacken über die Oberfläche blicken, die ganze Wassermasse aber in einer Breite von mehr als einer Viertelstunde (demnach noch etwas breiter als der berühmte Niagarafall) 30 Fuß weit in einem Winkel von 15 Grad hinabschießt. Der Fall beträgt auf 30 Fuß Länge also etwa 8 Fuß in der Höhe. Auch das ist kein Wasserfall nach unserer gewöhnlichen Vorstellung, sondern nur eine außerordentliche Stromschnelle, — aber es ist denn doch ein gewaltiges Hinderniß für die Schifffahrt.

Wasserfälle des Nil in der Granitregion.

Bei der Fahrt stromaufwärts steigen die Schiffer hier aus und zie=
hen, am felsigen Ufer gehend, das Boot an Seilen hinauf. Thalwärts
geht's lustiger; gewandt steuert man die Barke nach der Mitte des Fluß=
armes, und — in einem Nu ist sie hinabgeschossen und jagt pfeilgeschwind
dahin in die tosenden Wasser, daß die Wellen zischend hineinspritzen, und
der Frembling, der solche Fahrt mitmacht, wol ängstlich die Hände
faltet, weil er nicht weiß, wie ihm geschieht. Denn hundert Klippen
drohen ihm den Tod, und er begreift nicht, wie es möglich ist, bei solcher
Windesschnelligkeit die Klippen zu vermeiden; er fürchtet in jeder Sekunde,
das Schifflein müsse zerschellen. Freilich, zu solchen Fahrkunststückchen gehören
ägyptische Schiffer! Siehe, wie der unsere so ruhig und gelassen an seinem
Steuer steht und sich ein lustiges Liedlein pfeift! Er hat schon oft mit seinem
Boote auf den Wellen getanzt, und es ist nicht das erste Mal, daß er diese
gefährliche Stelle passirt.

Mitten in diesen Strudeln und Wirbeln verlassen wir das rechte Ufer
und steuern quer hinüber nach dem linken, — denn das Fahrwasser will es so.
Wir kommen gewissermaßen vom Regen in die Traufe! Rechts und links,
vor uns und hinter uns erheben sich große und kleine Klippen, Zacken und
Felsenspitzen die Menge. Bei sehr hohem Wasserstande verschwinden allerdings
die meisten, dann aber bilden sich über ihnen tiefe Wirbel, — Warnungs=
zeichen für die Schiffer.

Wir bleiben nun auf dem linken Ufer bis jenseit der ersten ägyptischen
Stadt. Aber da drüben erblicken wir schon das alte Suan (aus dem die
Griechen Syene gemacht haben). Da liegt sie ja, die alte Grenzfeste Kemi's,
mit ihren hohen Backsteinmauern, ihren festen Thoren, prächtigen Tempeln
und — großen Kasernen. Denn Suan ist eine Garnisonstadt, sintemalen
dem äthiopischen Nachbar doch nicht zu trauen ist.

Von der Insel Pilak bis hierher ist zu Wasser ein Weg von drei
Stunden, — in gerader Linie nur die Hälfte, — aber in einer einzigen Stunde
sind wir heruntergefahren; der Strom fließt pfeilgeschwind.

Hier — östlich und südlich von Suan — sind die großartigen Granit=
brüche. Von hier an hat die Schifffahrt bis zum Meere keine weitere
Schwierigkeit; von hier kann man die kolossalen Steinmassen auf Flößen nach
allen Gegenden des Landes schaffen. Nördlich von Suan ist kein Granit=
bruch mehr. Sobald wir die Stadt hinter uns haben, verändert sich plötzlich
die Landschaft; die Stelle braunrother Granitfelsen nehmen jetzt hellgelbe Sand=
steinberge ein; der Strom fließt ruhiger; kein Riff, kein Strudel, kein Fels=
block hemmt seinen Lauf; nur hier und da taucht noch eine flache, sandige
Insel auf, — die wildromantische Gegend des Granits liegt hinter uns; wir
sind in die lieblichere Sandstein=Region eingetreten.

Nun labe deine Augen an diesen Rosenfeldern, deren Sträucher mannshoch sind mit handgroßen Blumen, die den lieblichsten Duft über die ganze Gegend verbreiten! — Jetzt kommen wir an einen Palmenhain. Fröhliche Menschen tummeln sich in muntern, lustigen Spielen zwischen den schlanken Stämmen der Dattelpalmen. Dort liegt eine anmuthige Gruppe im Schatten saftiger Oelbäume. Ueberall der üppigste Pflanzenwuchs, den sich unsere Phantasie vorstellen kann. Getreidefelder mit 8—9 Fuß hohen Halmen, 200—300 Körner in jeder Aehre! Und was für Wiesen! Das Gras ist handbreit und so hoch, daß der größte Stier nicht darüber hinaussieht. Hier kommt ja gerade eine Heerde Rinder von jener Meierei dort drüben am Rande der Berge. Welch' stattliches Vieh! Eine Schaar Hirten begleitet die Heerde, und ein Oberaufseher mit einem Stocke in der Hand springt hierhin und dorthin, die Saumseligen anzutreiben und die Langsamen flink zu machen. Solch' strenge Aufsicht ist aber auch nöthig; denn die Heerde besteht ja beinahe aus tausend Stück, und wenn sich eine Kuh, oder ein Ochse, oder so ein munteres Kälblein nicht am Rande der Wiese hält, sondern hineinspaziert in das hohe Gras, dann ist's schwer, es wieder herauszufinden. Zwar ist jedem Thiere aus Vorsorge eine bronzene Schelle an den Hals gehängt, damit man es wenigstens hören kann, wenn es in dem sechs Fuß hohen Grase unsichtbar geworden ist; dessenungeachtet wird das Jahr über doch manches schöne Stück Vieh verloren.

Und wahrlich, es fällt uns schwer, Alles was wir an wunderbarer Pracht und Ueppigkeit der Vegetation vor uns erblicken, in kurzen Zügen wiederzugeben! Gurken, anderthalb Fuß lang, — Kürbisse und Melonen, alle so groß wie unsere Centnerkürbisse, — Feigen von fabelhafter Größe, — Brennnesseln mannshoch mit Blättern wie eine Hand, — und siehe die Trauben dort in jenem Weingarten! Welche Beeren! Nun, es sind zwar nicht zwei Mann nöthig, eine solche Traube zu tragen, aber es ist jedenfalls mehr als Einer nöthig, um sie aufzuessen. Kemi ist berühmt durch seinen guten Wein; machen sich doch verschiedene Städte den Rang streitig, welche von ihnen den besten liefert. Denn auch hier giebt's Etiquetten und Titel, und wie man in Deutschland sagt: „Hochheimer, Nierensteiner, Aßmannshäuser", so heißt's auch in Kemi: „Erp en Ambo, Erp en Tape, Erp en Ebot." Der Wein wird in mannshohen thönernen, mit Blasen und Leder zugebundenen Krügen aufbewahrt, bei Tische in prachtvollen Porzellan-Kannen aufgetragen und aus bronzenen und goldenen Bechern, oder auch aus gemalten Porzellan-Schalen getrunken, — mäßig und unmäßig, gerade wie bei uns.

Das Suki.

## II.

### Von Suan bis Tape.

Das Suki. — Silili und Pithom. — Atbo und die Straße nach dem Rothen Meere. — Der zweite Engpaß. — Die Kalksteinregion.

Halt! Was taucht denn dort aus dem Wasser auf und verschwindet wieder? Das ist doch kein Fisch? — O nein! das ist ein Suki, von den Griechen Krokodil getauft.

Das sind gefährliche Bestien, diese Suki. Im Schilfe verborgen, lauern sie mit unermüdlicher Geduld, bis eine Magd kommt, Wasser zu schöpfen, oder bis ein Wanderer, den die Hitze des Tages niederdrückt, Erquickung und Labung in den Fluthen des gesegneten Jaro sucht. Die Schiffer hier zu Lande, welche gleich unsern Schiffsleuten mit etwas starker Phantasie begabt sind, erzählen: „Wenn das Suki einen Menschen erblickt, so fängt es an bitterlich zu weinen, weil es weiß, daß der arme Mensch nun gefressen wird; und dann schießt es auf ihn zu und verschlingt ihn.“ — Das Suki, meinen sie, sei so klug, daß es den abschüssigen Rand des Ufers mittelst seines Schwanzes mit Wasser bespritze, ja, in seinem Rachen Wasser hinauftrage, um ihn schlüpfrig zu machen, damit die Mägde mit ihren Krügen und Kannen ausgleiten, hinabstürzen und ihm leichter zur Beute werden.

Aber so klug auch das Suki ist, die Menschen sind doch noch klüger. Sie werfen dem Thiere Schlingen um den Kopf, ziehen es so an das Land und bringen es da um, indem sie ihm so lange ihr Messer in den Leib und in die Augen stoßen, bis es vor Schmerz und Blutverlust stirbt. — Oder man befestigt ein Stück Fleisch an einen großen eisernen Angelhaken und legt es in die Nähe des Ufers. In einiger Entfernung wird dann ein kleines Thier, — Lämmchen, Spanferkel oder dergleichen — zum Schreien gebracht.

Der Ichneumon.

Das ist eine liebliche Musik für das Suki! Sogleich erscheint es und schießt nach der Gegend, von wo es die einladenden Töne vernommen. Da liegt ihm gerade im Wege der schöne, fette Bissen! Den will es natürlich auch mitnehmen, beißt zu — und ist im Augenblicke gefangen. Die verborgenen Männer ziehen das an dem Angelhaken befestigte Seil an, laufen mit großer Schnelligkeit davon und schleifen das arme, verrathene Suki mit sich, bis ihm Hören und Sehen vergeht. Dann werfen sie ihm nassen Nilschlamm auf die Augen und schlagen es schließlich mit eisernen Stangen zu Tode.

Den größten Theil des Tages bringen die Suki, truppweise im Schilfe liegend, schlafend zu, während eines von ihnen Wache hält; dagegen geht es Nachts bei ihnen munter und lustig zu. Sieh, dort auf jener flachen, sandigen Insel liegen wol dreißig beisammen, und lassen sich die warme Sonne in den offenen Rachen scheinen. Dabei liegen auch ihre Eier; sie sind nicht größer als Gänseeier, aber die Thiere, welche aus ihnen hervorkriechen, werden, wenn sie ausgewachsen sind, oft über zwanzig Fuß lang. Die Jungen verlassen ihr Gehäuse, nachdem die Eier einen ganzen Monat von der Sonne gebrütet worden sind, — wenn nämlich die Ichneumon und die Nileidechsen sich nicht früher über sie hergemacht und sie aufgefressen haben. Besonders die Letzteren sind dem Suki sehr gefährlich; sie fressen nicht blos seine Eier, sondern auch seine Jungen. Dahingegen sind die kleinen Vögel, Regenpfeifer genannt, liebe Freunde. Sowie das Suki auf das Land kommt, fallen Schwärme von Schnaken und andern derartigen Insekten über es her, fliegen ihm in den lippenlosen Mund und setzen sich ihm an das Zahnfleisch. Aber wenn das Ungethüm mit offenem (stets gegen den Wind gekehrtem) Rachen daliegt und schläft, und die kleinen Thierlein saugen ihm das Blut aus, dann kommt der leichte Regenpfeifer herbei, fliegt ohne Scheu in das Maul des Ungeheuers und frißt, ohne um Erlaubniß zu fragen, alle Schnaken und Mücklein rein auf. Unser Suki ist gutmüthig genug, sich dies gefallen zu lassen: denn es bedürfte zu dieser Arbeit eigentlich nicht des Regenpfeifers; kann es sich doch mit den Zehen seiner Hinterfüße sehr gut das Zahnfleisch selbst reinigen.

Fleisch und Fett dieses Thieres riechen und schmecken zwar sehr stark nach Bisam, werden aber doch gerne gegessen; sein Blut ist ein Mittel gegen Schlangenbiß und gegen Flecken auf den Augen; das Fett wird auf Wunden gelegt, gegen Fieber, Zahnweh, Schnakenstich ꝛc. angewendet, und die Asche der verbrannten Haut stillt allen Schmerz bei Brand- und Schnittwunden, — wenigstens glaubt man's hier zu Lande so.

Unterdessen sind wir weiter gefahren und kommen jetzt an den ersten Engpaß. Von Suan bis hierher hatte das Flußthal durchschnittlich eine Breite von 1½ Stunden; aber hier, — 15 Stunden nördlich von der Südgrenze —, bei dem Orte Pithom rücken beide Gebirgsreihen so nahe an einander, daß nur Raum für den Fluß selbst und für einen Fahrweg zu beiden Seiten übrig bleibt. Dieser Engpaß, welchen die alten Aegypter Silfili, d. h. Wand, nennen (die heutigen Araber sagen: Habjar Silfilis), hat eine Länge von achtzehn Minuten; und weil hier die Sandsteinfelsen so nahe an dem Ufer sind, daß der Landtransport ganz wegfällt, sind hier die größten Sandsteinbrüche des ganzen Landes zu finden und — vielleicht die großartigsten der ganzen Welt. Senkrecht erheben sich die Felsen bis zu einer Höhe von 50 Fuß und darüber, bilden eine Viertelstunde lang rechts und links haushohe Mauern. Daher hat auch das Städtlein seinen Namen, das jenseit des Engpasses liegt; denn das ägyptische Pithom heißt auf Deutsch Mauer.

Regenpfeifer im Rachen des Gutl. Im Hintergrund die vielgenannte Lotosblume.

Da sehen wir kolossale Blöcke fliegen, die mit meisterhafter Geschicklichkeit abgesprengt sind. Aber das Wunderbarste ist, wie sich diese Steinbrüche als Höhlen in die Felsen hineinarbeiten und diese Höhlen wiederum als Versammlungshäuser, Tempel, Gräber u. s. w. benutzt werden.

Da wird ein riesenhafter Saal mit majestätischem Eingange in den Felsen ge=
hauen; alle Wände sind mit erhabenen, gemalten Figuren bedeckt; der Eingang
ist mit Säulen geziert; aber was man herausgehauen, ist Alles in Gestalt be=
hauener Werkstücke (z. B. Tragbalken von 25 Fuß Länge) auf großen Flößen den
Strom hinuntergeschafft worden und dient dort unten in Tape oder in
Memfi vielleicht zur Errichtung eines Königspalastes. Mit denselben Stei=
nen, die, hier herausgemeißelt, einen unterirdischen Tempel übrig lassen,
wird in meilenweiter Entfernung ein überirdischer gebaut. Das Haus der
Todten liefert das Material für das Haus der Lebendigen.

Sobald wir das Städtchen Pithom hinter uns haben, erweitert sich das
Flußthal wieder. Rechts bleibt zwar auf eine lange Strecke hin immer dieselbe
steile, mauerartige Felswand; links aber sind sanfte, wellenförmige Anhöhen. Eine
erquickliche Fahrt bringt uns nach der Stadt Atbo am westlichen Ufer. „Apolli=
nopolis magna" sagten die Römer; heute liegt ein Araberdorf da, es heißt Edfu.

Gegenüber öffnet sich das erste Querthal durch das Gebirge, eine wichtige
Handelsstraße, welche in südöstlicher Richtung bis zu dem Rothen Meere führt.
Es ist eine außerordentlich gut gepflegte Landstraße. Von neun zu neun Stun=
den sind Karawansereien erbaut, die dem Wanderer Obdach und Erquickung
bieten; auch an Tempeln fehlt's nicht. Hier und dort an den Felswänden
ausgehauene und mit grellen Farben bemalte Reliefbilder mit erläuternden
Unterschriften geben schätzbare Reisenotizen, oder bringen interessante Nach=
richten über die Gründer und Vollender dieser Heerstraße, auf der ein großer
Theil des so überaus wichtigen Handels mit Indien vermittelt wird.

Nach einigen Tagen gelangt man an große Marmorbrüche; weiterhin tritt
Porphyrgestein zu Tage, dann kommt man wieder in die Granitregion, und
schließlich an die großen Heliotrop=Gruben (fälschlich Smaragdberge genannt),
die den schönen grünen, roth punktirten Edelstein liefern, aus dem eine Menge
Luxusgegenstände der ägyptischen Frauen gemacht wird. — Noch etliche Stun=
den weiter, — und wir sind zwischen den Dünen und treten hinaus an das
Rothe Meer. Hier ist die Hafenstadt für die nach Indien gehenden und von
dort kommenden Seeschiffe, — sieben Tagereisen von Atbo.

Doch wir verlassen den Fluß nicht, sondern fahren immer weiter nord=
wärts, an Sna vorüber (die Griechen sagen Latopolis, und heute liegt ein
Städtchen da mit Namen Esne) und gelangen nun an einen zweiten Engpaß,
ganz ähnlich dem von Pithom. Mit diesem Defilé endigt die Sandstein=
region. Bei den Katarakten bestehen die Berge 4 Stunden weit aus Granit,
dann folgt 30 Stunden weit auf beiden Ufern gelber Sandstein; und sobald wir
den eben erwähnten Engpaß hinter uns haben, treten wir ein zwischen die ebenfalls
gelben Kalkberge. Sie begleiten uns nun bis zur ersten Theilung des Flusses.

## III.
### Die Hundertthorige.

Größe der Stadt. — Am Hafen. — Die Todtenstadt. — Werke der
Kunst. — Reſt. — Der Waſſerochſe.

Nun erweitert ſich das Thal, die Berge treten mehr zurück, die Felder
dehnen ſich aus, und — dort — dort tritt jetzt die große Königsſtadt, die
hundertthorige, die hochgeprieſene, hervor, der Sitz der mächtigen Könige des
gebildetſten Volkes im ganzen Alterthume. Die Griechen und Römer nennen ſie
Thebä oder Diospolis magna, aber die Aegypter ſagen Tape, d. h. Haupt,
Hauptſtadt. Sie hat eine Ausdehnung von über zwei Stunden in die Länge,
liegt an beiden Ufern des Fluſſes und reicht von einem Gebirge hinüber bis
zum andern, hat ſomit eine Breite von drei bis vier Stunden.

Sie iſt eine Stadt, mit der keine andere aus jener alten Zeit auch nur
den Vergleich aushält! Ein guter Fußgänger braucht über zehn Stunden,
bis er einmal die Promenade um die Mauern gemacht hat. Unſer Fähr-
mann behauptet, die Stadt könne 20,000 Kriegswagen ausrüſten und 700,000
ſtreitbare Männer in's Feld ſenden. Mag das auch übertrieben ſein, — und
daran iſt gewiß kein Zweifel, — ſo bleibt es doch unumſtößlich, daß Tape
nicht nur das Haupt aller Städte in Kemi, ſondern auch die Krone aller
Städte ihrer Zeit iſt. Daran mahnt uns Alles, was wir erblicken, —

Das Land der Pyramiden.                                      2

der Luxus der Spaziergänger, — die einladenden Promenaden in den Palmen-
wäldchen, — die Eile und Geschäftigkeit der Vorübergehenden, — das Leben
auf dem Flusse und — das Erscheinen der reichen Müßiggänger. Hier läßt
sich Einer, während er ruhig schläft, von seinen Dienern in einer Sänfte
spazieren tragen; — dort rudert ein Anderer in einem vergoldeten kleinen
Boote; — da drüben bemüht sich ein Dritter, die Zeit mit Fischen todt zu
schlagen. Sklaven haben ihm einen prachtvoll gepolsterten Sessel an das
Ufer getragen, ihm einen Teppich unter die Füße gelegt, und hinter ihm
steht ein Diener mit dem Sonnenschirm und ein zweiter mit dem Fliegen-
wedel. Es geht eben in Kemi wie überall auf der Welt: Wer die Zeit
recht gut anwenden würde, hat sie nicht; und wer sie hat, weiß nicht, was
er damit machen soll.

Jetzt fahren wir zwischen die ersten Häuser hinein in die Königsstadt.
Gleich rechts haben wir das alte Hafenquartier. Welch reges Leben! Welch
buntes Treiben! Da liegen die Handelsschiffe mit Töpferwaaren aus Atbo
und mit Webereien aus Sua, mit Luxusartikeln aus Memfi und mit Weinen aus verschiedenen Gegenden. Hier wird gekauft und verkauft den ganzen
Tag. Eine große Reihe von Läden ist am Ufer aufgeschlagen, und in tollem
Gedränge wogen die Menschen durcheinander. Das ist ein lebendiges Bild!
Hier würfeln zwei Matrosen miteinander, — da läßt sich ein Seiltänzer
sehen, — dort schallt lauter Gesang aus einem Weinhause. Und welches
Treiben erst auf dem Flusse! Hunderte von Frachtschiffen liegen vor Anker,
oder kommen, oder gehen; und noch viel größer ist die Zahl der Gondeln,
die zur Ueberfahrt auf das andere Ufer, — oder zu Lustfahrten dienen. Die
Schiffer in Tape haben ein einträgliches Geschäft; auf einer Länge von zwei
Stunden fahren fortwährend die Nachen hinüber, herüber, und so geht's vom
frühen Morgen bis in die späte Nacht. Und der Jaro ist hier noch breit, —
über 1300 Fuß! Aber noch größer als die Zahl der Schifferboote ist die
Zahl der Luxusfahrzeuge, der prachtvollen Gondeln der Reichen, die zum
Theil in einem Farbenglanze strahlen, der das verwöhnteste Auge blendet.

Doch — fahren wir weiter, weiter, immer hindurch bis an das Nord-
ende der Stadt. Dann steigen wir auf ein paar Stündchen aus, wandern
hinüber nach jenen Bergen im Westen und blicken von da herab auf die alte
Tape mit ihren Herrlichkeiten, mit ihren Tempeln und Palästen, mit ihren
Wohn- und Kaufhäusern, mit ihren Kasernen und — Gefängnissen.
Und in jenen Bergen da drüben liegt noch eine Stadt, eine Stadt, die
noch größer ist als Tape; die noch weit, weit mehr Einwohner zählt; aber
dort erfüllt kein Getümmel mehr die Straßen, da wird nicht mehr gehandelt
und gefeilscht, da tönt kein lustiger Gesang mehr, da ist's still und todt, —
denn es ist die Todtenstadt.

Das Kalksteingebirge im Westen fällt hier 300 bis 400 Fuß ziemlich
steil ab, an einzelnen Stellen bildet es förmlich senkrechte Wände, und in
allen Höhen ist es von Stollen und Gängen und Gallerien durchzogen. Zwei

Stunden weit ist es durch eine ungemessene Zahl von Gängen ausgehöhlt, die mehrere Hundert Fuß tief eindringen, sich verzweigen, wieder von Quergängen durchschnitten sind, zum Theil in Kammern, oder auch in ziemlich geräumige Säle auslaufen, zum Theil in sich selbst zurückführen.

Hier sind die ewigen Wohnungen Derer, die da drunten in der Stadt ihre Herbergen aufgeschlagen haben.

Trümmer von Tape (in dem heutigen Dorfe Luxor).

Unten, noch am Fuße der Berge, sind die Privatgräber der Vornehmen, — mit prachtvollen Eingängen, innen mit farbenstrahlenden Skulpturen geschmückt; da liegen die Leichen in Särgen von Alabaster, Marmor oder Granit. Höher hinauf sind die Gräber, in welchen man sich einen Platz kaufen kann. Es ist ein ziemlich einträgliches Geschäft, Grabbesitzer zu sein, und Manche leben nur von Dem, was ihnen die Gräber eintragen. ... Hier sieht man zumeist nur hölzerne, manchmal auch noch steinerne Särge, dann sind sie jedoch nur von Kalkstein oder Sandstein. — Steile, beschwerliche Fußpfade führen noch höher hinan. Dort oben sind die öffentlichen, allgemeinen Gräber, da ruht der ärmere Theil der Bevölkerung, der sich mit dem

2*

bescheidensten Sarge begnügen, — ja, auch ganz darauf verzichten muß. Tausende und aber Tausende von Mumien sind nur auf ein Bret gebunden und in Reih und Glied hier innen aufgeschichtet.

Doch, dem Lebenden ist das Lebendige das Interessanteste, deswegen genug von den Todten. Werfen wir lieber einen Blick auf die Stadt der Lebenden.

Sieh, da liegt sie, weithin sich ziehend, die herrliche Tape! Worte reichen nicht hin, die Pracht und Herrlichkeit, welche sie einschließt, zu schildern. Da drüben der große Tempel in Nordosten hat allein eine Länge von 1200 Fuß, und wer die Runde um die Mauer machen wollte, die auch noch den Tempelhof einschließt, brauchte mehr denn eine halbe Stunde dazu. Dort ragen zwei Obelisken hervor, jeder 70 Fuß hoch, — aber weiter hinten stehen noch andere, die sind über 90 Fuß hoch, aus einem einzigen Granitblocke gehauen! Jene sitzenden Bildsäulen, die den König und seine Gemahlin vorstellen, messen 44 Fuß, und hier ganz in der Nähe am Fuße des Berges stehen noch zwei, die haben eine Höhe von 60 Fuß und sind auch aus einem einzigen Steine gehauen. Millionen Pfunde wiegt ein jeder, — wie sind sie mehr als 30 Stunden von Suan bis hierher transportirt worden? Eine später folgende Abbildung zeigt eine solche Scene! Aber wie lange und durch wie viele Menschenhände daran gemeiselt und polirt worden ist, bis sie so dastanden wie Spiegel glänzend, — das hat man uns nicht verrathen! Ja, solcherlei Werk gelingt nur hier an Jaro's Strand!

Aber auffallend ist's: so groß auch der Luxus, so verschwenderisch die Pracht an öffentlichen Gebäuden, — so sehr einfach und bescheiden sind die Privathäuser, — wenigstens von außen! Alle nur in Backsteinen aufgeführt, jedes Schmuckes baar.

Ja, Freund, es sind auch nur die Herbergen, in denen sich die Männer von Kemi vorübergehend aufhalten; die besseren Wohnungen, die für die Ewigkeit hergerichtet und geschmückt werden, die sind unter unseren Füßen. Und die Leute hier zu Lande sprechen mit einer eigenthümlichen Schwärmerei von der Einkehr in ihr Schlafkämmerlein, an dem die Reichen ihr ganzes Leben lang arbeiten lassen, um es auszuschmücken. Es schläft sich gar ruhig und still da drinnen im kühlen Schooße der Berge.

Wir wollen hinuntersteigen, zur Stadt zurückkehren und unsere Fahrt stromabwärts fortsetzen.

Etwa neun Stunden nördlich von Tape wendet sich der Fluß plötzlich in einer starken Krümmung nach West. Hier liegt die Stadt Keft (das Koptos der Griechen). Rechts aber zieht wieder ein Querthal durch die Berge, das nach einem Wege von 40 Stunden an das Rothe Meer führt.

Die Vegetation ist überall gleich üppig, das Land ein wahres Paradies. Allein das Schönste ermüdet, wenn keine Abwechselung eintritt, und die haben wir nicht, bis wir in die Gegend von Memfi, an die Pyramiden kommen. Aber dorthin sind es noch mehr denn 150 Stunden. Glücklicherweise findet sich Manches, uns die Zeit zu verkürzen, und die Fahrt stromab geht schnell.

Schau, da sieht wieder etwas aus dem Wasser hervor, und das ist kein Suki. Das ist der Wasserochse, Ehemo, in der Bibel Behemoth genannt und bei uns Nilpferd.

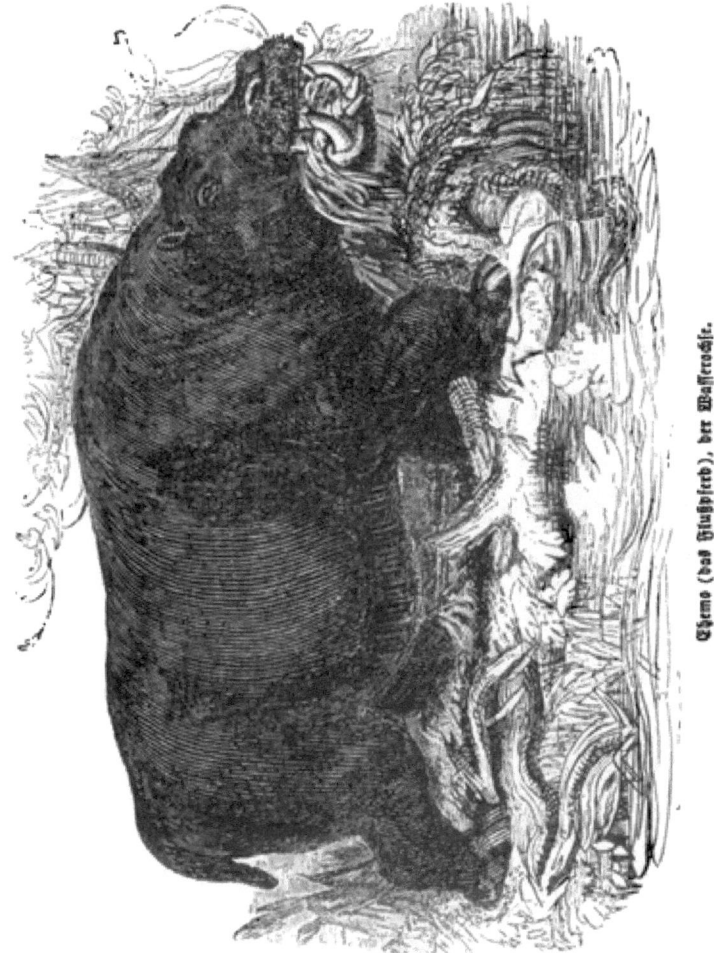

Ehemo (das Flußpferd), der Wasserochse.

Seine Stimme soll eine Spur von Aehnlichkeit haben mit dem Wiehern des Pferdes; der griechische Geschichtschreiber Herodot erzählt auch, daß es genau so groß sei wie ein Pferd, einen Schweif habe wie ein Pferd und eine lange Mähne am Halse. Das finden nun die Aegypter nicht (und andere Leute auch nicht), daher nennen sie das Thier auch kein Pferd, sondern — obwol es keine Hörner hat, aber doch brüllt wie ein Büffel und sehr plump ist — lieber Wasserochse. Ehe heißt Stier, Ochse; das P ist der männliche Artikel, Pehemo heißt also: der Wasserochse; so ist das entstellte Wort Behemoth entstanden.

Die Jagd auf dieses zwölf Fuß lange Ungeheuer ist äußerst einträglich. Von den jungen Thieren ist das Fleisch sehr schmackhaft; von den alten zwar hart und schwer verdaulich, aber doch immer besser als gar keines; und wenn man es auch billig verkaufen muß, kommt doch ein schönes Sümmchen dabei heraus, denn so ein Thier wiegt seine dreißig Centner. Das Fett wird bei der Zubereitung der Speisen benutzt; die Knochen kauft der Dreher; die Zähne werden zu Elfenbeinschnitzereien verwendet und theuer bezahlt, zum Theil im Lande selbst verarbeitet, zum Theil nach Phönizien geschickt; aus der Haut macht man Schilde, Helme und, wenn sie recht hart getrocknet ist, sogar Lanzenschafte.

Nicht nur, weil die Jagd so einträglich ist, verfolgt man das Thier, sondern auch darum, weil es so großen Schaden verursacht. Obwol es kein Fleisch frißt, ist es doch den Badenden und Denen, welche Wasser schöpfen oder in kleinen Booten den Fluß befahren, sehr gefährlich. Nachts geht es heraus auf die Getreidefelder, frißt den vierten Theil des größten Ackers kahl ab, dann macht sich's noch eine kleine Bewegung nach dem Essen und zertrampelt die übrig gelassenen Saaten mit seinen ungeschlachten Füßen. Deswegen wachen denn die Landleute Nachts, verstecken sich am Ufer, und wenn der Ehemo herausspaziert ist, springen sie schnell hinzu, machen einen langen, tiefen, etwa sechs Fuß breiten Graben, bedecken ihn leicht mit Aesten und Laubwerk, — und wenn der Wasserochse nun wieder heim will, fällt er richtig hinein. Am andern Morgen wird er durch Schläge vermittelst einer eisernen Keule an die Schläfe todtgeschlagen.

Trifft man bei Tage das Thier im Wasser, so wird es mit langen eisernen Messern, welche Widerhaken haben, angeworfen und in ähnlicher Weise durch wiederholte schmerzhafte Wunden und Blutverlust getödtet, wie man die Walfische durch Harpunen erlegt.

Jenseit Memfi aber wird der Ehemo nicht mehr getödtet; dort gehört er zu den sogenannten heiligen Thieren. Uebrigens kommt er dort auch viel seltener vor.

---

Der See des Königs Amenemes Mares, mit seinen Pyramiden.

## IV.

### Der sogenannte Möris=See.

Landschaft. — Die erste Pyramide. — Das Labyrinth. — Piom und die großartigsten Wasserbauten der Welt. — Amenemes Mares und sein See. — Wie es heute dort aussieht.

Die Ufer zeigen uns im Augenblick nichts Neues; bald aber werden sie uns des Interessanten so viel bringen, daß wir es nicht vom Schiffe aus genügend sehen können, sondern aussteigen müssen. Benützen wir vor der Hand also noch die Zeit, das Leben im Flusse zu beobachten!

Sieh' doch diese unsägliche Menge von Fischen! Und sonderbare Bursche mitunter. Da ist einer, der ist zwei Fuß lang und hat die Gestalt einer Schlange, spritzt aber das Wasser aus wie ein Walfisch. Seine Schuppen sind so hart, daß man ihn nicht durchschneiden kann; deshalb röstet man ihn auf heißen Platten; dadurch schrumpft das Fleisch zusammen, löst sich von dem harten Schuppenpanzer los, und nachdem man den Kopf abgebrochen hat, kann man den Fisch aus seiner Haut ziehen, wie einen Dolch aus seiner Scheide.

Die stacheligen Kugeln, welche dort schwimmen, sind auch Fische. Durch die Stacheln schützen sie sich, wie die Igel, gegen ihre Feinde; so rund, wie sie jetzt aussehen, sind sie aber nicht immer. In der Regel sind sie länglich; sie haben aber die Fähigkeit, sich so aufzublasen, daß sie förmliche Kugeln werden. Bleiben sie in dieser Gestalt bei den Nilüberschwemmungen nach dem Rücktritte des Wassers auf dem Lande liegen, so werden sie, sowie sie todt sind, von den Kindern gesammelt, getrocknet und — nachdem die Stacheln abgebrochen sind — als Bälle benutzt. Sie haben übrigens auch ein sehr vortreffliches Fleisch.

Was kollert denn dort so sonderbar auf dem Wasser umher? Es scheint zu rollen? — Das ist eine Nilschildkröte. Diese Thiere werden drei Fuß lang, geben eine schmackhafte Speise und haben die seltsame Gewohnheit, sich, wenn sie oben auf dem Wasser erscheinen, um sich selbst zu drehen, so daß man bald ihren Rücken, bald den Bauchschild sieht.

Aber nun müssen wir wieder die Ufer betrachten.

Etwa 15 bis 20 Stunden unterhalb Keft wendet sich der Fluß wieder nach Norden, und hier zweigt sich links ein sehr breiter Kanal von ihm ab, der sich dicht am Rande der libyschen Berge hinzieht und so einen — je nach der Bodengestaltung — zwei bis fünf Stunden breiten Landstrich abgrenzt, der — östlich vom Jaro, westlich vom Hauptkanal eingeschlossen — in seiner ganzen Länge von einer unnennbaren Zahl kleiner Querkanäle durchschnitten — gerade der schönste und fruchtbarste Theil des ganzen Nilthales ist. Der große Kanal hat eine Länge von 160 Stunden und mündet unterhalb der ersten Theilung des Flusses in den linken, westlichen Arm.

Das östliche Gebirge rückt sehr nahe, meist bis auf drei Viertelstunden, ja eine halbe Stunde Entfernung an den Fluß; aber auf der linken Seite dehnt sich ein fünf bis sechs Stunden breiter Garten aus, darüber hinaus bilden die gelben Kalkberge den Hintergrund des Gemäldes, und in diesen erscheinen wieder von Zeit zu Zeit die schwarzen Eingänge zu den Felsen= gräbern. Wohlgemerkt! Die Felsengräber aller Städte liegen im westlichen Gebirge, auch der Städte, die selbst auf dem östlichen Ufer liegen. Die Leiche wird dann in Begleitung der Freunde und Verwandten hinüber= gefahren, — im Westen geht die Sonne unter, im Westen gehen auch die Menschen zur Ruhe. Das steile Gebirge des Ostens ist häufig von Querthälern durchschnitten; auf dem linken Ufer kommen wir aber erst 24 Stunden vor Memfi an ein Querthal, das etwa eine Stunde breit ins Gebirge hinein= führt. Da müssen wir aussteigen und das berühmte Thal besuchen, dessen Eingang wir hier vor uns haben. Auf der Nordseite dieses Eingangsthales sehen wir auf einer hohen Schutt=Terrasse die erste Pyramide. Sie ist an jeder Seite 180 Fuß lang und hat eine Höhe von 112 Fuß. Der Kern ist von Kalksteinen aufgemauert, außen ist sie mit Backsteinen bedeckt, die etwa ½ Fuß breit und 1½ Fuß lang sein mögen. Sie sind aus Nilschlamm und gehacktem Stroh gemacht und geben der Pyramide ein fast schwarzes Ansehen.

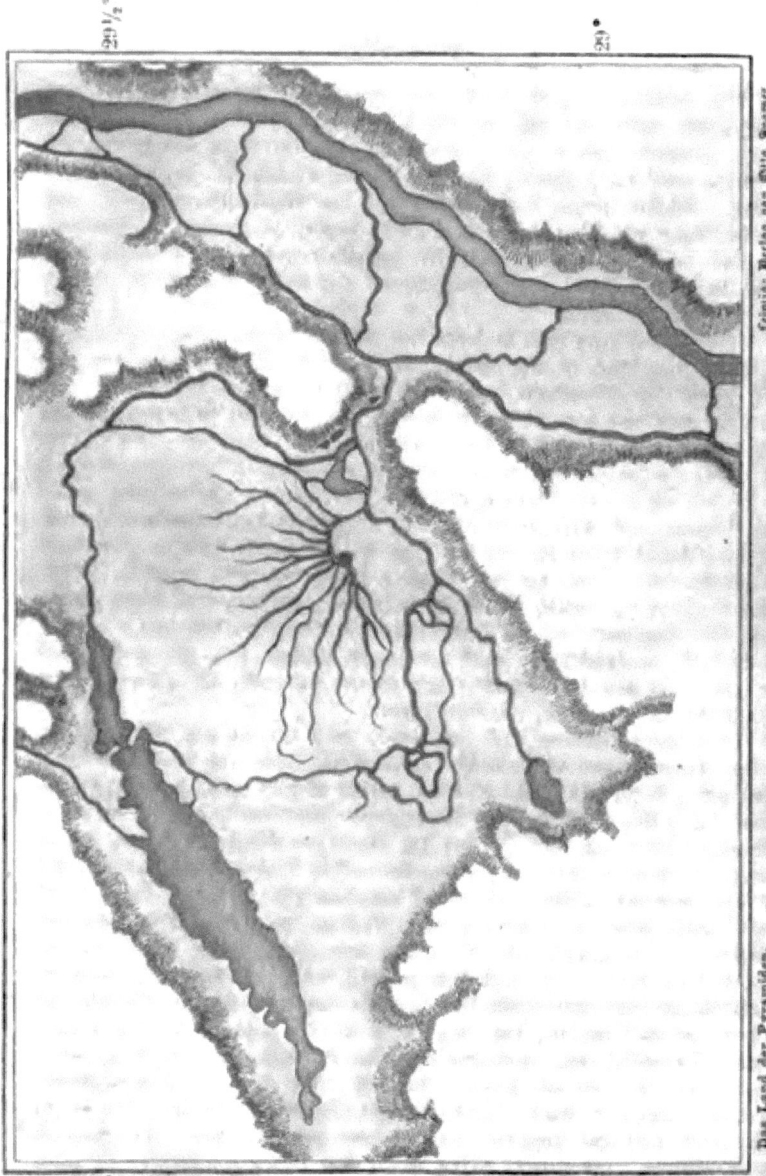

Das Land der Pyramiden.   Thal von Piom mit dem See des Königs Amenemes Mares.   Leipzig: Verlag von Otto Spamer.

Etwa zwei Stunden weiter, am Ende dieses Passes, liegt das berühmte Labyrinth, ein prachtvoller Palast, der 3000 Zimmer enthält, 1500 über der Erde und 1500 in den Felsboden eingehauen. Die Säle sind mit herrlichen Standbildern geziert, die Höfe ringsum von Säulenhallen umgeben, alle Wände mit Bildern und Inschriften geschmückt; es bedeckt eine Fläche von 1200 Fuß in die Länge und 1100 Fuß in die Breite, und ist wol das großartigste Gebäude des ganzen Alterthums. Geweiht war es dem „La, puro en tho", d. h. der Sonne (= Ra oder La), der Königin der Welt, und aus der über dem Eingange angebrachten Inschrift Lapuroutho haben die Griechen, welche das Aegyptische nicht verstanden, Labyrinthos gemacht.

Gleich hinter diesem Riesenpalaste sehen wir wieder eine Pyramide, die 330 Fuß breit und 180 Fuß hoch ist. Diese ist ganz aus Backsteinen aufgeführt, nur die Kanten sind Kalkstein.

Und hier öffnet sich nun ein Felsenkessel, — wenn wir das Thal so nennen dürfen, — Boden und alle Wände rundum gelber Kalkstein, — die Wände ziemlich steil, — Ausdehnung in die Länge 18, in die Breite 15 Stunden, — ein von dem befruchtenden Jaro getrenntes, etwa 64 Quadratmeilen großes Thal inmitten der Berge, das auf den ersten Anblick nach allen Seiten geschlossen scheint. Was erwarten wir von diesem Felsenthale? Oede, Leere, gewiß keine Spur von Leben. — Aber was finden wir in Wirklichkeit? Einen frischen, saftigen Pflanzenwuchs, eine muntere, starke Bevölkerung, Dorf an Dorf und Stadt an Stadt, Alles in üppigen Lebensfreuden schwelgend, — mit Einem Worte: ein von gelben Felswänden eingeschlossenes Paradies. — Und was hat dieses Wunder bewirkt? Wodurch war es möglich, solches zu Stande zu bringen? — Das hat die über alles Lob erhabene Bewässerungskunst der Aegypter gethan.

Nahe oberhalb des mehrerwähnten Einganges kommt ein breiter Kanal quer herüber von dem Flusse in den mit ihm parallel laufenden Hauptkanal, so daß diesem hier stets vollauf Wasser zugeführt wird. Von diesem Hauptkanal aber führt eine andere künstliche Wasserstraße bis in die Mitte des Felsenthales. Hier liegt die Stadt Piom (auf Deutsch: Meer, See). Von dieser als dem Mittelpunkte aus verbreiten sich strahlenförmig Bewässerungskanäle nach allen Seiten, und so wird dieses Thal, in dem ohne solches Kunstwerk auch nicht ein Hälmchen Gras wachsen könnte, zur gesegnetsten Provinz des ganzen Landes, zu einem wahren Schatzhause alles Dessen, was der Boden nur hervorzubringen vermag. Dabei ist zu bemerken: Vom Jaro bis nach Piom ist ungefähr überall dieselbe Höhe über dem Meeresspiegel, zwischenliegende Unebenheiten in dem Thale selbst — manchmal Erhöhungen von 20 bis 30 Fuß — sind durch die Tiefe des Kanals wieder ausgeglichen; das Thal hat aber die Eigenschaft, daß es nicht wie andere Thäler in der Mitte am tiefsten ist, sondern von der Mitte aus nach Nord, West und Süd abfällt, hingegen in Südost in ziemlich gleicher Höhe bis zu den Bergen reicht.

Da, wo der Hauptkanal durch das Felsenthor in das Thal von Piom tritt, zweigt sich rechts ein Nebenkanal ab, der — je nach Bedürfniß — 20 bis 30 Fuß tief und etliche Hundert Fuß breit in den Felsboden gehauen ist. Auf einem Wege von vielleicht 15 Stunden führt er das Wasser durch Ost und Nord nach Nordwest, wo das Thal zu seinem tiefsten Punkte schroff abfällt. Dort, wo dieser Seitenkanal aus dem westlich gehenden Hauptkanale tritt, ist eine Brücke über diesen nördlich gehenden Arm gebaut, deren Pfeiler unten durch außerordentlich dickes und festes Mauerwerk bis zu einer gewissen Höhe miteinander verbunden sind, also daß das Wasser in der Regel nur geraden Weges nach Piom fließt und einzig in dem Falle, daß es noch höher gestiegen ist als jener Brückendamm, seinen Ueberfluß rechts herum nach Nordwest sendet.

Zwei Stunden weiter führt ein eben solcher Zweigkanal, in gleicher Weise durch einen Brückendamm geschützt, 40 bis 50 Fuß tief und 1200 Fuß breit, in einem Bogen durch Süden ebenfalls nach Nordwest. Sobald also der Jaro mehr Wasser herübersendet, als die Kanalbeamten in Piom bedürfen, um das Thal nach allen Seiten hin gehörig zu bewässern, läuft der Ueberfluß von selbst in zwei ihm angewiesenen Wegen an denselben (tiefsten) Ort des großen Beckens und bildet dort nach und nach einen See, der vielleicht 12 Stunden lang und an seiner breitesten Stelle drei Stunden breit ist.

Das ist der berühmte See Möris, also genannt nach seinem Gründer, dem alten Könige Möris, wie die griechischen Schriftsteller berichten. Allein der König hieß nicht Möris, sondern Amenemes und hatte den Beinamen Mares, d. h. Geliebter der Sonne, wie fast alle Könige in Kemi außer ihrem eigentlichen Namen noch einen — gewissermaßen — Titelnamen hatten (wie bei uns: Ludwig, der Fromme, — Friedrich, der Große ꝛc.).

Aber das ist noch nicht Alles! Von der Nordseite des See's führt endlich ein vierter Kanal, ebenfalls in den Felsboden gehauen, durch eine enge, steile Thalschlucht 24 Stunden weit bis in die Gegend von Memfi. An seinem südlichen Ende ist er durch ein großartiges Schleußenwerk geschlossen. Wenn aber die trockene Jahreszeit eingetreten ist, wenn Staub die Erde deckt und die Pflanzen schier verdorren wollen vor Hitze, — dann öffnet man die Schleußen, und ein brausender Strom frischen Wassers fluthet hinunter nach der zweiten Hauptstadt des Reiches und erquickt die Felder und labt die dürstende Erde.

Der König Amenemes Mares regierte aber von 2601 bis 2575 vor Chr. Geb.; es sind mithin seit seinem Tode bis zum Jahre 1862 nach Chr. Geb. schon über 4400 Jahre verflossen. Muß man nicht staunen, nicht ein Volk bewundern, das schon vor so langer Zeit im Stande war, Werke von solcher Großartigkeit auszuführen?!

Als Amenemes sein Werk vollendet hatte, ließ er, bevor die Wasser in den See strömten, in der Mitte desselben zwei Pyramiden errichten, die Grabstätten für ihn und für die Königin, — auf jeder eine sitzende Figur, vorstellend den darin Begrabenen.

Und nun einen kleinen Blick auf die Gegenwart! Die Pyramiden liegen in Trümmern, von dem Labyrinthe sind nur noch Schutthaufen zu sehen. Die großen Kanäle nach Nord und Süd sind längst mit Schlamm und Sand gefüllt; der Abzugskanal nach Memfi ist nicht mehr zu finden. Nur das Kanalsystem von der Mitte des Thales besteht noch und — der See selbst, der aber von Jahr zu Jahr kleiner wird, da er sich jetzt nur noch von dem seltenen Regen ernährt und den etwa in seinem Boden entspringenden Quellen. Am südlichen Ende des See's steht auf einer mäßigen Anhöhe das Araberdörfchen Sennoures. Es ist sicher, daß diese Anhöhe sonst inmitten des See's lag, rundum von Wasser umgeben war, und sehr wahrscheinlich stand hier eine der beiden Pyramiden. Die Steine, aus welchen die Hirten, Landleute und Fischer ihre armseligen Hütten gebaut haben, gehörten ehemals einem großen Königsgrabe an. Das ist der Wechsel der Zeit! Wir reißen das Haus der Todten ein und bauen aus denselben Steinen das Haus der Lebendigen.

Die ehemaligen großen Kanäle heißen jetzt (arabisch) Bahr bela ma, d. i. Fluß ohne Wasser; die Pyramiden im See sind spurlos verschwunden. Von der Stadt sind nur noch Trümmerhaufen übrig, die 12,000 Fuß in die Länge und 9000 Fuß in die Breite den Boden bedecken. Auf diesen Trümmern aber steht die Araberstadt Medynat el Fayum.

Am See ist Alles thohu vabohu, wüst und leer; Steinhaufen bekunden dem Besucher, der sie ernstlich betrachtet, daß auch hier Tempel und Paläste, Bildsäulen und Obelisken gestanden. Da liegen auch noch zwei kolossale Fußgestelle von Kalkstein; sie sind 24 Fuß breit und 30 Fuß hoch. Die Statuen sind längst zerschlagen, nur die gigantischen Füße sind noch zu sehen, — — die Araber nennen sie Rigl Faraun, Füße Pharao's.

Pyramide von Meroë mit Vorhalle.

Natron-Seen.

# V.

## Von Memfi bis zum Meere.

Der „Hafen der Guten". — Das Werk des Königs Menes. — König Chufu und seine Pyramide. —
Blick in die Gegenwart. — Die Natron-Seen. — On. — Der Kanal vom Mittelmeere nach dem
Rothen Meere. — Paschti.

Wir steigen wieder zu Schiffe und fahren weiter.

Nach etwa 16 Stunden Weges kommen wir an ein neues Wunder der Baukunst. Der Fluß hatte hier sein Bett ganz nahe an den libyschen Bergen, also im Westen des Thales, aber siehe, — er ist abgedämmt, man hat ihm ein neues Bett, mehr nach Osten hin, gegraben, hat den in dieser Weise trocken gelegten Raum geebnet, durch kolossale Dammbauten geschützt und dahin die zweite Hauptstadt des Reiches, das berühmte Memfi, gebaut. Man-nufi, d. h. Hafen der Guten, wurde die Stadt genannt; durch Zusammenziehung wurde daraus später Memfi; die Juden sagen Moph, die Griechen Memphis.

Welches Leben und Treiben herrscht hier auf allen Gassen und Plätzen und am Ufer! Kein Wunder! Memfi ist eine gewaltige Stadt, sie hat sechs Stunden im Umfange. Bis hierher kommen die größeren Schiffe aus dem Mittelmeere; sie ist ein wichtiger Hafenplatz, — sie liegt auf der Grenze zwischen Ober-Aegypten und Unter-Aegypten. Die westlichen Berge wenden sich in einem stumpfen Winkel nach links, die östlichen nach rechts, und vor uns liegt das Delta, dieser nördlichste, vollkommen ebene Theil Kemi's. Die Wichtigkeit dieses Platzes leuchtete schon in frühester Zeit ein, darum scheuete man Mühe und Kosten nicht, die großartigsten Wasserbauten auszuführen; darum werden noch alljährlich bedeutende Summen verwendet, die Dämme in gutem Stande zu halten; — denn bräche das Wasser einmal durch, so wäre in wenigen Stunden die Gegend zu einem See geworden, ganz Memfi mit seinen Hunderttausenden von Einwohnern in den Fluthen begraben.

Wer war aber der kühne Mann, der ein solches Riesenwerk unternahm? Das war der alte König Menes, der von 2781 bis 2751 vor Chr. Geb. regierte. Merke dir, daß man vor mehr denn fünfthalb Tausend Jahren bereits Werke von solcher Großartigkeit in Aegypten ausführte!

Doch was uns hier mehr fesselt als alle Paläste und Tempel, Bild= säulen und Obelisken in der Stadt; was uns hinauszieht nach jenen westlichen Bergen, — das sind die Pyramiden, die uns von dort herüber winken. Ueber vierzig an der Zahl stehen sie da auf einem Vorsprunge des libyschen Ge= birges, gewissermaßen auf einer Terrasse, die ihre Höhe noch mehr hervor= treten läßt. Die vier Seiten sind bei allen mit großer Genauigkeit nach den vier Weltgegenden gerichtet, so daß man fast meinen sollte, man habe hier astronomische Gebäude vor sich; aber nein, es sind die Grabkammern der Könige. P=uro=ma heißt wörtlich: Das Königsgrab. So eine Pyra= mide ist ein mahnend und warnend erhobener Zeigefinger des allgewaltigen Zeitgottes, der uns eindringlichst zuruft: „Gedenke des Todes!"

Das sind die großartigsten Grabmäler unter der Sonne!

Die nördlichste der Pyramiden steht auf einem Gebirgsvorsprunge, der 140 Fuß hoch ist; sie selbst ist noch nahe an 500 Fuß hoch, und so schaut sie mit doppelter Thurmhöhe meilenweit hinein in das Thal. Hunderttausend Menschen haben unablässig an ihr gearbeitet; nach einem Vierteljahre wurden sie abgelöst, durch andere hunderttausend ersetzt, und so ging das 20 Jahre fort. Viele Städte hätte man bauen können aus all' den Steinen, die eines dieser Königsgräber erforderte. Aber drinnen in diesem ungeheuern steinernen Haufe ist doch nur ein Raum von ungefähr 30 Fuß ins Gevierte, und darin steht ein Sarg von rothem Granit, der ist 15 Fuß lang. Darin ist wieder ein zweiter von Holz, der hat nur 10 Fuß, und in diesem endlich steht der dritte von Pappe, der ist nicht größer als der Sarg eines andern Menschen auch, und in diesem 5 Fuß langen Sarge liegt der König Chufu, — und der schläft auch nicht besser und ist nicht glücklicher als der ärmste seiner Unterthanen, wenn er einmal eingegangen ist zur ewigen Ruhe.

Die Pyramiden von der Stätte des alten Memfi aus gesehen.

Werfen wir wieder einmal einen Blick in die Gegenwart! Memfi ist nicht mehr! Am andern Ufer liegt jetzt Kairo. Frühere Pracht und Herrlichkeit ist verschwunden. Ueberall nur Verwüstung und Zerstörung! Auf dem weiten, stundenlangen Felde, bedeckt mit zerbröckelten Steinen, steht jetzt nur ein schlechtes Araberdorf, das heißt Menf. — Und der König Chufu — er gedachte auch nicht, daß ihn ein Sterblicher stören könne da drinnen in seiner riesigen Todtengruft. Aber wisse! etwa 800 Jahre nach Chr. Geb. wurde unter dem Kalifen El Mamum der Eingang zu der Pyramide gefunden, die wilden Sarazenen drangen hinein und gelangten trotz aller Hindernisse bis in die Grabkammer des Königs. Den Granitsarg konnten sie zwar nicht mitnehmen, — der steht heute noch an seinem Platze, — aber die Leiche rissen sie heraus und schleiften sie an das Tageslicht. Die Mumie war überall mit kostbaren Steinen geschmückt; auf der Brust prangten die Figuren der vier Todtengenien in gediegenem Golde; die Stirn zierte ein Karfunkel von der Größe eines Hühnereies. Die Sarazenen rissen die Edelsteine und die Goldfiguren und den großen Karfunkel ab, warfen die Mumie auf das Feld und — — — zertraten sie mit den Füßen zu Staub. — Das ist das Ende des großen Königs Chufu. — —

Nichts mehr ist dort zu sehen von all' der Herrlichkeit vergangener Zeiten als die ewigen Pyramiden. Die waren zu groß für die Zerstörungswuth der Perser, die trotzten den Griechen und Römern, ihnen konnte heidnischer, christlicher und muhamedanischer Fanatismus nichts anhaben; — auch an ihnen brechen die Araber Steine ab, sich ihre Hütten zu bauen, — — das Böglein, das den Schnabel wetzt am Demantberge! —

Es giebt in Aegypten ein Sprüchwort, das in poetischer Weise diesen Widerstand der Pyramiden gegen jede Art der Zerstörung durch die Natur oder durch die Menschen ausdrückt, — das Sprüchwort heißt: „Alles fürchtet sich vor der Zeit; aber die Zeit fürchtet sich vor den Pyramiden.“

Nach dieser Abschweifung setzen wir unsere Reise weiter fort.

Zuerst machen wir von Memfi aus einen Abstecher in nordwestlicher Richtung nach dem Thal der Natron-Seen. Es ist fast eine Stunde breit und von dem Delta, an dessen südwestlicher Seite es sich hinzieht, durch ein niederes Kalkstein-Plateau geschieden. Es ist vollkommen öde, ohne Vegetation. Der Wanderer kann dort nur schöne Rollkiesel und prachtvolle Achate finden. Setzt er aber seinen Weg etwa 18 Stunden weit von Memfi fort, so kommt er auf einer Strecke von ungefähr zwei Stunden an sechs kleine Seen. Sie sind sehr seicht, kaum drei Fuß tief, und der größte von ihnen mag etwa eine halbe Stunde lang sein; dennoch sind sie von der größten Bedeutung für das ganze Land. An ihren Ufern schießen große Stücke Natron an, die Oberfläche bedeckt sich mit einer dicken Kruste dieses Salzes, so dick, daß sie mit eisernen Stangen entzwei geschlagen werden muß, und die Bewohner der Nachbarschaft treiben einen überaus einträglichen Handel mit diesem Natron, das überall ein Bedürfniß ist, denn man braucht es zum Einbalsamiren der Leichen und zur Fabrikation des Glases. Auch findet sich gleich bei den Seen eine große Glashütte.

Wo Wasser ist, da ist auch Leben; und so sehen wir hier auch wieder Pflanzenwuchs, belebte Ortschaften und auf den Seen selbst eine Masse von Enten, Wasserhühnern und anderem Geflügel.

Steigen wir von den Natron-Seen den südlichen Abhang des Thales hinauf, so kommen wir nach anderthalb Stunden in ein anderes, mit jenem parallel laufendes Thal, das eine Masse versteinerten Holzes, versteinerter Fische, Rollkiesel und dergleichen unter seinem Sande birgt. Wir stehen in dem Bette eines ehemaligen Flußarmes und können in diesem zurück nach Memfi wandern. — Das ist wieder ein Wunder ägyptischer Wasserbaukunst, auch ein Bahr bela ma, ein Fluß ohne Wasser.

Aber nun schiffen wir uns ein und fahren hinunter bis zum Meere. Die Fahrt kostet nicht viel Zeit, da es keinen Aufenthalt mehr giebt. Das Delta ist auch schön, zum Theil reizend; aber es bietet nur geringe Abwechselung dar. So weit das Auge reicht, ein herrlicher Blumengarten, aus dem zahlreiche große Städte hervorblicken. Ungezählte Kanäle durchschneiden das Land, und überall sehen Mastbäume und Segel hervor. Auch das Schöne ermüdet, wenn es sich häuft. Und so ermattet denn auch das Auge des Reisenden, das immer dasselbe Einerlei schaut. Wenn nur hier und da ein Berg oder ein Hügel sich erhöbe! Aber die Berge sind weit weg. Das ganze Delta besteht nur aus Nilschlamm. Daher verändert es seine Gestalt auch mit der Zeit sehr merklich.

Fahren wir den westlichsten der sieben Mündungsarme hinunter, so kommen wir an der berühmten Stadt Saï (griechisch Sais) vorbei; — wählen wir den östlichsten, so haben wir etwa 10 Stunden von Memfi, am rechten Ufer On, das Heliopolis der Griechen. On heißt Licht; die Griechen haben den Namen also mit Sonnenstadt übersetzt.

In On ist eines der berühmtesten Priesterkollegien, und wer zu wählen hat zwischen den verschiedenen Städten, wo er sein Wissen holen will, welchem Priesterkolleg er sich als Jünger anvertrauen soll, der geht entweder nach Tape, nach Memfi oder nach On.

Rechts vom östlichsten Arme des Jaro, also im Ost und Süddost des Delta, bleibt noch ein kleiner Landstrich bis zu den Bergen, — das ist die Provinz Gosen, die uns durch die heiligen Schriften des alten Testaments bekannte Stätte, wo sich Jakob mit seinen Söhnen niederließ.

Von diesem östlichsten Arme, und zwar von der Stadt Paschti aus, führt in einem großen Bogen ein Kanal durch das Gebirge in die nördliche Ecke des Rothen Meeres und verbindet also dieses mit dem Mittelländischen Meere. Zuerst hat er eine nordöstliche Richtung, dann geht er gerade nach Ost, wendet sich sodann nach Süddost und tritt in einen 10 Stunden langen und 2 Stunden breiten Bittersalz-See, von dessen südlichem Ende er schließlich in gerader Richtung von Nord nach Süd in's Rothe Meer führt.

Es ist ein Weg von vier Tagereisen, und wie sich leicht denken läßt, ist der Kanal stets belebt und die Beamten an den Schleußen haben vollauf zu thun. Die Breite des Kanals ist zwar nicht bedeutend, aber doch hinreichend, daß sich zwei Schiffe der größten Art darauf ausweichen können.

In Paschti liegt eine starke Garnison; die Grenze ist hier nah, und der Feind könnte ja auch mit seinen Kriegsschiffen ins Land kommen.

Von Paschti aus bringt uns eine Fahrt von einigen Tagen durch Seen und an vielen Inseln vorüber in das Meer, und so haben wir denn die Fahrt vollendet, die uns einen Ueberblick geben sollte über das Land, dessen Sitten und Gebräuche, Leben, Treiben und Geschichte wir noch näher kennen lernen wollen.

Tempelruine in der Nähe Amun.

# VI.
## Die Oasen.

Uahe. — Tempel des Amun Ra. — Sonnenquell. — Kleine Steine. — Schluß der Reise.

Nur Eines müssen wir noch vorher sehen, damit uns Nichts von dem Ueberblick entgeht, den wir gewinnen wollen, — das sind einige Flecken angebauten Landes jenseit der libyschen Berge, mitten in der Wüste, — die oft genannten Oasen.

Uahe ist ein ägyptisches Wort und bezeichnet einen Ort, an welchem Trinkwasser zu finden ist; und das ist die Hauptsache bei diesen Inseln in der Wüste; alles Andere ist nur Folge davon und Nebensache. Diese Wohnplätze mitten in der Wüste liegen in der Regel etwas tiefer als die Umgebung, und sind etliche Meilen lang und breit. Stark bevölkert, reiht sich dort Dorf an Dorf;

die größeren haben wol auch eine Stadt in ihrer Mitte, haben ihre Tempel, ihren Gottesdienst und vorsorgliche Verwaltung, — kurz, bilden einen
kleinen, nach allen Seiten hin von dem Wüstensande eingeschlossenen und dadurch von der übrigen belebten Welt abgetrennten Staat.   Die Zahl dieser
Uahe ist nicht genau anzugeben; am bekanntesten sind drei: die große, Uahe
psoi, unter dem 26sten Breitegrad, — die kleine, Uahe pemdje, westlich
von Piom und dem See Mares; — die dritte ist die berühmteste, sie liegt
100 Stunden westlich von Memfi und heißt Uahe Amun, weil dort ein
berühmter Tempel des Amun Ra steht.

Hier ist Alles, wie in Kemi selbst: der ganze Boden ein üppiges Paradies, — in der Nähe einige Kalkstein-Felsen mit eingehauenen Gräbern, —
ein Tempel, dessen Umfassungsmauer 360 Fuß lang und 300 Fuß breit ist,
da innen Säulen, Bilder und Inschriften und eine kolossale Götterstatue von
Bronze, — nur Eines fehlt, — das ist der Jaro.  Der aber wird ersetzt
durch das Wasser, das hier in verschwenderischer Fülle aus der Erde sprudelt.
Es finden sich nicht weniger als 40 springende Brunnen, den Durstenden zu
laben und die Felder zu bewässern.  Die meisten haben jedoch lauwarmes
Wasser.  Seit undenklichen Zeiten berühmt ist der Sonnenquell, ein Quell,
dessen Wasser am Mittage frisch kühl erscheint, gegen Abend aber an Wärme
zunimmt, bis es mitten in der Nacht auffallend warm ist.  Mit der An-
näherung des Tages nimmt seine Wärme wieder ab, und bis die Sonne
am höchsten steht, sprudelt es wieder eisig kalt aus dem Boden.

Die Bewohner der Uahe schreiben dem Wasser noch besondere Heilkräfte
zu und haben deshalb auch einen Tempel über den Quell gebaut.

Und nun nur noch einen Blick auf die Decke des großen Tempelsaales.  Sie
besteht aus 3 Fuß dicken, 5 Fuß breiten und 36 Fuß langen Steinen, die von
einer Wand hinüber bis zur andern reichten. — Wie gut mußte der Baumeister
sein Material kennen, wie sicher mußte er sein, wenn er so etwas wagen wollte!

Und jetzt schließen wir uns einer Karawane an, die gerade eine Ladung
Datteln nach Memfi bringt, und kehren dorthin zurück.

Nilüberschwemmung.

# Der Nil.

## I.

### Das Leben des heiligen Jaro.

Wassermasse. — „Der Jaro wächst!“ — Aegyptische Maße. — Die Ueberschwemmung. — Das rothe
Wasser. — Kanäle. — Die sieben ersten der zehn Plagen.

Der Schöpfer und Erhalter Aegyptens, der „Vater des Landes“, ist der
Nil. Er befruchtet den Boden, er allein macht es möglich, daß Pflanzen da
gedeihen, Thiere und Menschen leben können, und wenn er nicht mehr wäre,
würde Aegypten bald eine Wüste sein, öde und todt wie die es einschließenden
Berge. Aber der Nil ist ein gewaltiger Strom, der seinen Anwohnern täglich
eine ungeheure Masse Wassers zum Leben spendet.

Stellen wir uns in die Mitte zwischen Tape und Memfi, also zwischen
den 27. und 28. Grad nördlicher Breite. Der Strom fließt bei niedrigem
Wasser mit einer Geschwindigkeit von $2\frac{1}{10}$ Fuß in der Sekunde, — an seiner
Oberfläche mit $2\frac{3}{5}$, bei Hochwasser mit $6\frac{1}{2}$ Fuß. Die Breite beträgt, wenn
das Wasser 6 Fuß hoch steht, oben 2373 Fuß, die in einer Sekunde

3*

vorüberfließende Wassermasse 4816½ Ohm; das macht in 24 Stunden über 416 Millionen Ohm. Bei Hochwasser aber fließen in einem Tage mehr als 5000 Millionen Ohm vorbei.

Im April fangen im südlichen Aethiopien die heftigen Regengüsse an, welche den ganzen Sommer hindurch fortdauern; dadurch schwellen die Wasser des Nil an und treten allmälig über ihre Ufer. Das geschieht natürlich nicht im ganzen Lande zu gleicher Zeit. Von dem Tage an, da der Nil bei der Insel Pilak oder bei Suan anfängt zu wachsen, dauert es noch volle zwei Wochen, bis man in Memfi die erste Spur davon sieht; das Wasser bedarf ja gewöhnlich 18 Tage, bis es ganz Kemi von Süden nach Norden durchströmt hat; das Hochwasser schießt in einer einzigen Woche die 320 Stunden hinunter.

An der Südgrenze Aegyptens bemerkt man das Steigen des Wassers Mitte Juni; in Memfi sinkt es noch immer um diese Zeit. Aber Ende Juni ist Alles in gespannter Erwartung, — das Wasser ist bis auf 5 Fuß gefallen, — da verkündigen plötzlich die bei den Nilmessern angestellten Beamten: „Der Jaro wächst!“ Es halten sich aber um diese Zeit Tag und Nacht viele Hunderte von Menschen in der Nähe der Nilmesser auf, und sowie das glückliche Ereigniß bekannt gemacht ist, verkündigen sie es durch die ganze Stadt. Mit dem lauten Rufe: „Der Jaro wächst!“ eilen sie durch die Straßen, und wer sie hört, läuft mit und schreit und jauchzt. „Der Jaro wächst! der Jaro wächst!“ tönt's durch alle Gassen, und in kurzer Zeit weiß es die ganze Stadt, und Tausende strömen wieder nach dem Ufer und fragen: „Wie viel Fingerbreit?“ und wollen sehen, wie das Wasser schwillt, und wie die Wellen daherströmen. Die Beamten haben jetzt viel zu thun. Von Stunde zu Stunde wird der Stand des Wassers ausgerufen, und fortwährend kommen Neugierige und verlangen Auskunft. Alle Welt denkt und spricht nur von dem Nil, und der Freund, der dem Freunde begegnet, fragt nicht nach seinem Befinden, sondern ruft ihm schon von weitem zu: „Drei Ellen und eine Handbreit!“

Die Längenmaße in Kemi sind folgende: 1 Amahe (Elle) = 2 Pat (Fuß) = 6 Tot (Handbreit) = 24 Teb (Fingerbreit). 1 Pat = 3 Tot = 12 Teb. 1 Tot = 4 Teb.

Gastmähler werden gehalten, Feste gefeiert, Musik und Gesang ertönt von allen Seiten. Der Jaro wächst, — Herz, was willst du mehr?

Ende Juli, also nach vier Wochen, zeigen die Nilmesser 13 Fuß Wasser, bis zum 10. August aber 20 bis 21 Fuß. Jetzt strömen die Fluthen über das Ufer und überschwemmen das ganze Land. Diese Ueberschwemmung geht mit großer Schnelligkeit vor sich. Der Nil führt eine außerordentliche Masse Schlamm mit sich, deren größter Theil natürlich in der Nähe der Ufer abgesetzt wird. So ist es nach und nach gekommen, daß das Land in der Mitte am höchsten ist und von dem Flusse bis zu den Bergen nicht ansteigt, sondern abfällt. Sobald also das Wasser einmal über das Ufer getreten ist, schießt es fort bis zu den Felsbergen.

Ende August hat das Wasser eine Höhe von 27 Fuß erreicht; auf diesem Punkte bleibt es, steigt vielleicht auch noch im September auf 28 oder 29 Fuß; im Oktober fällt es wieder ganz langsam, in der ersten Hälfte des November hat es nur noch die Höhe des Ufers. Ende Dezember zeigen die Nilmesser 18, Ende Januar 13, Ende Februar 9 Fuß, im folgenden Vierteljahre sinkt das Wasser bis auf 6, im Juni sogar bis auf 5 Fuß. Dann beginnt das Steigen von Neuem.

Durch die Regen in den Hochlanden wird eine außerordentliche Menge rother Mergelerde in den Nil gespült; das Wasser ist in der Regel sehr klar und durchsichtig, sobald es aber anfängt zu wachsen, trübt es sich, wird erst schmutzig gelb und dann wirklich roth. Die jetzigen Araber nennen das die „Krankheit des Nils" oder auch ma achmar (rothes Wasser). Ungefähr ein Vierteljahr ist das ganze Land unter Wasser gesetzt; die größeren Städte sind auf Dämmen erbaut und sehen wie Inseln aus dem Meere. Soweit das Auge reicht, sieht es nur das ziegelrothe Wasser bis hinüber zu den gelben Bergen, und daraus erheben sich die Städte mit ihren Tempeln und Palästen, Befestigungen und Kasernen; die kleinen Dörfer aber stehen mit den unteren Stockwerken der Häuser im Wasser, und tausend und tausend Kähne, Boote und Gondeln schwimmen auf dem nassen Elemente. Ganz Kemi jauchzt und ist fröhlich, denn nun wird das Erdreich gedüngt und gründlich durchnäßt, so daß es wieder für ein Jahr Frucht bringt hundertfältig und tausendfältig.

Zwar ist das Land vom Nile aus durch eine unzählige Masse großer und kleiner Kanäle, die nach allen Richtungen hingehen, immerwährend und überall hinreichend mit Wasser versehen, und dieses Wasser wird durch Schöpfräder, welche getreten werden, auch auf die Felder gegossen; allein das würde bei dem fast gänzlichen Mangel an Regen nicht ausreichen, wenn nicht die gründliche Durchnässung bei der Ueberschwemmung einträte. Dabei ist noch zu bemerken, daß von all' dem ausgetretenen Wasser kein Tropfen in den Nil zurückfließen kann, da dieser ja im höchsten Theile des Landes sein Bett hat; alles Wasser der Ueberschwemmung dringt in den Boden ein oder verdunstet.

Wird das Erdreich wieder trocken, so bietet es einen eigenen Anblick dar. Millionen von Fröschen, Kröten, Eidechsen und kleinen Schlangen und namentlich Fischen zappeln darauf hin und her. Zur Zeit der Ueberschwemmung essen die Aegypter fast täglich Fische; aber sie können sie mit dem besten Willen nicht alle aufzehren. Jetzt kommen die Störche und die Ibise, waten durch den Schlamm und schmausen nach Herzenslust. Allein es gelingt ihnen nicht, saubere Arbeit zu machen. Ungezählte Massen solcher Thiere sterben auf dem Trockenen, verfaulen da und dienen ungeheueren Schwärmen von Schnaken, Mücken und Fliegen zur Nahrung. Diese kleinen Insekten sind eine höchst lästige Plage; sie kriechen in Ohren und Nasenlöcher und verursachen durch ihren Stich die heftigsten Schmerzen.

Es liegen aber nicht blos Fische und andere Wasserthiere auf dem Trockenen und verwesen hier, sondern auch mancherlei Landthiere, die bei der Ueberschwemmung ertrunken sind. Und da die Verwesung bei der großen Hitze außerordentlich schnell von Statten geht, so wird dadurch die Luft verpestet und es entstehen häufig Krankheiten bei Menschen und Vieh. Die Viehseuchen wüthen zuweilen so furchtbar, daß sämmtliches Rindvieh daran zu Grunde geht, und Ochsen und Kühe immer wieder von Neuem aus Syrien her eingeführt werden müssen. Bei den Menschen zeigt sich ein Anschwellen der Glieder, das vom Gesichte her sich weiter verbreitet. Es sind schmerzhafte Geschwüre damit verbunden. Wir nennen diese Krankheit den knolligen Aussatz oder die Elephantiasis. Die Aegypter gebrauchen dagegen Spargelwurzel in Wein gekocht; in der Regel aber ist der Tod unvermeidlich.

In den sogenannten „zehn Plagen“, durch welche Moses nach der heiligen Schrift den Aegypterkönig gezwungen, die Israeliten zu entlassen, findet sich der soeben erzählte Hergang unverkennbar angegeben.

Erste Plage, 2. Mos. 7, 20: Alles Wasser im Strom ward in Blut verwandelt, — d. h. ward roth.

Zweite Plage, 8, 6: Es kamen Frösche herauf, daß Aegyptenland bedeckt ward.

Dritte Plage, 8, 17: Aller Staub des Landes ward Läuse in ganz Aegyptenland. — Das Wort, welches Luther hier fälschlich mit „Läuse“ übersetzt hat, bezeichnet sehr kleine, kaum mit dem bloßen Auge sichtbare Mücken, die sich in dichten Schwärmen auf Menschen und Vieh setzen.

Vierte Plage, 8, 24: Es kam viel Ungeziefer über ganz Aegyptenland.

Fünfte Plage, 9, 6: Es starb allerlei Vieh der Aegypter.

Sechste Plage, 9, 10: Es fuhren auf böse, schwarze Blattern, beide an Menschen und an Vieh, — die oben erwähnten Geschwüre.

Auch die folgende
Siebente Plage, 9, 23: Der Herr ließ donnern und hageln, ist für uns kein Wunder. In Oberägypten regnet es außerordentlich selten, alle 15 bis 20 Jahre ein einziges Mal; in Unterägypten ist aber der Regen so selten nicht, und im Monat Februar kommen zuweilen — freilich nicht jedes Jahr — furchtbar heftige Hagelwetter vor. Moses lebte bekanntlich in Memfi, auf der Grenze von Unterägypten, und das Hagelwetter trat ein, nachdem die Mücken und Fliegen (im Dezember) und das Viehsterben und die Geschwüre (im Januar) vorüber waren. Auch heißt es ausdrücklich 2. Mos. 9, 31. 32: „Also ward geschlagen der Flachs und die Gersten; denn die Gersten hatte geschossen, und der Flachs Knoten gewonnen. Aber der Weizen und Roggen ward nicht geschlagen, denn es war Spätgetreide. Das ist eine sehr deutliche, unverkennbare Bestimmung des Februars in Aegypten. Zu einer andern Zeit würde es Moses schwerlich gelungen sein, hageln zu lassen!

Auch in den drei letzten Plagen, — Heuschrecken, Finsterniß und Pest, — werden wir noch sehr natürliche, in Kemi oft wiederkehrende Erscheinungen erkennen.

# II.
## Der Schöpfer und Erhalter des Landes.

Wie Aegypten entstanden ist. — Wie es wächst. — Die Gründung Tape's. — Des Flusses Bedeutung für Aegypten. — „Du bist so süß wie Nilwasser." — Das Trinkwasser. — Seine Majestät Kaiser Calibala. — Was Albuquerque nicht fertig brachte.

———⋆⋆⋆———

Der Jaro ist aber nicht nur der Erhalter, er ist in der That auch der Schöpfer des Landes Aegypten.

Das Nilthal war ursprünglich ein Felsthal ohne irgend eine Spur von Pflanzenwuchs, somit natürlich auch unbewohnbar. Jahrtausende lang führte der Nil aus Aethiopien nur groben Sand mit und flößte ihn bei den Ueberschwemmungen auf den Felsboden des Thales. Endlich aber brachte das Wasser statt des Sandes Schlamm mit; jetzt entstand ein fruchtbarer Boden, Pflanzen sproßten auf, Thiere und Menschen belebten das sonst öde Thal.

Durch Beobachtung an verschiedenen Monumenten hat man mit Zuverlässigkeit gefunden, daß der jährlich nach der Ueberschwemmung zurückbleibende Schlamm den Boden in 20 Jahren um einen Zoll erhöht. Das giebt nun Gelegenheit zu den interessantesten Berechnungen.

So zum Beispiel: In dem Dorfe Karnak (einem der vier Dörfer, die jetzt auf den Ruinen des alten Tape stehen) sind zertrümmerte Sphinx-Kolosse zu sehen, deren Piedestale aber fast ganz im Boden stecken. Gräbt man nach, so findet man, daß die Piedestale jetzt (1862) genau 6 Fuß hoch in dem trockenen Schlamm vergraben sind. 6 Fuß = 72 Zoll; vor $72 \times 20 = 1440$ Jahren (also 422 nach Chr. Geb.) standen demnach die Piedestale noch vollkommen frei auf dem Boden.

Nun war aber Tape auf einem Damme angelegt, der noch deutlich mittelst Nachgrabungen erweisbar ist. Man hat 6 Fuß Schlammboden, dann 21 Fuß Schutt-Terrasse und unter dieser wieder Schlammboden. Diese Terrasse wurde zum Behufe der Erbauung der Hauptstadt errichtet; es sind aber seit ihrer Errichtung $21 + 6$ Fuß, das sind 324 Zoll, Schlamm aufgetragen. Dazu gehört eine Zeit von $20 \times 324$ oder 6480 Jahren. Daraus folgt, daß Aegyptens alte Hauptstadt Tape etwa um's Jahr 4620 vor Christi Geburt erbaut worden sein mag.

In der Schutt-Terrasse finden wir nicht nur ein Masse Steinbrocken mit Trümmern von Reliefbildern, die also von noch älteren Gebäuden herrühren, sondern auch Glas- und Porzellan-Stücke.

Die Dicke des Schlammbodens beträgt in der Mitte des Thales 30 bis 36 Fuß; — nehmen wir 33 Fuß als durchschnittliche Dicke. Diese Masse Schlamm abzusetzen, dazu gehörten 7920 Jahre; man darf also annehmen, daß vor etwa 8000 Jahren das Thal noch unbewohnbar war.

Unter dem Schlammboden liegen 35 Fuß (Quarz-)Sand mit Glimmertheilchen und Magneteisenstein.

———————

Wenn man nun bedenkt, daß alles Wasser, das der Aegypter zum Baden und Waschen, zum Kochen und Trinken gebraucht, nur aus dem Nil kommt, — denn das Wasser in den Kanälen ist ja Nilwasser, und das, welches er in Brunnen gräbt, ist entweder von dem Flusse und den Kanälen seitwärts, oder während der Ueberschwemmung von oben in's Erdreich eingedrungen, ist also wieder nur Nilwasser —; wenn man hinzunimmt, daß nur durch den Nil das Land befruchtet wird, daß jedes Ausbleiben der regelmäßigen Ueberschwemmungen unabwendbar Theuerung und Hungersnoth im Gefolge hat; daß ein Austrocknen des Flusses alle lebenden Wesen dem Hunger-tode preisgäbe: dann begreift man wol die hohe Verehrung, die der Aegypter für seinen Jaro hegt; dann begreift man die Frage, die noch heute so oft von den Aegyptern an Fremde gerichtet wird: „Habt ihr auch einen solchen Nil?"

Wenn z. B. den Frankfurtern der Main entrissen würde, so wäre das für ihren Handel ein großer Nachtheil, hätte auch noch manche andere Un-annehmlichkeit, und sie hielten sich wol für sehr unglücklich, wenn — — sie nicht mehr im fließenden Wasser baden könnten, obwol tausend und aber tau-send Menschen, die nicht an einem Flusse wohnen, gar nicht daran denken und doch gesund bleiben und alt werden und glücklich sind. Schließlich würden sich aber die Frankfurter über den Verlust des Maines trösten; und — genau besehen — würde noch Niemandem dadurch unmittelbar auch nur ein Stück Schwarzbrod entrissen. Sie bedürfen des Mainwassers nicht zum Begießen ihrer Felder, — das thut der Regen; nicht zum Kochen und Trinken, — dazu haben sie vom Maine unabhängige Brunnen. Auch Fische und Krebse könnten fernerhin noch ihre Tafel zieren, denn es giebt noch Bäche genug in der Nachbarschaft. Allein in Aegypten giebt's nicht einen Fluß, nicht ein einziges Bächlein außer dem Nil; es giebt keine von dem Landesstrom un-abhängigen Brunnen; es giebt in ganz Oberägypten fast keinen, in Unter-ägypten viel zu wenig Regen, die Felder zu bewässern. Wenn heute der Nil verschwindet, ist binnen Kurzem das ganze Land eine vollkommene Einöde; keine Pflanze kann mehr wachsen; alle Thiere müssen den Hungertod sterben, die Menschen entweder auswandern oder elendiglich verschmachten, — das Land des Ueberflusses würde ein Thal des Todes werden.

Aber auch das weiß der Aegypter sehr wohl, daß das ganze kultur-fähige Land überhaupt ein Geschenk des Nil ist. In dem Fels und in dem Sande gedeiht nichts; erst der Nilschlamm konnte Pflanzen ernähren, und dann erst konnten Thiere und Menschen daselbst leben. Darum nennt der Aegypter seinen Jaro den Vater des Landes, den Ernährer der Men-schen, den Ueberfluß, den Gesegneten, den allerheiligsten Vater, und sein größter irdischer Genuß ist es, zu ruhen in einem Palmenhaine an den Ufern des heiligen Jaro und sein köstliches Wasser vollauf zu schlürfen; denn das Nilwasser, das ist doch das Beste, was es giebt auf dieser Erde; es ist dem Aegypter das Symbol alles Sanften, Süßen, Lieblichen, und wenn der Bräutigam recht zärtlich thun will mit der Braut, dann sagt er zu ihr: „Du bist so süß wie Nilwasser."

Uebrigens sind fast alle Reisenden alter und neuer Zeit einstimmig darin, daß das Wasser des Nil etwas sehr Liebliches, Leichtes und Angenehmes habe; ja Einer findet sich zu dem Ausspruche gedrängt: „Es ist unter den Wassern, was der Champagner unter den Weinen ist."

Die Araber sagen: „Wenn Muhamed ein Aegypter gewesen wäre, so würde er jetzt noch leben. Hätte er je Nilwasser gekostet, so wäre seine erste Bitte (die ihm doch Allah unzweifelhaft auch gewährt hätte) die um ein ewiges Leben gewesen, damit er ewig hätte Nilwasser trinken können."

In den Fabriken Kairo's vertritt das Nilwasser vollkommen die Stelle des destillirten Wassers. Auch ist bemerkenswerth, daß es, in Cisternen stehend, selbst bei der großen ägyptischen Hitze nie faulig und übelriechend wird. — Im Januar schmeckt's am besten. Wenn der Jaro aber seinen tiefsten Stand erreicht hat, wenn er im Juni auf nur 5 bis 6 Fuß Höhe gesunken ist, dann wird das Wasser warm und hat nichts Erquickliches mehr. Man füllt es alsdann in poröse Thongefäße und setzt diese dem Luftzuge aus. Das durch den Thon dringende Wasser, das auf der äußern Fläche erscheint, verdunstet sehr schnell und kühlt dadurch das in dem Topfe selbst befindliche so sehr ab, daß es vollkommen kalt wird.

Afrikanischer Marabu (nackthalsiger Storch).

Steigt das Wasser im Flusse und wird gelb, so stört sich daran noch Niemand; man genießt es ohne Scheu; es ist nicht ungesund, und selbst Fremde können es ohne Gefahr trinken. Wird es aber noch trüber und endlich gar roth, dann läßt man es einige Zeit in den Gefäßen stehen und sich setzen. Bald kann man oben ganz reines Wasser abschöpfen und behält den schmutzigen Satz auf dem Boden.

Beim Austreten des Niles aus seinen Ufern werden natürlicher Weise viele Wasserthiere mit herausgeschwemmt, und die Ibisse und Marabu haben den ganzen Tag vollauf zu thun, Alles wegzuschnappen, was auf's Trockene

gelegt wird. Schlank und zierlich tanzt der schwarze Ibis am Rande der
Fluth hin und begleitet sie stets bei weiterem Wachsen. Chib nannten ihn
die alten Aegypter; heut zu Tage nennt man ihn im Oberlande Abu Hannes
(Vater Johann), und im Unterlande sagen sie Abu Menzel (Vater Sichel=
schnabel). Er war und ist allgemein verehrt, eben weil er den Boden säu=
bert; aber so gut kann er es doch nicht, als der Marabu. Der ist doch der
Hauptvertilger der Fische, Schlangen, Schnecken und all' des Ungeziefers,
das besonders nach der Ueberschwemmung das ganze Land bedeckt. Das sind
närrische Käuze, diese Marabu. Bald stehen sie, jeder allein für sich, ernst
und gravitätisch da und erinnern mit ihrem kahlen Kopfe unwillkürlich an
einen nachdenklichen Philosophen; dann toben sie wieder in Rudeln von 20 bis
30 Stück mit ausgelassenen Sprüngen umher und brüllen dabei wie die
Tiger. Gehst du auf einen los, so springt er dir mit ausgebreiteten Flügeln
entgegen, brüllt gewaltig, reißt seinen ungeheuren, plumpen Schnabel weit
auf und thut, als ob er dich geradezu verschlingen wollte. Giebst du ihm
aber einen Schlag mit einer Gerte, so macht er Kehrt, läuft wie ein Sturm=
wind davon, und verfolgst du ihn gar noch, so fliegt er in die Lüfte. Er
sieht gar böse aus, thut aber Niemandem Etwas zu Leide. Deshalb schont
und schützt man ihn und hält ihn hier und da sogar auf Höfen. Er erreicht
eine Höhe von 5 Fuß, in Asien wird er sogar 7 Fuß hoch.

Wir haben nun die Bedeutung des Niles kennen gelernt, die er für das
Land hat, welches er durchfließt; — ist es zu verwundern, wenn der Aegypter
mit fast abgöttischer Verehrung an seinem Lebensspender hängt? wenn ein
Ausbleiben des Niles bei ihm gleichbedeutend ist mit dem Untergange seiner
Welt? daß ihn eine wahre Todesangst befällt, wenn Juli und August ein=
mal vergehen, und die Wasser nicht wachsen?

Im zwölften Jahrhundert (n. Chr. Geb.) kam es vor, daß der Nil nicht
aus seinen Ufern trat, und es entstand ein Jammern und Wehklagen, ein
Zittern und Zagen, das wir mit Wasser überaus reichlich Gesegneten uns
nicht entfernt vorstellen können. Der Sultan Mustansir schickte in Folge
dessen eine große Gesandtschaft, mit köstlichen Geschenken beladen, nach Aethio=
pien und ließ an den Füßen des Thrones Seiner schwarzen Majestät nebst
diesen kostbaren Gaben die demüthige Bitte niederlegen, der König möge doch
in Huld und Gnade den Damm wieder vernichten, der die Fluthen des
Nil zurückhalte, und den Bewohnern des Nilthales auch fernerhin gestatten,
zu existiren. Der König von Aethiopien nahm die Geschenke freundlichst
an, — und im nächsten Jahre war Aegypten wieder mit einer reichlichen
Ueberschwemmung gesegnet. Ob aber wirklich ein Damm in Aethiopien
errichtet worden war, oder ob vielleicht dort selbst die Regen ausgeblieben,
darüber ist nie Etwas laut geworden. Die alten Aegypter hätten jeden=
falls eine ganz andere Gesandtschaft mit dem Tem (Keulenbeil) in der
Hand nach Süden geschickt und einen etwaigen Damm selbst bei Seite
geschafft.

Aber es ist in der That und Wahrheit schon zweimal der Versuch ge=
macht worden, den Aegyptern mit Einem Schlage Alles zu nehmen, was
ihnen zum Leben unentbehrlich ist. Im Jahre 1200 faßte der Kaiser Lali=
bala von Abyssinien den Plan, den Nil abzuleiten, ihm ein anderes Bett
anzuweisen und so mit einem Male Aegypten in der Reihe bewohnter Länder
auszulöschen. Glücklicherweise war die Wasserbaukunst des Kaisers Lalibala
im Jahre 1200 nach Christi Geburt noch nicht so weit als die der Aegypter
1200 Jahre vor Christo, und er mußte sich begnügen — mit dem Aerger,
seinen Plan nicht ausführen zu können.

Im 16. Jahrhundert beabsichtigte der Vicekönig der portugiesischen Be=
sitzungen in Ostindien, Albuquerque, den Nil oberhalb der Insel Pilak
ostwärts in das Rothe Meer abzulenken. Wenn ihm das gelungen wäre,
dann würde jetzt die ganze Menschheit Aegypten nur noch dem Namen
nach kennen, denn wer würde sich in ein dreihundert Stunden langes, voll=
kommen ödes Thal wagen? Der Plan war teuflisch genug von diesem Albu=
querque ausgedacht, aber doch zu groß, von ihm ausgeführt zu werden;
und so fließt der Nil noch auf diese Stunde und segnet und befruchtet das
Land, das er schon zu Menes' Zeiten beglückte, und ist noch wie damals
der Segen, der Ueberfluß, der Vater des Landes, der heilige Nil.

Der Samum.

# Aegyptens Landplagen.

## I.

### Die Heuschrecken.

Die Wolke. — Alles kahl. — Die achte der zehn Plagen. — Die Nachzügler. — Heuschrecken-Bann. — Wie die Bestien aussehen. — Geldverlegenheit in Mailand.

---

„Sieh', sieh'! — dort im Südwesten, — ist das Rauch oder ist das ein Wolkenzug? Es muß wol Rauch sein. Wie dunkel! Und wie das wächst und steigt! — Nein, es ist doch kein Rauch, es ist eine Wolke! Aber wie schwarz! Wie nahe am Boden! Das ist beängstigend, schrecklich beängstigend! Die Wolke kommt näher, immer näher, — jetzt raschelt's und rauscht's in der Luft, — es wird düster, — die Sonne verfinstert sich, — die Wolke ist über uns, — wie dunkel! Man kann ja auf zwanzig Schritte Niemanden mehr erkennen! Hu, jetzt brauset's in der Luft, wie ein Mühlrad! Und nimmt denn die Wolke gar kein Ende? — Halt an! Halt an! Die Pferde bäumen sich, unser Wagen schlägt um, — hilf, Himmel, ein lebendiges Hagelwetter!"

Kehr' dich um, Freund, daß dir die lebendigen Hagelkörner nicht ins Gesicht, sondern auf den Rücken schlagen; ich will die Pferde zum Stehen bringen. — So! Nun sieh, das ist ein Heuschreckenzug. Die Heuschrecken kommen in ungeheueren Schwärmen von Südwesten her ins Land; die ungefähre Zahl der Thiere, aus denen ein solcher Zug besteht, kann kein Mensch nennen. Eine Million ist viel, sehr viel; wenn ich aber sage: „Es sind tausend Millionen," so ist das noch gar nichts, und dennoch brauchte ein Mensch, der 16 Stunden täglich in Einem fort zählen wollte, über 30 Jahre, um 1000 Millionen Heuschrecken zu zählen. Es sind mehr als zehntausend, vielleicht mehr als hunderttausend Millionen — — solch ein Heuschreckenzug! Wo er sich niederläßt, bedeckt er 8 bis 9 Stunden lang, 3 bis 4 Stunden breit und ellenhoch den Boden. Mit unglaublicher Geschwindigkeit ist bald jedes Blatt, jedes Hälmchen, Alles, was grünt und blüht, verschwunden; die ganze Ernte rein aufgezehrt! Wer am Morgen noch seine Felder voll vielverheißender Saaten stehen sah, hat am Abend nicht mehr ein einziges Weizenkörnlein, nicht eine Baumfrucht, nicht ein Grashälmlein. Und wie es ihm gegangen, so auch dem Nachbar, so den Bewohnern von zehn Dörfern in der Umgegend, — Alles ist kahl abgefressen, Alles vertilgt.

Und du kannst sie nicht verjagen; — schlage unter sie, wirf unter sie, reite und fahre in die Massen hinein, — es erheben sich nur die nächsten, um sich sogleich wieder niederzulassen. Sie sind durchaus nicht zu vertreiben; du bringst sie nicht weg, bis sie von selbst auffliegen. Das geschieht in der Regel kurz vor Sonnenaufgang. Dann erhebt sich, wie auf ein gegebenes Zeichen, die ganze Wolke auf einmal, steigt 50 bis 60 Fuß hoch in die Luft und setzt ihre Reise mit großer Geschwindigkeit weiter fort, bis sie wieder müde ist und sich nach so und so viel Meilen abermals niederläßt.

Verjagen kannst du einen Heuschreckenschwarm nicht, vertilgen aber auch nicht. Ob auch die ganze Mannschaft mehrerer Dörfer hinauszieht und mit Stangen und Bretern auf die gefräßigen Thiere losschlägt, in deren Massen man bis zu den Knieen einbricht; ob man auch das Vieh hineinhetzt, Feuerbrände zwischen sie wirft, ob auch die tausend Vögel (namentlich Drosseln), die jeden Heuschreckenzug begleiten, noch so gierig zulangen, — du siehst nicht, daß es weniger werden. Wenn auch tausendmal tausend vertilgt werden, das ist noch nicht zu merken.

Das ist die achte der „zehn Plagen". 2. Mos. 10, 13—15: „Des Morgens führete der Wind die Heuschrecken her. Sie bedeckten das Land und verfinsterten es, und fraßen alles Kraut im Lande auf und alle Früchte auf den Bäumen" ꝛc.

Wenn sich der Hauptschwarm erhebt, bleiben immer noch große Massen solcher zurück, die abgemattet sind und nicht mehr fortkönnen, oder die bei dem ungeheuern Gedränge keine Nahrung gefunden haben, oder die verwundet sind. Die Thiere fliegen so gedrängt, daß sie sich gegenseitig sehr häufig die Flügel verletzen; auch fressen die oben liegenden, wenn sie nichts Anderes finden, ihren Nachbaren die Flügel an.

Zu diesen Zurückgebliebenen kommt nun, etwa 5 bis 6 Fuß über dem Boden fliegend, eine ähnliche Schaar Nachzügler, die auf dem vorigen

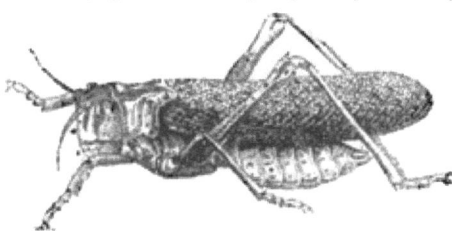

Lagerplatz zurückgeblieben war. Gegen diesen Nachtrab des großen Hauptheeres kann man etwas thun. Man kann ihn durch Lärmen von dem eige= nen Felde auf das des Nach= bars jagen, kann ihn zer= stampfen, vom Vieh fressen lassen, verbrennen ꝛc.; diese Nachhut wird in der Re= gel nach und nach vertilgt.

Die Wanderheuschrecke.

Wenn sie weg ist, dann ist aber auch anscheinend alle Vegetation verschwun= den; die Nachzügler zehren nicht allein jedes Blättchen auf, das der Gier des Hauptheeres entgangen, sie zernagen auch die Rinde der Bäume, Holz, selbst Lederzeug, und nur der unvergleichlichen Fruchtbarkeit des ägyptischen Bodens ist es zu danken, daß nicht nach jedem Heuschreckenzuge Hungers= noth entsteht. Die Ernte ist freilich verloren, aber es reift in demselben Jahre noch eine zweite und auch eine dritte.

---

Wenn die Schwärme das ganze Land bis zum Meere durchzogen haben, erheben sie sich wieder, sobald ein kräftiger Südwind weht, und lassen sich über das Mittelländische Meer treiben. Da sind nun Millionen der Thiere, die den langen Flug nicht aushalten, nach und nach herabstürzen und so im Wasser umkommen. Aber diejenigen, welche nach Europa gelangen, sind immer noch eine furchtbare Landplage. Ihre Massen sind noch so ungeheuer, daß sie — gerade wie im Aegypterlande — ganze Ernten vertilgen, und darauf folgt dann bei uns jedes Mal Theuerung. Vergebens hat man alle natür= lichen und übernatürlichen Mittel gegen die schlimmen Gäste versucht, man ist nicht Herr über sie geworden. Im Jahre 1725 sprach sogar Papst Be= nedictus XIII. in feierlicher Weise den großen Bann über sie und gebot ihnen im Namen des heiligen Petrus, sich sogleich ins Meer zu stürzen, — auch das half nicht; die Heuschrecken blieben, wo sie waren, und stürzten sich nicht ins Meer.

Im Jahre 874 kamen sie bis nach Frankreich. Dort gingen sie in solcher Unzahl zu Grunde, daß von dem Geruche der verwesenden Thiere die Pest entstand. — Im Jahre 1693 schwärmten sie bis nach Thüringen. Man hat die Zahl derer, die sich zwischen Weimar und Roda niederließen, auf 92,160 Millionen berechnet, — und das waren doch nur die Ueberbleibsel eines großen Zuges!

———————

Diese Heuschrecken sind grün mit dunkeln Flecken, haben hellbraune Flügeldecken mit schwarzen Flecken und sind 2½ Zoll lang. Das Geräusch bringen sie hervor durch Anschlagen der Hinterbeine an die Flügel. Ein Weibchen legt etwa 200 Eier in zwei oder drei Abtheilungen, durch einen weißen Schleim zu einem Ganzen verbunden, in die Erde oder auch auf die Erde. Im Jahre 1752 haben die Bewohner der Stadt Drossen (Regierungs=bezirk Frankfurt in Preußen) allein 13 Scheffel 4½ Metzen solcher Eier eingesammelt und vertilgt, — der Zahl nach etwa 16½ Millionen Eier. In der Regel gehen die Eier, welche bei uns gelegt werden, durch Kälte und Regen von selbst zu Grunde.

Meistens finden die Heuschreckenzüge ihr Ende schon im Mittelmeere; kommt aber noch ein Rest von etlichen Tausend Millionen Thierchen herüber, so werden diese nach und nach vertilgt oder finden, — wenn sie so weit kommen —, ihren Tod in der Nordsee und der Ostsee. Auch nur über einen solchen Rest, wie er nach Europa kommt, auf Ein Mal Herr zu werden, ist noch nie gelungen. Die Regierung der Stadt Mailand ließ einmal, da sich die Heuschrecken in ihrem Gebiete niedergelassen hatten, zur Aufschaufelung und Ablieferung der kleinen Bestien auffordern und versprach für jeden Sack voll eine bescheidene Bezahlung. In zwei Tagen wurden 12,000 Maltersäcke voll abgeliefert, und die Regierung beschloß, nun nichts mehr zu bezahlen; — woher sollte sie das Geld nehmen?

Daß der Aberglaube auch an den Heuschreckenschwärmen einen willkom=menen Gegenstand für seine Phantasieen fand, ist nicht zu verwundern. Man hat auf den Flügeln der gefräßigen Thiere nicht nur einzelne Buchstaben, sondern ganze armenische und chaldäische Worte gelesen. Die alten Gottes=gelehrten erkannten eine Zuchtruthe des Himmels in den verheerenden Schwär=men, und im Jahre 1643 fand ein Archidiakonus in Breslau, daß jede Heu=schrecke ganz deutlich auf ihren Flügeln stehen hatte: Annona morieemini: Ihr werdet an der Hungersnoth sterben. — Ja, das sind merk=würdige Thiere, diese Heuschrecken!

———————

## II.

### Der Chamsien.

Die Wandelung in der Natur. — Der Sturm. — Die neunte der zehn Plagen. — Fünfzig!
Der rothe Sand. — Der Samum.

Es ist um die Zeit der Frühlings=Tag= und Nacht=Gleiche. Noch
heute Vormittag erfreute uns das herrlichste Wetter, — hoch über uns der
rein blaue Himmel; um uns eine in Saft und Fülle strotzende Vegetation;
eine Luft von den süßesten Wohlgerüchen durchduftet. Zur Seite fließt der
köstliche Jaro; alle Menschen sind fröhlich, vergnügt, glücklich. Sind?
Nein, so war es diesen Vormittag; aber jetzt ist es anders. Die Hitze
ist zu einer drückenden Höhe gestiegen; eine peinliche Schwüle lagert in der
Luft; man athmet nicht mehr wie sonst, man keucht; das Blau des Him=
mels ist verschwunden, er sieht fahl aus; die Sonne ist weiß wie der Mond;
die Blätter der Bäume sind nicht mehr grün, das saftige, frische Grün des
Laubes ist ein mattes Blau geworden; ängstlich flattern die Vögel hin und
her; scheu springt das Wild an uns vorbei; eiligen Schrittes laufen die
Menschen nach ihren Wohnungen; Alles flüchtet sich, sucht Schutz, — Schutz,
wovor? Ich weiß es nicht; aber mir selbst ist so bang; die Brust ist so
beklemmt; eine Ahnung sagt uns, daß ein schreckliches Naturereigniß bevor=
stehe; — so muß der Untergang der Welt sich vorher verkünden.

Jetzt verdüstert sich der Himmel; die Sonne nimmt ein kaltes, todtes
Gelb an. Die Haare sträuben sich; es brennt in der Haut; es sticht in den
Fingerspitzen. Jetzt pfeift's und zischt's in der Luft, — hu! welcher Sturm!
Wer hält sich da auf den Beinen! Die stärksten Bäume biegen sich wie Schilf=
rohr; krach! krach! hier einer mitten durchgebrochen, dort einer entwurzelt;
die Thiere heulen, die Wasser brausen, die ganze Luft ist undurchsichtig,
gelbgrau, und gräßlich blickt die Sonne durch, eine dunkel=feurigrothe,
strahlenlose Scheibe.

Eine furchtbare Glühhitze fährt im tosenden Orkane daher; es ist, als
ob vor uns die Thüre eines Backofens oder Schmelzofens geöffnet würde.
In einem Nu ist jede Feuchtigkeit auf dem Körper verdunstet, der Gaumen
ausgetrocknet; es ist, als müßte die Haut zerspringen und Risse bekommen,
und als flögen tausend und tausend Nadelspitzen wider sie.

Noch immer dunkler wird es um uns; schrecklich heult der Sturm durch
die Finsterniß; eine violette Scheibe blickt noch durch die schwarze Luft, das
ist die Sonne. Aber es ist Nacht geworden; in den Häusern werden die
Lampen angezündet; ängstlich wartet Alles auf das Ende des Schreckens.
Da prasselt's und poltert's, — ein Haus ist zusammengestürzt und hat Men=
schen und Vieh unter seinen Trümmern begraben. Schreien, Wehklagen,

Das Land der Pyramiden.　　　Der Wüstensturm Chamsin.　　　Leipzig: Verlag von Otto Spamer.

.

Brüllen, — dazwischen das Pfeifen und Heulen des Sturmes! — O! es ist nicht zu schildern, wie gräßlich ein solches Wetter ist! Niemand wagt sich aus dem Hause; wer möchte auch in solchem Aufruhr der Natur hinaus? Im Hause ist man auch nicht geschützt gegen die Hitze und austrocknende Gewalt der Luft, — vollblütige Leute sind hier wie dort der Gefahr ausgesetzt, von einem Schlagflusse getödtet zu werden, — aber man hat doch Wasser bei der Hand, kann sich waschen, kann trinken und wird nicht von dem Sturmwinde zu Boden geworfen.

Doch Alles nimmt sein Ende; auch dieser Sturm vergeht. Nach zwei, drei Stunden legt sich der Wind; die Luft wird durchsichtig, und bald steht wieder die helle, klare Sonne am reinen, blauen Himmel. Doch ist es nicht, wie bei uns nach einem Gewitter, daß Alles in neuer Frische erscheint, daß Menschen und Thiere sich wohl und gestärkt fühlen; nein, die Hitze bleibt noch immer sehr empfindlich, die Pflanzen sind welk, Menschen und Thiere matt und verstimmt; Alles ist mit Staub bedeckt. Der Wind führt in der Regel keinen Sand mit sich, aber einen unendlich feinen Staub, gegen den kein Kleid, keine Verhüllung, kein Verschluß schützt. Das peinliche Gefühl auf der Haut ist Folge der Luftelektrizität, nicht etwa glühenden Sandes.

Was die Aegypter auch nach dem Aufhören eines solchen Orkanes nicht froh werden läßt, ist die Gewißheit, daß er bald wieder von Neuem beginnt. Es dauert manchmal einen halben Tag, oder einen ganzen, manchmal zwei, drei Tage, bis er wiederkommt, zuweilen nur einige Stunden, ja selbst nur eine halbe Stunde. Wie die Pausen verschieden sind, so auch die Dauer des Sturmes. Manchmal dauert er nur 40 bis 50 Minuten, und es wird nicht so dunkel, daß man die Lampen anzünden muß; zuweilen tobt er aber auch tagelang. Die längste beobachtete Dauer betrug vier Tage. Das ist aber furchtbar und bringt unsägliches Leid über das Land. In der Regel folgt dann die Pest nach.

2. Mos. 10, 22. 23: „Es ward eine dicke Finsterniß in ganz Aegyptenland drei Tage, daß Niemand den Andern sahe, noch aufstund von dem Orte, da er war, in dreien Tagen."

Das war die neunte der zehn Plagen.

―――――――――

Die Araber nennen diesen Wind Kamsin oder Chamsien, d. h. Fünfzig, weil er von Ende März an ziemlich genau fünfzig Tage lang — mit den oben angegebenen Unterbrechungen — weht. Von den fünfzig Tagen kommt die Hälfte auf Sturm, die Hälfte auf die Pausen. Erst mit dem 11. oder 12. Mai darf man hoffen, daß die Plage vorüber ist.

Zuweilen verbinden sich mit dem Chamsien noch besondere Erscheinungen. Die interessanteste ist ein gelbrother, ganz feiner, staubartiger Sand,

der etwa aussieht wie gestoßener Zimmt. Fällt er in's Wasser, so färbt er.
dieses sogleich roth. Professor Ehrenberg in Berlin ist der Ansicht, auf
diese Weise sei zu Moses' Zeiten plötzlich alles Wasser anscheinend zu Blut
verwandelt worden, auch sei so der Blutregen zu erklären, welchen der
Prophet Elisa einmal bewirkte.

Untersucht man den rothen Staub mit dem Mikroskope, so findet man,
daß er aus vierzig Arten verschiedener Körper besteht, — aus viererlei
Mineralien, den Trümmern von etlichen Pflanzenarten und mehr als drei-
ßigerlei winzig kleinen Infusionsthierchen.

Im Jahre 1857 bedeckte dieser rothe Staub zollhoch die Straßen
in Kairo, hemmte die Eisenbahnverbindung zwischen dieser Stadt und
Alexandria, und tausend Arbeiter wurden hinausgeschickt, die Schienen wieder abzufegen.

Diese Erscheinung verbreitet sich bis auf das Mittelländische Meer, wo
man sie „rothen Nebel" nennt.

Ganz verschieden von dem Chamsien ist der Samum. Er ist nicht,
wie jener, elektrisch und weht nur in der Wüste. Nach Aegypten kommt er
nicht. Er ist nichts Anderes als ein furchtbarer Sandsturm. Wehe den
Unglücklichen, die von ihm ereilt werden! Ihr Tod ist fast gewiß. Mit
heißem Wehen umfängt sie der glühende Sand in schrecklichen Wirbeln.
Thiere und Menschen stemmen sich mit aller Energie gegen den todbringenden
Hauch, — aber was hilft's? Fünf Minuten, zehn Minuten kann man
Widerstand leisten, aber nicht stundenlang. Eingehüllt in eine undurchsichtige
Wolke glühenden Sandes, der fortwährend die matten Glieder peitscht, empfindet man bald ein Summen und Brausen im Kopfe, bekommt Schwindel,
taumelt hin und her, verliert das Bewußtsein und sinkt zu Boden. Hört
der Samum nun nicht bald auf, so ist der Tod unausbleiblich.

Zuweilen führt der Sturm aber auch so ungeheuere Sandmassen durch
die Lüfte, daß er ganze Hügel aufwirft und manche Karawanen so im Sande
begraben werden. Da liegen sie Alle unter der leichten Decke, Herren und
Sklaven, Rosse und Kameele, und werden zu Mumien ausgetrocknet, und
keines Sterblichen Auge sieht sie jemals wieder, — wenn nicht der Samum
kommt und mit seiner Sturmesgewalt den Leichenhügel weghebt, um ihn —
vielleicht nach hundert und hundert Jahren — anderswohin zu führen.

———————

# III.

## Die Pest.

Die Pest ist eine furchtbare Krankheit, von welcher Aegypten etwa alle
vier bis fünf Jahre einmal heimgesucht wird. In Oberägypten ist sie sehr
selten, im Delta aber rafft sie manchmal ein Viertel der Bevölkerung hin.
Sie verbreitet sich nicht durch die Luft, sondern ist nur durch Berührung
ansteckend; hauptsächlich wird sie durch Kleidungsstücke, Wolle, Baumwolle
und andere Dinge, welche von Pestkranken berührt worden sind, fortgepflanzt.
Die ersten Anzeichen sind Mattigkeit, Frost, Betäubung, Irresein; dann
röthet sich das Gesicht, es entstehen schmerzhafte Beulen über den ganzen
Körper, die bald zu eitern anfangen; in neun Stunden ist der Kranke eine
Leiche. Das ist eben das furchtbar Schreckliche an dieser Krankheit, daß sie
so überaus schnell tödtet. Ja, bei vielen von ihr Befallenen tritt der Tod
schon nach zwei, drei Stunden ein; nur die Wenigsten genesen wieder.

Nach Aegypten wird die Pest gewöhnlich von Asien aus eingeschleppt;
durch große Vorsicht und Absonderung von den Kranken kann man sich vor ihr
bewahren; durch die Hitze wird die Empfänglichkeit, die Leichtigkeit der An-
steckung wesentlich befördert. Namentlich greift beim Wehen des Chamsin
die Pest mit rasender Schnelligkeit um sich.

Das ist dann eine schwere Zeit der Angst und Noth. In einer ganzen
Stadt Niemand, der nicht Liebe, Theure verloren hätte, — der Mann die
Frau, der Vater den Sohn, der Bruder die Schwester; hier stehen Kinder
elternlos, dort stirbt im Verlaufe von wenigen Tagen eine ganze Familie aus;
die Straßen sind öde und leer; nur hier und da schleicht weinend und händeringend ein Bekümmerter durch die Gassen. Ist die Pest vorbei, so sind alle
Lebensverhältnisse total verändert; die Häuser haben ihre Besitzer gewechselt;
man hat neue Nachbarn bekommen; mit Kindern reich gesegnete Eltern sind
plötzlich kinderlos geworden; ein armer Schelm hat durch Erbschaft große
Reichthümer gewonnen; die junge Frau, die erst vor wenigen Wochen ihre Hochzeit gefeiert, ist schon Wittwe; der Herr hat seine Knechte und Mägde, die Diener haben ihre Herrschaft verloren; — Alles ist anders geworden, Alles, Alles.

Heutigen Tages wüthet die Pest so grauenhaft nicht mehr; doch sind ihre
Verheerungen immer noch schrecklich genug. Freiherr von Minutoli erlebte im
Jahre 1820, daß in Alexandria, welches damals 15,000 Einwohner zählte,
täglich durchschnittlich 35 starben. Das machte für die Bevölkerung von Frankfurt etwa 170 Todesfälle, — für Wien oder Berlin ungefähr 1100 bis 1200,
für Paris 3500, für London 7000 in Einem Tage.

4*

Da kann man das Gräßliche wol begreifen, was uns die Geſchicht-
ſchreiber alter Zeiten berichten. Im Jahre 262 nach Chr. Geb. drang die
Peſt bis Rom vor und raffte da täglich 5000 Menſchen weg; im Jahre
541 verſchlang ſie zu Konſtantinopel durchſchnittlich 6000 bis 8000 an jedem
Tage. Der arabiſche Gelehrte und Arzt Abdollatif (1161 bis 1231) erlebte
in Aegypten eine Peſt, von deren Verheerungen man ſich keine Vorſtellung
machen kann. So ging z. B. in Alexandria ein und daſſelbe Beſitzthum im
Verlaufe eines einzigen Monats durch Todesfälle und Erbſchaft in vierzehn
verſchiedene Hände über, — je über den andern Tag war der neue Herr
ſchon wieder geſtorben.

Die Peſt wird als die letzte der „zehn Plagen“ ausgelegt; ſie trifft
aber freilich nicht blos die Erſtgeburt, ſondern Jeden, der mit einem ſchon
Angeſteckten in irgend eine Berührung kommt. 2. Moſ. 12, 30: „Da ward
ein groß Geſchrei in Aegypten, denn es war kein Haus, da nicht ein Todter
innen wäre.“

Ein heranziehender Heuſchreckenſchwarm im Lande der Boers.

Der Sohn der Sonne auf dem Wege zu dem Morgengottesdienste.

# Ein Tag aus dem Leben eines ägyptischen Königs.

Titel des Königs. — Beschränkung. — Des Königs erstes Geschäft. — Morgengottesdienst. — Tages-
arbeit. — Mittagsmahl. — Erholung. — Verehrung des Königs.

Efte Ra, Sohn der Sonne, Suten Slol, Beherrscher des Volkes,
war der vollständige Titel der altägyptischen Könige; gewöhnlich aber wurde
nur die Benennung Phra gebraucht.

Die Gesetzgeber des alten Aegyptens kennen die Schwächen des Menschen; sie wissen, wie viele Versuchungen namentlich an die Großen heran-
treten, wie diesen von allen Seiten eine andere Sünde in verlockender Hülle
winkt, wie ihnen geschmeichelt wird, wie die Hofschranzen suchen, bis sie eine
Schwäche ihres Herrn gefunden haben, und wenn sie gar keine finden, —
ihm nach besten Kräften eine anerziehen, damit sie Etwas haben, woran sie
den Herrn fassen, worin sie sich ihm angenehm machen können.

Wer hat so, wie ein König, Versuchung zum Nichtsthun, zum Wohl-
leben, zur Unmäßigkeit, zur Verschwendung? Wer kann so, wie er, ungerecht
sein, jeder Laune des Hasses und der Rache verderbenbringend nachgeben?

Daher die große Sorge für eine weise Erziehung der Prinzen und für eine weise Lebensordnung des Königs selbst; darum ist diesem sein ganzes Thun und Treiben genau vorgeschrieben; sein ganzes Leben durch unwiderstehlich zwingende Gesetze geregelt.

Am frühen Morgen bei dem ersten Strahle der Sonne erscheint ein für dieses Geschäft besonders bestimmter Beamter aus der Zahl der Sternkundigen und verkündet dem Könige, die Nacht sei dahin, das Land rufe seinen Herrn. Und sogleich erhebt sich dieser von seinem Lager und begiebt sich in sein Arbeitszimmer, wo schon der Geheimschreiber seiner harrt. Kein Geschäft, auch nicht das geringste, darf der König vorher verrichten, denn — Kemi wartet auf seinen Phra. Er darf nicht vorher der Königin den Morgengruß bringen, darf nicht seine Kinder sehen, darf nicht einmal sich vorher waschen, viel weniger ein Frühstück einnehmen; denn sein erster Gedanke an jedem Tage muß das Wohl des Volkes sein, und Weib und Kind und sich selbst muß er vergessen, so lange er noch Etwas für sein Land thun kann.

Nun sieht er die am späten Abend und in der Nacht eingegangenen Bittschriften, Beschwerden, Berichte, Ausweise ꝛc. mit seinen Räthen durch, liest die von den Gerichtshöfen gefällten Strafurtheile, heißt Bitten gewähren oder abschlagen, den Empfang der Berichte und Ausweise bescheinigen, Beschwerden abhelfen, ordnet den Vollzug der ausgesprochenen Strafen an, oder begnadigt den Verbrecher; beantwortet etwa eingelaufene Anfragen, — und erst wenn alle diese Arbeiten besorgt sind, wenn in seinem ganzen Lande Niemand mehr ist, der Etwas von ihm verlangt, — dann entläßt er seine Räthe und bringt seiner Gemahlin den Morgengruß oder umarmt seine Kinder.

Man denke nicht, solch Leben sei peinlich für den Phra gewesen; er und seine Familie hätten diese Tagesordnung drückend und lästig gefunden, — nein, denn wenn der Sohn der Sonne am Morgen zu seiner Gemahlin trat, dann trat er freudestrahlend vor sie, — hatte er ja doch schon hier Thränen getrocknet, da die Unschuld beschützt, dort das Laster zermalmt; hatte er doch schon Gutes gethan die Fülle, und kam er mit reinem Herzen und dem besten Bewußtsein zu der, welche die unendliche Liebe und Verehrung mit ihm theilte, die sein glückliches Volk für ihn hegte.

Nachdem der König ein Bad genommen, genießt er im Kreise seiner Familie ein bescheidenes Frühstück, bestehend aus Milch, feinem Weizengebäck und Feigen. Jetzt erscheint der Stundenverkündiger wieder und ruft zum Morgengottesdienste. Der Phra legt seinen ganzen königlichen Schmuck an und begiebt sich dann in den Palasthof, wo die Bildsäule seines Hausgottes, d. h. des Gottes, den er gerade besonders verehrt, errichtet ist. Vorher haben sich schon alle Theilnehmer an dieser Feierlichkeit eingefunden. Die Thore des Hofes sind weit geöffnet, und Jeder aus dem Volke, auch der Aermste, hat Zutritt und kann sehen, wie sich der König bemüthigt vor seinem Gotte, und hören, wie ihm seine Pflichten vorgeführt werden. Die Menge verharrt ernst, ruhig; eine feierliche Stille waltet über der Versammlung. Jetzt öffnet sich die

Pforte, und heraus tritt das Korps der königlichen Leibgarde. Eine Musikbande zieht voran, und so marschieren sie längs der Mauer hin, machen einen Umzug durch den ganzen Hof und stellen sich dann links und rechts vor dem Thore auf, durch welches sie eingetreten sind. — Wieder thut sich die Pforte auf, und nun erscheint ein langer Zug niederer Tempeldiener, welche ein silbernes Gefäß mit Wein, eine silberne Büchse mit Weihrauch, eine goldene Schale und eine goldene Räucherpfanne tragen. Sie nehmen zu beiden Seiten der Götterstatue Platz.

Alles in tiefer, erwartungsvoller Stille. Nun erheben die Musiker ihre Instrumente, — eine feierliche Melodie tönt brausend durch die Lüfte; und bei ihrem Klange springen abermals die Flügel der Pforte weit auf, — langsam feierlichen Schrittes nahet der ehrwürdige Phra, zu seiner Seite der greise Vorsteher des Priesterkollegiums. Hinter Beiden folgt der „heilige Schreiber", und dann der ganze Hofstaat in voller Zahl, auch die Königin mit ihren Söhnen und Töchtern fehlt nicht.

Der König ist vor das Bild des Gottes getreten, — die Musik ist verstummt, — nun giebt der Führer der Priesterschaar ein Zeichen, und die Priester stimmen ein Loblied an zum Preise Gottes, und alles Volk singt tief ergriffen mit.

Ist der Gesang verhallt, fallen Priester, Krieger und Volk auf die Kniee, nur der König und der Oberpriester stehen noch aufrecht. Jetzt ergreift der König die goldene Schale, füllt sie aus der silbernen Kanne und gießt feierlich den Wein auf den Altar. Sodann nimmt er die Räucherpfanne, welche schon mit glühenden Kohlen gefüllt ist, streut aus der Büchse den Weihrauch darauf und hält sie dem Gotte dar.

Aber der Oberpriester erhebt seine Stimme und betet also:

„Großer, mächtiger, gnädiger Gott! Der Sohn der Sonne nahet sich dir und bringet dir Preis, Lob und Dank dar, daß du ihn zum Herrn gemacht über Kemi, daß du ihm Leben, Kraft und Weisheit gegeben. Darum verehret er dich und alle Götter in Worten und Werken, und wir, die wir sein Thun überwachen, bekennen es laut: Er war ein guter Sohn, treu gehorsam den Eltern; er ist ein liebender Vater, sorgend für seine Kinder; er ist ein rechtschaffener König, dem das Wohl seines Landes am Herzen liegt. Er unterdrückt Niemanden, er kränkt nicht das Recht, er ist edel und versöhnlich; die Rachsucht ist ferne seinem Herzen, Verzeihen und Vergeben ist seine Lust. Kein Armer, kein Verlassener hat je umsonst zu ihm gefleht, Helfen und Beistehen ist seine Freude. So sprechen wir, so sprechen Alle, die hier versammelt sind. Aber die Götter allein sehen in das Herz des Menschen, sie allein wissen, ob er nicht still verborgen Böses gethan; sie hören auch die Klagen, welche nicht an unser Ohr dringen. O, ist Einer in dem weiten Reiche von Pilak bis zum Meere, dem der König Unrecht gethan; ist Einer, an dem er sich versündigt, so rechne es nicht ihm an; sprich ihn, den König, frei von aller Schuld und lade sie auf uns, seine Rathgeber und Diener, die ihm schlecht gerathen, die ihn nicht bewahrt haben vor dem Bösen.

Schütze auch heute Land und Volk, schütze den König, schütze uns, seine Diener, großer, mächtiger, gnädiger Gott!"

Nun erheben sich wieder Alle von ihren Knieen, und der König, der an den Altar getreten war, stellt sich wieder an seinen ersten Platz. Jetzt tritt der „heilige Schreiber" vor und liest aus den „heiligen Büchern" (d. h. Papyrus-Rollen) eine Stelle vor, und Alle lauschen mit gespannter Aufmerksamkeit; denn das Volk ist gläubig und fromm und betet am liebsten mit seinem Könige.

Mit den Abschnitten aus den „heiligen Büchern", welche bei diesen Morgengottesdiensten vorgelesen werden, wird regelmäßig abgewechselt, so daß nach und nach der ganze Inhalt der hierzu bestimmten Bücher vorgetragen wird.

Und noch einmal ergreift der Oberpriester das Wort und wendet sich an den König und die andächtig versammelte Menge, Allen zu zeigen, wie ein wahrer König und was er seinem Lande sein soll. Der Phra von Kemi soll sein wie die Sonne da oben am blauen Gezelte des Himmels. Jeden Tag gehet sie auf über das Land und säumet nie; sie erwärmt und segnet all überall, droben im Süd und drunten im Nord, nach Ost und West bis zu den Bergen. Und wie sie die Felder und Wiesen und Haine der Reichen beglücket, gerade so scheinet sie auch in das bescheidene Gärtlein des Armen. Ja, auch den Bösewicht beglücket sie noch und lässet ihm Saaten reifen; und ob auch Jemand ihr fluchte, sie würde ihn dafür segnen. So wandelt sie still und ruhig, ohne daß du ihren Gang hörtest, täglich ihren Weg und beglücket, bis sie untergeht. — Also soll auch der König sein. Still und ohne Lärm soll er das Gute thun und keinen Tag verziehen; schirmen, schützen, erfreuen und beglücken Reich und Arm, Vornehm und Gering; auch über den Bösewicht soll seine Gnade walten, und alle Bewohner des Landes sind seine Kinder in Nord und Ost, in Süd und West. Segnend soll er wandeln durch's Leben, bis auch er schlafen geht drüben in den westlichen Bergen. Nur dann verdient er in Wahrheit den Namen Este Ra, Sohn der Sonne.

Ein ander Mal wird dem Könige die Pflicht der Gerechtigkeit — und wieder ein ander Mal Wohlthätigkeit, Mildthätigkeit und Barmherzigkeit empfohlen. Heute wird er vor Schmeichlern gewarnt, morgen vor Dünkel und Selbstüberhebung, übermorgen vielleicht vor Haß und Rachsucht.

Es ist nicht gut möglich, sich täglich solche Vorhaltungen öffentlich machen zu lassen, und doch nicht nach dem Gesetze zu handeln. Und in der That haben die meisten Könige Aegypten's eine so vortreffliche Regierung geführt, daß sie von ihrem Volke im höchsten Grade verehrt und aufrichtig geliebt wurden.

Wenn der Oberpriester ausgesprochen hat, stellt sich der Phra an die Spitze seines Hofstaates und kehrt, wie er gekommen, unter dem Schalle der Zinken und Hörner, der Trommeln und Kemkem in den Palast zurück, — geraden Weges in das Sitzungszimmer, und jetzt beginnen für ihn die eigentlichen Geschäfte.

In Kemi wird Viel geschrieben, sehr Viel! Ueber alles Mögliche wird an den König berichtet, und so hat dieser den ganzen Tag vollauf zu thun, das Vorliegende zu bewältigen. Er ist noch lange nicht am Ende mit seiner Arbeit, wenn der Stundenkündiger erscheint und ihn bittet, zur Tafel zu kommen.

Da aber die Aegypter keinen König wollen, der unmäßig ist, der sich durch übermäßigen Genuß unfähig zur Arbeit macht, oder der die Zeit des halben Tages an der Tafel zubringt, so ist dem Phra durch das Gesetz vorgeschrieben, wie lange er bei Tische sein, wie vielerlei Speisen und was für welche er genießen darf, — so z. B. von Fleischarten nur Kalb- und Gänsefleisch —; und das ihm erlaubte Quantum Wein ist so zu-gemessen, daß es ihn nicht behindert, sich unmittelbar nach der Mahlzeit wieder ernsten Staatsgeschäften zu widmen. Die ersten Minister und Räthe sind meistens bei der Tafel, wenigstens der Vorsteher des Priesterkollegiums. Zur bestimmten Minute tritt wieder der Stundenkündiger ein und spricht: „Este Ra, Suten Slol, die Zeit ist da, wo die Weisheit gebietet, dem Genusse Grenzen zu setzen, wo die Pflicht dich wieder zur Arbeit ruft."

Der König grüßt Frau und Kind und geht wieder an seine Arbeit. Ist einmal das Drängende, Vorliegende alles besorgt, so werden die Karten des Landes durchgesehen und Pläne zur Anlegung neuer Kanäle gemacht, oder man beschließt den Bau dieses und jenes Tempels, oder veranlaßt die Er-öffnung neuer Bergwerke (ganz im Süden, an der Grenze Aethiopiens, waren sehr bedeutende Goldbergwerke, die der Regierung den fabelhaften Betrag von tausend Millionen Gulden in jedem Jahre eingebracht haben sollen), oder man bespricht auch einen in Aussicht genommenen Kriegszug.

Endlich, gegen Abend, schlägt auch dem Könige die Feierstunde, und jetzt ist es ihm erlaubt, wenn er noch ein Bad genommen hat (denn er muß zwei-mal an jedem Tage baden), sich zu erholen im Kreise seiner Familie, — da-heim oder draußen in der freien Natur. Nun spielt er in seinem mit Blumen und Laubwerk geschmückten Zimmer mit seinen Kindern oder unterhält sich mit der Königin, läßt Musiker, Tänzer und Tänzerinnen kommen, oder treibt Kurz-weil mit seinen Hunden, Katzen, Affen und Zwergen, oder spielt Bret.

Ein anderes Mal besteigt er seinen Wagen und jagt in die Ferne, oder geht fischen, oder spaziert in seinem prächtigen Garten umher.

Doch auch die Zeit der Erholung hat ihre Grenzen. Es ist dem Phra nicht gestattet, sich über eine bestimmte Stunde hinaus den Schlaf zu ver-sagen; denn wer sich nicht durch Schlaf genügend gestärkt hat, kann auch am folgenden Tage seine Pflicht nicht vollkommen erfüllen.

So geht es einen Tag wie den andern, vom ersten Tage des Jahres bis zu dem letzten. Die einzige Ausnahme machen die Feiertage; an diesen genügt es, daß der König die dringendsten Geschäfte besorgt, dann aber kann er auf die Jagd gehen und sich anderen Vergnügungen überlassen.

Nicht leicht ist ein Mensch so bevormundet als der Phra en Kemi; aber dieser fühlt sich deshalb nicht unglücklich; er ist vollkommen zufrieden mit seiner Lage. Dioboros, ein griechischer Schriftsteller, der selbst das alte Aegypten besucht hat, sagt: „In diese Sitten fügen sich die Könige durchaus nicht mit Unmuth oder Widerwillen; vielmehr sind sie überzeugt, daß sie das glücklichste Leben führen. Denn die anderen Menschen (denken sie) lassen sich durch unvernünftige Nachgiebigkeit gegen die sinnlichen Triebe zu vielen Handlungen verleiten, welche sie in's Unglück oder in Gefahr bringen; Einige wissen oft auch wol, daß es unrecht ist, was sie im Sinne haben, und thun das Böse dennoch, von Liebe, oder Haß, oder einer andern Leidenschaft hingerissen. Bei ihnen (den ägyptischen Königen) dagegen kommen die wenigsten Uebereilungen vor, weil sie eine von den verständigsten Männern gut geheißene Lebensregel befolgen.“ Das ist gewiß, daß der Sohn der Sonne selten Etwas zu bereuen hatte.

Seine ganze Regierung war in der That nur der Sorge gewidmet für des Volkes Wohl und für des Volkes Ruhm. Aber dieses war auch dankbar für solche Aufopferung von Seiten seines Königs. Unmittelbar nach den Göttern stand ihm der Phra. Ihn verehrte jeder Rem en Kemi noch lebhafter, noch inniger als seine eigenen Eltern; er wurde von Allen in ihr tägliches Gebet eingeschlossen; ihm errichtete man Obelisken und Bildsäulen, seine Ehre, seinen Ruhm auf die Nachwelt zu bringen; sein Bild wurde in die Tempel gestellt; vor diesem Bilde betete, opferte man. Wenn er sich auf der Straße sehen ließ, lief das Volk herzu und jauchzte und jubelte laut auf. Es war kein durch Gensd'armen gebotenes und geleitetes Vivatrufen; es war die aufrichtige Liebe, die sich unbeengt äußerte. „Siehst du“, sprach der Vater zu seinem Sohne, „das ist der Phra! Wenn wir morgens noch schlafen, ist der bereits wach und sorgt für uns; wenn wir dem Vergnügen nachgehen, sitzt der an der Arbeit, an der Arbeit für uns; er sorgt, daß die Kanäle unterhalten werden; er läßt die Tempel bauen; er steht uns dafür, daß Keinem Unrecht geschieht, und schützt uns gegen Willkür; er läßt Gnade walten, wo das Gesetz unerbittlich straft. Rufe laut, recht laut: Heil dem Sohn der Sonne! Heil! Heil!“

Des Königs Doppelkrone und Schlachthelm.

Todtengericht über einen König.

# Der Sohn der Sonne ist todt.

Das letzte Stündlein. — Landestrauer. — Der Leichenzug. — Das Todtengericht. — Des Volkes Stimme. — Verurtheilung, nicht da gewesen zu sein. — Amenhotep.

Waren die Liebes- und Dankeäußerungen des ägyptischen Volkes gegen seinen König nicht vielleicht nur leere Schmeichelei oder auch bedeutungslose Gewohnheit? — Zur Zeit der eingeborenen Regenten nicht; später, unter den Persern und Ptolemäern, kam freilich manche Kriecherei und Armseligkeit vor, denn die Könige hatten nicht die Religion und die Sitten des Volkes, sie waren nicht mehr seine Väter, sondern seine Gebieter, — vor Allem: sie kannten nicht das letzte Gericht.

Es kommt ein Stündlein, — und für Jeden kommt es, für den Großen wie für den Kleinen, für Reich und Arm gleich gewiß; dem Phra war es ſo ſicher, wie dem ärmſten Hirten ſeines Landes, — ein Stündlein, das allen Tand, alle Täuſchung vernichtet, das mit einem Male jedes Puppenſpiel zu Boden ſchlägt, jeden Betrug entlarvt, die Wahrheit nackt und · klar vor Aller Augen ſtellt. Wenn der König die Augen geſchloſſen hat, nicht mehr ſieht die Bücklinge und Kratzfüße, wenn ſein Ohr nicht mehr das Lob des Schmeichlers vernimmt; wenn er nicht mehr lohnen und nicht mehr ſtrafen kann, dann kommt die Wahrheit an den Tag. An dieſe Stunde wurde der Sohn der Sonne täglich erinnert.

Wenn der König von Aegypten ſtarb, trauerte ganz Remi 72 Tage lang, d. h. 7 zehntägige Wochen und den Tag des Todes und des Begräb=niſſes; kein Gottesdienſt wurde gehalten, kein Opfer dargebracht; keine Muſik ertönte, kein Feſt wurde gefeiert. Das ganze Volk gürtete ſich mit der Trauerſchnur, die das Gewand nur loſe unter der Bruſt feſthielt, vermied jede Freude, jede Aufheiterung, damit man täglich und recht merklich an den Verluſt erinnert wurde. Es genoß während dieſer Zeit Niemand Fleiſch, Weizenbrod, Trauben und Wein; es war eine Zeit halber Faſten. Aber von Morgen bis Abend lagen Schaaren von Betenden, das Haupt mit Aſche beſtreut, vor den geſchloſſenen Tempeln. An dem Tage, da die traurige Nachricht kund wurde, ertönte ein Wehklagen und Jammern, als ob Jedes Vater oder Mutter geſtorben wäre. Frauen liefen laut weinend über die Straßen und rauften ſich die Haare, die Männer ernſt und ſtumm, traurig, eine Thräne an der Wimper. Und auf Jeden trat man zu, — bekannt oder unbekannt — und fragte: „Weißt du es ſchon? Der Sohn der Sonne iſt geſtorben!"

Es waren ſieben traurige Wochen für das ganze Land, aber ſieben ſchreckliche, peinliche Wochen für die Familie des Verſtorbenen; denn das letzte Gericht ſtand noch bevor. Die Leiche konnte nicht beerdigt werden, ehe denn das ganze Volk zu Gericht geſeſſen über ſei=nen König.

Das war eine ſehr weiſe Einrichtung! So lange der Phra lebte, war er unverantwortlich; Niemand konnte ihn verklagen; gegen ſeinen Ausſpruch gab es keine Appellation; was er geſagt, geſchah, als ob ein Gott geſprochen. Aber es kam die Zeit, wo auch das Volk ſprach, und dieſes Volksgericht war fürchterlich, denn es handelte ſich um das Wichtigſte für den Aegypter, um ein ehrliches Begräbniß. Alles Volk im ganzen Lande wurde auf=gefordert, ſich zu dieſem großen Werke zu vereinigen; und wenn nur ein Einziger hervortreten, wenn nur ein Einziger den Verſtorbenen mit Recht einer ungeſühnten Schuld anklagen konnte, ſo war das ehrliche Begräbniß verwirkt. Der Todte durfte nicht beſtattet werden; ſeine Kinder mußten die Leiche des Vaters mit zurücknehmen in das Haus. Sie durften ſie nicht einmal in ihrem Garten einſcharren; aufrecht wurde der Sarg in dem Wohn=zimmer an die Wand geſtellt, — ein ſchreckliches Mahnzeichen für Kinder und Kindeskinder!

Und nur ein einziges Mittel giebt es, diese Leiche los zu werden: die Versöhnung Dessen, der Einspruch gethan gegen die Beerdigung. Erst wenn dieser schriftlich sich bei den Todtenrichtern dahin erklärt, er sei befriedigt, erst dann kehrt der Todte ein in das dunkle Kämmerlein, das seiner harrt.

Nicht die Freunde des Königs, nicht die Beamten seiner Krone sprachen das Urtheil über ihn, sondern das Volk, das ganze Volk; und hätte er sich nur einmal aus Uebermuth an dem ärmsten seiner Unterthanen versündigt, — die Anklage dieses Einzigen wäre genügend, dem Könige das Begräbniß vorzuenthalten und seine ganze Familie in das fürchterlichste Unglück zu stürzen.

Die siebzig Tage sind um. Hier steht der Sarg mit der königlichen Mumie. Mit Festgepränge hat man ihn herbeigebracht; die Mumie ist mit Gold und Edelsteinen überladen; von den drei Särgen, welche sie einschließen, ist der eine von Alabaster, der andere von Granit; die geschicktesten Bildhauer haben alle ihre Kunst daran verwendet, es sind Festzüge auf den äußern Sarg eingemeißelt, die Tausende von Figuren zeigen, — dieser Sarg ist allein ein Familienbesitzthum werth; innen bei der Leiche sind Götterfiguren und Sinnbilder, Ringe, Geschmeide und Kostbarkeiten aller Art von Gold und Silber, von edlen Steinen und Perlen von fast unschätzbarem Werthe eingeschlossen; Alles, was dem Verstorbenen besonders lieb und theuer war, wird ihm mit in das Grab gegeben und hier in dem Leichenzuge nachgetragen. Der Zug selbst ist zusammengesetzt aus allen hohen Beamten des Reiches, den Oberfeldherren, den Verwandten und persönlichen Freunden des Königs; seine Diener führen noch seinen Staatswagen nach, seine Streitrosse, seine Waffen und die Abzeichen seiner Würde, Peitsche, Hirtenstab, Fächer, sodann eine große Zahl kostbarer Gefäße, kleine Tempelchen mit Götterstatuen und die Bildsäulen der Eltern des Verstorbenen.

Zu Tausenden und aber Tausenden hat sich das Volk versammelt. Da stehen ernst und würdig die 42 Todtenrichter; vor ihnen hält der Zug. Rechts stellen sich die Angehörigen der Königsfamilie auf, links das Volk in ungemessener Zahl.

Todtenstille rings umher. — Jetzt stimmen die Priester den Trauergesang an, und die Versammelten fallen andächtig ein. — Der Sang ist verhallt, — wieder eine Pause erwartungsvoller Stille. — Nun tritt der Bruder des Verstorbenen an das Kopfende des Sarges, erhebt die Hände, spricht ein tief empfundenes Gebet und fährt dann fort: „So spricht der König, welcher hier ruht: Ich habe dich geliebt, du Volk von Kemi, ich habe dich geliebt und alle meine Sorge dir geschenkt. Ich habe nur gedacht auf dein Wohl und dein Glück, und keine Last war mir zu schwer und keine Mühe zu groß. Ich habe dir Tempel und Bildsäulen errichtet, habe Recht und Gerechtigkeit gepflogen, Keinen um das Seine gebracht; ich habe nicht die Tempel beraubt, nicht betrogen, bin kein Geizhals gewesen, habe Niemanden geängstigt. Ich bin auch kein Heuchler gewesen, habe mäßig gelebt, nicht

die Ehe gebrochen, habe Vater und Mutter verehrt. Nie habe ich mein
Ohr verſchloſſen der Stimme der Wahrheit; nie habe ich verachtet den Gott
in meinem Herzen.“

So ſpricht der Bruder und verſucht, jede Schuld von dem Verſtorbenen
zu nehmen, ihn rein zu waſchen von jedem Fehler. Mit ängſtlicher Spannung, mit zagender Aufmerkſamkeit betrachten die Angehörigen des Todten
die Mienen, welche das Volk zu ſolchem Lobe macht; lauſchend, ob die An-
ſprache Beifall findet oder nicht.

Der Redner iſt wieder zurückgekehrt zu ſeinen Verwandten; es folgt eine
abermalige Pauſe, bis feierlichen, gemeſſenen Schrittes der Vorſitzende des
Todtengerichtes ſich dem Sarge naht.

„Volk von Kemi! Es iſt dein König, der hier liegt, der dich bittet um
ein ehrliches Begräbuiß.“

Jetzt kommen zuerſt die Lebensumſtände, die, wie alles Derartige, in
Aegypten mit der größten Ausführlichkeit gegeben werden. Dann fährt der
Sprechende alſo fort: „Wer den Verſtorbenen einer Miſſethat beſchuldigen,
wer ihm ein laſterhaftes Leben vorwerfen kann, wen er betrogen oder hintergangen, wem er Schaden an Leib oder Gut zugefügt, wem er noch irgend
Etwas ſchuldig iſt, der klage ihn an. Wer ihm einen Mord nachweiſen kann,
wer eine ſchlechte That von ihm weiß, wem er irgend ein Leid gethan, ohne
ſein Vergehen wieder gut zu machen, der trete hervor und klage ihn an.
Hier ſtehen ſeine Richter, die ehrlich und gerecht entſcheiden werden, ohne
Haß und ohne Liebe. Auch die Anklage ſei ohne Haß und Rachſucht! Wer
falſch anklagt, den trifft die Strafe des erdichteten Verbrechens auf das eigene
Haupt. Wer aber gerechten Grund zur Klage hat, der trete offen hervor,
furchtlos und ohne Scheu.“

Die nun folgenden Minuten ſind Jahre der Folterqualen für die
Hinterbliebenen des Königs. Leichenblaß und zitternd ſteht die trauernde
Wittwe; ihre Kinder ſtützen ſie und halten ſie aufrecht. Aber den Prinzen
und Prinzeſſinnen iſt kaum weniger bang um’s Herz. Sie haben zwar treu-
lichſt und eifrigſt in den 70 Tagen Alles gethan, zu erforſchen, ob ihr Vater
noch irgend eine Schuld auf dem Gewiſſen, ob er irgend einen Feind, ob er
vielleicht Etwas gekauft und noch nicht bezahlt hat; ſie haben kein Opfer ge-
ſcheut; ſie wiſſen ja auch, der König war gut und ein liebender Vater ſeinem
Volke, aber — er war doch ein Menſch, und ſeine Kinder können nicht
wiſſen, was er vielleicht im Verborgenen Unrechtes gethan hat. Da klopft
denn Allen das Herz in bangen Schlägen, und ſie ſehen ängſtlich hin, ob
Jemand vortreten werde und den Verſtorbenen anklagen.

Nach fünf Minuten erhebt der Gerichtsvorſteher zum zweiten Male ſeine
Stimme und fordert nochmals auf zur Anklage. — Nach zehn Minuten
wiederholt er ſein Wort zum dritten Male; eine Viertelſtunde wird dem Volke
Zeit gegeben, daß ſich Jeder entſchließen kann, — eine Viertelſtunde, die
für die königliche Familie eine Ewigkeit der Todesangſt iſt.

Wenn aber Niemand das Wort ergreift, besprechen sich die Richter still abseits und treten dann wieder vor den Sarg; ihr Vorsteher erhebt die Hände und ruft laut: „Wir haben über dich Gericht gehalten, Phra en Kemi, und haben dich schuldlos erfunden. Ich als Oberster der Richter spreche dich rein von jeder Missethat; dein Begräbniß ist gewährt; schlafe still und ungestört, du Reiner! Tritt hin vor den Richterstuhl des großen Osiri, und Heil dir, wenn dich seine Weisheit so schuldlos erfindet, als dich deine irdischen Richter erfunden haben! Gehe ein, du Gerechtfertigter, gehe ein zur Ruhe!"

Und lautes Freudejauchzen ertönt; die Kinder des Gerechtfertigten fallen der bleichen Mutter glückwünschend um den Hals, die Königin weint Freudenthränen, sie ist glücklich, überglücklich, — denn das Volk hat seinen Phra gerichtet und hat ihn rein erfunden.

Zunächst wird nun geopfert, und nachdem noch Dieser und Jener vorgetreten und eine Lobrede auf des Verstorbenen Tugend gehalten, ertönt abermals ein feierlicher Sang, und bei den ernsten Tönen des Liedes wird der Sarg mit Allem, was dazu gehört, in das königliche Grab gebracht.

---

Aber nicht jedem Könige fiel das Urtheil so günstig. Es kam auch vor, daß das Volk in lautes Toben und Schreien ausbrach, sobald der erste Redner (also ein Glied der Herrscherfamilie) den Mund öffnete.

Es darf dabei freilich mit Sicherheit angenommen werden, daß es in Kemi nicht viel anders ging, als es bei uns gehen würde. Es wird nicht so leicht Einer vorgetreten sein, auch wenn er sich zu beklagen hatte. „Schlafe in Frieden", würden die Meisten von uns denken, „du thust mir Nichts mehr zu Leide; ich will nicht die Ursache sein, daß du unbeerdigt bleibst." So dachten gewiß auch Viele dort an Niles Strand; aber — das Gericht war doch da! Das Volk wurde doch aufgefordert, zu sprechen, und die hinterbliebene Familie wußte nicht und konnte nicht wissen, ob eine Anklage auftauchen werde. Und wenn auch, wie gesagt, selten ein Einzelner vortrat, der da glaubte, daß ihm Unrecht geschehen, so viel ist gewiß, daß — wenn der Phra im großen Ganzen ein schlechter Regent war, — die Volksstimme sich so unverhohlen hören ließ und in einen so furchtbaren Sturm des Unwillens ausbrach; daß an ein Begräbniß gar nicht zu denken war. Wuthentbrannt stürmte das Volk an das Grab, zerschlug und zerstörte die Verzierungen und meißelte vor Allem den Namen des verhaßten Königs weg. In gleicher Weise wurde der Name an allen Gebäuden, Bildsäulen, Obelisken ꝛc., die er während seiner Regierung hatte errichten lassen, zerschlagen, zerstört, — kurz sein Name wurde vollständig vertilgt und der Verstorbene somit gewissermaßen ausgestrichen aus der Zahl Derer, die je gelebt hatten.

Dioboros berichtet, es sei Das manchen Königen begegnet, und fügt hinzu: „Daher kam es denn, daß die Nachfolger derselben nicht blos aus den oben angeführten Gründen recht handelten, sondern auch aus Furcht, es möge dereinst durch das Tobtengericht noch ihre Leiche beschimpft und ewige Schmach auf ihren Namen gebracht werden."

Heute noch sehen wir hier und da in den auf uns gekommenen Denk= mälern des alten Aegyptens die Zeichen der Volksrache. In dem Berliner Museum befindet sich eine wohlerhaltene Bildsäule der löwenköpfigen Göttin Pascht in sitzender Stellung. Sie ist sehr schön, acht Fuß hoch ohne den Sockel, von dunklem Granit. Links am Fußgestelle ist die Widmung zu lesen; rechts stand Titel und Name des Königs. Aber dieser Name ist weggemeißelt, und wir können so unmittelbar nicht wissen, wer der Stifter der schönen Bildsäule ist. Aber finden können wir es. Da nämlich jeder König noch einen besondern Titelnamen hat, der nur ihm eigen ist, — im vorliegenden Falle: „Herr der Gerechtigkeit", — so vergleichen wir alle Denkmäler der Sammlungen in Turin, London, Paris x., auf welchen der= selbe Titelname vorkommt; es ist jedesmal der folgende Eigenname aus= gemeißelt. Allein wir erkennen doch hier noch eine Spur von einem M, da von einem N, dort von einem T u. f. f.; so setzen wir aus den einzelnen Bruchstücken den ganzen Namen zusammen und wissen jetzt, daß dieser König, welcher die Rache des Volkes auf sich gezogen hat und von diesem verurtheilt worden ist, nicht existirt zu haben, Amenhotep hieß.

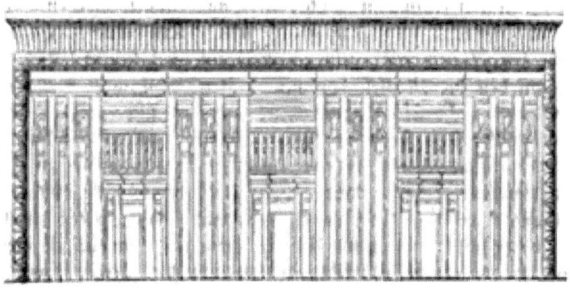

Sarg des Königs Namenta.

Die große Sphinx zur Zeit der französischen Expedition.

# Die Riesenbauten und Baudenkmäler Aegyptens.

## I.

### Kolossale Steinmetz= und Bildhauer=Arbeiten in Kemi.

Spießchen. — Inschriften. — Entführte Obelisken. — Der pariser Obelisk auf dem Concordienplatze. — Betrachtungen über den größten Obelisken. — Nicht abgeholte Geschenke.

Großartig, wie Alles, was die Männer des alten Aegyptens unternahmen, war auch ihre Baukunst. Sie hatten das vortrefflichste Material, Kalkstein, Sandstein, Granit im Ueberflusse, und sie verstanden es, den Stein zu bearbeiten, wie kein anderes Volk. Es ist nicht Uebertreibung, wenn man sagt: Die ägyptischen Steinmetzen gehörten zu den geschicktesten der Welt, und was sie ausführten, war groß, erhaben und berechnet für Jahrtausende. Wir wollen nicht verkennen, was die heutige Zeit leistet; sie hat nach unzähligen Richtungen hin die Völker des Alterthums überflügelt; sie führt aus, was in vergangenen Zeiten noch nicht einmal gedacht wurde; aber wenn wir heute einem Steinmetzen sagten, er solle uns aus einem Granitfelsen eine Säule von der Höhe dreier aufeinander gestellten Häuser losbrechen, aber in einem einzigen Stücke! — solle sie spiegelglatt poliren, von oben bis unten mit eingemeißelten Figuren versehen, dann umlegen, forttransportiren und an einem zweihundert Stunden entfernten Orte wieder aufrichten, — so würde er doch in große Verlegenheit gerathen.

Und wenn wir sagten: „Gehe, suche dir einen geeigneten Kalkfelsen, meisele Alles weg und lasse nur einen liegenden Löwen übrig, der aber haus= hoch ist", — würde er da nicht abermals verlegen sein? In Aegypten aber sind solche und ähnliche Dinge sehr häufig ausgeführt worden. Darum lies erst dieses und das folgende Kapitel, und dann sage, ob die Großartigkeit der Werke der alten Aegypter irgend welchen Vergleich zu scheuen braucht.

Betrachten wir nunmehr zuerst die einzelnen Arten ihr Steinmetz= und Bildhauer=Arbeiten, um sodann ihre Riesen=Bauwerke zu besuchen!

## 1. Die Obelisken.

Vor die Eingänge ihrer Tempel und Paläste setzten die Männer von Kemi rechts und links eine viereckige Säule, die nach oben etwas schmäler wurde und mit einer kleinen Pyramide endigte. Solch eine Gedenksäule hieß Maein. Als die Griechen aber nach Aegypten kamen, lachten sie über die langen, spitzen Säulen und nannten sie scherzweise Obeliskos, d. i. Spießchen (von Obelos = Spieß). Daher kommt der bei uns gebräuchliche Name. Sämmtliche größere Obelisken sind von rothem Granit (Syenit), in der Gegend von Suan gebrochen, sind auf allen Seiten von oben bis unten mit eingemeiselten Hieroglyphen bedeckt und spiegelglatt polirt.

Sie stehen auf einem Würfel aus demselben Steine, der nach allen Seiten etwa um ein Sechstel bis ein Viertel der untern Säulendicke vorsteht, d. h.: Ist der Obelisk unten acht Fuß dick, so ist eine Seite des Würfels ungefähr zehn bis zwölf Fuß. Bei dem Bilde Seite 19 ist von dem das Fuß= gestell bildenden Würfel Nichts mehr zu sehen, weil dieser und ein Theil der Säule selbst bereits in den Flugsand begraben sind; bei dem Seite 67 ist das Piedestal unecht und erst in Paris angefertigt worden.

Kleine, unbedeutende Obelisken kommen in Sandstein und in Marmor vor, haben auch manchmal keine Inschriften.

Die eigentlichen, großen Obelisken aber verkünden in ihren Hieroglyphen, welcher König den Palast erbaut hat, welchem Gotte der Tempel geweiht ist und dergleichen mehr; zeigen auch bildlich, wie der König den Göttern opfert ec. Als Beispiel von Inhalt und Form dieser Inschriften Folgendes:

Auf dem nachstehend abgebildeten, etwa 1550 vor Christo errichteten Obelisken heißt es:

„Ramses, der Herr von Ober= und Unter=Aegypten, der Sprößling der Götter, der Herr der Welt; er ist die über die Wahrheit wachende Sonne. Von Gott Ra ist ihm gestattet worden, diesen Tempel=Palast für den großen Amun zu erbauen und diese beiden Steinsäulen aufzurichten vor dem Ramses= Palaste der Stadt Tape. — Er ist der Freund der Wahrheit, der beruhi= gende König, der größte Sieger, der tapfere Kämpfer, und sein Name ist der leuchtendste aller Namen. — Er ist der Fürst der Großen, und die

Könige aller Länder der Erde liegen zu seinen Füßen." Und so weiter. — Ramses III. war bekanntlich ein großer Eroberer, nach Sesosi wol der größte Siegesheld, daher bis in die neueste Zeit sogar oft mit diesem verwechselt.

Die Figuren sind einen bis drei, ja vier Fuß hoch, einen halben bis zwei Zoll tief eingemeißelt und mit Farben ausgemalt, von welch letzteren freilich bei den nach Europa gebrachten Obelisken keine Spur mehr zu sehen ist.

Als Aegypten seine Selbstständigkeit verloren hatte, verschwand auch die alte Herrlichkeit; unter den Ptolemäern wurden gar keine neuen Obelisken mehr errichtet. Diese griechischen Könige zierten ihre neu gegründeten Städte mit alten Obelisken, die sie anderwärts erst abbrechen und dann da wieder aufstellen ließen, wo sie dieselben brauchen konnten. Der alten Inschrift ließ sich ja eine neue beifügen.

Die römischen Kaiser legten sich besonders darauf, Obelisken von Aegypten nach Italien zu bringen und mit diesen Wundern alter Steinmetzkunst ihre „ewige Stadt" zu schmücken. Octavianus ließ drei nach Rom führen; andere wurden durch Caligula, Claudius, Caracalla, Constantin u. s. w. herbeigeschafft.

Die Liebhaberei, solche kolossale Denkmäler vergangener Zeiten herüber nach Europa zu bringen und daselbst in den Hauptstädten aufzustellen, besteht immer noch. Den in dem nebenstehenden Bilde dargestellten Obelisken schenkte der

Der ehemalige Obelisk von Luxor. Aufgestellt zu Paris auf der Place de la concorde im Jahre 1836.

Pascha Mehemed Ali der französischen Regierung als Zeichen seines Dankes für verschiedene ihm geleistete Dienste. Im Jahre 1831 ging ein Schiff nach Aegypten ab, das Geschenk zu holen; allein die Fortschaffung des mächtigen Steinriesen hatte so ungeheure Schwierigkeiten, daß man erst im August 1833 mit dem kostbaren Geschenke im Hafen von Cherbourg ankam. Und erst 1836 konnte die kolossale Säule aufgestellt werden, denn die Vorarbeiten dazu waren unglaublich; die Kosten aber beliefen sich auf zwei Millionen Franken, und jahrelang sagten die Pariser zu den Fremden, wenn sie ihnen den Obelisken zeigten: „Sehen Sie sich diesen Stein wohl an; davon kostet jedes Pfund vier Franken." Das Gewicht des Obelisken ist nämlich 500,000 Pfund.

Er steht jetzt in der Mitte des Concordien=Platzes auf einem zwölf Fuß hohen Untersatze; den Würfel, welcher ursprünglich das Fußgestell bildete, hat man nicht aus Aegypten mitgebracht.

Um nun einen Begriff von der Größe dieser Denksteine zu geben, bemerken wir, daß des letztgenannten Breite an der Grundfläche 7 Fuß 6 Zoll mißt, während seine Breite an der Basis der obern kleinen Pyramide 5 Fuß 4 Zoll ist. Seine ganze Höhe (ohne Fußgestell) beträgt etwas mehr als 70 Fuß.— Die Zahl der auf allen vier Seiten eingemeißelten Hieroglyphen summirt sich auf etwa 1600.

Die meisten Obelisken sind fünfzig bis hundert Fuß hoch; doch kommen auch weit größere vor. Der höchste, welchen wir kennen, wurde unter Constantius II. aus Aegypten geholt und im Circus zu Rom aufgestellt. Im fünften Jahrhundert nach Christo wurde er von den Barbaren umgeworfen und lag, in drei Stücke zerbrochen, unter dem Schutte vergraben, bis ihn 1588 Domenico Fontana unter dem Papste Sixtus V. wieder aufrichtete. Er steht jetzt auf dem Platze vor der Kirche des heiligen Johannes vom Lateran. Dieser Obelisk ist 179 Fuß hoch und wiegt 13,000 Zentner.

Weißt du auch, was das heißen will: 179 Fuß? Das ist Thurm=höhe! Nun sinne darüber nach, wie man es wohl gemacht haben mag, Steine von dieser ungeheuern Größe aus den Felsen zu brechen; auf den Boden zu legen, ohne daß sie zertrümmern; wie man es machte, den Stein, der über eine Million Pfund wog, umzudrehen, daß man ihn an allen Seiten bearbeiten und poliren konnte; und wie man ihn endlich aufrichtete und auf das Fußgestell hob! Ueber den Transport eines solchen Riesensteines sei nur Folgendes gesagt: Man schaffte den Stein zuerst auf ein Floß. — Aber wie groß und stark mußte wohl ein solches sein, um 13,000 Zentner zu tragen? — Dann steuerte man zur Zeit der allgemeinen Ueberschwem=mung damit vor die Stadt, in welcher der Obelisk errichtet werden sollte. War nun die nasse Jahreszeit vorbei und der Boden wieder trocken und hart, so wurde der Obelisk auf Walzen bis an den Platz geschoben, den er zu zieren hatte. Es wurde zuerst ein starkes Mauerwerk von Sandstein in die Erde gesetzt; darauf kam der Granitwürfel. In diesen wurde eine Vertiefung genau von der Größe und Gestalt der Grundfläche des Obelisken gemeißelt,

und dieser sodann in diese Vertiefung gehoben. — Wie? Das haben die
Männer von Kemi für sich behalten.

Ausdrücklich muß aber gesagt werden, daß die Aegypter nie einen Obelisken allein aufstellten zur Zierde eines freien Platzes in dessen Mitte, wie
wir es machen; sondern sie standen immer paarweise, meist vor den Eingängen der Tempel und Paläste, wie das Bild S. 19 zeigt, seltener entfernt
von denselben, wie es auf der Abbildung S. 82 zu sehen ist.

Man hat sehr mit den Obelisken in Aegypten aufgeräumt; in Rom allein
stehen deren dreizehn. Dessenungeachtet finden sich noch prachtvolle Exemplare
dort im Lande des Nil. In dem alten Alexandrien — heutzutage außerhalb
der Stadt, dicht am Ufer des Meeres — standen zwei herrliche Obelisken, die
„Nadeln der Kleopatra“ genannt, aber aus weit älterer Zeit stammend.
Der eine wurde zur Zeit der großen Verwüstungen umgestürzt, der andere stand
noch aufrecht, als der Pascha von Aegypten den erstern dem Könige von England, den letztern dem Könige von Frankreich zum Geschenke machte. Da aber
der Transport etwas schwierig und kostspielig ist, beeilte man sich nicht sehr,
die werthvollen Geschenke abzuholen. Sie sind ja jedenfalls auch drüben
sicher, und kein Dieb kann sie mitnehmen.

Die Nadeln der Kleopatra.

Sphinx-Allee zu den Ruinen des Tempels bei dem Dorfe Wady-Zabua.

## 2. Die Sphinxe.

Wie eine Sphinx aussieht. — Beigefügte Statuetten. — Die Riesen-Sphinx. — Aussicht von ihrem Kopfe. — Ihre Neger-Physiognomie.

Die Sphinxe sind kolossale Steinbilder, in der Regel einen auf einem Fußgestelle liegenden Widder darstellend, wie eine später folgende Abbildung einen solchen darstellt. Daselbst findet sich auch die Bedeutung dieser Sinnbilder angegeben; hier soll nur von dem Aeußern die Rede sein.

Sie waren immer aus Einem Steine gehauen, nie gestückelt oder zusammengesetzt; aus Sandstein, Porphyr, am meisten aus Granit. Ihre Länge betrug vier bis zehn Fuß. So standen sie, Alleen bildend, vor den Eingängen der Tempel, wie die obige Abbildung zeigt.

Die Fußgestelle sind hier bereits von nach und nach aufgeschwemmtem Nilschlamme und von Flugsand bedeckt; die Sphinxe selbst sind fast alle mehr oder minder zertrümmert; namentlich sind den meisten durch die zerstörungssüchtigen Araber die Köpfe abgeschlagen worden. Die Zahl dieser Sphinxe war außerordentlich groß; vor kleineren Tempeln lagen etwa dreißig bis vierzig; vor großen Tempeln aber Hunderte. Heut zu Tage findet man aber nicht mehr leicht eine einzige, die wohl erhalten wäre; und die, welche wir in unseren Museen (Berlin, Paris ꝛc.) haben, sind meist ausgebessert.

Manchmal sind die Sphinxe Löwen statt Widder, auch kommen sie — aber selten — vor als Löwen mit einem Menschengesichte. (Man vergleiche die Abbildung Seite 72.) Um den Kopf liegt das gewöhnliche Kopftuch der Aegypter, vorn verziert durch die Königsschlange. Der kleine Fortsatz unten am Kinn stellt den künstlichen Bart vor. Die Männer in Aegypten trugen ja nicht ihren natürlichen Bart, sondern entweder gar keinen oder einen künstlichen, der geflochten war, wie ein kurzer Zopf, und durch eine Schnur, die hinter die Ohren ging, unten am Kinn festgehalten wurde.

Zuweilen findet sich zwischen den Vorderbeinen des Widders, an seiner Brust anliegend (und auch aus demselben Stücke gehauen) eine kleine Bildsäule des Gottes, welchem der Tempel geweiht ist, oder des Königs, welcher ihn errichtet hat. Auf unserer Abbildung S. 72 sieht man zwischen den Vordertatzen des Löwen eine mumienähnliche Figur; diese stellt ebenfalls den Erbauer des Tempels, oder den betreffenden Gott dar.

Und nun ein paar Worte über eine Sphinx, welche einzig in ihrer Art ist, und welche unsere Anfangsvignette Seite 65 darstellt.

Nicht weit von dem alten Memfi erheben sich gegen Westen hin die Felsberge. Auf einer vorspringenden Terrasse derselben stehen die großen Pyramiden. Aber die alten Steinmetzen haben ein noch seltsameres Wunder — nicht hierher gestellt, sondern — hier entstehen lassen. Sie haben von einem großen Bezirke sämmtlichen Fels weggemeiselt und nur in der Mitte eine Löwensphinx mit Menschenkopf übrig gelassen. Diese Sphinx aber ist 143, sage: hundert drei und vierzig Fuß lang und 62 Fuß hoch, also haushoch! So liegt dieses Ungethüm, — dessen Nase fünf Fuß lang, dessen Ohren mannshoch sind, dessen Kopf über achtzig Fuß im Umfange hat, — an den Boden angewachsen in einem viele Hundert Fuß langen Hofe, dessen steile Felswände mit ihm selbst nur eine und dieselbe Masse sind.

Zwischen den Vorderbeinen findet sich eine große, wohlverschlossene Thüre. Von ihr aus führt ein unterirdischer, ganz und gar in Felsen gehauener Gang durch die Sphinx und durch den Boden weit fort zu einem bescheidenen Kämmerlein, tief unter der Erde. Und von diesem Kämmerlein geht ein mehr als zweihundert Fuß langer Schacht senkrecht in die Höhe — — — in die große Pyramide des Königs Chufu.

Freilich ist es uns heute nicht mehr vergönnt, uns an dem Anblick solch unerreichter Großartigkeit zu erbauen. Leider ist der ganze Hof, in welchem die Sphinx liegt, jetzt mit Flugsand ausgefüllt. Nur noch siebenundzwanzig Fuß hoch erhebt sich der Koloß über die Sandfläche dieses beweglichen Bodens. Ueberdies ist viel, viel zerstört und zerschlagen. Doch auch heute noch ist der Kopf der Sphinx (welcher nämlich höher ist als die ganze Umgebung, denn die Steinmetzen nahmen zum Kopfe einen über das Plateau emporragenden Fels) ein schöner Platz und gewährt eine prächtige Rundsicht. Mit bloßem Auge zählt man dreiundsiebzig Ortschaften, und nach Nordosten blickt man auf die wüste Trümmerstätte, wo ehemals das mächtige Memfi stand; dahinter liegt in hellem Sonnenglanze das heutige Kairo.

Als vor sechzig Jahren die Franzosen ihre abenteuerliche Expedition nach dem Wunderlande der Pyramiden unternahmen, haben sie vorn den Sand so tief aufgegraben, daß sie das große Eingangsthor an der Brust der Sphinx auffanden; seit dieser Zeit ist aber Alles wieder verschüttet.

Besonders merkwürdig ist diese Sphinx noch durch die Gesichtsbildung. Das ägyptische Gesicht ist bei allen Abbildungen so charakteristisch, daß man es auf den ersten Blick erkennt. Die Maler und Bildhauer von Kemi nahmen es darin sehr genau; es läßt sich jedes Gesicht sogleich als ein ägyptisches, äthiopisches, jüdisches 2c. erkennen. Und nun: alle Sphinxe haben eine ägyptische Gesichtsbildung; nur die große hat das entschiedene Gesicht eines Negers. Daraus läßt sich vielleicht ein Schluß auf die Zeit ihrer Herstellung machen.

Die Sphinxe aus Granit oder Porphyr waren glänzend polirt; die aus Sandstein und Kalkstein aber mit Farben bemalt, — das Kopftuch gelb und blau, das Gesicht braunroth, der Bart schwarz u. s. f. Auch an der großen Sphinx sind heute noch Spuren der Farbe zu entdecken, obwol sie doch wenigstens viertausend Jahre alt ist.

Löwensphinx mit Menschenkopf.

Bildfäulen des Königs Amenhotep III. (die fälschlich sogenannten Memnonsbildfäulen).

### 3. Die Koloffal-Statuen.

Regelmäßigkeit der Gestalt. — Eintheilung in 87 gleiche Theile. — Amenhotep III. — Lange Finger. — Der redende Memnon. — Der Hauptmann Tenaz und Mißter Arthur Smith.

Große und kleine Bildfäulen kamen bei den alten Aegyptern sehr häufig vor. In Särgen finden sich zollgroße Miniatur-Statuetten von Bronce, Gold, Achat, Heliotrop und anderen Edelsteinen; größere sind von Hämatit, Serpentin, Alabaster; noch größere aus Porphyr oder aus feinkörnigem Sandsteine; die größten sind aus Granit, oder auch aus Sandstein.

.Sie stellen in der Regel Götter oder Göttinnen, Könige oder Königinnen dar. Stehende Figuren sind steif; die Arme fest an den Körper gelegt. In der Regel sind die Figuren aber sitzend dargestellt. Sie sind dann ein eigenthümliches Bild majestätischster Ruhe, fast möchte man sagen: Erstarrung. Die Glieder sind eng aneinander geschlossen, die Hände auf die Knice gelegt, — eine Figur ist genau wie die andere; nur der Kopfschmuck (Helm, Krone, oder sonstiges Abzeichen) ist verschieden, und nur in in der mehr oder minder sorgfältigen Ausführung der Einzelheiten konnte der Künstler sein Geschick zeigen;

im Großen, Ganzen hatte er keine Wahl, ſo daß man in Wahrheit ſagen kann: „Wer eine ägyptiſche Statue geſehen hat, der hat ſie alle geſehen.“

Die zum folgenden Abſchnitte gehörige Abbildung der „Felſentempel in Epſambal (Abu-Simbel)“, Seite 101 — zeigt vier ſolcher ſitzenden Koloſſe. So, genau ſo ſehen alle anderen aus; nur daß der eine die Krone von Ober-ägypten, der andere die von Unterägypten, ein dritter beide auf ſeinem Haupte trägt. Die ganze menſchliche Figur war der Höhe nach in $21^3/_4$ gleiche Theile eingetheilt (oder, wenn man will: in 87), und es war genau beſtimmt, wie viel Theile davon auf Kopf, Hals, Bruſt ꝛc. kamen, ſelbſt alle Einzel-heiten waren vorgeſchrieben, z. B. Länge der Naſe, der Augen, des Mundes u. ſ. f. Desgleichen Breite der Bruſt, Dicke des Armes an den verſchiedenen Stellen, — kurz, von Allem war die Verhältnißzahl beſtimmt, ſo daß, wenn zwei Bildhauer ſich verabredeten, eine Statue von zwanzig Fuß Höhe zu machen, es recht gut möglich war, daß der eine die obere Hälfte, der andere — fünfzig Stunden davon entfernt — die untere Hälfte machte, und wenn ſie zuſammen kamen, mußten die beiden Stücke auf einander paſſen. Dieſes Kunſt-ſtück ſoll in Wirklichkeit einmal ausgeführt worden ſein.

In der Regel aber beſtanden die Koloſſe aus einem einzigen Steine, und darum gehören ſie zu den Merkwürdigkeiten ägyptiſcher Bildhauerei, denn ſie ſind zwanzig, vierzig, ſechszig Fuß hoch; ja, eine Bildſäule des Gottes Ptah erhob ſich fünfundſiebzig Fuß hoch. In den großen Steinbrüchen wurde die Figur im Ganzen fertig gearbeitet, dann mittelſt eines Floßes und einer Schleife an den Ort ihrer Beſtimmung gebracht und dort erſt nach ihrer Auf-ſtellung polirt. Die nebenſtehende, in dem Abſchnitt „Malerei“ erläuterte Abbildung ſtellt den Transport eines ſolchen Koloſſes dar.

Das Bild zu Anfang dieſes Abſchnitts zeigt den heutigen Stand zweier ſolcher Koloſſe, die wir etwas näher beſprechen wollen. Es ſind Bildſäulen des Königs Amenhotep III. Die Griechen nannten ſie „Memnon-Säulen“, um auch hier einen Namen aus ihren Heldenſagen anzubringen.

Held Memnon aber hat mit dem ägyptiſchen Könige Amenhotep III. nicht die geringſte Gemeinſchaft, und wer Hieroglyphen zu leſen vermag, kann auf den Rücklehnen der Thronſeſſel unter Anderem leſen: „Der Herr der Ge-rechtigkeit, der Sohn der Sonne, Amenhotep, der Vielgeliebte des Amun-Ra, hat dieſe Bauten zu Ehren ſeines Vaters Amun errichtet; er hat ihm dieſe ungeheure Bildſäule von hartem Stein gewidmet“ u. ſ. w.

Und auf den Seiten der Fußgeſtelle ſteht noch einmal mit fußhohen Hieroglyphen: „Der unumſchränkte Herr von Ober- und Unter-Aegypten, der Verbeſſerer der Sitten, er, der die Welt in Ruhe hält, der Leuchtende, welcher, groß durch ſeine Stärke, die Barbaren niedergeſchlagen, der Herr der Gerechtigkeit, der Sohn der Sonne, Amenhotep, der Geliebte des Amun-Ra, des Königs der Götter.“

Dieſe Koloſſe ſind vor etwa 3540 Jahren errichtet worden und zierten ohne Zweifel den Eingang eines großen Tempelpalaſtes, von welchem jetzt freilich

nur noch Steintrümmer übrig sind. Das Material ist Sandstein oder eigentlich Breccie, eine Gebirgsart, die aus ungleichförmigen Brocken und Gerölle
besteht und mit sandstein-
artigem Grundteig zusam-
mengebacken ist. Nur die
eine Bildsäule ist aus
einem einzigen Stücke ge-
meißelt, die andere besteht
aus fünf aufeinander ge-
setzten Steinlagen; wahr-
scheinlich konnte man keinen Stein von derselben
Größe in dem nämlichen
Materiale auftreiben. Es
ist dies übrigens das einzige uns bekannte Beispiel
von einem aus Stücken zu-
sammengesetzten Kolosse.

Diese Bildsäulen sind
von gigantischer Größe;
vom Knöchel bis zum Knie
sind achtzehn (französische)
Fuß, von einer Schulter
zur andern neunzehn Fuß,
der Mittelfinger ist vier
Fuß lang; die ganze Höhe
mit dem (jetzt zum Theil
verschütteten) Unterfatze beträgt sechzig Fuß. Die
Arbeit war eine überaus
sorgfältige und feine; bei
den zum Theil noch gut
erhaltenen Hieroglyphen
sieht man z. B. an den
Vögeln, daß selbst die einzelnen Federn mit Sorgfalt
ausgeführt waren. Jetzt
hat die Einwirkung der
Sonne und des wider-
schlagenden Wüstensandes,

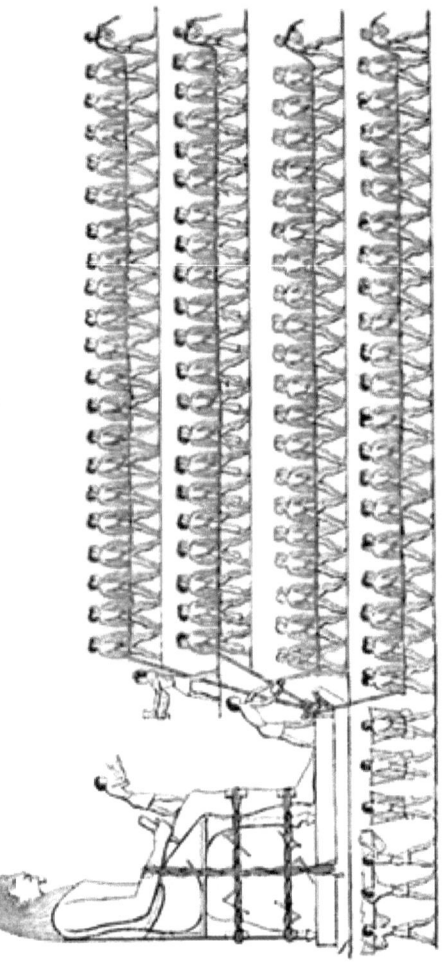

Transport eines Kolosses. — Nach einem ägyptischen Wandgemälde.

besonders aber die Zerstörungswuth der Menschen die riesigen Kunstwerke ent-
stellt, so daß kaum noch Einzelheiten zu erkennen sind. Die Vorderbeine der
Thronsessel sind weibliche Figuren, — rechts die Gattin, links die Mutter

des Königs, wie die Inſchriften ſagen. Auch ſteht zwiſchen den Knieen noch eine dritte weibliche Figur; ſie iſt aber kaum mehr zu erkennen, und ihren Namen zu entziffern iſt gar nicht mehr möglich.

Die Bildſäulen blicken nach Oſt, oder eigentlich, genau genommen, nach OSO., dem Nile zu. Die Araber nennen die nördliche Thama, die ſüd- liche (auf unſerm Bilde alſo die vordere) Kama. Thama iſt die ſin- gende Memnon-Säule.

Die griechiſche Sage darüber lautet in der Kürze ſo:

Memnon, ein Sohn des Tithon und der Eos (Aurora), war König der Aethiopier. Als ſein Schwager, König Priamos von Ilion (Troja), mit den Griechen im Kampfe war, bat er dieſen Memnon um Hülfe und Beiſtand und ſchickte ihm — der Erfüllung ſeiner Bitte gewiß zu ſein — einen gol- denen Weinſtock. Memnon zog hin nach Troja, verrichtete ausgezeichnete Helden- thaten, verwundete ſogar den ſchrecklichen Achilles, wurde aber endlich eben von dieſem getödtet. Die untröſtliche Eos bat Zeus, ihren Sohn zu ehren, wie noch kein Held geehrt worden; und der König der Götter verwandelte die Aſche des Gefallenen in ſchwarze Habichte, die in jedem Herbſte zu Memnon's Grab zurückkehren und da, miteinander kämpfend, den Streit vor Troja wieder darſtellen, oder — wie die Griechen ſagten — Leichenſpiele feiern. Das ſind die greulichen Memnonsvögel. Die Stimme des geliebten Todten aber baunte die klagende Mutter in die Bildſäule, welche ihm in ſeiner Heimath errichtet wurde.

Hier liegt eine vollſtändige Verwechſelung von Aegypten und Aethiopien vor, was man aber zu Zeiten Homer's den Griechen nicht verübeln darf. Wir wiſſen ferner, daß Amenhotep's Bildſäulen ſchon ſechshundert Jahre vor dem trojaniſchen Kriege ſtanden. — Sobald ſich nun die roſenfingerige Eos am Himmel erhebt, entſchweben klagende Töne der Bildſäule des Sohnes. Dieſelben Klänge vernimmt man auch bei dem Sonnenuntergange.

Da ſich Memnon aber nicht täglich, ſondern nur zuweilen hören läßt, wurde die Sache ſehr bald fabelhaft entſtellt. Deſſenungeachtet muß etwas Wahres an der Sage ſein; dafür ſprechen die Zeugniſſe der glaubwürdigſten Schriftſteller.

Als der grauſame Kabuija (Kambyſes) nach Aegypten kam, erfuhr er auch von der ſingenden Bildſäule. Darüber ergrimmte er. „Niemand ſoll ſingen!" rief er und befahl, die Bildſäule zu zerſtören. Sie wurde unterhalb der Mitte durchgeſägt und der obere Theil herabgeſtürzt. — Das war Ka- buija!!! — Aber die Bildſäule, d. h. das ſtehen gebliebene Stück, ſang doch noch, — nur ſagte man dem wilden Perſerkönige Nichts mehr davon.

Erſt der römiſche Kaiſer Septimius Severus ließ, etwa um das Jahr 200 unſerer Zeitrechnung, die herabgeſtürzten Stücke wieder aufrichten, und ſo ſteht die Bildſäule heute noch.

Was nun das Gerede über die klagende Stimme betrifft, die man aus der Bildſäule vernommen haben will, ſo verſichern glaubwürdige Reiſende allerdings, ſeltſame Töne gehört zu haben, die bei Sonnenaufgang ſich aus der Statue losgewunden. Strabo, welcher ungefähr um die Zeit von Chriſti

Geburt Aegypten beſuchte, vergleicht den genannten Ton mit dem einer zer=
ſpringenden Saite. — Auch ſind auf das Fußgeſtell und namentlich die Beine
der Bildſäule zweiundſiebzig Inſchriften von Beſchauern eingegraben, welche
alle verſichern, daß ſie die Stimme des Memnon gehört haben.

Die älteſte dieſer Inſchriften lautet:

„Wir, A. Juſtuleius Tenax, erſter Hauptmann der XII. Legion,
Cajus Valerius Priscus, Centurio der XXII. Legion, und Lucius
Quintius Viator, Decurio, wir haben den Memnon gehört im elften Jahre
des Nero, unſeres Kaiſers, am 12. der Calenden des Aprils in der erſten
Stunde“, alſo am 15. März des Jahres 64 nach Chr. Geb.

Auch Kaiſer Hadrian war mit ſeiner Gemahlin hier und geruhete die
Stimme Memnon's zu hören; welch' denkwürdiges Ereigniß ein griechiſches
Gedicht von zwölf Verſen verewigt, das auf den Oberſchenkel des armen
Amenhotep eingegraben iſt.

Aber woher kommt oder kam denn der ſeltſame Ton? — Man hat an
einen in der Bildſäule verborgenen Menſchen gedacht, der wider eine metallene
Platte ſchlüge. Andere ſagten, der Ton komme von der Ausdehnung des
Steines. Wie unſere eiſernen Oefen oft einen Klang von ſich geben, wenn
ſie durch das entzündete Feuer heiß werden, ſo dehne ſich auch der Stein
klingend aus, wenn ihn die Sonne beſcheine und erwärme. Wieder Andere
meinen (und das ſcheint das Wahrſcheinlichſte zu ſein): Der Stein des Ko=
loſſes iſt voll Ritzen und Sprünge. Treffen nun am Morgen die erſten
Strahlen der Sonne darauf, ſo wird der Stein erwärmt, die in den Ritzen
und Sprüngen enthaltene Luft dehnt ſich aus und bringt, indem ſie aus=
ſtrömt, den räthſelhaften Ton hervor.

Fragen wir übrigens zum Schluſſe noch, was vollkommen verbürgte
Thatſache in Betreff des ſingenden Memnon iſt, ſo ergiebt ſich Folgendes. Er=
ſtens: Daß die Bildſäule von jeher den Ton von ſich gegeben, und daß ſie von
Kabuija zerſtört worden, — iſt Sage; kann wahr ſein, iſt aber nicht hiſtoriſch
erwieſen. Zweitens: Gewiß iſt, daß ſie um die Zeit von Chriſti Geburt zer=
ſtört war, daß ſie einen Ton von ſich gab bis zu ihrer Wiederherſtellung durch
Septimius Severus. Drittens: Seit dieſer Zeit iſt kaum mehr die Rede von
dem ſeltſamen Tone, und unter den ungezählten Reiſenden heutiger Zeit ſind nur
einzelne, die etwas gehört haben wollen, wie z. B. der Engländer Arthur
Smith. Andere aber haben bei wochenlanger ſorgfältiger Beobachtung auch
nicht das Geringſte vernommen.

Im Jahre 27 vor Chr. Geb. erſchütterte ein furchbares Erdbeben ganz
Aegypten. Möglich, ja wahrſcheinlich, daß dieſes den Koloß zerſtört hat, und
daß nur der zerbrochene (etwa nach obiger Erklärung) fähig war, zu tönen;
von dem zweiten, unverletzten Amenhotep hat man ohnehin nie einen Laut
vernommen.

Särge und Mumien.

## 4. Die Särge.

Im akademischen Museum in Leipzig. — Ramenka's Sarg. — Schätze in Berlin. — Ein durchsichtiger Alabaster-Sarg.

Unwillkürlich wird sich dem denkenden Leser die Frage aufgedrängt haben: „Wie wurden die Künstler mit jenen haushohen Bildsäulen, wie wir sie im vorigen Abschnitt kennen gelernt haben, in den Steinbrüchen fertig? Wie stellten sie es an, diese schwere Massen, welche Tausende von Zentnern wogen, fortzubewegen?" Wahrlich dies allein waren schon Riesenarbeiten. Staunen erfüllt uns, wenn wir die Ausdauer dieser Steinmetzen würdigen, wenn wir die Vortrefflichkeit ihrer Werkzeuge und Maschinerien uns vergegenwärtigen, durch deren Hülfe es allein möglich werden konnte, den überaus harten Stein so schön und sauber zu bearbeiten, so glänzend zu poliren und endlich weiter zu transportiren. Die Arbeiter standen, wie wir aus den Wandgemälden jener Zeit ersehen können, sowol bei dem Losbrechen, als bei dem Behauen, wie auch bei dem Poliren auf hohen Gerüsten, die aus Palmenstämmen aufgeschlagen waren.

Fesseln derartige Riesenwerke mächtig unsern Geist, so erscheinen uns andere Bildhauerarbeiten nicht minder bewunderungswürdig. Gedenken wir hier beispielsweise noch der Särge. Die Sarghäudler hatten ein vortreffliches Geschäft, und ihre Magazine gehörten zu den großartigsten. Einen Sarg-fabrikanten inmitten seiner Beschäftigung stellt eine spätere Vignette dar. Mit den Särgen wurde in Kemi ein außerordentlicher Luxus getrieben. Wer es vermochte, kaufte sich seinen Sarg selbst und überließ nicht die Sorge dafür seinen Kindern. Man suchte sich am liebsten selber das Bett aus, in welchem man einmal ruhen wollte; einen kleinen Sarg nahm man mit nach Hause, einen großen stellte man in das schon bereitete Grab.

Reiche Leute ließen sich in zwei oder drei Särge legen und verwandten sehr bedeutende Summen, ihr letztes Ruhebett so kostbar als möglich zu schmücken. Das Leipziger akademische Museum besitzt einen altägyptischen Sarg von Cedernholz, auf welchen gegen dreitausend Relieffiguren geschnitzt sind und alle mit einer solchen Feinheit, daß man — obwol die Figuren nur wenige Linien hoch sind — selbst die Federn der Vögel, die Schuppen der Schlangen, die Haare, ja die Nägel an den Fingern deutlich unterscheiden kann. Steinsärge wurden gemacht aus verschiedenartigem Granit, Porphyr, Basalt, Kalkstein. Sie wurden nicht minder reich verziert. Die Abbildung Seite 64 zeigt uns den Sarg des Königs Ramenka, der im Jahre 2665, also vor fünfthalbtausend Jahren, zur Regierung gelangte.

Dieser Ramenka ist der Erbauer der dritten Pyramide; sein Name wurde erst nach den Sylben verstellt in Menkera, dann verletzert in Men-cheres und Mycerinus, und es war wahrlich eine Aufgabe, aus dem Mycerinus den Ramenka herauszufinden.

Im Jahre 1837 drang zum ersten Male der englische Oberst Howart Wyse in die dritte Pyramide ein und fand daselbst diesen herrlichen Sarg von bräunlichem Basalt. Er war der erste Europäer, welcher in Ra-menka's Grabkammer kam; aber tausend Jahre vor ihm waren schon die Araber darin gewesen und hatten geraubt und zerstört, was sich irgend rauben und zerstören ließ.

Im ägyptischen Museum zu Berlin finden sich prachtvolle Särge. Einer von dunklem Granit, der einem Hauptmanne der Bogenschützen gehörte, ist mit Tausenden von Hieroglyphen und Basreliefs bedeckt. Noch größer ist die Zahl der bildlichen Darstellungen auf einem andern, der aus zwei verschie-denen Steinarten besteht. Der eigentliche Sarg ist rothgrau, der Deckel schwarzgrau. Die Hieroglyphen sind eine bis neun Linien groß, je nach ihrer Gestalt; die Figuren der bildlichen Darstellungen drei Viertel bis drei Zoll. Gezählt aber hat sie noch Niemand.

Das britische Museum in London besitzt wol das kostbarste Stück ägyp-tischen Alterthums: einen über neun Fuß langen prachtvollen Sarg aus durchsichtigem Alabaster, mit vielen Hunderten von Figuren geziert.

Ueber eine andere Art wunderbarer Steinmetzarbeit und den hauptsäch-lichsten Schmuck der ägyptischen Prachtgebäude, die Säulen, theilen wir am Schlusse dieses Kapitels das Nöthigste mit.

Die Pyramiden des alten Memfi.

## II.

## Die Riesenbauten Aegyptens.

Privatgebäude. — Kleinere Tempel. — Größere Tempel. — Säulensaal. — Allerheiligstes.

Ueber die Privatgebäude der alten Aegypter sind nur einzelne Nachrichten zu uns gekommen; und nur wenn wir diese mit den Abbildungen vergleichen, welche sich unter den unzähligen bis auf unsere Zeit erhaltenen Wandgemälden befinden, erlangen wir ein deutlicheres Bild von den Häusern der ehemaligen Bewohner des Nilthales.

Sie waren aus Backsteinen aufgeführt und daher durchaus nicht dauerhaft. Diese Backsteine wurden aus Nilschlamm und gehacktem Stroh verfertigt, und jeder einzelne trug den (in die Form eingeschnittenen) Namen des regierenden Königs. Sie waren etwa einen Fuß in's Gevierte und drei bis vier Zoll dick. Die Gestalt der Gebäude war dieselbe, welche wir später bei den Pylonen der Tempel finden werden; sie liefen nach oben schief zu und hatten ein flaches Dach, welches zuweilen theilweise mit einer leichten Schicht Erde bedeckt und mit Blumen bepflanzt wurde. Das Dach war nach Sonnenuntergang der Lieblingsaufenthalt der Aegypter; hier hatte man freie Luft und war doch den Stichen lästiger Insekten nicht ausgesetzt. Diese zogen in großen Schwärmen durch die Luft, erhoben sich aber nicht höher als zwanzig, höchstens dreißig Fuß über den Boden.

Bei größeren Gelassen waren die einzelnen Gebäude um einen Hof gruppirt und hatten offene Gallerien.

Die Fenster waren alle klein und, wenn irgend möglich, nur nach Norden gerichtet; durch Vorhänge wurden sie geschlossen. Auch hatte man Bretervorsätze, ähnlich unseren Läden. Die Dekoration der Zimmer richtete sich natürlich nach dem Stande und Vermögen des Bewohners; immer aber waren Wände und Decken bunt bemalt.

Die Hausthüren waren klein; die Häuser hoch, — vier, ja fünf Stockwerke, denn die Zahl der Menschen, welche in dem engen Nilthale beisammen lebten, war groß. Die Straßen der Städte waren des Schattens halber eng. Die Häuser waren gelblich, bläulich oder gräulich angestrichen und zeigten über der Thüre oft auf einem Schilde Namen und Gewerbe des Bewohners.

Weit mehr, als von den Privatgebäuden, wissen wir von den öffentlichen Gebäuden der alten Aegypter; denn da sie aus einem trefflichen, sehr dauerhaften Material erbaut waren, sind uns bis auf den heutigen Tag noch zahlreiche Ueberreste derselben erhalten, und wir haben dadurch ein klares Bild von ihnen.

Ein ägyptisches Wohnhaus von Außen.

Die kleinsten Tempel waren offene, mit einem flachen Dache gedeckte Hallen. Unsere Abbildung auf S. 7 (das Tempelchen der Isi auf der Insel Pilak, östlich von dem großen Tempel) zeigt einen solchen. Er ist aus gelbem Sandsteine aufgeführt; von einem Altare oder einer Statue der Göttin aber ist heut zu Tage keine Spur mehr in der Halle zu sehen; Eulen und Fledermäuse fliegen auf, wenn du hineintrittst, und Nachts schleicht heulend der Schakal durch die Ruinen.

Größere Tempel bestanden aus einem Säulensaale und dem Allerheiligsten. Der Säulensaal ist an der Vorderseite offen und erhält von hier seine Beleuchtung; Fenster hat er nicht. Im Innern steht Säule an Säule, manchmal so nahe aneinander, daß eine von der anderen nur um ihre eigene Dicke entfernt ist. Die Abbildung auf S. 85 giebt eine deutliche Vorstellung eines solchen Tempels. Letzterer befindet sich zu Sna, einer altberühmten Stadt am linken Ufer des Nils, zwischen dem ersten und zweiten Engpasse. Die Griechen nannten sie Latopolis, und heute steht zwischen ihren Trümmern ein Araberstädtchen mit Namen Esneh. Wir sehen hier die schief ansteigenden Wände, welche dem Ganzen etwas Festungartiges geben, — die durch niedere Mauern verbundenen Säulen der Frontseite, — die bei solchen Tempeln gewöhnlich oben offene Eingangspforte, — die Rundstäbe an den Kanten und unter dem Dache, — das vorstehende, flache Dach, — die geflügelte Sonnenscheibe über dem Eingange, — die verschiedenen Säulen, — die Wandgemälde ꝛc.

In kleinen Säulensälen findet sich nur ein Dutzend Säulen, — in großen sind es deren über hundert.

Der Name „Allerheiligstes" kommt nicht in dem Aegyptischen vor, er ist von uns gewählt, weil wir keinen bessern wissen. Wir verstehen darunter den hinter dem Säulensaale liegenden und mit diesem durch eine Thür verbundenen Bau. Die Rückseite des Säulensaales ist die Vorderseite des Allerheiligsten. Dieses ist niedriger und schmäler als jener (was auf der folgenden Abbildung deutlich zu erkennen ist) und in verschiedene Gemächer eingetheilt, die als Priesterwohnungen und zur Aufbewahrung der gottesdienstlichen Geräthschaften benutzt werden. Die Wände haben kleine Fenster nach außen. In der Mittellinie des Gebäudes, aber ganz hinten, befindet sich ein Gemach, in welchem die Bildsäule des Gottes aufgestellt ist.

Nach dieser Einleitung kann es nun nicht mehr schwer sein, die Riesenbauten Aegyptens zu verstehen; Bauten, welche von einer solchen Größe sind, daß selbst die Reisenden unseres Jahrhunderts, das doch des Unglaublichen so viel geleistet, staunend vor Bewunderung vor ihnen stehen.

Diese Bauten finden sich theils über, theils unter der Erde; sie sind bestimmt theils für die Lebenden, theils für die Todten. Beginnen wir mit jenen!

Seitenansicht eines ägyptischen Tempels.

Säulenhalle des einen Tempels auf Philä.

## 1. Die Tempelpaläste.

Eingang. — Phlonen. — Säulenhof. — Fabelhafte Größe der Tempel. — Zimmerdicke Säulen. — Unberechenbare Arbeit. — Die Tempel als Festungen. — Die Verjüngung nach hinten.

Du stehst vor einer hohen Sandstein-Mauer. Sie schließt ein längliches Viereck ein, 400 Fuß breit, 800 Fuß lang, und umfaßt somit einen Raum von mehr als dreimalhunderttausend Quadratfuß. Die Mauer ist 20 Fuß dick, mit Zinnen gekrönt und von innen durch Treppen zu ersteigen. Du siehst: wir stehen vor einer kleinen Festung.

Treten wir ein durch das Thor, welches in der Mitte einer der kurzen Seiten angebracht und dem heiligen Jaro zugekehrt ist! Herrliche Baumpflanzungen sehen wir rechts und links. Auch ein Weiher fehlt nicht, der durch einen aus dem Flusse hergeleiteten Kanal gespeist wird. Gerade aus aber führt ein gepflasterter, 150 Fuß langer Weg durch eine Allee von Widdersphinxen zu der Tempelpforte. Vor dieser stehen zwei Kolossalstatuen von schwarzgrünem Granit und wieder vor diesen zwei hellrothe Obelisken, wie Spiegel glänzend und über und über mit Hieroglyphen bedeckt.

6*

Rechts und links von der Eingangspforte erheben sich die Phylonen, das sind längliche, nach oben schief zulaufende, thurmartige Gebäude mit flachem Dache. Sie sind in der Regel höher als breit; manchmal aber sind sie auch — wie in der Schlußabbildung, — breiter als hoch.

Bei dem großen Tempel in Atbo ist jeder Phylon 98 Fuß breit, 34 Fuß tief und 108 Fuß hoch. Das Thor bildet einen 34 Fuß langen und 17 Fuß breiten Durchgang; die ganze Fronte beträgt also 213 Fuß. Von diesem Durchgange aus führen Thüren in die Phylonen; auf schmalen Treppen gelangt man in verschiedene Zimmer und endlich auf das platte Dach. Die Zahl der Gemächer ist gering; sie sind sämmtlich klein und durch enge, unregel= mäßig stehende Fenster erhellt. Auf dem Bilde S. 87 sieht man oben einige dieser kleinen Fenster; andere finden sich neben und nach hinten. Die Phylonen sind aber der Hauptmasse nach massiv. Ein 36 Fuß tiefer Phylon hat vorn und hinten eine 12 Fuß dicke Mauer, so daß in der Mitte nur noch 12 Fuß für das Treppenhaus übrig bleiben; die Zimmerchen sind in der Regel rechts und links von dem Treppenhause in die Mauer gelegt.

Das flache Dach dient zu astronomischen Beobachtungen. Alle Kanten sind mit Rundstäben geziert, alle Wände mit bildlichen Darstellungen geschmückt; an der Vorderseite stehen bewimpelte Masten. (Auf dem soeben genannten Bilde sollten es eigentlich rechts und links je vier sein; es sind nur zwei gezeichnet, um die Wandgemälde nicht zu sehr zu verdecken.)

An die Rückseite der Phylonen schließt sich ein Säulenhof. Er ist 150 Fuß lang und 130 Fuß breit; die Mauer ist 7 Fuß dick; 32 Säulen bilden ringsum eine Halle. An seiner hintern Seite führt eine Treppe in den Säulensaal und von diesem geht es in das Allerheiligste.

Nachdem wir so die Haupteinrichtung eines ägyptischen Tempelpalastes kennen gelernt, sehen wir, in welcher majestätischen Größe solche Bauten ausgeführt wurden!

Unter den Trümmern des alten Tape finden sich bei dem heutigen Dorfe Karnak die Reste eines Tempels des großen Amun. Er ist auf einer Backstein=Terrasse aufgeführt. Die Sphinx=Allee ist über eine halbe Stunde lang und zählt mehr denn 600, — sage: sechshundert! — kolossale Sphinxe. Die Front der beiden Phylonen beträgt 336 Fuß, ihre Höhe ist 180 Fuß. Das große Eingangsthor ist über 60 Fuß hoch, das heißt: haushoch! Der Hof ist 83,200 Quadratfuß groß, 320 Fuß breit, 260 Fuß lang, — rechts und links stehen je 18 Säulen, jede 42 Fuß hoch. In der Mitte aber steht noch eine kleine Allee von zweimal sechs Säulen, — jede 70 Fuß hoch, und jede aus einem einzigen Steine gehauen.

Eine solche Angabe ist schnell gelesen; aber man vergegenwärtige sich nur, was sie sagt. Allein die Wände rechts und links im Säulenhofe bieten eine Fläche von 26 Tausend Quadratfuß, die alle mit historischen Darstellungen bedeckt sind. Dazu kommen über zweimal Hunderttausend Quadratfuß auf den Wänden der Phylonen! Und ferner die Flächen der Säulen!

Tempel zu Ena (Teneh).

Aber wir sind erst am Anfang des Tempels! An den Säulenhof schließen sich abermals zwei Pylonen und zwischen diesen hindurch gelangt man erst in den Säulensaal. Dieser ist 320 Fuß breit und 164 Fuß tief. Das Dach wird getragen von 134 Säulen. Rechts und links von dem mittlern Durchgange stehen je 61 Säulen, — 40 Fuß hoch, 27 Fuß im Umfange. In der Mitte aber bilden 12 Säulen eine hohe Allee, so daß das Dach dadurch treppenförmig wird, das heißt: es führt über die Mitte des Daches eine etwa 60 Fuß breite und 30 Fuß höhere Terrasse. Das Licht für den Saal fällt durch Oeffnungen ein, welche in den senkrechten Wänden dieser Terrasse angebracht sind. Die 12 hohen Säulen sind 12 Fuß dick, füllen also bei uns ein mäßiges Zimmer aus, haben 37 Fuß im Umfange und 70 Fuß in der Höhe. Das Kapitäl einer solchen Säule aber hat 22 Fuß im Durchmesser, 69 Fuß im Umfange und bietet eine Fläche von 380 Quadratfuß!! Wie viele Menschen könnten sich allein auf dem Kapitäl einer einzigen solchen Säule aufstellen?

Nun bedenke man, welche Mühe es machen mußte, die Gerüste um die Säulen aufzuschlagen, damit der Maler seine Bilder auf den Stein bringen konnte! Und er hatte über 250,000 Quadratfuß an Säulen, Wänden und der Decke zu malen! Könnte der Mann täglich zehn Quadratfuß fertig bringen, — entwerfen, zeichnen, ausmalen —, so wären es doch immer noch 25 Tausend Tagewerke; und wenn fünfzig Maler beschäftigt wären, so hätten sie über zwei Jahre zu thun, um nur den einzigen Saal zu dekoriren!

Hinter diesem Saale erheben sich wieder zwei Pylonen, — dann folgt ein schmaler Hof, — dann das vierte Paar Pylonen, — nun kommen zwei Säulenhallen, — endlich betritt man das Allerheiligste. Allein dieser letzte Bau hat mit seinen Höfen, Hallen, Säulensälen, Gallerien, großen und kleinen Zimmern allein eine Länge von mehr denn 400 Fuß!

Das eigentliche Tempelgebäude — also ohne die Gartenanlagen, Sphinx= alleen ꝛc., — hat eine Länge von beinahe 1200 Fuß, bedeckt eine Fläche von mehr als dreimal Hunderttausend Quadratfuß, — ein ganzes Dorf könnte man auf diesen Platz bauen, — und nun rechne dir aus, wie groß die äußere Um= fassungsmauer gewesen sein muß, und wie viel Zeit man gebraucht hat, ein ein= ziges Mal um die ganze Tempelanlage herum zu spazieren! Die Zahl der Säulen in diesem einzigen Tempel beträgt etwa 400, — und was für Säulen sind das!

Da der Palast so außerordentlich groß war, hatte er auch noch einige Seiteneingänge; und auch zu diesen führten Sphinx=Alleen.

Wie viel Tausende von Menschen mögen an diesem Riesenwerke gearbeitet haben! Und welche Reihe von Jahren mögen sie beschäftigt gewesen sein, die ungeheueren Steinmassen zu brechen, zu behauen, nach Tape zu schaffen, auf einander zu setzen, die unzähligen Relieffiguren einzuhauen, die Bilder zu malen, die Sphinxe, Obelisken und Kolossal=Statuen auszumeißeln, zu poliren, auf= zurichten, die Gartenanlagen und die Umfassungsmauern zu Stande zu bringen, — ja, nur die mächtig große, achtzehn Fuß hohe Terrasse zu errichten, auf welcher der kolossale Palast sich erhebt!! —

Aus der ganzen Bauart ist zu ersehen, daß sie der Natur des ägyptischen Landes entsprach, — die schiefen, gelb angestrichenen Mauern waren den gelben Felswänden nachgebildet, — daß sie dem Bedürfniß des Bodens und Klima's Rechnung trug. Man bedurfte kühler, luftiger Räume, daher die dicken Mauern, die Hallen und Säulensäle; man mußte auf Terrassen bauen, damit der Tempel nicht bei der allgemeinen Ueberschwemmung unter Wasser gesetzt werde.

Wir erkennen aber auch weiter, daß diese Tempel zum Schutze des Landes dienen sollten. Es waren gewissermaßen Burgen und kleine Festungen, in welchen sich eine Besatzung noch lange mit Erfolg halten konnte, selbst wenn die übrige Stadt schon von dem Feinde besetzt war.

Auf eine merkwürdige Eigenthümlichkeit der großen ägyptischen Tempel muß noch aufmerksam gemacht werden: Sie laufen in allen Dimensionen von vorn nach hinten zusammen. Der zweite Pylon (wo ein solcher ist) ist niedriger und schmäler als der erste, — der Säulensaal niedriger und schmäler als der Pylon, — das Allerheiligste niedriger und schmäler als der Säulensaal. In gleicher Weise, wie das Dach von oben gegen den Boden herabrückt (d. h. jedes hintere Gebäude niedriger als das vordere ist), steigt auch der Boden in die Höhe. Treppen führen von dem Eingange in den Hof, von dem Hofe in den Saal, von dem Saale in das Allerheiligste und noch einmal besonders in das Gemach, welches die Statue des Gottes birgt. Wenn du von diesem letztern nach dem Eingange gehst, dehnen sich gewissermaßen die Räume fortwährend aus nach oben, unten, rechts und links; du fühlst, daß du mehr nach außen kommst. (Man vergl. noch die Vign. S. 1.)

Und nun tritt noch einmal an den Anfang der Sphinx-Allee und überblicke dieses Riesengebäude, oder steige hinauf auf den ersten Pylon und sieh von da herab auf diesen Tempel und auf alle die anderen der altehrwürdigen Hauptstadt, — da wirst du staunen, wirst in stummes Anschauen lange versunken sein, — denn was du hier siehst, siehst du nirgends wieder!

Pylonen.

### 2. Die Pyramiden.

#### Ein Bild aus der Jetztzeit.

Was mein Wirth meint. — Man muß sich zu helfen wissen. — Zudringliches Gesindel. — Die Dienerschaft Khlordi. — Der Riese Man ibn Man. — Handelschaft. — Endlich die Pyramiden. — Ihre erdrückende Masse. — Konstruktion. — Das Innere der Pyramiden. — Almamum's Helden. — Der Schrecken in der Todtenkammer. — Ein Brunnen ohne Grund. — Ein philosophischer Beduine. — Aussicht von oben. — Auf der Esbekieh. — Oberst Wyse.

Die Hülfe der Beduinen.

„Ja," sagte mein Wirth in Kairo, „wenn Sie die Pyramiden besuchen wollen, rathe ich Ihnen doch, lieber in größerer Gesellschaft, wenigstens nicht ganz allein zu gehen. Vor vier Wochen wohnte ein junger Deutscher hier, der machte auch den Ausflug nach Gizeh und von da auf die große Pyramide. Als ihn die Fellah aber oben hatten, bemerkten sie, daß er eine schwere goldene Kette, eine kostbare Uhr und alle Finger voll Ringe trug. Ein Fellah ist natürlicherweise ein Spitzbube, und so wurden die fünf oder sechs Bursche einig, den Fremdling hinabzustürzen und sich dann in sein Geld und seine

Kostbarkeiten zu theilen. Allein der junge Mann hatte ihre gierigen Blicke
gesehen, ihre Geberden begriffen und den Inhalt ihres Gespräches errathen.
Aber er ließ es nicht merken. Ruhig zog er sein Fernrohr heraus und richtete es nach einer Menschengruppe, die jedoch noch so weit entfernt war, daß
man sie mit bloßem Auge unmöglich erkennen konnte. „Brav!“ rief er aus,
„da kommt eben die übrige Gesellschaft aus unserem Gasthofe. Sie muß
doch bald nach mir aufgebrochen sein.“ — Und er erhob seine Stimme und
schrie Denen da unten zu und ließ sein Taschentuch in der Luft wehen. Dann
wandte er sich zu seinen Führern, die sich betroffen einander anblickten, und
sagte: „Ich wäre freilich lieber in größerer Gesellschaft gegangen; aber die
Anderen machten mir zu lang, und ich bin auf heute Abend noch zu dem
englischen Konsul zum Thee geladen; wenn ich nicht käme, könnte dieser denken,
es wäre mir irgend Etwas zugestoßen, — das gäbe dann Weitläufigkeiten.
Wir wollen uns auch jetzt nicht mehr aufhalten und lieber wieder hinuntersteigen.“
    Die Fellah waren ganz verblüfft, — da unten die erdichtete Gesellschaft
aus dem Gasthofe, — der englische Konsul, — kurz, der junge Mann kam
glücklich wieder unten an; in die Pyramide ist er nicht gekrochen, — er war
froh, als er den Eseltreiber wieder sah, denn der gehört doch hier in das
Haus und ist ein zuverlässiger Mann und kennt auch viele von den Weg-
weisern da außen. Denn die sind natürlicherweise Spitzbuben.“
    So sprach mein Wirth.
    Allein in großer Gesellschaft wollte ich den Ausflug nicht machen; —
viel Köpfe, viel Sinne, — der Eine will hier, der Andere dort halten; Diesem geht es zu langsam, Jenem zu schnell; ich werde schon mit dem Leben
davon kommen.
    Am andern Morgen in aller Frühe brach ich, begleitet von einem Diener
des Hauses, welcher den Esel trieb, auf, — der Besuch auch nur einer Pyramide von Kairo aus kostet einen ganzen Tag, — wanderte an den Nil
und miethete daselbst eine kleine Barke, welche uns den Strom hinauf nach
dem Dorfe Gizeh führte. Ich hätte auch hier einen Esel bekommen können,
allein es ist nicht zu rathen, sich der Unverschämtheit der Fellah preis zu
geben, die fabelhafte Forderungen machen, wenn sie wissen, daß der Fremde
sie befriedigen muß. Hier nahm mein Eseltreiber noch zwei seiner Bekannten
und Freunde mit; — diese sollten mich gegen einen etwaigen Verrath der
„Beduinen“ schützen; für sie stand mir der Eseltreiber und für diesen der
Wirth des Gasthofes.
    Von Gizeh sind es noch drei volle Stunden bis hinüber an das west-
liche Gebirge zu den Pyramiden. Kaum hat man das angebaute, durch die
Ueberschwemmung gedüngte Land hinter sich und ist in die Region des Wüstensandes getreten, so kommen auch schon von allen Seiten truppweise „Beduinen“ herbei und bieten sich als Führer an. Diese Leute werden hier „Beduinen“ genannt, sind aber in der That nur Fellah oder Bauern aus den
umliegenden Dörfern. Ihre Zudringlichkeit ist so groß, wie die der Wegweiser

am Rhein oder in der Schweiz, die auch durch Nichts los zu werden sind, unermüdlich nebenher laufen und ihre eingepaukte Gelehrsamkeit leuchten lassen, wenn man ihnen auch zehnmal sagt, daß man ihrer nicht bedarf.

Unzählige Steintrümmer und der Wüstensand bilden Berg und Thal, und es ist ein sehr beschwerlicher Marsch hinüber nach den Felswänden. Wohl Dem, der auf einem Esel sitzt! Zu Fuße möchte ich ihn nicht machen! Am besten läßt sich dieser Boden mit dem stürmischen Meere vergleichen. Ungeheure Wellen, — gelblich, röthlich braun, aus Sand und Steinen gebildet, bei ruhiger Luft unbewegt, das ist der Boden, auf welchem wir, bei jedem Schritte einbrechend, uns fortbewegen.

Heutige Bewohner Aegyptens. Fellah am Pfluge.

Noch immer kamen „Beduinen" heran und wollten mich begleiten; der Eine bot Wasser zum Trinken, der Andere hatte eine Flinte, — „wenn man im Innern der Pyramide schießt, das lautet gar schön", — ein Dritter hatte ein Perspektiv, durch das ich von oben sehen sollte ꝛc. Doch ich war mit Allem schon zur Genüge versehen und wollte Niemanden mehr. Als die Zahl meiner Begleiter bereits auf sieben angewachsen war, sagte ich ihnen: „Euch, ihr Leute, nehme ich alle mit, und wenn ich mit euch zufrieden bin, bekommt ihr auch ein gutes Trinkgeld; aber nun sorgt auch dafür, daß sich uns weiter Niemand aufdrängt, der noch mit euch theilen will." Das half.

Die Bursche standen jetzt in meinem Dienste, und wer noch heran kam und zudringlich war, den fertigten sie kurz ab: Mylord habe seine Dienerschaft und nehme keine weitere Hülfe an. Und das wurde so ernst und mit einer so bedrohlichen Miene gesagt, daß ich kein Wort mehr zu verlieren brauchte.

Zwei dieser Söhne der Wüste sprachen ziemlich geläufig englisch, und wurden, da sie bei mir bleiben sollten, sehr vertraulich. Der Eine erzählte mir, die Pyramiden habe der Riesenkönig Gan ibn Gan, der aber lange, lange vor Adam lebte, erbauen lassen, — wundern darf man sich über diesen Volksglauben nicht, denn die Pyramiden passen absolut nicht zu den heutigen Menschen! Ein Anderer theilte mir mit, er besäße kostbare Alterthümer, die er mir aus besonderer Freundschaft um einen Spottpreis verkaufen wolle. Zuerst versuchte er es, mir Mumienerbsen aufzuzwingen, die unter seinen Augen in einem Sarge gefunden worden waren; dann einige kleine Osiri- Statuetten, die auch, wie er bei allen Heiligen versicherte, echt wären; dann Silbermünzen aus der Zeit der griechischen Könige; allein ich kannte diese Art der Geschäfte schon, — war ja doch Alles gefälscht, — und vertröstete meinen Begleiter darauf, daß ich meine Einkäufe später machen werde.

„Wissen Sie," sagte der Spitzbube, „drinnen in Kairo, da werden die Fremden oft betrogen; da giebt man ihnen nachgemachte Dinge; aber bei uns ist natürlich Alles echt." Da mußte ich aber doch laut auflachen. Der Bursche sah mich so gescheid an, — er hatte wohl verstanden, warum ich so lachte, und er versuchte von da an nicht mehr, Handelsgeschäfte mit mir zu machen. Erst als ich ihn am Nachmittage vor Gizeh wieder entließ, fragte er ziemlich kleinlaut: „Und kaufen wollen Sie nichts?" Ich blickte ihn lächelnd an und kaufte ihm zwei handlange Statuetten ab, gab ihm aber zu verstehen, daß ich wohl wisse, wo dergleichen fabrizirt werden.

Im Uebrigen war ich mit meinen Begleitern zufrieden. Wir kamen einige Male an Vertiefungen, in welchen noch das Wasser von der Ueber= schwemmung her stand. Auf dem Esel läßt sich nicht gut durchreiten, denn in der Mitte ist es zu tief; den Umweg um den See will man aber auch nicht machen, da setzt man sich denn auf die Schultern des Beduinen, hält sich an seinem Kopfe fest und wird so hinübergetragen. Es reitet sich ganz sicher auf einem solchen zweibeinigen Wüstenrosse.

Aber nun die Pyramiden!

Welch einen überwältigenden Eindruck machen diese riesigen Steinmassen, errichtet von Menschenhand! So lange man noch entfernt ist, findet man sich getäuscht; man hatte Größeres, Kolossaleres erwartet: weil man die Entfernung nicht mit dem Auge zu messen vermag! Allein kommt man näher, so wachsen die Steinriesen immer mächtiger empor und wirken wahrhaft erdrückend auf den Beschauer. Ein ähnliches Gefühl, — aber selbst= verständlich weit schwächer, — empfindet man, wenn man an einem unserer großen Dome emporblickt, namentlich wenn er minder schlank als massen= haft gebaut ist. Wer z. B. — besonders Abends in der Dämmerung —

an dem Ulmer Münster hinaufsieht, den überkommt ein solch unheimliches Gefühl; es ist ihm, als stürze die furchtbare Masse auf ihn herab und erdrücke ihn.

Und was sind alle unsere Münster gegen die große Pyramide, das Grab-
mahl des Königs Chufu? Hierneben sind die größten Bauwerke alter und
neuer Zeit abgebildet:

Der Münster in Straßburg (Nr. 4 unserer Abbildung), der Stephans-
dom in Wien (5), die Peterskirche in Rom (7), die Paulskirche in London (9),
der indische Thurm Kutub-Minar in Delhi (12), die Kathedralen von Ant-
werpen (6), von Salisbury (8), York (16), die Aja Sophia in Konstantino-
pel (17), die Notre Dame zu Paris (14), die Maria del Fiore in Florenz (11).
Die Pyramide (3) überragt alle diese christliche Bauten und nur die der-
einstigen Thürme des Kölner Doms (1, 2) würden über die Riesen von
Kemi hinwegsehen können. Und wie klein erscheinen neben ihnen die ge-
priesensten Bauwerke des alten Roms: selbst der riesige Aquaduct von Se-
govia (23) oder gar die Tajobrücke zu Alcantara (15)! Wie klein erscheinen
die viel bewunderten Thürme des christlichen Mittelalters, der Torre di Asi-
nelli in Bologna (10), der schiefe Thurm in Pisa (19), der Torre di Ga-
risendi in Bologna (21), oder der ehemalige Porzellanthurm in Nanking (13),
die alten Obelisken zu Paris (25) und Rom (24), oder die gerühmtesten
Säulen aus alter und neuer Zeit, wie die Trajansäule in Rom (22), die
Vendomesäule zu Paris (20), die Feuersäule in London (18)! Vergleiche auch
Nr. 26, die große Sphinx!

Die große Pyramide des Chufu steht auf einer 140 Fuß hohen
Terrasse und erhebt sich dann noch 514 Frankfurter Fuß hoch. Unser Eschern-
heimer Thurm ist 164, der Katharinenthurm 200 ff. Fuß hoch; wenn wir
beide aufeinander stellten, hätten wir noch lange nicht die Höhe der Pyramide. Der Pfarrthurm ist 260 ff. Fuß; erst wenn man zwei solcher Pfarr-
thürme aufeinander stellte, hätte man ziemlich genau die Höhe des künstlichen
Felsens, welchen sich Chufu zur Anlegung seines Grabkämmerleins errichtet hat.

Aber die Höhe macht es noch nicht allein aus; die Masse, die ungeheuere
Masse ist es, was uns so imponirt! Die Länge einer Seite der Grundfläche
beträgt 716 franz. oder 818 ff. Fuß, also 1⅗mal die Höhe. Die Pyramide bedeckt einen Raum von 669,124 ff. Quadratfuß und hat einen
Inhalt von ein Hundert und vierzehn Millionen, sechs Hundert
dreiundvierzig Tausend, zwei Hundert fünfundvierzig ff. Kubikfuß. Die größte Kirche des Christenthums, die prächtige Peterskirche in
Rom, könnte man bequem hineinstellen, sie würde nirgends heraussehen oder
auch nur die Oberfläche berühren!

Welche Masse von Steinen wurde verbraucht, dieses einzige Grabmal
zu errichten! Wie viele Städte hätten sich damit bauen lassen! Und welche
unermeßliche Mühe und Arbeit verursachte es, diese Steine zu brechen, nach
dem Nil zu schleifen. Denn sie sind drüben in den östlichen Bergen
gebrochen und heute noch sieht man die Stelle, wo dies geschehen ist.

Vergleichende Höhe der merkwürdigsten Bauwerke alter und neuer Zeit.

Hunderttausend Menschen waren jahrelang damit beschäftigt, diese Steine zu behauen, wieder stundenweit zu transportiren, auf den hundertundvierzig Fuß hohen Felsvorsprung zu schaffen und nun endlich aufeinander zu setzen! Zehn volle Jahre lang hatten zweimalhunderttausend Hände zu schaffen, bis sie nur den schiefen Damm errichtet hatten, welcher nothwendig war, um die Steine auf die Felsterrasse hinauf schleifen zu können. Der Damm mußte lang sein, daß er nicht zu steil wurde, und mußte breit sein, damit Tausende von Menschen sich darauf mit ihren Lasten auf- und abbewegen konnten, ohne einander zu behindern.

Und als endlich der Damm fertig war, hatten wieder hunderttausend Menschen, die von Vierteljahr zu Vierteljahr durch andere abgelöst wurden, noch einmal zwanzig Jahre zu thun, bis die Pyramide vollendet dastand. Man bedenke, was das sagen will: wenn dreißig Jahre lang hunderttausend Menschen an einem Werke arbeiten! — Woher wol König Chufu das Geld nahm, solche Arbeitskräfte zu bezahlen? — Nun, das war das Geringste, denn die ägyptischen Arbeitsleute damaliger Zeit lebten außerordentlich einfach, und der Boden des Landes war so ergiebig, daß auch der Unterhalt solcher Heere von Arbeitern nicht in das Gewicht fiel, und einen weitern Lohn erhielten sie nicht.

***

Jetzt sind wir oben auf der Terrasse und stehen am Fuße der Pramide! Die erste, unterste Lage der Steine ist etwa acht Zoll tief in den Felsboden eingelassen, und dieser ist noch einmal zu einem sechs Fuß hohen Sockel regelmäßig ausgehauen, so daß die Pyramide gleichsam an den Boden angewachsen ist. Ursprünglich waren es zweihundert und fünf Steinlagen, jede von etwa $2\frac{1}{2}$ ff. Fuß Dicke, welche übereinander lagen; die beiden obersten sind zerstört, und es sind jetzt nur noch zweihundert und drei. Alle diese Quadersteine sind auf das Sorgfältigste behauen, und jeder ist in den andern der Art eingefügt, daß der obere auf seiner untern Fläche einen zwei Zoll hohen kantenförmigen Vorsprung hat, welcher in eine Vertiefung derselben Dimension paßt, die sich auf der obern Seite des unter ihm liegenden Steines befindet. So ist eine Verrückung oder Trennung der Steine gar nicht möglich. In dieser Weise bildet die Pyramide eine ungeheure Treppe von mehr als zweihundert Stufen. Um nun die glatte Bekleidung zu erlangen, wurden in diese Stufen große dreiseitige Steinprismen von Granit (bei anderen Pyramiden auch von Marmor) gelegt. Genau genommen, waren es unregelmäßige vierseitige Prismen, da jedes etwas über die Treppe vorsteht, so daß in der äußern Fläche (der schiefen Seitenfläche der Pyramide) sich nur die oberen und unteren Seiten der Granitprismen berühren; die Kante der Treppe liegt dann immer in wagerechter Richtung noch ein schönes Stück einwärts. Der gelblich weiße Sandstein der Stufen, welcher übrigens sehr fest und dauerhaft ist, kommt auf diese Weise gar nicht mit der Luft in Berührung; die ganze Pyramide ist von oben bis unten mit polirtem Granit bedeckt.

Ist? ... Nein! War! Denn die Araber haben Alles, Alles abgerissen und zum Bau ihrer Städte und Dörfer verwendet; hoch oben liegen auf der einen Seite noch etliche Trümmer, woraus wir die ehemalige Bedeckung der Seiten zu erkennen vermögen; sonst sieht die ganze Pyramide aus wie eine zerfallene Treppe; denn auch an den Sandsteinen haben die Bewohner der Umgegend schon abgeschlagen, was irgend loszubringen war.

Vor Allem wollte ich nun das Innere der Pyramide besuchen.

Der Eingang liegt auf der Höhe der funfzehnten Stufe auf der nordöstlichen Seite. Ich nahm fünf meiner Begleiter mit; die übrigen warteten außen. Die Fackeln wurden angezündet, und freudig ging's vorwärts. Allein, allein — der Weg ist mühsam, der Pfad sehr beschwerlich. Erstens geht es steil abwärts, und zweitens ist der enge Gang nur drei und einen halben Fuß hoch, so daß man nicht einmal gebückt gehen kann: man muß kriechen, und das ist eben kein Genuß.

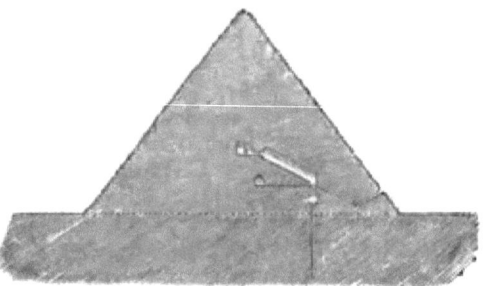

Durchschnitt der Pyramide des Königs Chufu.

Viele Anstrengungen, welche man hier und da auf Reisen hat, sind angenehm, weil es eben eine Freude, ein Vergnügen ist, seine Kraft anzuspannen; darum erklettern wir gern einen Felsen, wandeln über die Gletscher, schwanken auf schwindelndem Steg über eine Eisspalte, — auch das ist ein Genuß, einer Gefahr zu trotzen, — aber gekrümmt schief hinunter in den Bauch einer Pyramide zu kriechen, das ist kein Genuß. Und doch mußte es sein. Es kommt auch wieder besser, und solcherlei Plage muß man mit in den Kauf nehmen.

Keuchend hatten wir bei dem Qualme unserer Fackel 75 franz. oder 86 frankf. Fuß, immer bergab, zurückgelegt, da war der Weg durch einen großen Granitblock versperrt. Als vor tausend Jahren die Araber so weit gekommen waren und nun nicht mehr weiter konnten, zertrümmerten sie den Sandstein zu Seiten des Granitblockes und krochen, nach Beute gierig, um ihn herum. Das hatten König Chufu und sein Baumeister auch nicht gedacht.

Wir machten natürlich denselben Weg, wie die Helden Almamum's, und waren nun wieder in einem eben so engen Gange, der uns aber 117 frankf. Fuß lang hinauf führte. Doch lieber hinauf, als hinab!

Jetzt kamen wir auf einen Treppenabsatz, oder in ein kleines Zimmer, einen Vorplatz. Zur Rechten hatten wir einen senkrechten Schacht; uns gegenüber einen wagrechten, sehr niedrigen Gang. Die Decke war hier 29 ff. Fuß von dem Boden entfernt. Die uns gegenüberstehende Wand (in welche unten der wagrechte Gang gebrochen war) reichte aber nicht bis zur Decke; über sie hin führte schief aufwärts ein anderer Gang. Um in diesen zu gelangen, mußten wir an der Wand emporklettern. Es sind zu diesem Behufe Löcher eingemeißelt, in welche man mit den Füßen treten, und in denen man sich mit den Händen halten kann. Es ist das Hinaufklettern eine sehr beschwerliche Sache, da man überaus große Schritte machen und mit den Händen sehr weit von einem Loche zum andern ausgreifen muß. Ich bewunderte die Fertigkeit, welche die Beduinen schon erlangt hatten, die senkrechte Mauer zu ersteigen, und die Gewandtheit, mit welcher sie einander die Fackeln zureichten.

Endlich waren wir oben. Der Gang hat auf beiden Seiten erhöhete Fußsteige, in welche zur Sicherung des Trittes Vertiefungen eingehauen sind, ist sechs bis sieben Fuß breit, 29 ff. Fuß hoch und 143 ff. Fuß lang. Die Wände laufen nach oben zusammen, so daß die Decke nicht mehr sechs, sondern vielleicht nur drei Fuß breit ist.

Es ging sehr steil aufwärts. Oben am Ende des großen Ganges angekommen, waren wir sicher etwa 130 bis 140 Fuß über der Grundfläche der Pyramide. Von einem Treppenabsatze oder Vorplatze traten wir in ein kleines Gemach, — nein, krochen wir wieder in ein Zimmerchen, denn der kurze, wagrechte Gang war nur drei Fuß breit und drei Fuß hoch. An der entgegengesetzten Wand des kleinen Gemaches ist wieder ein solcher Gang, von derselben Höhe und Breite, aber nur sieben bis acht Fuß lang. Er ist wieder durch Granitblöcke verrammelt; aber die Araber hatten uns schon Bahn gebrochen, und so gelangten wir endlich, endlich in die Grabkammer des Königs.

Sie ist 18½ franz. oder 20½ frankf. Fuß hoch, mißt von Ost nach West 32 franz. oder 37 frankf. Fuß, von Nord nach Süd 16 franz. oder 18 frankf. Fuß. Boden, Wände und Decke sind von polirtem Granit, — jetzt freilich durch den Rauch der Fackeln schwarz und rußig geworden. Der Sarg ist ebenfalls von spiegelglattem Granit, 7 (8) Fuß lang, 3 (3½) Fuß breit und 3½ (4) Fuß hoch. Von dem Deckel ist keine Spur mehr zu sehen, und was aus der Mumie geworden, ist bekannt.

Mit Genugthuung lagerten sich meine Beduinen in die Ecken, während ich mit einer Fackel die Wände und den Sarg untersuchte. Von Hieroglyphen oder Bildern ist nirgends eine Spur zu sehen. Plötzlich fuhr ich vor Schrecken zusammen, — ein furchtbarer Schlag, als ob die ganze Pyramide zusammenstürzte. Ich blickte um, — ruhig saßen meine Begleiter mit ihren ernsten Gesichtern in den Ecken, Alles stand fest und wankte nicht; aber die Grabkammer war mit Pulverrauch angefüllt. Ich wußte recht wohl, daß die Beduinen dem Fremden zu Ehren einen Schuß abfeuern, wie der Kastellan einer alten Ritterburg vor den Besuchenden einen Stein in den tiefen Schloßbrunnen wirft, was immer noch ein Extra-Trinkgeld kostet; aber ich war in diesem Augenblick nicht darauf gefaßt. Doch der Schrecken dauerte nur einen Augenblick, aber er war groß genug. Jetzt stimmten meine Wegweiser einen feierlichen Gesang an, — sie wollen eben Etwas verdienen und wenden dazu mancherlei Kunstgriffe an.

Das Land der Pyramiden.

Die Pyramiden von Gizeh bei Sonnenuntergang.

Leipzig: Verlag von Otto Spamer.

Früher lag eine Menge Scherben von zerbrochenen Töpfen auf dem Boden umher, — diese mußten die reichen Engländer und andere närrische Kauze theuer genug bezahlen. Uebrigens wird sich die Sache gar bald wieder machen. Denn heute wissen sich die Beduinen schon zu helfen! Haben sie einen unerfahrenen, antiquitätengierigen Reisenden vor sich, so finden sie sicher in einer Ecke der Grabkammer irgend eine Kleinigkeit (die sie natürlich eben erst mitgebracht haben), und diese lassen sie dem Fremden freundlichst zukommen. Natürlich muß er dafür schweres Geld zahlen; denn so Etwas ist selten! Aus der Grabkammer Chufu's! Er mag nur einmal selbst suchen, ob er irgend Etwas findet!

Ich nahm Abschied von der Königskammer, ließ noch einmal einen Schuß abfeuern und trollte dann durch die sogenannte „große Gallerie" wieder hinab bis auf den Absatz, von welchem noch ein wagrechter Gang unter eben dieser Gallerie hinführt. Er ist 134 Fuß lang und so enge, daß man nur hindurch kriechen kann. An seinem Ende befindet sich ein Gemach, welches 20½ Fuß lang und 18¼ Fuß breit ist. Man nennt es die Kammer der Königin; es ist aber kein Sarg darin zu sehen, sondern völlig leer.

Die Kammer des Königs liegt genau unter der Spitze der Pyramide und hat über sich einen drei Fuß hohen leeren Raum, also gewissermaßen eine zweite Decke, wodurch der übermäßige Druck von oben abgehalten werden soll. Die Kammer der Königin aber liegt nicht unter der Spitze der Pyramide und geht oben schief dachförmig zu.

Wir waren wieder zurückgekrochen nach dem senkrechten Schachte, dem sogenannten „Brunnen". Ich verlangte hinabzusteigen; aber die Beduinen versicherten, das gehe nicht an, denn erstens habe der Brunnen gar kein Ende und gehe immer tiefer und tiefer; zweitens hätten sie aber auch schon oft Fremde hierher geführt, und nie sei Jemand da hineingestiegen. Allein ich hatte meinen Eselstreiber von Kairo besonders dazu ein Seil mitnehmen lassen und wollte also den Versuch nicht aufgeben. Ich band das eine Ende des Seiles unter den Armen durch, gab das andere meinen Begleitern, schärfte ihnen auf's Ernsteste ein, wie sie sich zu verhalten hätten, und begann dann hinabzusteigen. Der Schacht mißt 2 Fuß in Gevierten. Man hat an 2 einander gegenüberstehenden Seiten Stufen (Löcher) eingehauen, in welche man mit den Füßen treten und mit den Händen fassen kann. So ist das Hinabsteigen eigentlich nicht allzubeschwerlich; aber ein einziger Fehltritt hätte mich in den Brunnen ohne Grund (wie die Beduinen sagten) hinabstürzen lassen. Darum hatte ich das Seil mitgenommen.

Nach vielleicht fünfzig Fuß kam ich an eine zimmerähnliche Erweiterung des Schachtes, die mir zum Ausruhen sehr erwünscht war. Ich setzte mich etliche Minuten nieder und kletterte dann weiter. Es mögen vielleicht noch funfzig oder sechszig Fuß gewesen sein, welche ich weiter in den Fels eingedrungen war, — ich befand mich schon nicht mehr in der Pyramide, sondern in dem Felsen, auf welchem sie steht, — da wurde ich auf einmal so müde, daß ich nicht mehr weiter konnte. In der unbequemsten Stellung versuchte ich, einen Augenblick auszuruhen. Dann versuchte ich, weiter zu steigen — es ging nicht.

„Auf!" rief ich meinen Beduinen zu, und sie zogen mich langsam in
die Höhe, wobei ich natürlicherweise immer mit Händen und Füßen nach den
Tritten in den Wänden tastete.

„Waren Sie bis auf dem Grunde?" fragte mich der älteste meiner
Begleiter, als ich oben angekommen war.

„Nein."

„Das glaube ich", erwiderte er, verschmitzt lächelnd; „es ist auch keiner da."

Wir ließen noch etliche Stücke brennendes Papier hinunterfliegen; aber
vom Boden sah man nichts. Ich warf sogar eine unserer Pechfackeln hinab;
diese erlosch unglücklicherweise während des Fallens, — kurz, den Grund
konnte ich nicht zu sehen bekommen. Und doch wußte ich ganz gewiß, daß da
unten noch ein kleines Zimmer war; ich konnte nur nicht bis dahin gelangen.
Mit einer Art Respekt hatten die Beduinen meinen Bemühungen zugesehen.
Ehe wir in den hundert Fuß langen Gang krochen, der uns nun wieder
hinab nach dem ersten Granitblock bringen sollte, nahete sich mir der älteste der
Araber und sagte mit einer gewissen Treuherzigkeit und Ueberzeugung zu mir:
„Sie können mir glauben, der Brunnen hat keinen Boden."

„Er muß aber doch einmal aufhören."

„Nein; er geht immer weiter, immer weiter."

„Alles muß einmal ein Ende haben."

„Alles? Muß?" sagte der Alte kopfschüttelnd, kniete nieder und kroch
in den Gang.

Die Glieder thaten mir weh; das Hinabkriechen war gar zu beschwerlich;
ich dachte eben daran, ob wir noch nicht bald an dem Punkte wären, wo es
wieder bergauf ginge, — da hielt mein Vordermann plötzlich an, drehte seinen
Kopf, so gut es ging, nach mir um und sprach: „Herr! Wenn ich nun mit
einer Leiter in die Luft hinaufsteigen könnte, — immer höher, immer höher, —
hätte denn das auch ein Ende?"

„Vielleicht nicht."

„Nicht wahr?" versetzte er.

„Hier!" rief der Vorderste unserer Reihe, denn er war an dem ersten
Granitblock angekommen, und es war mir lieb, unterbrochen zu werden; denn
ich hatte nun gemerkt, daß der alte Beduine ein Philosoph war, der sich aber
die Erde doch noch als unendlicher dachte, wie den Himmelsraum, und wir
wären nicht miteinander fertig geworden.

Es war mir schon wohler zu Muthe, als es wieder bergauf ging, und
wir wieder hinaustraten ans Tageslicht und den blauen Himmel und die gol-
bene Sonne erblickten.

Wir ruhten aus, erquickten uns und labten uns an der wundervollen
Aussicht über Fels und Sand hin in das gesegnete Thal des Nil.

Erst nach einer Stunde brachen wir wieder auf und stiegen auf den zertrümmerten Treppen hinauf nach der Spitze. Das aber ist erst recht ein beschwerlicher
Marsch! Die Stufen sind 2½ Fuß hoch; man muß sich einen starken Schwung

geben, um hinauf zu kommen, und nur zu bald wird man müde dabei. Denn wohl zu merken: Es sind zweihundert Stufen, die erstiegen sein wollen! Hier kann man Hülfe brauchen. Die Beduinen steigen mit ihren langen Stäben voran, reichen dem Fremden die Hände und ziehen ihn so hinauf. Wenn sie einen sehr ungeschickten, ungelenken Reisenden vor sich haben, ziehen zwei vorn, und einer drückt und schiebt von hinten, — sie bringen Jeden hinauf. Wir sind oben! Welche Aussicht! O, wie herrlich, wie wird Einem das Herz so leicht! Das über alle Beschreibung fruchtbare Nilthal, — in scharfer Linie angrenzend die ewige Oede! Denn wo bei der Ueberschwemmung der letzte Tropfen Wasser versinkt, da ersteht der letzte Grashalm! Hinter uns, nach Westen, ist's wüst und leer; da ist kein Leben mehr. Vor uns liegt das Wunderland, das Land alter Weisheit, Sitte und Kunst. Da unten ein ungeheures Trümmerfeld, wo ehemals das herrliche Memfi stand, — die Rundschau ist wunderherrlich, und die Gedanken, welche durch die Seele ziehen, die Gefühle, die das Gemüth ergreifen, wenn wir von der Spitze dieser Pyramide aus da hinunter blicken und vier Tausend Jahre Geschichte an uns vorübergehen lassen: — wie überwältigend, ja betäubend ist das Alles!

Die Beduinen nannten mir die Namen all' der schmutzigen Dörfer, die da unten lagen auf den Trümmern der Vergangenheit, zeigten mir die Alabaster-Moschee in Kairo, — ich hörte nicht auf sie, — ich träumte, — ich sah den großen Sesosi, den reichen Ramessu, sah Psametik und Hopra vor mir, — ich sprach mit Osiri, — ich dachte nicht mehr, ich fühlte und genoß.

Wie lange ich so dasaß, weiß ich nicht; endlich weckten mich meine Begleiter; es sei Zeit, aufzubrechen, wenn wir zur Nacht wieder in Kairo sein wollten. Mechanisch stand ich auf. Da präsentirte mir der Eine einen kleinen Hammer, den er bisher in dem Gürtel stecken hatte, welcher sein weißes Hemde zusammenhielt. Ich wußte anfangs gar nicht, was ich damit sollte, — ach, ja: ein rechter Engländer geht nicht von hier weg, ohne eigenhändig ein Stückchen Stein abgeschlagen zu haben, das er dann mit in sein Inselreich nimmt, seinen Freunden vorzeigt und ihnen dabei erzählt, das habe ich selbst mit seinen Händen in Aegypten auf der Spitze der höchsten Pyramide abgeschlagen. Sie haben schon Viel zerbröckelt, diese Reisenden, welche von überall Andenken mitnehmen; — nun, König Chufu hat ihnen zu thun gegeben, sie können noch Jahrhunderte lang abklopfen.

Ich gab den Hammer zurück, ohne eine Ecke abgeschlagen zu haben; wer Steinchen mitnehmen will, findet ja genug, die da oben liegen. Die Beduinen nahmen mehrere und schleuderten sie hinab; auch ich versuchte mich, — keiner von uns konnte weiter als bis etwa zum ersten Viertel werfen; es war unmöglich, einen Stein auch nur bis in die Hälfte der Pyramide hinabzuschleudern.

Was soll ich von dem Heimwege sagen? Hinab ging's schlimmer, als hinauf; vor Gizeh entließ ich meine Beduinen; es war schon völlig dunkel, als ich mit meinem Eseltreiber wieder in Kairo ankam, und der Wirth meinte, ich sei sehr lange geblieben. Aber ich spazierte noch einmal nach der

7*

Esbekieh, einer großen, öffentlichen Gartenanlage in der Stadt; setzte mich daselbst vor eines der Kaffeehäuschen, schlürfte meine Tasse Mokka und rauchte träumend eine Wasserpfeife (Nargileh) dazu, bis es einsam um mich ward.

Wie die eine hier beschriebene Pyramide, sind der Hauptsache nach alle. Bei der zweiten ist der Gang nach der Grabkammer des Königs so eng, daß man förmlich auf dem Leibe kriechen muß. Belzoni war der Erste, welcher nach den Arabern, und zwar im Jahre 1816, in sie eindrang. Jetzt sind alle geöffnet und untersucht. Die Grabkammer der dritten ist dadurch merkwürdig, daß die Granitblöcke, welche die Decke bilden, in Bogenform ausgehauen sind.

Der prachtvolle bräunliche Basaltsarg, von welchem sich weiter vorne Seite 64 eine Abbildung findet, steht jetzt nicht mehr in der Grabkammer; Obrist Howart Wyse hat ihn, als echter Engländer, 1837 mitgenommen.

Grabkammer des Königs Ramenka in der dritten Pyramide.

Das Innere eines Felsentempels.

### 3. Die Felsentempel.

Vorläufiges. — Ein Bild aus alter Zeit. — Die Reise zum Feste. — Der kleine Tempel. — Anblick des großen Tempels. — Größenverhältnisse. — Das Innere des Tempels. — Leben auf dem Strome. — Anno 1862.

Wir haben nun die Wohnungen der Lebendigen und der Todten über der Erde betrachtet, — sehen wir jetzt nach den unterirdischen.

In die Felsen wurden nicht nur Gräber gehauen, sondern auch Tempel und Versammlungssäle, die bei der herrschenden Hitze besondere Annehmlichkeiten gewährten. Die Eingänge dazu waren oft mit Säulen und Statuen geschmückt, alle Wände mit Bildhauerarbeiten und Malereien bedeckt, und der Eindruck des Ganzen war um so mächtiger, als das Unterirdische das Gemüth jedes Menschen ganz besonders erfaßt.

An solchen Tempeln war Kemi reich; statt aber in eine allgemeine Beschreibung dieser Wunder-Bauwerke einzugehen, besuchen wir lieber ein einziges, — eines der großartigsten —, und machen wir uns darnach in Gedanken ein Bild von den übrigen.

Wählen wir dazu den „Osiris-Tempel" bei dem heutigen Städtchen
Epsambal (Ebsambol, Ipsamboul, Abusimbel). Es liegt 22 Grad 12 Minuten
nördlicher Breite am linken (westlichen) Ufer des Nils, also etwa zwei Grad
südlicher als die Südgrenze des eigentlichen Aegypten, in Nubien. Der Tempel wurde, wie so viele andere in der bortigen Gegend, also errichtet zu der
Zeit, da das Land Kusch unter ägyptischer Oberherrschaft stand.

Die Unkenntniß heutiger Tage nennt jede altägyptische männliche Statue
einen „Osiris" und wirft so alle Götter und Könige durcheinander, nur die
Gelehrten lesen in den Hieroglyphen den Namen des Königs, oder in den
Abzeichen den Namen des Gottes. Auch der Tempel, welchen wir besuchen
wollen, hat mit Osiri Nichts zu thun. Die großen sitzenden Figuren am
Eingange sind keine „Osiris-Bildsäulen", sondern stellen den König Ramses III.
vor. — Auch mit dem in der Nähe befindlichen „Isis-Tempel" hat es eine
ähnliche Bewandtniß.

Versetzen wir uns nun wieder einmal in Gedanken um breitausend Jahre
zurück. Es wird genußreicher sein, im frischen Leben zu wandeln, als unter
den todten Trümmern der Vergangenheit.

Wir fahren ab von der Insel Pilak und steuern nach Süden. Bald
ist die Gegend wild romantisch, bald lieblicher. Ein Mal treten die steilen Felsen
nahe heran, und der Jaro bespült den Fuß der natürlichen Thalwände; ein
ander Mal breitet sich das Thal aus, das Auge schweift über fruchtbare
Felder und erblickt erst in bläulicher Ferne die Berge. Gestern sahen wir
Felsentempel, deren Eingänge nur wenige Fuß von dem Wasserspiegel entfernt
waren; nur ein schmaler Pfad zog sich noch vor ihnen hin; — heute dehnen
sich lange Sphinx-Alleen vor uns aus und führen zu entfernten, hohen Pylonen.

Ueberall so, wie es die Oertlichkeit gestattet; aber überall ägyptisch. Ob-
wol wir längst über die Grenze Kemi's hinaus sind, weht hier doch noch
ägyptischer Geist. Die Kusch haben sich ihren nördlichen Nachbaren unter-
werfen müssen; und nicht das ist der größte Ruhm eines Sesoosi, eines
Ramses, daß sie Länder eroberten, sondern daß sie ungebildeten Völkern
Bildung brachten; daß sie thaten, wie der große Osiri that. Der durch das
Schwert erworbene blutige Lorbeer verwelkt; aber nicht der Kranz, welcher das
Haupt des Edlen ziert, der ein Volk aus der Barbarei emporgehoben zur Gesittung.

Es wird lebendiger auf dem Strome. Von allen Städten und Dörfern
beider Ufer stoßen Schiffe und Schiffchen ab und segeln mit uns hinauf nach
Süden. Das macht das große Fest des Ra, zu dem wir eben recht kommen.
Sieh' diese prachtvolle, vergoldete Gondel! Das muß ein reicher Mann sein,
dem sie gehört! Vielleicht ein Feldherr, oder gar ein königlicher Prinz! Wie

bescheiden nehmen sich dagegen jene Bootchen da drüben aus! Und doch sind auch sie recht nett und gar bunt bemalt.

Aber jetzt wird es lustig! Hier kommt eine große Barke mit Musikanten. Trommeln, Trompeten, Klapperhölzer und Kenikem, — welch ein Lärm! Laß uns zurückbleiben; dort hinten findet sich noch lieblichere Musik. Sieh', in diesem Schiffe sind Männer mit Harfen und Instrumenten, ähnlich einer Guitarre, und Frauen schlagen das Tambourin dazu.

Und nun blicke nach rechts! Sieh' dieses Schiff mit dem prächtigen Pavillon in der Mitte, Alles in Roth und Gold; vorn und hinten ein Thürm= chen mit schiefem Dach, wie man sonst hier nur die Koffer sieht. — Die ägyptischen Koffer haben die Gestalt eines europäischen Hauses mit schiefem Dach. Die beiden Seiten des Daches sind die Deckel, haben unten eine Angel, in der sie sich bewegen, und legen sich oben fest aneinander. Jeder Flügel dieses dachartigen Deckels hat einen Knopf, mittelst dessen er geöffnet, aufgehoben werden kann. — Aber nun versuche einmal, das bunte Segel anzusehen! Das halten die Augen nicht aus! Wie das grelle Gelb und Blau, das Roth und Grün nebeneinander flimmern! Wie die vergoldete Sonnenscheibe oben im Scheine der wirklichen Sonne glitzert.

Wir haben bereits neunzig Stunden Weges zurückgelegt. Der Strom fließt hier von Südwest nach Nordost durch Sandsteingebirge. Drüben im Westen zieht sich ein kleines Thal hin, — siehst du jenen mächtig hohen Felsen? Der ist diesseits des Thales, und in ihn ist auch ein Tempel ge= brochen, welchen wir jedoch heute nicht besuchen wollen. Sechs kolossale Figuren, — drei rechts, drei links — stehen neben dem einzigen, engen Eingange. Dieser führt zu einer Vorhalle, welche etwa dreizehn Schritte lang und halb so breit ist. Sechs mit Köpfen gezierte Säulen tragen die Decke. Von der hinter= sten, ganz mit Hieroglyphen bedeckten Wand führen drei Pforten, — in der Mitte eine größere, und rechts und links eine kleinere, — in das innere Tempelgemach.

Rechts, links und hinten sind Eingänge zu drei Seitenkapellen, und jede dieser hat noch einmal drei kleine, nischenartige Nebengemächer.

Doch, wir halten uns hier nicht auf. Wir betrachten den Tempel nur von außen. Die Felswand ist schief behauen; die Statuen stehen in Nischen, deren Rückwand senkrecht ist. Das macht einen ganz eigenen Eindruck, da auf diese Weise die Köpfe der Figuren am hellsten beleuchtet sind, der Untertheil immer mehr in den Schatten zurücktritt. Die Statuen mögen etwa 28 Fuß hoch sein; jede hat rechts und links noch eine kleinere von ungefähr $7\frac{1}{2}$ Fuß neben sich. Von den sechs großen sind drei mit der doppelten Straußfeder, drei mit der Krone von Oberägypten geschmückt. Die ganze Wand ist mit einge= meißelten Hieroglyphen bedeckt, und der Name des Königs Ramses leuchtet dem Beschauer sogleich über der Eingangspforte entgegen.

Wie die einzelnen Bildsäulen, so steht die ganze Front des Tempels in einer schiefen Nische; denn die glatt behauene Front ist weniger schief als die unbehauene Fläche des Felsens.

Aber nun noch ein Stückchen den Strom hinauf! Jetzt kommt erst die Hauptsache.

Ja! Das ist prächtig! Das ist großartig! Auf der andern Seite des Thales ein gelblich brauner, dunkler Sandsteinfels, senkrecht, glatt zu einer Mauer behauen, und daran sitzen, aus hellem, fast weißem Sandsteine ge= meißelt, vier Riesenkönige! Wohl gemerkt! Die Statuen sind angewachsen, denn der helle Sandstein, aus welchem sie bestehen, ist nur eine helle Schicht des dunklen Felsens, und der Bildhauer hat diese verschieden gefärbte Schich= tung so trefflich benutzt.

Und was sagst du zu diesen Treppen? Sie sind 150 Fuß lang; denn so lang ist die Façade des Felsentempels. Hier siehst du vier sitzende Bild= säulen des Königs Ramses III.; sie sitzen in einer schiefen Nische, welche unten 34 Fuß vorspringt.

Nun stelle dir vor: Jede Statue ist 74 Fuß hoch, — die Krone allein 16, — der Bart mißt 6½, — das Ohr 4, — die Nase 3½, — das Auge 2½ Fuß; — von einer Schulter zur andern sind 29 Fuß! Das heißt: Jede ist über die Brust so breit, als bei uns ein kleiner Saal lang ist.

Zwischen den Beinen der großen Figuren stehen die Statuen der Kinder des Helden Ramses. In der Mitte zwischen den vier Königsbildsäulen ist der Eingang, — 25 Fuß hoch. Von etwa gleicher Höhe ist Gott Ra, über dem Eingange in einer Nische stehend, die Sonnenscheibe auf dem Kopfe; rechts und links wieder Ramses III., den Gott verehrend. Die Höhe der ganzen Façade ist 114 Fuß.

Treten wir nun in das Innere des Tempels!

Er reicht über zweihundert Fuß in den Felsen hinein, besteht aus vier Hauptabtheilungen und im Ganzen aus vierzehn verschiedenen Sälen, — sage: Vierzehn Sälen!

Durch einen etwa 22 Fuß langen Gang kommen wir in einen großen Saal, 24 Fuß hoch, 61 Fuß lang, 56 Fuß breit. Die Decke ist blau und roth bemalt, alle Wände sind mit bunten Gemälden bedeckt, welche die Feld= züge und Heldenthaten des Königs darstellen. Hier sieht man Ramses, eine Festung stürmend, — da in seinem Streitwagen wild in das Gefecht jagend, — dort: dem Gotte Opfer bringend. Alle Bilder sind mit der größten Sorg= falt ausgeführt. — Acht Statuenpfeiler bilden in der Mitte eine Allee nach der hintern Wand. Die Statuen sind auf's Sauberste ausgearbeitet und sorg= fältig gemalt; die Pfeiler sind acht Fuß dick. — An der rechten Seitenwand münden zwei Eingänge in zwei längliche Säle, deren vorderer 41, deren hin= terer 51 Fuß tief ist; jeder etwa 13 bis 14 Fuß breit. — Die Rückseite des großen Säulensaals hat drei Ausgänge. Die zwei rechts und links in der Ecke führen jeder in einen langen Saal, von welchem aus wieder nach der äußern Seite zwei andere Säle ausgehen. So besteht der erste Haupt= theil des Tempels aus neun verschiedenen Sälen.

Gerade dem Eingange gegenüber führt ein anderer, ungefähr 12 Fuß

Das Land der Pyramiden.

Leipzig: Verlag von Otto Spamer.

Die Felsentempel. Religiöses Fest der Bewohner von Kemi.

langer Gang in den zweiten Hauptsaal. Er ist von vier Pfeilern gestützt, 40 Fuß lang und 27 Fuß tief. — Von seiner Rückwand treten wir durch den einen der drei Eingänge in den dritten Hauptsaal, der ebenfalls 40 Fuß breit, aber nur etwa 40 Fuß tief ist. Von ihm aus gelangt man hinten rechts und links in zwei kleinere Räume, — jeder etwa 10 Fuß in's Gevierte, — in der Mitte führt ein Gang in das Allerheiligste, das noch einmal 25 Fuß lang und 13 Fuß breit ist. Ganz hinten, an der letzten Wand, sind vier sitzende Götterstatuen. Von dem vordersten Eingange kann man durch die vier Haupträume bis zu ihnen sehen, — wenn nämlich dieser letzte Saal genügend erleuchtet ist; es geht über 200 Fuß in den Felsen.

Denkest du auch daran, wie viel Kubikfuß Stein hier aus dem Felsen gehauen und fortgeschafft werden mußten? Wisse: gegen dreimalhunderttausend! Es kostet zu viel Zeit, alle diese Bilder und die zahllosen Hieroglyphen zu betrachten und zu lesen. Es entgeht uns Vieles, — doch was thut es? Machen wir, daß wir wieder hinaus in's Freie treten, und blicken wir nun über die grandiosen Treppen hinab nach dem Flusse!

Sieh, welch Drängen und Treiben! Zu Tausenden steigen sie die hohen Treppen hinan und wandeln wie Zwerge zwischen den Füßen der Riesen umher. Hier hat sich ein Trupp gelagert; dort an dem Thore drängt und schiebt sich die Masse hinein und heraus, — denn zu den vorderen Räumen hat das Volk Zutritt, nur nicht zu dem Allerheiligsten; — hier finden sich alte Freunde wieder; da kommt eine ganze Prozession mit Pfeifen= und Flöten=Spiel; dort macht sich die Bewohnerschaft eines fernen Ortes schon wieder zum Aufbruche bereit.

Und welch ein Leben und welche Mannichfaltigkeit bietet der Strom zu unseren Füßen dar! Welche Massen von Booten aller Art! Hier ist eines mit einem Schwanenhalse; dort hat der Schnabel eines andern die Gestalt einer Schlange; an einem dritten sieht er gar aus wie eine Trompete! Und diese prachtvollen Pavillons! An allen diesen Gondeln, Häuschen, Segeln, Rudern ist auch nicht ein handgroßes Fleckchen, das nicht bunt bemalt wäre — nicht selten recht geschmackvoll. Auch die Vergoldung ist überaus reich angebracht.

Schau dort hin! Eben beginnt hier eine Wettfahrt. Hei, wie die Barken pfeilschnell durch das Wasser schießen! Und dort drüben siehst du ein Fischerstechen! Plump! Da liegt Einer im Wasser, sein Kamerad zieht ihn jetzt wieder heraus. Musik und fröhliches Jauchzen von allen Seiten! Lust und Freude auf allen Gesichtern! O, du glückliches Volk von Kemi!

Doch es ist Zeit, wieder einzusteigen und bis zu dem nächsten Dörfchen zu fahren. Das Fest dauert so mehrere Tage; morgen sind wir wieder hier.

So! Nun wirf noch einen Blick zurück auf diese Riesenstatuen! Sieh' diese fein ausgemeißelten Gesichter, diese majestätische, erhabene Ruhe in den Gestalten! Wie machen diese Kolosse den Eindruck des Allgewaltigen! Ja, das sind Riesenwerke, bestimmt für die Ewigkeit!

Für die Ewigkeit?

In der großen Sanduhr der Zeit ist ein einzig Körnlein Sand herabgerollt, — dreitausend Jahre sind um, wir schreiben 1862 nach Christi Geburt. Komm' mit mir! Ich zeige dir neunzig Stunden südlich von der Insel Pilak ein anderes Bild!

Von den Treppen, von der Anfahrt keine Spur mehr zu sehen. Selbst der Nil fließt nicht mehr, wie zu Ramses' Zeiten. Die Anhäufung des Schlammes und der in ungeheuren Massen von Westen hergewehte Wüstensand haben sein Ufer verändert. Der Koloß links von der Thüre ist durch den Blitz zertrümmert (wie uns eine Inschrift auf dem einen Beine belehrt), die beiden rechts sind zur Hälfte im Sande begraben, nur der äußerste links ist ganz sichtbar, — bis auf die Füße, welche auch längst mit Sand bedeckt sind. Zerschlagen ist, was zerschlagenswerth war, — sei es, um die Steine zu benutzen, sei es, um ein Andenken mit nach Europa zu bringen. Sieh', da oben klettert eben solch ein Vandale aus Europa umher! Er ist noch anderthalb Fuß kleiner, als des Königs Ramses Bart. Jetzt setzt er sich auf einen Finger des Königs (— der Daumen mag wol sieben Viertel Fuß dick sein —) und zieht ein rothes Buch heraus. Er wird sich wol einen Bleistiftstrich an das Kapitel: „Aboo Sunbel" machen, damit er zu Hause noch weiß, was er gesehen.

Im Innern des Tempels ertönen ganz andere Stimmen, als vor alten Zeiten, — denn er ist die Zufluchtsstätte der Hirten aus der Nachbarschaft, welche sich mit ihren Herden in die geweihten Räume flüchten, wenn die räuberischen Maghrebi (die westlichen Beduinen) kommen, Beute zu machen.

So sieht es heute dort aus, und doch sind erst wenig Sandkörnlein in der großen Zeitenuhr hinabgerollt.

Säulen zu Philä.

## Die Säulen und Träger der ägyptischen Prachtbauten.

Die achtkantige Säule. — Die sechszehnkantige kannelirte Säule. — Die Lotos-Säule. —
Die runde Säule. — Geöffneter Kelch als Kapitäl. — Palmenkapitäl. — Die sogenannten
Hathorköpfe. — Statuen-Pfeiler.

———◦◦———

Eine Hauptzierde großer Prachtgebäude sind die Säulen. Sie wurden bei den alten Völkern weit häufiger angewendet als bei uns. In Griechenland war jeder größere Tempel auf allen Seiten von Säulen umgeben, manchmal in doppelter Reihe; und wir Alle kennen die dorischen, jonischen und korinthischen Säulen.

Aber einen noch großartigern Gebrauch, als die Griechen und Römer, machten die alten Aegypter von den Säulen; allein diese ägyptischen Säulen sind im Ganzen weit weniger bekannt als jene. Und doch sind sie aus verschiedenen Gründen einer genauern Kenntniß wol würdig. Sie sind an Formen weit manchfaltiger als die griechisch-römischen; — sie imponiren durch ihre oft staunenswerthe Größe; — sie blenden durch die bunten Farben, mit welchen sie bemalt sind; — sie wurden in weit größerer Zahl angewendet (standen doch ganze Säle voll Säule an Säule); — und endlich zeigen sie uns schon hier und da die Elemente zu den griechischen Säulenformen.

Bei uns sind fast nur die Formen im Gebrauche, welche bei den Hellenen und Römern vorkamen; sehen wir einmal, wie es an den Ufern des Jaro aussah! Wir werden da eine ungeahnte Manchfaltigkeit, Pracht und Majestät finden.

Die hauptsächlichsten und am meisten vorkommenden Formen ägyptischer Säulen, dieses wichtigsten Schmuckes der Prachtgebäude, sind folgende:

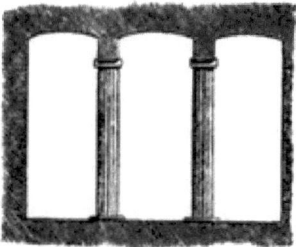

a. Die achtkantige Säule. Sie findet sich am Eingange eines Felsengrabes bei Benihassan. (Siehe Abbildung S. 111:) — Diese Säule ist einfach dadurch entstanden, daß man an dem vierkantigen Pfeiler die Kanten abgemeißelt hat. Sie trägt noch die quadratische Deckplatte.

b. Schnitt man nun diese acht Kanten abermals ab, so entstand die sechszehnkantige Säule, wie sie im Innern des genannten Grabes zu sehen ist.

Sechszehnkantige kannelirte Säulen.

Sie steht auf einer flachen, an der Kante abgerundeten, kreisförmigen Basis. Da die Winkel der sechszehn Seiten aber so stumpf sind, daß man die einzelnen Seiten gar nicht unterscheiden könnte, sind diese ausgehöhlt, d..h. die Säule ist kannelirt, wie das in beistehender Abbildung deutlich zu sehen ist.

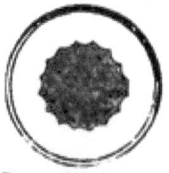

c. Die sogenannte Lotos-Säule stellt in ihrer ältesten Gestalt vier zusammengebundene Lotos-Stengel dar, deren Kronen das Kapitäl bilden.

Sie war mit grellen Farben bunt bemalt, sagte dem Geschmacke der Aegypter ganz besonders · zu und bildete

Querdurchschnitt der sechszehnkantigen kannelirten Säule.

Vierstengelige Lotossäule.

in ihrer weitern Vervollkommnung den Hauptschmuck der großen Säle, Hallen und Höfe in Tempeln und Palästen. Statt der vier Stengel machte man später acht und dann sechszehn.

Vielleicht fällt in beistehenden Abbildungen auf, daß die Säulen verhältnißmäßig kurz und dick sind. Das ist eine Eigenthümlichkeit aller ägyptischen Säulen. Die dorischen Säulen haben sechs bis sieben, die jonischen acht bis zehn, die korinthischen durchschnittlich neun untere Durchmesser zur Höhe; die ägyptischen nur fünf, ja es finden sich sogar Säulen, welche nur viermal so hoch als dick sind.

d. Um Flächen für bildlichen Schmuck zu gewinnen, behielt man die Form der Säule im Ganzen bei, ließ aber die einzelnen Stengel nicht mehr hervortreten, so daß die Säule und das Kapitäl vollkommen rund und glatt wurden, und nun wurde die ganze Säule von oben bis unten mit bildlichen Darstellungen und Hieroglyphen bemalt. —

b. Säule aus Luxor.

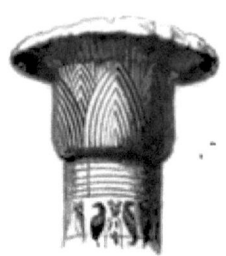

Geöffnetes Kelch-Kapitäl
mit Blattverzierungen.

a. Säule aus Luxor.

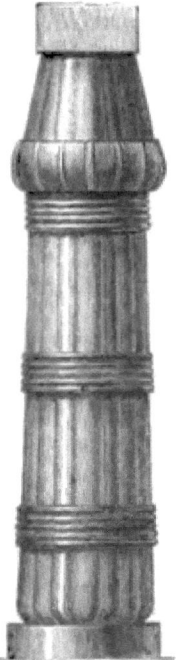

Sechzehnstengelige
Lotos-Säule.

Säule mit 4 Köpfen.

Statuen-Pfeiler.

Die Deckplatte blieb immer quadratisch und wurde ebenfalls mit einer hieroglyphischen Inschrift — meist mit dem Namen des Erbauers — versehen.

e. Neben den Kapitälen, welche geschlossene Kelche darstellten, kamen nun auch solche auf, welche geöffnete Kelche mit Blattverzierungen nachahmten. Die Blätter wurden in Streifen (wie das an der folgenden Abbildung zu sehen ist) gelb, blau, roth, grün gemalt. In denselben Farben die Bänder, welche unter dem Kapitäl die Säule umschlossen.

f. Statt des soeben beschriebenen offenen Kelches erscheint auch oft das Palmen-Kapitäl, das sind auf einem runden Schafte auswärts geneigte Palmblätter, natürlich grün bemalt, aus der Entfernung aber an der Gestalt nicht von der vorigen Form zu unterscheiden. Auf der Abbildung: „Säulenhalle des großen Tempels auf der Insel Pilat" S. 83 sind solche Säulen zu sehen.

g. Ein namentlich in späterer Zeit außerordentlich beliebter Säulenaufsatz bestand aus vier Köpfen, über welchen vier Darstellungen eines Tempels einen Würfel bildeten. Wir nennen diese Köpfe gewöhnlich Hathorköpfe und bezeichnen diese Säulen als solche mit der Hathormaske; allein es liegt durchaus kein Grund vor, hinter diesen Gesichtern gerade die Göttin Hat-Har zu suchen. (Siehe das Kapitel über die Götter Aegypten's!) Es sind einfach Menschenköpfe mit dem bekannten gestreiften Kopftuche; wenn sie eine bestimmte Person darstellen sollen, so läßt sich das etwa dann angeben, wenn man weiß, welchem Gotte der Tempel geweiht war, — mit Zuverlässigkeit aber nur aus den Inschriften auf den Säulen selbst. Aus der Zeit her, da man die Hieroglyphen noch nicht lesen konnte, stammt es, daß so oft noch jede weibliche Statue eine Isis, jede männliche ein Osiris und jedes Gesicht an einer Säule ein Hathorkopf genannt wird.

Diese Säulen machen in Tempeln und Tempelhöfen einen ganz eigenthümlichen Eindruck. Sie sind, da sie dem Maler eine glatte Fläche bieten, sehr bunt und brillant; ernst und feierlich schaut von ihrer Höhe das regungslose Antlitz herab.

h. Eine noch größere Verwendung der Menschenfigur sehen wir aber bei den sogenannten Statuen-Pfeilern. Das sind viereckige Pfeiler, an welche auf der Frontseite Statuen angelehnt sind. Wenn also diese Pfeiler z. B. in einem Tempelhofe das Dach einer ringsum gehenden Halle stützen, so blicken die Statuen nach außen, d. h. alle nach der Mitte des Hofes. Diese Bildsäulen sind mit den Pfeilern aus demselben Steine gehauen, nur ein Stück und stellen in der Regel einen Gott, oder den Erbauer des Tempels, oder einen königlichen Helden der Vorzeit dar. Der Name ist in den Hieroglyphen zu lesen.

Grabeingang bei Beni-Hassan.

## 4. Die Felsengräber.

Kleine Gräber. — Besuch eines großen Grabes. — Wo ist der Sarg zu finden? —
Gefahren. — Königsgräber.

Wir wissen bereits, daß die Felsengräber in den westlichen Bergen angelegt waren. Es waren Privatgräber, — für Eine Person, oder eine
ganze Familie, — oder öffentliche Gräber, in welchen alle Diejenigen beigesetzt wurden, die sich nicht ein eigenes Grab machen lassen konnten.

Jene sind, wenn sie nur Einen Sarg aufzunehmen hatten, oft sehr klein.
Bei einem z. B. führt ein Gang 10 Fuß hoch, 2½ Fuß breit, 8 Fuß lang
in ein kleines Zimmer, welches 12 Fuß hoch, 10 Fuß breit und 2½ Fuß
tief ist und dem Eingange gegenüber zwei ineinander stehende kleine Nischen
hat. Innen und außen sind alle Wände (auch die Decke) mit ganz flach
erhabenen Figuren und Inschriften bedeckt, — Alles matt gelb angestrichen.

Bei einem andern ist der Gang, welcher in den Fels führt, auch 2½ Fuß
breit, aber nur 5 Fuß lang; das kleine Zimmer ist 6 Fuß tief, 14 Fuß
breit, 10 Fuß hoch. Die Relieffiguren sind mit bunten Farben bemalt.

So sind die kleinsten Gräber für einzelne Personen beschaffen. Reiche, Vornehme ließen sich aber viele Säle und Gänge in den Felsen hauen und ihren Sarg in irgend eine Ecke so gut verstecken, daß ihn, — wie sie hofften, — gewiß nie ein Sterblicher wieder auffinden sollte. Auch wurden noch besondere Vorsichtsmaßregeln angewendet: man machte in sich selbst zurückführende Irr-gänge, mitten auf den Wegen tiefe Schachte, in welche Der unrettbar stürzen mußte, welcher sie nicht kannte, oder sich nicht gehörig vorgesehen.

Doch, komm' mit! Sieh' dir diese Todtenwelt selbst an! Ich führe dich in ein solches Grab dort bei den Trümmern des alten Tape, auf welchen heute vier Dörfer stehen. Hast du ein solches gesehen, so kannst du dir die übrigen denken.

Der Eingang ist 140 frankf. Fuß breit (3½ Fr. F. sind etwa 1 Meter); ver-engt sich aber von beiden Seiten und ist nach 17 Fuß Tiefe nur noch 90 Fuß breit. So breit ist also der erste Saal; dabei hat er eine Tiefe von 64 Fuß. Ueber-lege man wohl diese Dimensionen: der Saal hat eine Fläche von 5760 ☐Fuß!

Nun folgt ein Gang von 18 Fuß und wieder ein 58 Fuß tiefer Saal, der von 8 Säulen und 4 Pfeilern gestützt wird. Aus ihm kommt man links in mehrere Räume, welche durchschnittlich jemalig über 40 Fuß lang sind. In der Mittellinie fortgehend, gelangt man durch ein 22 Fuß langes Zimmer in einen Gang, dann wieder in einen Saal mit 8 Säulen und 4 Pfeilern, abermals in einen Gang, nun in den vierten Saal, von etwa 30 ☐Fuß, gestützt von 4 Säulen, — und durch einen letzten Gang endlich in das hinterste Zimmer, dessen Rückwand schon 322 Fuß von dem Eingange entfernt ist.

Du meinst, wir seien am Ende? Noch lange nicht!

Links können wir von hier nur 31 Fuß weit gehen, aber rechts gelangen wir, nachdem wir wieder 87 Fuß weit durch Zimmer und Gänge marschiert sind, an eine große Treppe, die uns 23 Fuß weit hinabführt. Folgt ein Gang und abermals eine Treppe, wieder ein Gang und die dritte Treppe hinab. Endlich führt uns ein 11 Fuß langer Gang in ein ungefähr 20 Fuß tiefes Zimmer. Aufgepaßt! Gleich am Eingange dieses Zimmers öffnet sich verrätherisch zu unseren Füßen ein über dreißig Fuß tiefer Schacht. Er ist gut 4½ Fuß breit; wer Muth hat, kann mit einem Anlaufe darüber springen.

Wir sind glücklich hinüber gekommen, stehen nun an der hintersten Wand und können nicht weiter. Wo ist aber der Sarg?

Laß uns suchen! Betrachten wir die Wände; vielleicht findet sich noch eine Oeffnung. Sieh', auf der rechten Seite öffnet sich ein etwa 6 Fuß breiter Gang. Also hinein! Der führt uns vielleicht zum Ziele.

Wieder sind wir ungefähr 90 Fuß durch Gänge und Gallerien gewan-dert; wir stehen abermals am Ende eines Zimmers und können nicht weiter. Aber nur den Muth nicht verloren! Ein Sarg muß da sein und wird sich auch finden. Links führt uns ein weiterer Gang in ein Gemach, das aber keinen andern Ausgang hat, und wir sind nun wirklich am Ende. Aber der Sarg? — Der ist nicht da.

Also kehren wir um — vielleicht haben wir doch einen Nebenweg übersehen!

Vorwärts 30 Fuß, rechts 90 Fuß, links — über den Schacht und die drei Treppen hinauf — 126 Fuß; halt! Da öffnet sich ja links ein kleiner Gang. Wir treten ein. Hier ist ein wahrer Irrgang. Wir machen einen Weg von mindestens 600 Fuß, biegen wenigstens vierzehnmal um eine Ecke, haben treppauf, treppab zu marschiren, auch hier über einen Schacht zu springen, kommen in denselben Weg zurück, ohne daß wir umgekehrt wären, haben Gänge und Zimmer auf's Genaueste untersucht, aber kein Sarg ist zu finden.

Jetzt ist kein Gemach, kein Plätzchen übrig, das wir nicht durchforscht hätten. Laß uns noch einmal die großen Treppen hinabsteigen bis zu dem Schachte und auch diesen durchsuchen. — Er hat 4½ Fuß in's Gevierte, ist 31 Fuß tief, — wir lassen uns mit einer Fackel hinab, der Boden ist eben und kahl, und kein Sarg ist da. — Was nun?

Nur Geduld! Wir finden ihn doch! Langsam lassen wir uns wieder hinaufziehen, beleuchten die Wände des Schachtes, — 11 Fuß über dem Boden führt ein kurzer Gang seitwärts in den Fels. Hier ist ein Gemach von 10 bis 11 Fuß in's Gevierte, die Decke ist im Bogen ausgehauen, hinten eine breite steinerne Bank, — und auf dieser Bank steht der Sarg.

Wer sollte den Eingang zu der Grabkammer wol in der Mitte der Seitenwand eines Schachtes suchen? Ist das nicht fein ausgedacht? Ja, die Aegypter wußten ihre Todten so zu betten, daß sie Niemand störte; aber wir Europäer, wir finden sie doch und nehmen sie aus ihren Särgen, fahren sie über das Meer, stellen sie in unseren Museen auf, oder — zerstückeln sie auch, — Alles der Wissenschaft zu Liebe!

Die Länge aller Zimmer, Gallerien, Gänge und Treppen dieses einzigen Grabes beträgt zusammen wol 1500 Fuß. Nun bedenke: welchen Arbeit gehörte dazu, ein solches Grab in den Felsen zu hauen, Wände und Boden zu ebnen, Treppen und Säulen zu machen, den Schacht zu brechen! Welcher Aufwand von Kraft erfordert es nur, die ausgebrochenen Steine von der Grabkammer aus den Schacht hinaufzuziehen und den weiten Weg, die Treppen hinauf, durch Säle und Gänge heraus an das Tageslicht zu bringen!

Der Besuch eines solchen ägyptischen Grabes erheischt übrigens große Vorsicht. Man kann sich förmlich darin verirren und muß dann elendig verhungern. Ist die Fackel einmal abgebrannt, dann ist jeder Schritt gefahrvoll; ein Schacht zwischen uns und dem Ausgange macht uns die Rettung unmöglich, und selbst wenn kein Schacht hinter uns liegt, wäre es ein Wunder, wenn Jemand aus diesen Irrgängen in der Dunkelheit zufällig den rechten Weg fände. Ist es doch ohne besondere Vorsichtsmaßregeln sehr schwer, sich bei Fackelschein herauszufinden!

Aehnlich, wie das soeben von uns besuchte Felsengrab, sind alle; nur in unwesentlichen Dingen verschieden. Manche bestehen fast nur aus wagrechten Stollen; andere meist aus schief abwärts gehenden Pfaden und Treppen; wieder andere führen von Schachten in Stollen, von Stollen in Schachte und gehen auf diese Weise sehr tief in die Felsen hinab; hier sind große Säle, 15 bis 20 Fuß hoch; dort nur kleine Zimmer, 7 bis 8 Fuß hoch.

In Unterägypten wurden, da man keine Berge in der Nähe hatte, erst senkrechte Schächte in den Boden gegraben, bis man auf den Fels kam. In diesem legte man sodann seitwärts Gänge und Gemächer zur Aufbewahrung der Särge an. Zu Anfang dieses Abschnittes ist die Abbildung eines Grab=einganges bei dem heutigen Dorfe Beni=Hassan abgedruckt.

In den öffentlichen Gräbern wurden die Särge auf= und nebeneinander in Nischen gestellt; die Zahl der hier versammelten Todten war Legion.

Die Könige zur Zeit des großen Ramses ließen sich in ein entferntes, abgesondertes Thal begraben; die Araber nennen es Biban=el=Moluk. Diese Königsgräber sind das Herrlichste, was an Katakomben aufzufinden ist.

Prokesch, Ritter von Osten, welcher sie besucht hat, sagt: „Wer auch nur das eine Grab, wozu Belzoni hat den Gang ausräumen lassen, genau schildern wollte, müßte Bände darüber schreiben und würde, wie getreu er auch der Wahrheit bliebe, dem Leser doch ein Träumer scheinen. Diese Menge von Gängen, Gemächern und Sälen, zwei Stockwerke tief und tiefer noch in das Leben der Felsen gehauen, diese Millionen Bilder und Hiero=glyphen der feinsten Ausführung, dieser Glanz und die Unverletztheit der Farben, als wären sie eben erst aufgelegt worden, geht weit über den Maßstab des heut zu Tage Denkbaren hinaus. Der Aufwand von Pracht und Arbeit, von religiöser Gewissenhaftigkeit in Ausführung des Kleinsten wie des Größten, ist so ungeheuer, daß man nicht begreift, wie ein Herr=scher, und war er auch der mächtigste von der Welt, auf den Gedanken hat verfallen können, einen ähnlichen Bau anzubefehlen.“

Aus einem solchen Königsgrabe ist auch der prachtvolle Alabaster=Sarg geraubt, welcher jetzt im britischen Museum zu London prangt. —

Mögen die Tadler und Kurzsichtigen, welche im Hinblick auf diese Riesen=bauwerke der alten Bewohner von Kemi von der unbarmherzigen Grausam=keit und der Vergeudung von Menschenkräften Seitens der ägyptischen Machthaber so Vieles schon geschrieben haben, bedenken, daß ein solcher Grabkultus nicht nur die Sache Einzelner gewesen sein konnte, oder etwa von Wenigen befohlen und befolgt wurde; sondern daß dergleichen riesige Arbeiten aus der eigenthümlichen Anschauungsweise und dem Bildungsgange des ganzen Volkes entsprangen! Es ist freilich bequem, über solche im Geiste des ganzen ägyptischen Lebens begründete Arbeiten mitleidig oder mit em=pfindsamem Bedauern die Achseln zu zucken. Ist es denn etwas Anderes, wenn unsere Vorfahren hundert Jahre lang an einem Dome bauten? Gothische Kirche, oder Felsengrab: Beides ist ein Kultus. An der Durchstechung des Mont Cenis, sicher einem eben so großen wie nützlichen Werke, werden Tausende von Menschen Jahrzehnte zu arbeiten haben! Wer spricht heute von Barbarei und Grausamkeit, wenn die Mittel zu solchen Riesenwerken herbeigeschafft werden? Der Unterschied ist nur der, daß jene Arbeiten nicht mehr im Geiste unserer Zeit liegen.

Eine Damengesellschaft. (Aus den Gräbern des alten Tape.)

# Wie die Bewohner von Kemi ihre Geschichte und ihr Leben malten.

Malen und Anstreichen. — Unzählige Abbildungen. — Kindliche Darstellungsweise. — Musikalische Abendunterhaltungen. — Steife Damengesellschaft. — 1. Grundton. — 2. Sieben Hauptfarben. — Unterhaltungen der Männer. — 3. Fleischfarbe. — 4. Perspektive. — Spiele im Freien. — 5. Die menschliche Figur. — Portraits. — Aegyptische Kulturentwickelung. — 6. Kontur. — Gewerbliches Leben. — Chemische Färberei. — Glasbläser. — 7. Dinge in verschiedener Entfernung. — 8. Dinge dicht hinter oder neben einander. — 9. Größenverhältnisse. — Die großen Könige. — Oeffentliche Arbeiten. — Kriegsleben. — 10. Schattirung. — Die Landschaft. — 11. Hauptansicht. — Perioden ägyptischer Kunst. — Stabilität. — Wappen und Hieroglyphen.

───◆◆───

Die Felsengräber, von welchen wir unsere Leser soeben unterhalten haben, liefern dem Alterthumsforscher ein reiches Material zum Studium altägyptischer Sitten und Gebräuche, da an den steinernen Wänden in flachen Reliefbildern das ganze Leben der Bewohner von Kemi mit seinen kleinsten und unbedeutendsten Einzelheiten dargestellt ist. Hier sehen wir den König in der Schlacht, dort den Arbeiter, der die Ziegel formt, — hier den Priester im Tempel, dort den Schiffer in seinem Boote, — hier die Erstürmung einer Festung, dort die Bereitung des Brodes, — Fischfang, Weinbau, Viehzucht, alle Künste und Gewerbe, Nichts fehlt.

In Kemi wird deshalb viel Farbe verbraucht, sehr viel! An Tempeln und Palästen sind, innen und außen, alle Wände mit jenen bunten Bildern bedeckt; fast alle Säulen sind von oben bis unten bemalt; ebenso die Decken der Säle und Hallen. In den gewöhnlichen Wohnhäusern sind die Wände mit grellen Farben fachwerkartig angestrichen; eine weiße Stubenthür siehst du nirgends; sie ist gelb eingefaßt, der Grund ist roth, und Lotos und Papyrus sind darauf gemalt. Möbel von polirtem Nußbaumholz kennt man hier nicht; bei Vornehmen und Reichen findest du zierlich eingelegte Arbeit von Cedernholz, Ebenholz, Elfenbein, Goldplättchen und dergleichen, bei den Königen namentlich

8*

sehr reiche Vergoldung; die gewöhnlichen Hausgeräthe aber sind roth, gelb, blau, — auch grün, weiß und schwarz angestrichen. Eine Bettlade (das ist ein Geräth wie ein Sopha, welches nur an einer, kurzen Seite mit einer Lehne versehen ist) hat z. B. hellblaue Grundfarbe und ist zinnoberroth eingefaßt; ein Schemel ist zwei Finger breit roth und gelb gestreift, eine Tischplatte gelb mit rothen, sich rechtwinkelig durchschneidenden schmalen Streifen; in der Mitte jedes auf diese Weise entstehenden Quadrates ist ein schwarzer Punkt.

Der Aegypter liebt Alles hell und bunt; er streicht an und bemalt Alles, was nur eine Farbe annimmt; Vornehme tragen Halskragen und Armbänder von edlen Metallen und kostbaren Steinen, — der Geringere trägt sie von doppelt aufeinander geleimtem Kattun, welcher darin bunt bemalt wird.

Die Liebhaberei der alten Aegypter an der Malerei war so groß, daß sie alle nur denkbaren Verhältnisse ihres häuslichen und öffentlichen Lebens bildlich darstellten, und so ist es uns möglich geworden, noch nach Jahrtausenden die genaueste Kenntniß zu haben von dem Thun und Treiben der ehemaligen Bewohner des Nilthales. Nicht daß uns alte Schriftsteller mit solcher Ausführlichkeit berichtet hätten; sondern wir sehen in den alten Wandgemälden Alles deutlich abgebildet vor uns und bekommen so eine weit lebendigere und richtigere Anschauung, als sie uns irgend ein Schriftsteller hätte geben können.

Das Leben im Hause, von der Mutter, welche den Säugling nährt, bis zur vornehmen Damengesellschaft, — Spiele, Lustbarkeiten und musikalische Unterhaltungen, — Landbau, Jagd und Vogelfang, — alle Arten gewerblicher Beschäftigungen, Bäcker, Schreiner, Bildhauer ꝛc., in voller Thätigkeit, — Handwerkszeuge, Hausgeräthe, Kleidungsstücke, Gegenstände der Toilette, musikalische Instrumente, Spielsachen, Krieger aller Art, die verschiedenartigsten Waffen, Schlachten zu Land und zur See, — Bestattung und Einbalsamirung der Leiche, — alles Dieses haben die Bewohner von Kemi in zahlreichen Wandgemälden der Nachwelt aufbewahrt.

Allein die ägyptische Malerei will verstanden sein. Wer sie zum ersten Male sieht, kann sich unmöglich des Lachens enthalten; sie macht den Eindruck des Verschrobenen, Unbehülflichen, und viele Bilder sind dem Uneingeweihten gänzlich unverständlich. Doch wer die Grundsätze ägyptischer Malerkunst einmal erfaßt hat, dem fällt Nichts mehr auf, und jedes Bild ist ihm klar.

Vor Allem merke man: Die Aegypter haben in ihrer Malerei durchaus die Darstellungsweise eines Kindes, das nur die allerersten Schritte in der Zeichnungskunst gethan hat. In der Kunst der Ausführung brachten es die Künstler in Kemi zu einer außerordentlichen Vollkommenheit; sie wußten vortreffliche Farben zu bereiten, die nach Tausenden von Jahren noch frisch und lebhaft sind; sie bedeckten die größten Flächen mit einem ausnehmend gleichartigen Tone, so daß auch nirgends ein Fleckchen heller oder dunkler ist; aber ihre Manier bleibt immer, bis in die späteste Zeit, dieselbe.

Suchen wir nun die Regeln ägyptischer Malerkunst an einigen dazu passenden, meist aus den Felsengräbern des alten Tape herrührenden Wandgemälden auf.

Die alten Bewohner des Nilthales waren zwar ein philosophisches Volk, ein Volk von Denkern, aber nichtsdestoweniger heiter und lebenslustig, munter und gesellig. Sie hielten z. B. ihre Abendkonzerte wie wir; da wurde auf der Flöte geblasen, Harfe gespielt, oder auch zu einem Instrumente gesungen, welches die größte Aehnlichkeit mit unserer Guitarre hat. Einzelne ließen sich allein hören, oder man führte gemeinschaftlich ein Stück auf, so daß drei, vier Harfen, einige Flöten, etliche Tamburins, eine Guitarre, eine Doppelflöte, eine Lyra, ein Kemkem und ein Paar Klappern zusammen wirkten. Auch getanzt wurde häufig, doch nicht wie bei uns. Um sich zu unterhalten, tanzte man nicht selbst, sondern sah tanzen. Rings an den Wänden saß die geladene Gesellschaft, roch an ihren Sträußchen und sah mit Vergnügen zu, wie in der Mitte des Zimmers junge Mädchen, meist Dienerinnen und Sklavinnen, tanzten. Der Tanz selber hatte keine Aehnlichkeit mit unseren Rundtänzen, z. B. dem Walzer ꝛc., sondern mit dem Ballet.

In gleicher Weise kam man Abends (denn am Tage blieb man der Hitze wegen gerne zu Hause) zu geselliger Unterhaltung zusammen.

Das zu Anfang dieses Abschnittes stehende Bild zeigt eine solche „Damengesellschaft". Acht vornehme Damen sitzen auf reich verzierten Lehnstühlen neben einander. Ihre Kopftücher sind mit Fransen besetzt und werden von einem aus Gold und Edelsteinen bestehenden Diademe gehalten. Ueber den Scheitel zieht eine Spange, welche mit einer Art Federbusch gekrönt ist. Besonders kostbar sind die breiten Halskragen aus Perlen, Gold und Juwelen und die Bracelets, die in reicher Zahl Ober- und Unter-Arm schmücken. Die Aegypter gingen in der Regel sehr einfach gekleidet; sie verstanden es aber auch (namentlich die Frauen), sich mit der größten Pracht zu schmücken. — Als Kleider tragen sie lange, faltige Gewänder von Baumwolle, die aber so außerordentlich fein sind, daß mit Leichtigkeit ein solches Gewand durch einen Fingerring gezogen werden kann; wie viel leichter denn durch die großen Ohrringe! Dabei ist der Stoff so durchsichtig, daß er (wie das Bild auch zeigt) die einzelnen Körpertheile erkennen läßt. Unter diesem durchsichtigen, gazeartigen Gewande trugen die Damen noch ein kurzes, undurchsichtiges. — Eine nicht minder reich geschmückte Dienerin, an welcher namentlich ein kostbarer Gürtel zu bewundern ist, reicht den Gästen Fächer und Erfrischungen. Hinter ihr steht ein runder, einbeiniger Tisch, unter welchem vier Blumenvasen stehen; — fast jede Dame hat ihr Sträußchen in der Hand. Auf dem Tische finden sich neben einander Körbchen, Fächer, Schmucksachen, Bouquets und andere Dinge. Die Damen in Kemi verstanden sich auf den Luxus und den Putz wie die heutigen Pariserinnen.

Hieran schließen wir die beiden ersten Regeln der ägyptischen Malerkunst.

1) Es wird nicht auf einen weißen Grund gemalt, weil die weißen Gewänder und dergleichen sonst nicht abstehen würden. Ehe eine Fläche bemalt wird, bekommt sie einen hell bläulichen, gelblichen, oder graulichen Grundton.

2) Es werden nur sieben Hauptfarben verwendet.

Schwarz (Kopfhaar und Bart, — die Schnur, mit welcher der künstliche Bart hinter den Ohren gehalten wird ꝛc.).

Weiß (viele Gewänder, — die Nägel an den Fingern und Zehen, —
die Hornhaut ꝛc.).

Blau (Eisen, — Wasser, — Berge ꝛc.).

Gelb (Sand- und Kalk-Stein, — rohes Holz, — der Löwe ꝛc.).

Grün (das Krokodil ꝛc.).

Zinnoberroth (die Sonnenscheibe ꝛc.).

Braunroth (Pferde, Hasen, Antilopen ꝛc., — Baumstämme, — die
Iris und die Thränensäckchen in den Augen, — Granit ꝛc.).

Von selbst versteht es sich, daß Dinge, welche in Wirklichkeit eine der
sieben angegebenen Farben haben, auch mit diesen gemalt werden; Blätter
also grün, die Pupille schwarz, das Gold gelb ꝛc.

Blau, gelb, grün und braunroth kommen hell und dunkel, grel-
ler und matter vor. Das Grün des Krokodils ist ein ganz anderes als
das einer Palme; es giebt hell- und dunkelgrüne Gewänder u. s. f.

Braun, Grau, Violett und dergleichen Farben kommen in der Regel
nicht vor; sie sind den Aegyptern nicht unbekannt, finden sich in späterer Zeit
auch hier und da, aber in den Wandgemälden werden sie fast nie angewendet.
Warum das so ist, wird später noch klar werden.

Die Männer liebten besonders das Bretspiel. Sie nahmen weniger
Theil an Tanz, Musik und Gespräch, setzten oder knieten sich zwei und
zwei in eine Ecke und spielten da
im Brett, wie sich auch heut zu
Tage kartenlustige Leute von der
übrigen Gesellschaft zurückziehen an
ihren Spieltisch.

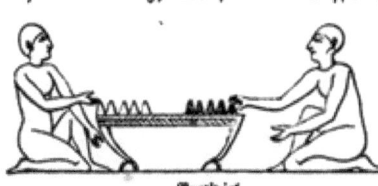

Die Steine waren schwarz und
weiß, oder auch schwarz und roth,
hatten etwa die Gestalt eines Kegels

Bretspiel.

und waren gewöhnlich aus Holz geschnitzt, bei reichen Leuten aus Elfenbein.
Waren die Spieltischchen niedrig, so setzte oder hockte man sich neben sie an
den Boden, wie es vorstehendes Bild zeigt; man kniete sich mit dem einen
Beine, setzte sich auf die Ferse und zog das andere Knie gegen die Brust an
sich. Vor hohen Tischen saß man auf Stühlen nach unserer Weise. — Das
Bretspiel war namentlich auch eine Lieblingsunterhaltung der Könige.

Hier haben wir nun zwei weitere Regeln der Malerkunst beizufügen.

3) Die Fleischfarbe (Hautfarbe) für die ägyptischen Männer ist
braunroth, für die Frauen ein mattes, gedämpftes Gelb (also nicht das
grelle Gelb, womit z. B. ein Löwe gemalt wird).

Wie kam man aber auf diesen sonderbaren Einfall? Sahen denn an den Ufern des Jaro die Männer braunroth und die Weiber gelb aus? Nein. Aber da in den ältesten Zeiten Männer und Frauen nicht an der Kleidung zu unterscheiden waren (Beide trugen dieselben Gewänder, und es finden sich in den Wandgemälden unzählige menschliche Figuren, von welchen man, — da alles Unterscheidende verdeckt ist, — durchaus nicht zu sagen vermöchte, ob sie männlich oder weiblich sind, wenn man sie nicht an der Farbe unter- scheiden könnte); auch nicht an der Tracht der Haare (diese war eine und dieselbe; in der Regel sind die Haare durch das blaue, oder blau und gelbe Kopftuch ganz verdeckt); auch nicht am Bart (denn die Männer trugen kei- nen natürlichen und nur ausnahmsweise einen künstlichen); und da auch die Maler vor 5000 Jahren noch nicht verstanden, in der Gesichtsbildung (Physiognomie) das Geschlecht auszudrücken, so blieb Nichts übrig, als einen recht sichtbarlichen, handgreiflichen Unterschied in der Farbe zu machen. Dieser Unterschied mußte ein sehr großer sein, denn der Beschauer eines sechszig Fuß hohen Tempels, oder eines hundert Fuß hohen Pylons mußte doch auch bei den obersten Figuren noch sehen, ob sie Mann oder Frau darstellten. Welche Farben sollte man unter den sieben oben bezeichneten, damals bekannten wählen? Schwarz, weiß, blau, grün, zinnoberroth waren unbrauchbar; es blieb also gar nichts Anderes übrig, als den sonnverbrannten Mann mit der ihm zu- nächststehenden Farbe braunroth, die blässere Frau gelblich zu malen, — wenigstens wußte man sich nicht besser zu helfen.

Als sich in späterer Zeit die Zahl der Farben vergrößerte, hätte man allerdings praktischere Fleischfarben anwenden können; allein dadurch wären frühere Bilder unverständlich geworden. Ueber das ganze Land war an Tempeln und Palästen in einer so ungeheuren Masse von bildlichen Darstellungen die Geschichte und Entwickelung von Land und Volk angemalt, daß man, um keinen Wirrwarr zu machen, bei der einmal hergebrachten Weise lieber stehen blieb.

Fremden Völkern gab man eine entsprechende Fleischfarbe; wir sehen Neger schwarz, Perser ähnlich unserer Hautfarbe, Andere etwas gelblicher, oder auch hell braunroth. Für die Aegypter aber blieb man für alle Zeiten bei dem von den ältesten Gemälden gegebenen Vorbilde. Die Damen auf Seite 115 sind also mattgelb, die Bretspieler Seite 118 braunroth zu malen.

4) Die Perspektive fehlt entweder ganz, oder ist in sehr kindlicher Weise behandelt. Vierbeinige Tische, Stühle, Sessel, Bettladen haben in der bildlichen Darstellung alle nur zwei Beine, — gerade wie die Kinder zeich- nen. Von einem Hause, einem Tempel, einer Pyramide, einem Obelisken sieht man immer nur eine Seite. Das niedere Tischchen, auf welchem in vorstehendem Bilde die beiden Männer Bret spielen, hat in der Wirklichkeit nicht zwei, sondern vier Beine.

Von den sonstigen Spielen der Aegypter sind noch folgende zu erwähnen: Das Würfelspiel. Die Würfel waren theils von Knochen, theils von Elfenbein, vollkommen so wie die unserigen, sogar die Anordnung der Augen ist ganz dieselbe. — „Gerade oder Ungerade“ war ein sehr beliebtes Spiel. — Auch das bei unseren Kindern häufig vorkommende Spiel, daß sich Zwei auf den Boden einander gegenüber setzen, ein Drittes sich in kriechender Stellung so zwischen sie legt, daß es mit dem Gesichte gegen den Boden sieht und nun errathen muß, wie viel Finger ihm über den Rücken gehalten werden, war sehr im Schwunge. Bei uns singen die zwei hockenden Kinder ein Liedchen, trommeln dabei dem dritten auf den Rücken und fragen schließlich: „Wie viel Finger stehen?“ Wie die kleinen Aegypter gesungen, oder gefragt haben, wissen wir noch nicht, aber abgebildet haben wir das Spiel wiedergefunden.

•   •   •   •

•

Ballspielerinnen.

Am Schlusse dieses Kapitels finden sich zwei Morra-Spieler abgebildet. Das Morraspiel besteht in Folgendem: Die beiden Spieler setzen sich einander gegenüber; der Eine hält dem Andern die geschlossenen Hände vor, öffnet plötzlich eine beliebige Anzahl Finger und schließt sie eben so schnell wieder; der Andere muß rathen, wie viele Finger ausgestreckt worden waren. Sehen und zählen kann er es nicht, es geht zu schnell; er muß sich also völlig auf die Ehrlichkeit seines Genossen verlassen. — Von Aegypten kam das Morra nach Italien; auch die alten Römer liebten dieses Glücksspiel über die Maßen, und heute noch spielen es die Italiener leidenschaftlich gerne, nur endigt es bei ihnen sehr oft mit Messerstichen. Hat der Eine einmal zehn Minuten lang gerathen und immer die Zahl der Finger nicht getroffen, so beschuldigt er seinen Kameraden des Betrugs; von Vorwürfen kommt es zum Zank, vom Zanke zu Drohungen, und das Ende sind Messerstiche. Die Polizei hat deshalb auch das Morra verboten; gespielt wird es aber doch.

Im Freien belustigte man sich hauptsächlich mit Reifspielen und mit Ballwerfen. Namentlich in letzterem Stücke hatten es die ägyptischen

Mädchen sehr weit gebracht. Sie warfen zwei, drei Bälle zugleich, auch mit ver-
schränkten Armen, und machten alle die Kunststücke, welche wir gewohnt sind, von
Seiltänzern und dergleichen Künstlern mit Aepfeln oder Messingkugeln ausgeführt
zu sehen. Das vorstehende Bild wird dieses noch besser erläutern. Daselbst ist
auch das enge, lange Gewand zu sehen, welches Frauen und Mädchen trugen.

Das folgende Bild zeigt noch ein anderes Ballspiel, Reitball. Zwei
Mädchen stehen in gebückter Stellung einander gegenüber; zwei andere reiten
auf jenen und werfen die Bälle einander zu. Diejenige, welche den ihr zu-
geworfenen Ball nicht fängt, muß absteigen, nun selbst die Trägerin machen
und die aufsitzen lassen, welche ihr bisher als Reitthier gedient hat.

Für Geld ließen sich öffentlich Künstler sehen, welche schwere gymna-
stische Stücke ausführten, und namentlich Taschenspieler.

Reitballspielerinnen.

Auf den beiden vorstehenden Abbildungen fällt uns sogleich die sonderbare Gestalt der menschlichen Figuren auf. Diese bedarf einer besondern Er-
läuterung; und das giebt die fünfte Regel.

5) Menschliche Figuren sind so zu verstehen: der Kopf ist jedes Mal
von neben (also im Profil) gezeichnet, das Auge aber von vorn. Genau
so würde jedes Kind zeichnen; es vermag nicht, das Gesicht von vorn darzustellen, aber auch nicht, das Auge perspektivisch von neben. Die Brust ist von
vorn abgebildet, die Füße sind von neben angesehen; die Hände zeigen immer
die ganze Fläche; die Finger sind gleichlang. So erklärt sich das Steife
und Eckige in den ägyptischen Figuren ganz einfach; es zeigt uns die Kind-
heitsstufe der Zeichenkunst. Wird ein Mann dargestellt, welcher sich
umdreht, so wird an der Figur gar Nichts verändert, als daß der Kopf
nach der andern Seite sieht; die Füße stehen dann z. B. völlig nach links,
der Kopf steht völlig nach rechts.

Werden Menschen in lebhafter, heftiger Bewegung dargestellt, so sind die
Abbildungen auf Grund des eben Gesagten oft sehr possirlich, wie z. B. bei einem
der nachfolgenden Bilder: „Gefangene und gebundene Neger", S. 129.

Zuweilen erscheint die Brust übrigens doch ein wenig verkürzt, so daß sie nicht mehr ganz von vorn angesehen ist.

Nun darf man aber nicht denken, die ägyptischen Maler hätten keine anderen Figuren malen können, als die eckigen, verdrehten, welche wir in den Wandgemälden sehen. Nein, sie konnten auch Gesichter von vorn malen, nicht nur im Profil. Bei der Enthüllung von Mumien hat man zuweilen auf der Brust eine Tafel mit dem Portrait des Verstorbenen gefunden. Solcher Portraits finden sich mehrere in den Sammlungen von London und Paris. Da ist z. B. das Bild eines jungen Mannes. Es ist auf eine Tafel von Cedernholz gemalt, zehn Zoll hoch, fünf Zoll breit. Das Gesicht ist ganz von vorn dargestellt; die Schattirung ist sehr kräftig, zum Theil in hellen und dunkeln Pinselstrichen so kühn ausgeführt, daß sie einen sehr gewandten Maler verräth. Der Hintergrund ist matt grünlich grau und nach Bedürfniß auf der einen Seite dunkler, so daß der Kopf sehr gut absticht. Die Hornhaut der Augen ist bläulich weiß; selbst der Spiegelglanz auf den Augen, der grell weiße Punkt, fehlt nicht.

Obwol sich ein solches Bild nicht mit den Leistungen unserer Künstler vergleichen kann, so zeigt es doch, daß man vor Jahrtausenden in Aegypten auch anders, naturgetreuer, richtiger und lebendiger malen konnte, als wir es zu sehen gewöhnt sind.

Aber warum kamen solche Fortschritte in der Malerei denn nicht öffentlich zur Anwendung?

Weil der Aegypter überhaupt ein Freund des Bleibenden war; und dazu war er durch die eigenthümlichen Verhältnisse seines Landes gebracht worden. Kemi ist rechts und links von fast unzugänglichen, öden und unbewohnten Felsbergen eingeschlossen; dahinter liegt nach Osten das Rothe Meer, nach Westen die Wüste. Im Süden ist das Nilthal enge, felsig, läßt beinahe keine Verbindung mit dem Nachbarvolke zu; im Norden stößt es an das Mittelmeer. Die Landenge von Suez ist zum Theil eine fast undurchdringliche Wüste. So ist es ganz natürlich, daß die Bewohner von Kemi in vorhistorischen Zeiten lange, lange auf sich allein beschränkt waren und mit anderen Völkern so ziemlich gar keine Verbindung hatten.

In Folge der Eigenthümlichkeiten ihres Landes, — wobei namentlich die regelmäßigen Ueberschwemmungen eine große Rolle spielten, — kamen aber die Aegypter viel schneller als andere Völker über die ersten Stufen menschlicher Kultur, d. i. über das Jäger- und Hirten-Leben, hinweg und widmeten sich dem Ackerbau, dieser Grundbedingung fester Wohnsitze und daraus folgender höherer Kultur. Sie eilten anderen Völkern weit voraus, und als sie endlich mit diesen näher bekannt wurden, hatten sie einen solchen Vorsprung vor denselben, daß sie nur mit Verachtung auf sie herabblickten und sie als rohe, ungebildete Barbaren behandelten. Aegypten war ein Reich in der höchsten Blüte, liebte Künste und Wissenschaften, hatte den Höhepunkt seines Glanzes schon erreicht zu einer Zeit, da Griechenland und Italien noch nicht einmal in der Sage existirten. Als Lykurgos seinen Spartanern

Gesetze gab, hatte Kemi seine schönste, herrlichste Zeit schon tausend, sage tausend Jahre hinter sich. Als man in Rom die ersten, nur mit Stroh gedeckten, armseligen Lehmhütten bauete, waren es zwei Tausend Jahre, — zwei Tausend Jahre, daß man in Aegypten die ewigen Pyramiden errichtet hatte; denn Chufu, der Erbauer der größten Pyramide, kam im Jahre 2721 vor Chr. Geb. zur Regierung.

Daher der wohlberechtigte Stolz der Aegypter, ihre Unzugänglichkeit und ihr hartnäckiges Abschließen gegen fremde Bildungselemente, ihr Halten an dem Bestehenden, an dem Hergebrachten.

Als weitere Regel zur Förderung des Verständnisses der ägyptischen Malerei knüpfen wir hier noch an:

6) Alle Figuren haben eine scharf gezeichnete Kontur, die nicht übermalt wird. Diese Kontur ist immer schwarz, mit Ausnahme, wenn sie eine weiße Fläche von einer weißen, eine gelbe von einer gelben, oder eine weiße von einer gelben trennt; dann ist sie roth oder rothbraun. Die Kontur bei einer männlichen Figur ist also schwarz, bei einer weiblichen roth. Der Grundton der bemalten Fläche gilt dabei immer für weiß. Die Nägel an den Fingern haben also bei einer Frau überall eine rothe Kontur, bei einem Manne jedoch eine rothe nur gegen außen, eine schwarze aber gegen den braunrothen Finger hin.

Diese Regel ist mit der größten Genauigkeit und Sorgfalt beobachtet. Bei dem weiter unten folgenden Bilde „Palmenweiher", Seite 130, ist z. B. die Kontur des mattgelben Weges roth; aber die fünf Stellen, wo das Gelbe an das grüne Gras stößt, sind schwarz. Die äußere Grenzlinie der gelben Umfassungssteine ist roth, die innere schwarz; denn jene ist zwischen Gelb und Weiß, diese zwischen Gelb und Blau.

Bei minder sorgfältiger Arbeit wird an kleinen, unbedeutenden Dingen die Kontur weggelassen. Wird der „Palmenweiher" nicht sehr groß gemalt, so läßt man bei den braunrothen Steinchen, welche auf dem Wege liegen, und bei den einzelnen Blättchen der großen gefiederten Palmblätter die Kontur weg.

Für den, welcher die vorstehenden Bilder ausmalen will, sei Folgendes noch bemerkt:

Die Halskragen der Ballspielerinnen sind blau, gelb, roth, Arm- und Bein-Ringe schwarz eingefaßt und blau und grün quer gestreift, — die Lederbälle sind gelb, oder roth, oder hell und dunkelblau, — die eng anliegenden, bis unter die Arme reichenden Frauenröcke haben Kattunmuster, z. B. Grund dunkelblau, roth quabrirt, in der Mitte jedes Quadrates ein runder schwarzer Fleck, um diesen kleine weiße Punkte, die Rockträger sind gelb und roth eingefaßt, — Kopfbedeckung mit den Quasten schwarz.

Bei den Morra-Spielern ist das kurze Gewand von den Lenden bis zum Knie gelb zu malen.

Auch das geschäftliche Leben der alten Aegypter führen uns ihre Wandgemälde auf das Lebendigste vor.

Der Bäcker knetete seinen Teig mit den Füßen, ähnlich wie man im Süden, z. B. schon im Würtembergischen, die Trauben keltert, indem man sie mit den Füßen tritt. Die Brode waren flach, gewöhnlich von runder, oder länglich runder Gestalt, oft mit einem erhöheten Rande, wie zuweilen bei unseren flachen Kuchen. Feineres Gebäck hatte die Gestalt von Dreiecken, Sternen ꝛc., auch von Blumen, Fischen, Kühen, Schafen ꝛc., wie wir Aehnliches bei unseren Zuckerbäckern finden. Die Brode wurden auf langen Bretern, oder auch in niedrigen Körben auf dem Kopfe zu den Kunden getragen.

Der Schuster, d. h. der Verfertiger der ledernen Sandalen, saß auf einem niedrigen, dreibeinigen Stuhle und arbeitete mit Ahle, Nadel und Hammer, gerade wie man heutigen Tages unsere Schuhmacher sieht. Es ist sogar auf den Wandgemälden zu sehen, wie der Arbeiter das Gesicht verzieht, weil die Nadel, mit welcher er den ledernen Riemen annäht, nicht durchgehen will.

Wir sehen ferner, wie (mit der Spindel) gesponnen, wie gewebt, gewalkt und gefärbt wird, wie aus Flachs und dünnen Lederstreifen Seile und Stricke gemacht werden und dergleichen. Ueber das Färben erzählt uns Plinius, die Aegypter hätten eine merkwürdige Weise gehabt, die Zeuge bunt zu machen. Sie hätten nämlich die bunten Muster nicht mit Farbe auf den Stoff gemalt, sondern das Muster nur mit verschiedenen farblosen Flüssigkeiten aufgezeichnet, dann sei das ganze Stück Zeug in einem Kessel mit Farbestoff gekocht worden und — bunt gemustert herausgekommen. Der eine in dem Kessel enthaltene Farbestoff habe auf dem Zeuge verschiedene Farben dargestellt, je nachdem dieses vorher so, oder so getränkt worden. — Das wäre also eine chemische Färberei gewesen.

Die alten Aegypter waren in vielen Dingen erstaunlich weit vorgerückt, und Mancher würde nicht glauben, was von ihrer Kunst und Geschicklichkeit gesagt wird, wenn die tausendjährigen Wandgemälde nicht als unumstößlicher Beweis vor unseren Augen ständen. Wir wissen, daß die Töpfer, Porzellanarbeiter und Glasarbeiter außerordentlich geschickt waren; man arbeitete mit der Drehscheibe, glasirte und bemalte die Gefäße und brannte sie in einem Ofen, wie wir es thun. Man machte sehr große PorzellanVasen, die in bunten Farben mit Blumen, Thieren und menschlichen Figuren geziert waren. Von Glas verfertigte man nicht nur Gefäße, sondern auch falsche Edelsteine; man hatte sogar Statuetten, welche von gefärbtem Glase gemacht waren, dem Nichtkenner aber aus kostbarem Steine verfertigt zu sein schienen. — Für die Glasbereitung von hohem Werthe war das Natron, welches in reichlicher Masse aus den (im ersten Kapitel beschriebenen) NatronSeen gewonnen ward. Die größten Glasmanufakturen waren in Tape, später auch in Alexandria. Noch heute zeigen uns die Wandgemälde den ganzen Hergang des Geschäftes. Da sehen wir, wie ein Arbeiter das lange Blasrohr in die geschmolzene Masse taucht, wie es ein anderer an den Mund setzt und unten das Gefäß anbläst, — wie bei uns. Und das war doch lange, lange vor dem Anfange unserer Zeitrechnung!

Es wäre ermüdend, alle Gewerbe in dieser Weise durchzugehen; darum sei nur noch erwähnt, daß uns die Wandgemälde gar Manches zeigen, woran wir ohne sie wahrscheinlich überhaupt gar nicht gedacht hätten. Wir sehen z. B., daß die Schreiner kostbareres Holz in dünnen Tafeln auf geringeres Holz aufleimten, also ihre Möbel ganz in unserer Weise fournirten. Wir sehen bei dem Goldschmiede Blasebälge, welche getreten werden und durch eine lange Röhrenleitung den Wind dem Schmelzofen zuführen ꝛc. Wir entnehmen aus allen diesen Umständen die hohe Stufe der ägyptischen Kultur in grauester Vorzeit.

Fischer.

Nun zu vorstehendem Bilde!

Die Fische, deren der Nil eine überreiche Menge und zwar in mehr als zwanzig verschiedenen Arten lieferte, fing man theils vom Ufer, theils von Kähnen aus. Man gebrauchte hierzu große, aus Bindfaden geflochtene Zug-netze, oder auch Angeln. An letzteren ließ man oft die Ruthe weg, hielt das eine Ende der Schnur in der Hand und warf das andere, an welchem Haken und Köder befestigt waren, in das Wasser. Sehr große Fische wurden mit Speeren erlegt. — Die gefangenen Fische wurden sogleich mittelst eines lan-gen Messers aufgeschnitten und ausgeweidet. Sodann trocknete man sie ent-weder an der Sonne, oder sie wurden eingesalzen.

Auf vorstehender Abbildung werden gefangene Fische, welchen Stricke durch die Kiemen gezogen sind, an einer Stange hängend herbeigebracht. Zwei Männer sitzen bereits da und sind beschäftigt, die Fische aufzuschneiden und auszunehmen. Wer die ägyptische Malerei nicht versteht, sollte meinen, zwischen den beiden sitzenden Männern flögen fünf sonderbare Geschöpfe in der Luft umher; das sind aber schon aufgeschnittene Fische, welche am Boden liegen.

Das führt uns zur folgenden Regel für die ägyptische Malerkunst.

7) Von einander entfernte Dinge, solche welche hintereinander sind, werden, wenn sie wichtig genug sind, übereinander gezeichnet.

Stellte bei uns ein Maler z. B. die Werkstätte eines Küfers dar, so
würde er einen Lehrling, welcher für ihn unsichtbar hinter einem Fasse
säße und Reifen schnitzte, auch nicht auf sein Bild bringen. In Aegypten
ist das anders; der Beschauer muß wissen, daß da hinten noch Jemand sitzt,
und was der thut. Die übereinander gemalten Fische auf unserem Bilde
liegen also hintereinander am Boden.

Noch deutlicher sehen wir diese Art der Darstellung auf dem folgenden
Bilde. Es ist abgezeichnet aus einem Grabe bei den Trümmern des alten Tape
und zeigt uns elf Personen, welche beschäftigt sind, Mumiensärge anzufertigen.

Werkstätte eines Sargfabrikanten.

Die Sargfabrikanten hatten ein sehr einträgliches und wichtiges Geschäft,
da man in Kemi mit den Särgen einen großen Luxus trieb. In der Werkstätte eines vielbeschäftigten Meisters sah man die verschiedensten Hantierungen;
da wurde gesägt, geschnitzt, geleimt, angestrichen, gemalt ꝛc. Auf vorstehendem Bilde sehen wir im Vordergrunde rechts einen Sarg, an welchem drei
Männer beschäftigt sind; der Eine polirt am Kopfe, der Andere schneidet
Figuren in das Fußbret, der Dritte scheint Verzierungen auf der Brust
anzubringen. Links neben diesem ein anderer Sarg, mit welchem zwei Arbeiter in ähnlicher Weise zu thun haben; ein Dritter bringt schon fertige
Leisten zum Aufheften herbei. Hinter dieser Gruppe stehen auf verzierten
Untersätzen zwei Vasen, wie man deren vier in jeden großen Sarg that, um
die Eingeweide des Verstorbenen darin zu verschließen. Wieder hinter diesen
Vasen steht ein Mann, welcher ein Bret durchsägt; ein Anderer hockt auf
einem niedrigen Stühlchen am Boden und bearbeitet einzelne Bestandtheile
der hölzernen Särge, wie auch schon einige vollendete neben ihm liegen.
Noch weiter nach hinten sitzt einer der Arbeiter auf dem platten Boden,

den Ellenbogen auf das Knie gestützt, den Kopf in die Hand gelegt; er hat sich, wie es scheint, zu sehr angestrengt und ruht nun aus und erholt sich. Er ist völlig unbekleidet. In dem heißen Kemi kommt das oft vor, daß Diejenigen, welche sehr anstrengende Arbeit haben, sich die Erleichterung verschaffen, die Kleider ganz und gar abzulegen. — Zur Linken dieses sitzenden Mannes steht das Leimpfännchen, liegen verschiedene Leisten ꝛc.

Die Figuren links stehen in fünf verschiedenen Entfernungen von dem Beschauer; der Maler stellt sie in fünf Stufen übereinander dar. Diese Art der Darstellung ist uns zwar sehr auffallend; dem Aegypter war sie aber leicht verständlich, und Derartiges finden wir überall in den ersten Versuchen der Zeichenkunst. Auch unsere altdeutschen Gemälde behandeln die Perspektive in ähnlicher Weise.

Hingegen werden

8) dicht hinter= oder nebeneinander stehende gleichartige Dinge nicht übereinander gestellt. Man zeichnet die vorderste Figur ganz aus und zieht dann links (oder rechts) mit der linken (oder rechten) Seite gleichlaufende Linien, wie das an einer später folgenden Abbildung „Aegyptische Bogenschützen" zu sehen ist. Hier stehen neun Mann nebeneinander, und an der Perspektive ist eigentlich Nichts auszusetzen; die Figuren verlieren nur alles Leben dadurch, daß sie zu gleichmäßig sind.

Auf diese Weise werden stets militärische Aufzüge und dergleichen dargestellt. Wir finden sie auch auf der Abbildung Seite 75: „Transport eines Kolosses."

9) Das richtige Größenverhältniß der einzelnen Figuren wird gar nicht, oder fast gar nicht beachtet, wenn der Beschauende das ungefähre Verhältniß von selbst weiß.

So sehen wir z. B. ein Haus, dessen Thür halb so groß ist als das ganze Gebäude; dabei steht ein Mann, weit höher als die Thüre, fast so hoch als das Haus. Ja, es kommt vor, daß die Menschen höher sind als die Häuser. Das thut aber Nichts; Jedermann verstand das Bild doch und verstand es vollkommen richtig.

Eine ausgezeichnete, hervorragende Person, also z. B. der König, wird größer gemalt als die übrigen Menschen. Auf den Bildern, welche den Sohn der Sonne bei einem feierlichen Aufzuge darstellen, ist der König doppelt, ja dreifach so groß als seine Begleiter. Natürlich ist nun auch der Wagen größer, in welchem er steht, und sind es die Pferde, welche diesen Wagen ziehen. Diese letzteren sind so hoch, daß die königlichen Fächerträger mit ihren langen Fächern bequem unter dem Bauche der Thiere durchgehen können.

Man vergleiche in obigem Bilde „Fischer" die Größe der aufgeschnittenen Fische mit der der unaufgeschnittenen und mit der der Fischer selbst.

Wie über die gewerbliche Thätigkeit, so auch über öffentliche Arbeiten geben uns die Wandgemälde die sicherste und ausführlichste Aufklärung. Wir sehen da beispielsweise die Bereitung der Ziegel, wozu in der Regel Kriegs= gefangene, oder auch Sträflinge verwendet wurden. Einige bearbeiten den Lehm mit Hacken, Andere tragen aus einem nahen Weiher Wasser in Krügen herbei; hier wird der Teig geknetet, da in hölzerne, viereckige Formen gedrückt, dort wieder herausgenommen und zum Trocknen an die Sonne gelegt.

Die Darstellungen sind ausführlich und in den Einzelheiten genau; für uns besteht nur die einzige Schwierigkeit: sie zu verstehen. Darum sei hier das Bild „Transport eines Kolosses" Seite 75 noch speziell erläutert; zugleich soll bei jeder Figur angegeben werden, welche Farbe sie im Original= gemälde hat. Der Grundton ist mattgelb.

Der weiße Koloß mit seinem blauen Kopftuche und schwarzen Barte ist auf eine braunrothe schlittenähnliche Schleife gestellt. Auf diese ist er mit (braunen) Seilen an einen (schwarzen) eisernen Ring befestigt. Die Seile sind mit braunrothen Hölzchen zusammengedreht und so angespannt. Zur Schonung der Bildsäule sind vorn, hinten und oben am Arm (schwarz und weiße und braunroth und weiße) Stückchen Pelz untergelegt. Von der Schleife gehen nebeneinander vier (braune) Seile aus, welche durch vier Doppel= reihen von Arbeitern gezogen werden.

Auf den Knieen des Kolosses steht der Oberaufseher, welcher den Trans= port des Kolosses leitet, Alles überblickt und mit den Händen den Takt an= gibt, damit die Mannschaft in gleichem Schritte marschirt. Ein Unter= aufseher schlägt mit zwei (rothbraunen) Hölzern aufeinander, um den Takt weithin hörbar zu machen. Vorn auf der Schleife steht ein Bursche, welcher aus einem (gelben) Kruge Wasser auf den für diesen Transport besonders hergerichteten Boden gießt. An jedem der vier Stricke ziehen einundvierzig Männer, deren vorderster das Ende des Taues über die Schultern genommen hat. Die vier Reihen sind nebeneinander; die sonderbaren Ecken, welche die Seile machen, sind nur Folge der obigen Regel unter 7. Der den Takt schlagende Bursche steht natürlich auch auf ebener Erde. Zur Rechten des Kolosses, also ganz im Vordergrunde, gehen drei Männer, welche je zwei Gefäße mit vorräthigem Wasser tragen. (Stricke und Querhölzer sind braun.) Diesen folgen drei andere mit einem eingekerbten Balken. (Es ist das keine Säge, — Farbe hell braunroth.)

Das Original dieses Bildes findet sich in einer Grotte zwischen Beni= Hassan und Scheik=Abadeh. Dort sieht man noch fünfzehn weitere Personen dem Kolosse folgen; sie tragen zum Theil Stöcke und sind also zur Auf= sicht und Nachhülfe da. Auch sechszig Sänger, von welchen jeder in der einen Hand einen Palmenzweig, in der andern ein Bananenblatt hält, sieht man noch bei dem Aufzuge.

Gruppen gefangener und gebundener Neger.

Auch das Kriegsleben des Volkes stellen uns die Wandgemälde ausführlich
dar. Die Truppen marschiren auf, der König besteigt seinen Wagen, das
Heer zieht aus. Man schlägt ein Lager auf; hier ist des Königs Zelt, da
stehen die Wagen, dort die Pferde, Alles in größter Ordnung und militäri-
scher Pünktlichkeit. Der Feind naht, die Schlacht beginnt, der König ist
überall, wo der Kampf am gefährlichsten ist; mitten im Getümmel steht er
auf seinem Wagen, schießt seine Pfeile ab und schlägt die Feinde mit dem
Tem zu Boden. Nach der Schlacht werden die Verwundeten weggetragen,
die Gefangenen gebunden fortgeführt. Auch Festungen werden gestürmt, Leitern an die Mauern und Thürme gelegt, die Angreifenden werden herab-
gestürzt, Pfeile fliegen hinüber und herüber ꝛc. Auch sehen wir eine Seeschlacht, und wie dabei die feindlichen Krieger in das Wasser gestürzt werden.

Nach Beendigung des Krieges werden die Gefangenen in die Bergwerke,
oder zu den Steinbrüchen abgeführt, die Unterworfenen bringen dem siegreichen Sohne der Sonne den bestimmten Tribut und noch vielerlei kostbare
Geschenke; ein Schreiber macht das Verzeichniß aller dieser Schätze, und der
Sieger hält seinen Triumphzug.

Alles das sehen wir oft und vielfach abgebildet. Vorstehende Gruppe
gehört zur Darstellung der Heldenthaten des Königs Ramses III. und ist aus
dem großen Felsentempel bei Epsambal abgezeichnet. Sie stellt den Transport gefangener und aneinander gebundener Neger dar und ist uns ein sehr
interessantes Beispiel zu einer weiteren Regel der ägyptischen Malerei.

10) Schattirung giebt es bei den Wandgemälden nicht. Kommen aber
auf einem Bilde Dinge vor, welche dieselbe Farbe haben und sich theilweise decken, so wird (weil die bloße Kontur nicht hinreichend wäre, dem
ferner stehenden Beschauer das Bild deutlich und klar zu machen) der eine
Gegenstand dunkel, der andere hell gemalt.

Auf obigem Bilde könnte man unmöglich die einzelnen Figuren voneinander
unterscheiden, — eine feine weiße Zwischenlinie verschwindet ja in der Entfernung,
— wenn nicht abwechselnd der eine Neger tief schwarz, der andere nur dunkel-
grau wäre. Ebenso sind die Pantherfelle theils grell, theils mattgelb.

Bei der oben schon angeführten Reihe Bogenschützen (Abbildung s. S. 189) sind der erste, dritte, fünfte, siebente und neunte dunkel, der zweite, vierte, sechste und achte hell rothbraun. Auf dem Bilde Seite 75: „Transport eines Kolosses" ist von den zwei und zwei gehenden Männern immer der eine hell, der andere dunkel.

Dabei ist nicht bestimmt, ob der nähere, oder entferntere Gegenstand hell oder dunkel ist; das ist manchmal so, manchmal anders und hängt ganz von der Willkür des Malers ab; natürlich richtet er sich dabei auch nach den übrigen auf seinem Bilde dargestellten Dingen.

Aber alles das muß man wissen, um die ägyptische Malerei zu verstehen. — Wenn man einen hellen und einen dunklen Mann nebeneinander abgemalt sieht, darf man nicht etwa (wie es lächerlicherweise schon geschehen ist) glauben, verschiedene Menschenrassen und Völkerschaften zu sehen, sondern nichts Anderes, als die einfache Beobachtung einer Regel der ägyptischen Malerkunst.

Weiher mit Palmen.

Einer besondern Erwähnung verdient noch die Darstellung der Landschaft und des Bodens.

Vor mir sehe ich eine Gartenmauer von gelbem Sandstein; jenseit derselben führt eine Allee nach einem Weiher; hinter diesem steht ein Haus, von welchem aus eine Allee nach einem Pavillon führt. Nach diesem stehen noch einige Bäume, dann kommt die hintere Mauer. Rechts und links sind Blumenbeete, Wiesen und dergleichen.

Wie stellt das der ägyptische Maler dar?

Vorn ein liegendes gelbes Rechteck ist die Mauer. Auf diesem stehen zwei völlig von der Seite angesehene Bäume; auf diesen wieder zwei und so fort, bis die Allee vollendet ist. Dann kommt, über die letzten Bäume, der Weiher in seiner geometrischen Form, also von oben angesehen. Auf den blauen Grund sind, hübsch in Reih' und Glied geordnet, acht, oder zehn, oder zwölf Enten gemalt; diese sind aber wieder von neben angesehen. Ueber dem Weiher steht ohne irgend eine Perspektive das von der Seite angesehene Haus. Ueber diesem ist die Fortsetzung der Allee, rechts und links sind die von oben angesehenen Wiesen und Blumenbeete mit den von neben angesehenen Blumen; über der Allee ist der von der Seite angesehene Pavillon, über diesem kommen erst noch einige Bäume, dann wieder ein gelbes längliches Viereck, das ist die Mauer.

Der Boden — Wiese, Weiher, Weg ꝛc. — wird also von oben angesehen und dargestellt; was sich vom Boden erhebt, das Aufrechte also, von neben; oder

11) Alles wird nach seiner Hauptansicht gezeichnet, — ein Tisch von der Seite, der auf ihm liegende Halskragen von oben; — ein an der Rückseite eines länglich runden Teiches stehender Mann sieht aus wie Einer, der auf einem blauen Sacke steht. Bei der ägyptischen Malerei kommt es hauptsächlich darauf an, ein ganz bestimmtes, deutliches Bild der darzustellenden Dinge zu geben; darum versucht der Maler, sie alle so darzustellen, wie sie einzeln sind, während wir sie malen, wie sie sich in ihrer Zusammenstellung ausnehmen.

Vollständig deutlich wird dies bei Betrachtung des Bildes: „Weiher mit Palmen" werden.

Der Künstler malt den Weiher, ein längliches, rechtwinkeliges Viereck, fünfmal so lang als breit; eingefaßt mit gelbem Sandstein. Das Wasser wird hellblau; die regelmäßigen Zackenlinien, welche die Wellen bedeuten, werden dunkelblau. — Nun stehen aber diesseit des Weihers drei und jenseit desselben zwei Palmbäume. Also werden vor dem Weiher drei und hinter ihn zwei Palmen gemalt. Da sie ungefähr gleich hoch sind, werden sie auch gleich hoch dargestellt. Sie stehen auf gelbem Sandboden; in dem Sandboden liegen viele Steinchen; unten an den Stämmen wächst Gras. Alles ist genau da.

Wir lächeln freilich über diese Malkunst und fragen wol: „Ist hier ein Stück blaues Zeug von Baum zu Baum gespannt?" Aber der Rem-en-Kemi, dem diese Darstellungsweise geläufig ist, sieht sogleich einen Weiher zwischen Palmen.

Und das blieb immer so? Die Aegypter sind gar nicht fortgeschritten in ihrer Kunst?

Doch! Wir können sehr gut verschiedene Perioden unterscheiden. In der ältesten Zeit erscheinen Bauten, Bildhauerarbeiten, Malerei, Alles höchst einfach. Später werden die Bauten verziert; bei den Statuen und Reliefbildern bemerken wir ein kräftiges Hervortreten der Muskeln; die Arbeiten der Maler sind sorgfältiger und ausführlicher. Der höchsten Stufe der bildenden Kunst erfreute sich das Land zur Zeit der achtzehnten Dynastie, also von etwa 1900 bis 1600 vor Chr. Geb. Die großartigsten, die herrlichsten, die imposantesten Werke der Baukunst, der Skulptur und der Malerei stammen aus dieser Periode.

Zur Zeit des Königs Psametik (also 650 vor Chr. Geb.) wissen die Künstler ihren Werken viel Grazie in der Form zu geben; die Einzelheiten sind sehr ausgeführt, zeigen eine hohe Vollendung der Technik; aber das Großartige, das Erhabene fehlt. Unter den Ptolemäern beginnt die Vermischung des Griechischen mit dem Aegyptischen; die Einheit des Styls geht verloren. Unter den Römern endlich sinkt die ägyptische bildende Kunst auf ihre letzte, tiefste Stufe herab.

Wer diese verschiedenen Kunst-Epochen deutlich anschauen will, bedarf dazu nur eines Besuches der ägyptischen Sammlungen im Louvre in Paris, oder im britischen Museum in London, oder in Berlin. Da betrachte man z. B. im Berliner Museum dem Eingange gegenüber die Kolossal-Statue links. (Von der rechts ist nur der Sitz und das rechte Bein echt, das Uebrige ist restaurirt.) Das ist der große Ramses! Welche Würde! Welche Majestät in der Haltung, im Gesichte, in dieser erhabenen Ruhe! Das ist ein Werk aus der schönsten, besten Zeit.

Nun gehe man aus dem Vorhofe des Museums hinein in den sogenannten „historischen Saal". Dem vierten Fenster gegenüber liegt eine Sphinx aus der Zeit der Perserherrschaft. Sie ist so über alle Maßen geschmacklos, daß man nicht glauben würde, ihre Heimath sei auch an den Ufern des Nil, wenn die Inschrift des Fußgestells nicht alle Zweifel darüber höbe.

Aber trotz aller Verschiedenheiten in der Ausführung zeigt die ägyptische bildende Kunst doch einen bleibenden Grundcharakter, der nie verändert wird, der Jahrtausende überdauert.

Am auffallendsten ist das bei der Malerei, und ganz natürlich ist die Frage: „Wie kommt es, daß die Aegypter, — ein Volk, das Jahrtausende lang gemalt und so viel gemalt hat, — sich nie von der alten, ungeschickten Form zu einer freieren, schöneren erheben konnte?"

Das hängt mit dem ganzen Entwickelungsgange ägyptischer Bildung zusammen. Es ist oben schon gezeigt worden, wie und warum die alten Bewohner des Nilthals allen anderen Völkern um das Mittelmeer in der Bildung weit voraneilten, und daß ganz naturgemäß daraus ein wohlberechtigter Stolz entstand, der aber hier und da so weit ging, überhaupt Nichts von auswärts aufnehmen zu wollen.   Dazu kam noch, daß auch im Lande selbst nicht leicht durch irgend einen genialen Kopf eine neue Bahn gebrochen werden konnte; denn der Sohn mußte das Geschäft seines Vaters treiben, und selbst die Tochter durfte nur wieder in dasselbe Geschäft heirathen.   Diese Einrichtung stimmt freilich nicht mit unseren Begriffen von persönlicher Freiheit überein; allein so thöricht, wie sie uns auf den ersten Blick vielleicht erscheint, war sie denn doch nicht.

Der Krieger erzog seine Söhne von Jugend auf nur zu Kriegern; sie wurden geübt im Laufen, Springen, Schießen, Lanzenwerfen, Fechten, Ringen; sie wurden abgehärtet, und da sie es gar nicht anders wußten, da ihnen der Gedanke gar nie kam, daß sie eigentlich auch ein anderes Geschäft treiben könnten, so bildeten sie sich selbst bereitwillig für ihren künftigen Beruf aus und gaben jedenfalls einmal tüchtigere Soldaten, als wenn wir heute unsere junge Mannschaft einziehen, von welcher ein Theil durch Studien blödsichtig, ein anderer durch Stubenluft und Gebücktsitzen schmächtig und schwächlich, ein dritter ungeschickt und unbeholfen, ein vierter verweichlicht ist 2c.

Wir würden uns gegen ein Gesetz, welches uns zu dem Berufe des Vaters zwingen wollte, mit aller Kraft stemmen; in Kemi war die Sitte zum Gesetz geworden, und Sitte ist es auch bei uns, daß meist der älteste Sohn den Beruf des Vaters ergreift; auf dem Lande fragt in der Regel Niemand darnach, was für Anlagen und Fähigkeiten der Sohn hat; es versteht sich von selbst, daß er Bauer wird, wenn der Vater ein Bauer ist; und daß der Sohn des Wirthes dereinst die Wirthschaft des Vaters übernimmt, das versteht sich auch von selbst.

So verstand es sich bei den Aegyptern auch von selbst, daß die Knaben eines Malers wieder Maler wurden.   Von Kindesbeinen an lernten sie mit Farben umgehen und zeichnen, — natürlich in der Manier des Vaters. Sie hatten Uebung vollauf, kein Kunstgriff und kein Kunstgeheimniß wurde ihnen vorenthalten, — es waren ja die eigenen Kinder des Lehrmeisters; daher brachten sie es zu einer großen Vollendung in der Technik, aber der Geist der Arbeit blieb immer derselbe; den hatten sie gewissermaßen mit der Muttermilch eingesogen.

Auf diese Weise erklärt sich das Bleibende, das Unveränderliche in Baukunst, Steinmetzkunst, Bildhauerei und Malerei, das auch in allen anderen Gebieten ägyptischen Lebens auffällt.   In einem frühern Kapitel ist gezeigt worden, wie die Bauart der Aegypter ein Ergebniß ihres Klima's, ihres Bodens war. Die Beschaffenheit des Landes schuf die Form und erhielt sie auch.   In Kemi war Alles ureigenthümlich, auf's Innigste miteinander verwachsen und widerstand deshalb auch mit so bewunderungswürdiger Zähigkeit fremden Elementen und den Einflüssen der Alles verändernden Zeit.

Bei der Malerei hatte aber das Festhalten an der alten Manier noch einen weitern Grund.   Alle öffentlichen Gebäude waren mit bildlichen Darstellungen bedeckt, und man konnte von einer einmal bekannten, allgemein verſtandenen Form nicht abweichen, ohne Verwirrung und Irrthum zu veranlaſſen.

Wir haben Aehnliches in unſeren Wappen. Der Frankfurter Adler verdankt ſeine Form einer Zeit, da man ihn noch nicht beſſer zeichnen konnte; er hat dieſe Allen verſtändliche Form aber behalten. Meiſelte nun heute ein Steinmetz einen wirklichen Adler, d. h. das naturgetreue Bild eines Adlers, über eine Hausthüre, ſo würden die Leute ſtehen bleiben und fragen: „Was ſoll wol der Falke bedeuten?“ — „Das iſt ja ein Rabe“, würden Andere ſagen. — „Nein, es iſt ein Geier! Was der Bauherr nur damit ausdrücken wollte?“ Und käme dieſer nun und ſagte lachend: „O, ihr Thoren! Das iſt ja euer Adler!“ — dann würde man allgemein den Kopf ſchütteln und ſagen: „So ſieht der Frankfurter Adler nicht aus. Ja, das iſt wol ein Adler, aber man macht ihn nicht ſo. Wie ſollte man ein Wappen verſtehen, wenn es Jeder nach ſeiner Laune machen wollte?“

Das führt uns ſchließlich noch auf den innigen Zuſammenhang der Malerei mit den Hieroglyphen, der Bilderſchrift Aegyptens, bei der natürlich keine Figur auch nur im Geringſten verändert werden durfte, weil ſonſt der Leſer ihre Bedeutung nicht erkannt haben würde. In dem folgenden Kapitel über die Hieroglyphen ſehen wir z. B., daß ein blauer Halbkreis einen Berg vorſtellte, ganz entſprechend den Leiſtungen eines Volkes, das mit ſeiner Kunſt noch auf der erſten Stufe der Kindheit ſteht. Hätte nun in ſpäterer Zeit ein Maler einen Berg dargeſtellt wie er wirklich ausſieht, ſo hätte alle Welt rathlos vor dem unverſtandenen Bilde, vor dem unbekannten Buchſtaben geſtanden. „So macht man nicht Felſen, nicht Waſſer, nicht Land, — was iſt es denn?“ Und hätte nun der Maler erklärt, daß das Bild ja ganz deutlich einen Berg darſtelle, daß ein Berg genau ſo ausſehe, — dann würde man ihm erſtaunt geantwortet haben: „So macht man aber keinen Berg.“

Schreitende Beine, aufgehobene Arme, eine reichende Hand, eine Löwenpfote, fließendes Waſſer, Ruderarme ꝛc. ꝛc., alles das waren Dinge, welche jedes Mal genau gleich dargeſtellt werden mußten, wenn man ſie erkennen ſollte. Und ſo hielt die ganze Malerei an der einmal hergebrachten, allgemein verſtändlichen Manier feſt.

Morra-Spieler.

Papyrus.

# Die Hieroglyphen.

Was Hieroglyphen sind. — Lese- und Schreib-Regeln. — Schwierigkeit der Entzifferung. — Papyrus. — Hieratische Schrift. — Demotische Schrift.

Die Schrift der alten Aegypter bestand aus Bildern wirklicher Gegenstände: Berg, Haus, Hase, Arm ꝛc. Es war also sehr leicht, Wörter wie Sonne, Baum, Löwe, Kopf und dergleichen zu schreiben und zu lesen; ganz anders war es aber mit Wörtern wie: der, roth, ich, schlafen, auf, und, vier, sehr u. s. f. Hier mußte man sich in anderer Weise helfen.

Die Regeln für das Schreiben und Lesen dieser altägyptischen Bilderschrift, von uns Hieroglyphen-Schrift genannt, sind nun folgende:

1) Man kann die Hierogly= phen von links nach rechts, von rechts nach links und von oben nach unten schreiben. Beim Lesen fängt man da an, wohin die Köpfe   oder Vorderseiten der Figuren sehen. Bei der Gruppe *a* (Name des Gottes Seb) lese ich von rechts, weil Gans und Fuß dahin sehen. Bei *b* (Name des Gottes Jah) wird von links gelesen, weil der

Arm dahin deutet. Die Gruppe c (Name des Königs Psametik) wird von oben nach unten gelesen. Der erste Buchstabe ist das Quadrat, der letzte unten der Henkelkorb.

2) Jedes Hieroglyphenbild kann alle die Wörter bezeichnen, welche dieselben Konsonanten enthalten als sein Name.

Der Obelisk   ▲  , Maein, bedeutet also nicht blos einen Obelisken, sondern auch den      Gott Amun, weil dieses Wort dieselben Konsonanten m n enthält.

Berg, Tou, bedeutet auch to = voll. ·

Buchrolle, Zoome, bedeutet auch zom = mächtig.

Henkelkorb, Kot, bedeutet auch Kat = Klugheit.

Mund, Hro, bedeutet auch haro = zu, ehrai = gegen, here = ruhen.

Ob ich nun Henkelkorb, oder Klugheit, ob ich Mund, oder zu, oder gegen, oder ruhen lesen soll, das muß mir der Zusammenhang sagen. Für den Aegypter hatte das auch nicht die geringste Schwierigkeit; wie wir, wenn uns z. B. die Gruppe Dr Mnd schnt vorkäme, das erste Wort gewiß nicht dar, auch nicht dir, das letzte sicherlich nicht schneiet und nicht schonet lesen würden; sondern Jeder, dem die deutsche Sprache und Schrift geläufig ist, wird ohne Besinnen lesen: Der Mond scheint.

3) Viele Wörter werden so geschrieben, daß man jeden Laut durch ein besonderes Zeichen ausdrückt. Es bedeutet dann jedes Hieroglyphenbild den Anfangsbuchstaben seines Namens.

Fuß, Pat, bedeutet P.

Arm, Amahe, bedeutet A.

Hase, Uose, bedeutet U.

Schlange, Set, bedeutet S.

Hand, Tot, bedeutet T.

heißt sot, d. i. reden.

(Riegel und Quadrant) S K heißt Suki, d. i. Krokodil.

In der Regel werden die Vokale nicht mitgeschrieben; dies geschieht nur, wo ein Mißverständniß möglich wäre. Vor Allem ist es also nöthig, bei

Eigennamen, wenn diese nicht so häufig vorkommen, daß man sie mit Sicherheit aus den Konsonanten allein lesen kann; bei Isi, Pascht ꝛc. wird kein
Vokal geschrieben.

Die Zahl der Hieroglyphen beträgt über 600; davon sind etwa 20 A,
17 D, 18 S, 15 K ꝛc. Man darf aber diese verschiedenen Zeichen für
denselben Laut nicht nach Belieben anwenden; es giebt im Aegyptischen
eine feste Orthographie, wie im Deutschen. Und so wie ich z. B. nicht
Fahter schreiben darf, sondern Vater (obwol beide Formen ganz gleich
lauten), so kann ich Sufi (Krokobil) nicht Schlange (Set = S), Henkelkorb (Kot = K), sondern muß es Riegel Quadrant schreiben.

Nur einige wenige Fälle giebt es, in denen zwei Schreibarten zulässig
sind, wie wir ja auch Eidechse und Eidexe schreiben.

„Wie kann ich aber wissen", wird man fragen, „ob ich nach Nr. 2
sämmtliche Konsonanten, oder nach Nr. 3 nur den Anfangsbuchstaben nehmen
soll? Wann muß ich den Berg ▬ für Berg, oder voll, und wann
für T lesen?"

Antwort: Dafür giebt es gar keine Alles umfassende, jeden Fall
bestimmt entscheidende Regel; hier hilft nur die Uebung. Sehe ich aber die

Gruppe: Hase, Strich, Leier ▬ so weiß ich sogleich, daß sie
uon-nofri (allgütig) heißt, — Hase = U, Strich (Wasser) = N, Leier
= Nfr.

Das scheint nun allerdings unendlich schwer zu sein; und in der That
ist es für Jemanden, der die ägyptische Sprache nicht kann, absolut unmöglich, Aegyptisches zu lesen. Das Französische kann man lesen, ohne zu
verstehen, was man liest; bei dem Aegyptischen ist dieses gar nicht denkbar.
Dem Eingeborenen jedoch, dem Rem-en-Kemi, machte das Lesen seiner
Schrift durchaus gar keine Schwierigkeit. Bei den Tempeln und Palästen
waren alle Wände mit Bildern und Inschriften bedeckt, desgleichen Wände
und Decke der Gräber; alle Seiten der Obelisken von oben bis unten trugen
Inschriften; auf den Särgen, an den Fußgestellen der Bildsäulen ꝛc., überall
sah man Hieroglyphen, überall, wohin man blickte, war Stoff zum Lesen,
und wie von alten Schriftstellern versichert wird, ist im ganzen Volke
Niemand gewesen, der nicht lesen und schreiben konnte; auch der ge-
meine Mann las, was an den öffentlichen Denkmälern stand, und es war
durchweg Gebrauch, Namen und Geschäft des Einwohners über die Hausthüre zu schreiben.

4) Erleichtert wurde das Lesen dadurch, daß man hinter jeden

Mannsnamen das Bild eines Mannes .

Frauennamen das Bild einer Frau . .

Kindesnamen das Bild eines Kindes . . 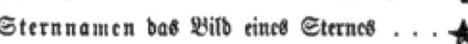 d. h. eine menschliche Figur, welche den Finger in den Mund steckt (denn im alten Aegypten haben die Kinder ebenso gut am Finger gelutscht, als heut zu Tage bei uns),

Pflanzennamen das Bild einer Pflanze . .

Sternnamen das Bild eines Sternes . . .

Städtenamen das Bild eines Stadtplanes .　u. s. w. setzte.

Diese Zeichen waren natürlich auch ganze Wörter und wurden mit gelesen, wie wir ja auch sagen: der Herr M., die Frau N., der Vogel Strauß, die Stadt Jerusalem u. s. f.

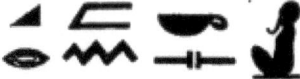 heißt also (von links gelesen) G — R — M — N — K — S und ist, wie die folgende Figur zeigt, ein Mannesname, nämlich Germanikus.

Königsnamen werden in einen Ring eingeschlossen, welcher zu lesen ist „Ran“, d. h. Namens, oder genannt.

 heißt (von oben gelesen) Efte Ra, Ran Menes (M—N—S), d. i. der Sohn der Sonne, Namens Menes.

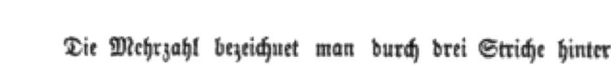 Die Mehrzahl bezeichnet man durch drei Striche hinter

dem betreffenden Bilde.  heißt also Schlangen.

In Vorstehendem sind die Hauptregeln für das Lesen und Schreiben der Hieroglyphen enthalten; im einzelnen Falle kommen natürlich noch besondere Schwierigkeiten hinzu. So werden z. B. oft die Buchstaben B und P, P und F, D und T, R und L ꝛc. miteinander verwechselt. Für Erp (Wein) wurde in einigen Provinzen Elp gesprochen, für Ra (Sonne) La u. s. f.;

geschrieben wurde aber das Wort überall gleich. Aehnlich wie etwa der Kölner die Worte „ist" und „gegen" ganz anders ausspricht als der Schwabe. Die Verwechselung B und P, D und T ist auch bei uns häufig; und selbst L und R werden öfter verwechselt, als es Manchem auf den ersten Blick scheinen mag. Das Dorf Marignano im Mailändischen kommt auch unter dem Namen Melegnano vor. Nördlich von der Burg (Akropolis) in Athen war ein Platz, welchen die Griechen Agraulion und auch Aglaurion nannten. Neben der gewöhnlichen Form Alexander kommt auch Arexander vor 2c. Die Lautverwechselungen im Aegyptischen sind also gar nichts so Unerhörtes, oder Unbegreifliches, aber sie erschweren das Lesen der Inschriften für uns Nicht-Aegypter außerordentlich. Nicht minder erschwert wird das Lesen dadurch, daß viele der einzelnen Dinge verschiedene Namen hatten, wie auch wir für dasselbe Ding Gaul, Pferd, Roß sagen, und daß man nun wissen muß, welchen Namen man gerade nehmen soll.

---

Die Hieroglyphen wurden in Stein gemeißelt, mit Farben an die Wände, auf Kisten, Särge und dergleichen gemalt, gewöhnlich mit Tinte, die aus Schilfkohle bereitet wurde, mittelst eines zugespitzten Schilfröhrchens auf Leinewand und Papyrus geschrieben.

Der Papyrusschilf wuchs in Unterägypten an sumpfigen Ufern des Nils, an Kanälen und Seen. Er hat einen dreieckigen, kahlen Stengel, der über 15 Fuß hoch wird und eine armdicke, quer liegende Wurzel, die ehemals gegessen wurde, weil sie einen süßen Saft enthält. Man schnitt den Stengel durch und löste die Haut zwischen Mark und Rinde in langen Streifen ab. Diese Streifen wurden, mit Nilwasser benetzt, so auf große Tische platt auf-gelegt, daß sie mit den Rändern einander bedeckten. Durch den in ihnen enthaltenen Zuckersaft klebten sie aneinander fest. Die so entstandenen sehr großen Bogen wurden, so lange sie noch feucht waren, gepreßt und dann an der Sonne getrocknet.

Sollte das Papier stärker werden, so legte man über die erste Lage der Streifen noch eine zweite, diese dann aber quer. Der einzelne Streifen ist etwa 2½ Zoll breit.

---

Da das Zeichnen der Hieroglyphen viele Zeit kostete, führten die Priester zu ihrem Gebrauche nach und nach bestimmte Abkürzungen ein, welche dieselbe Bedeutung hatten wie die Hieroglyphen, aber nur den Ge-lehrten verständlich waren, auch im gewöhnlichen Leben und öffentlich nie gebraucht wurden.

Wir nennen diese Schrift die hieratische oder Priesterschrift.

Ungefähr um das Jahr 600 vor Chr. Geb. wurde die Schrift dadurch vereinfacht, daß die Priester systematisch Abkürzungen der Hieroglyphenbilder bearbeiteten und dabei zugleich die Zahl der einzelnen Bilder auf einen Theil der bisherigen beschränkten, indem sie alle entbehrlichen strichen.

Diese Schrift nennen wir die demotische oder Volksschrift. Sie besteht aus ungefähr 150 Sylbenzeichen und 200 Lautzeichen (Buchstaben) und wurde die Geschäftsschrift, die Schrift des täglichen Verkehres. In ihr sind von jener Zeit an alle Verträge, Briefe, Gerichtsverhandlungen, Kaufkontrakte u. s. w. geschrieben. Die Hieroglyphen blieben aber auch noch fernerhin die Schrift der Denkmäler; sie wurden auch in späteren Zeiten noch auf Tempel, Obelisken, Bildsäulen, in die Gräber und auf die Särge geschrieben..

Das Verhältniß der drei Schriftarten ist deutlich erkennbar an folgenden Beispielen:

| Hieroglyphen. | Hieratisch. | Demotisch. | Bedeutung. |
|---|---|---|---|
| | | | P |
| | | | R |
| | | | O |
| | | | M |

Das Hieratische ist der Uebergang von den Hieroglyphen zum Demotischen.

Opfernde Priester.

# Die Götter Aegyptens.

## I.

### Die Götter selbst.

Die Abiri. — Die Viereinigkeit. — Innenweltliche Gottheiten. — Der Jaro. — Helden als Götter. — Opferung. — Welche Götter am meisten verehrt wurden.

———

Das Wort Gott, ägyptisch Abir, hatte in dem alten Kemi eine ganz andere Bedeutung, als bei uns, oder bei den Griechen und Römern. Abir war das Erhabene, das Ehrwürdige; der Himmel, die Sonne, die Erde, der Nil waren Abiri; ebenso die fabelhaften Helden vergangener Zeiten, die Begründer und Ordner des Staates; ja jeder König wurde Abir, wenn er in der That war, was er sein sollte, der Beschützer und Versorger des Landes; auch ihm wurden Altäre errichtet, gerade wie ein guter Sohn vor dem Bildnisse seines Vaters tagtäglich betete und auf einem kleinen Altare opferte.

Uranfänglich waren vier untrennbare Götter:

1) Die **Materie**, der **Stoff**, aus dem Alles geworden.  Die Welt mit Allem, was in ihr ist, ist aus diesem Stoffe entstanden; aber der Urstoff selbst kann nicht entstanden sein, er ist unerschaffen.  Das ist die Göttin **Net**.

2) Der **Geist**, der in der Materie wirkt und lebt.  Das ist **Gott Nef**. — Nef und Net sind untrennbar miteinander verbunden; die Materie ist gar nicht denkbar ohne die Kräfte, welche· in ihr wirken; ebenso giebt es keine Kraft, ohne einen Stoff, an welchem sie haften könnte.  Durch Gott Nef und aus der Göttin Net ist Alles entstanden, was da existirt.

3) Der **Stoff** nimmt einen **Raum** ein; da die Urmaterie nicht erst geschaffen worden ist, sondern von jeher existirt, so muß der unendliche Raum gleichfalls unerschaffen, ewig sein.  Das ist die Göttin **Pascht**.  Sie um= fängt Alles, in ihr ruht Alles, entsteht und vergeht Alles.

4) Was da ist, ist im Raume, und was geschieht, geschieht **in der Zeit**. Auch die Zeit ist ohne Anfang und Ende, nicht entstanden, nicht geschaffen. Die ungetheilte Zeit, die Ewigkeit, ist **Gott Sebek**.

Geist und Stoff, Zeit und Raum lassen sich nicht trennen.  **Nef** und **Net**, **Sebek** und **Pascht** sind die vier ersten, größten Götter, durch welche, aus welchen und in welchen Alles entstanden ist; sie aber sind nicht ent= standen; sie sind unerschaffen, unvergänglich, untrennbar, — sie sind Eins.

Aber wie das ist, wie man sich diese Vereinigung vorzustellen hat, das weiß kein Mensch, das ist Keinem klar, das ist **amun**, d. h. verborgen, ge= heimnißvoll.  (Am = nein, nicht; un = offen.)  Amun ist die unbegreif= liche Vereinigung der vier ersten Gottheiten, ist selbst der höchste Gott; Amun ist die große Viereinigkeit, bestehend aus Nef und Net, Sebek und Pascht, — Amun ist Alles in Allem.

Ein Theil der formlosen Materie nahm Gestalt an und wurde die Welt. Diese bildete sich also in der Viereinigkeit als ein Theil derselben, und zwar in Gestalt einer Kugel, bleibt aber auch fernerhin noch von Amun umschlossen.

Der Theil des Gottes Nef, welcher in der Welt wirkt, der innen= weltliche Schöpfergeist, heißt **Gott Ment**.  Er schuf zuerst das Urfeuer, die Ur= wärme, **Gott Ptah**.  Ohne Wärme ist weder Thier=, noch Pflanzen=Leben mög= lich; ohne Wärme keine Verdunstung, also auch keine Scheidung des Wassers von dem Trocknen; die Wärme war nothwendig zum Werden aller Dinge.

Nun, durch den Einfluß des Ment und die Wirkung des Ptah schied sich die ungeordnete, gemischte Weltmasse, die als Kugel im Schooße Amun's ruhte; das Feinere stieg auf die Oberfläche, zog sich da zusammen und bildete ein festes Gewölbe, den **Himmel**, — die Göttin **Pe**.  Das Gröbere setzte sich im Mittelpunkte fest, verdichtete sich da und wurde die **Erde**, — Göttin **Anuke**.

Die Aegypter hatten also nicht einen Gott des Himmels, der Sonne, Mond und Sterne regierte, — sondern der Himmel selbst, das blaue Ge= wölbe, war eine Gottheit.  Sie hatten keinen Gott der Erde, der die Pflan= zen wachsen ließ, die Thiere ernährte, die Geschicke der Menschen lenkte, — sondern die Erde selbst, auf der wir leben, war eine Göttin.

Aus dem Theile der Urmaterie, der noch zwischen Himmel und Erde schwebte, bildeten Ment, der Schöpfergeist, und Ptah, das Urfeuer, nach und nach zwei große Weltkörper,* — die Sonne, Gott Ra, und den Mond, Gott Jah. Man darf sich aber Ment hierbei nicht als eine Person vorstellen; er ist nur die dem Stoff inwohnende Kraft, wie die Kraft, welche in dem Magnetstein wirkt, indem sie das Eisen anzieht. Ptah ist nicht ein Gott des Feuers, sondern nur die Alles durchdringende Wärme selbst.

Als Sonne und Mond nach und nach entstanden waren, konnte auch von einer Zeiteintheilung die Rede sein, denn mit und durch Gott Ra zugleich entstanden zwei Göttinnen: Sate, der Tag, die erleuchtete Welthälfte, und Hathar, die Nacht, die dunkle Welthälfte. (Die letztere Göttin heißt nicht, wie oft geschrieben und gesprochen wird: Ha=thor, sondern ihr Name ist ein aus Hat und Har zusammengesetztes Wort.) Bei den Aegyptern waren also Tag und Nacht nicht von Ewigkeit her da, selbst bevor die Sonne noch entstanden war, wie das in der jüdischen Schöpfungsgeschichte der Fall ist. Daselbst heißt es: „Es wurde Tag, es wurde Nacht," aber erst am vierten Tage schuf Gott der Herr die Sonne. Die Aegypter hingegen sagten: „Bevor die Sonne entstanden war, konnte auch nicht Tag sein."

Die Gottheiten, welche wir bis jetzt betrachtet haben, sind also

### I. Amun,
der Viereinige, Unbegreifliche, bestehend aus:

1. Gott Nef, — Geist, Urgeist,
2. Göttin Net, — Materie, Stoff,
3. Gott Sebek, — ungetheilte Zeit, Ewigkeit,
4. Göttin Pascht, — unendlicher Raum.

### II. Die innenweltlichen Gottheiten.
Diese sind:

1. Gott Ment, — Schöpfergeist,
2. Gott Ptah, — Urfeuer, Wärme,
3. Göttin Pe, — Himmelsgewölbe,
4. Göttin Anuke, — Erde,
5. Gott Ra, — Sonne,
6. Gott Jah, — Mond,
7. Göttin Sate, — erleuchtete Welthälfte, Tag,
8. Göttin Hathar, — dunkle Welthälfte, Nacht.

Ein weiterer Gott war der Jaro, der Nil, der unter verschiedenen Namen verehrt wurde, je nachdem man ihn so, oder so betrachtete. Als die Quelle alles Lebens nannte man ihn z. B. Gott Akom; da er durch sein schlammiges Wasser, welches die Erde bedeckt und den Stoff zu allem Werdenden giebt, ein Bild der Net ist, heißt er Göttin Netpe rc.

Zu den Göttern Aegyptens gehörten weiter die Helden der Sagenzeit. Während jene Götter durchaus nichts Menschliches an sich haben, sind diese nur Menschen, Menschen ganz und gar. Unter ihnen leuchtete besonders hervor die Familie des großen Königs Osiri. — Zu ihr gehören:

Osiri, der König. Er gründete den Staat und lehrte unter Anderem die Menschen den Weinbau. — Seine Gemahlin

Isi, die Königin. Sie ist die Begründerin des Getreidebaues.

Osiri's Geschwister heißen:

Harueri, d. i. Har, der Aeltere.

Set, welcher die Waffen erfand, die Menschen ihren Gebrauch lehrte und sich dadurch die Würde eines Gottes des Krieges erwarb.

Nebthi, die Beschützerin der Familie. Sie lehrte die Menschen Häuser bauen und ist die Göttin des Familienglückes.

Kinder von Osiri und Isi waren:

Har, der unter der entstellten Form Horus bekannter ist,

Anta, eine Tochter, von den Griechen Bubastis genannt, und ein erst kurz nach Osiri's Tode geborener Sohn, der ebenfalls Har hieß, zum Unterschiede von seinem Bruder aber

Har-pe-Kroti, = Har, das Kind, genannt wurde. (Aus Harpekroti entstand der griechische Name Harpokrates.)

Noch andere Helden aus der Sagenzeit wurden göttlich verehrt; man baute ihrem Andenken Tempel, errichtete ihnen Altäre und opferte vor ihrem Bildnisse, d. h. man betete zu ihnen und goß Milch, Oel oder Wein auf ihren Altar. Bei größeren Feierlichkeiten wurde auch geräuchert und gesungen.

Es ist nun sehr natürlich, daß die verschiedenen Götter desto mehr ver-ehrt wurden, je faßlicher sie dem Volke waren. Ptah, das Urfeuer, die Wärme, wurde weit häufiger verehrt, als Ment, der Schöpfergeist; denn Wärme, Feuer war etwas viel Anschaulicheres, als die schaffende Kraft, die nur in ihren Wirkungen sichtbar wurde. Und noch mehr Tempel errichtete man dem Gott Ra, der Sonne, denn diese sah man klar und hell am Himmel stehen, und ihr segnender Einfluß war Jedem deutlich; auch der Ungebildetste staunte die Sonne an und fühlte sein Herz von Dank gegen sie durchdrungen. Daß ohne den warmen, hellen Sonnenschein keine Pflanze wachsen, mithin auch keine Thiere und Menschen leben könnten, das war Jedem einleuchtend, und deshalb verbreiteten sich die Bildsäulen des Gottes Ra über das ganze Land.

Am meisten jedoch wurden diejenigen Gottheiten angebetet, welche selbst Menschen gewesen waren; denn diese standen natürlich dem Volke am aller-nächsten, sie waren Allen verständlich. Von Osiri und Isi sprach man überall; was sie für das Land gethan, wußte Jeder und konnte auch Jeder würdigen. Es gab fast keine einzige Stadt, die nicht dem großen Osiri einen Tempel erbaut hätte; weit seltener waren die Tempel für den Gott Jah (Mond) und noch seltener die der Göttin Net (des Urstoffes).

Der König vor dem Gotte Sebek.

## II.

## Darstellung der Götter.

Verschiedene Art der Abbildung. — Die Unterscheidungsmerkmale — Bildsäulen. — Die Sphinxe. — Thiergestaltige Götterbilder. — Sogenannter Thierkultus. — Der Hapi.

Wollten die Aegypter ihre Götter abbilden, so war das hinsichtlich der menschlichen Götter ganz leicht; man malte einen Menschen und schrieb dazu, wer es sein solle. Letzteres war natürlich durchaus nothwendig, da die Figur ja nicht an dem Gesichte zu erkennen war.

Eine männliche Figur, neben welcher ein Thron und ein Auge standen, war Osiri. — Eine weibliche Figur, zur Seite — oder auch, wie es sehr häufig gemacht war, oben auf dem Kopfe — einen Thron, war Isi; denn der Thron hieß Os, gab also den Mitlaut S für das Wort Isi.

Wie sollten aber die anderen Götter abgebildet werden? Für Gott Ra machte man eine Sonnenscheibe; wie wollte man aber die Ewigkeit, oder den unendlichen Raum darstellen? — Man machte ebenfalls eine menschliche

Figur und schrieb mit Hieroglyphen ihren Namen dazu. In der Regel be=
gnügte man sich aber mit dem Anfangsbuchstaben. Bei einer männlichen
Figur bedeutete ein Ibis = Chib: das ist Chonsu (= Regler des Monats,
der Mond, Gott Jah) — ein Krokobil = Suli: das ist Sebek (die ungetheilte
Zeit, die Ewigkeit). Bei der weiblichen Figur bedeutete ein Weberschiffchen die
Göttin Net, ein Wassergefäß die Netpe, ein Wassergefäß und ein Hausplan
die Nebthi, eine Straußfeder die Masi (Göttin der Wahrheit) 2c.

So wurden die Götter dargestellt, — gemalt und auch in Stein gehauen.
Finden wir also eine Bildsäule, darstellend eine Göttin mit einem Wasserbecken
auf dem Kopfe, so ist es Netpe; hat sie einen Thron auf dem Kopfe, so ist
es Isi. Es ist vollkommen gleichgültig, ob man die Namensbezeichnung
neben oder oben auf dem Kopfe anbringe. Ja, es findet sich, daß der
Kopf ganz weggelassen und statt seiner das Namenszeichen hingesetzt ist. Eine
Menschenfigur, welche statt des Kopfes eine Straußfeder auf dem Rumpfe
stehen hat, ist Masi; hat sie ein Weberschiffchen statt des Kopfes, so ist sie
Net; eine Götterbildsäule mit einem Widderkopfe ist Nef (der Geist), mit
einem Krokobilskopfe ist Sebek (die Ewigkeit) u. s. f. Wenn man also solche
Bilder und Statuen sieht, muß man nicht denken, die weisen Aegypter hätten
solche Mißgeburten zu Göttern gehabt; man muß nicht an einen Gott Kro=
kobil, oder Gott Widder, Gott Gans, Gott Löwe, Gott Schlange denken, so
wenig als irgend ein vernünftiger Mensch an eine Göttin Wasserbecken, oder
an eine Göttin Straußfeder denken wird. Wer an einer weiblichen Bildsäule
mit dem Kopfe einer Löwin opferte, der opferte der Göttin Pascht; er dachte
nicht an ein solches Zwittergeschöpf, auch an keinen Menschen, sondern an
den unendlichen Raum, an das unbegrenzte All, in dem die Welt mit
Himmel und Erde, mit Sonne und Mond schwebt, das aber weiter geht,
weiter, weiter, — das eben unendlich und unfaßbar ist.

Die Sphinxe, kolossale Steinbilder aus Granit, Sand= oder Kalkstein,
welche oft ganze Alleen an den Eingängen der Tempel bilden, stellen in der
Regel einen liegenden Widder dar und sind alsdann ein Bild des Gottes
Nef, des Geistes. Man könnte diese Sphinx=Alleen demnach etwa so über=
setzen: der Gottesgeist führt oder begleitet in den Tempel, oder: der Gottes=
geist bewacht, umlagert den Tempel, hütet seinen Eingang.

Zuweilen sind die Sphinxe auch liegende Löwen; dann stellen sie Gott
Ra vor. Es wäre also sehr thöricht, bei den Sphinxen an wirkliche
Widder oder wirkliche Löwen denken zu wollen; an das Thier dachte in
Remi Niemand; das war nur ein Sinnbild, oder — noch genauer aus=
gedrückt: es war nur ein Buchstabe. In vielen christlichen Kirchen sehen
wir eine Taube an der Decke, an der Kanzel, oder am Altare angebracht, —
geschnitzt, gemalt oder vergoldet. Wer darf aber der christlichen Religion zum
Vorwurfe machen, ihr Gott habe Vogelsgestalt? Die Taube soll den hei=
ligen Geist bedeuten; sie ist ein Sinnbild und weiter Nichts. — — Wer
kennt nicht das Osterlämmchen? Gemalt, in Holz geschnitzt, in Stein

gehauen kommt es tausendmal in Kirchen, Kapellen und andertwärts vor. Darf aber Jemand den Christen vorhalten, ein Schaf sei ihr Gott? Und selbst wenn eine gläubige Seele vor dem Osterlämmlein niederknieet und Herz und Hand im Gebet erhebt, betet sie doch nicht das Thier an, sondern ihren Heiland, den Stifter ihrer Religion, der hier sinnbildlich unter der Gestalt eines Lammes dargestellt ist.

Gerade so und nicht anders verhält es sich mit den ägyptischen thiergestalteten Götterbildern. Sie wurden durchaus nicht als Thiere behandelt. So hat z. B. die Löwensphinx oft das gewöhnliche Kopftuch der Aegypter übergehängt, ja auch zuweilen den gebräuchlichen Halskragen umgelegt, — ein Beweis, daß Niemand dabei an einen wirklichen Löwen dachte. So sehen wir auch, wenn unser Osterlämmchen eine Fahne trägt, daß es sich hier um kein wirkliches Lamm handelt. Manchmal hat die Löwensphinx auch ein Menschengesicht; es ist das nur ein Mittel, dem Beschauer sogleich deutlich zu machen, daß hier von keinem Thiere, sondern von der Personifikation einer Gottheit die Rede ist.

Die Sphinxe sind viel mißverstanden worden. Man sagte: „Der Löwenkörper bedeutet die Stärke, das Menschenhaupt die Weisheit"; man nannte das hinten herunterhängende Kopftuch einen Schleier und fabelte von Geheimniß und verborgener Weisheit; die Griechen ahmten die Sphinxe ohne jegliches Verständniß nach, setzten sie aber, während die ägyptischen lagen, gaben ihnen schöne Mädchengesichter, große Brüste und mächtige Flügel; auch bei uns werden noch Sphinxe dargestellt, denen man dann wol zuweilen ein Tuch über das Haupt giebt, so daß von dem Kopfe gar Nichts zu sehen ist (eben weil man ein Geheimniß durch sie andeuten will), — Nichts von all' dem war bei den ägyptischen Sphinxen, — sie waren Widder, manchmal mit der vergoldeten Sonnenscheibe auf dem Kopfe, seltener kamen sie vor als Löwen, zum Theil mit dem Menschengesichte.

Statt der steinernen Sinnbilder hielten die Aegypter aber auch zuweilen hier und da lebendige. Statt ein Krokodil oder einen Menschen mit Krokodilskopf in Stein zu meiseln, hielten sie in einem geschützten großen Becken ein lebendiges Suki, das heißt: den lebendigen Anfangsbuchstaben des Gottes Sebek. Da es sich um keine wilde Bestie, sondern um einen Gott handelte, war natürlich das Becken geschmackvoll aus theurem Steine gehauen und kostbar verziert. Statt nun vor dem Bilde des großen Sebek Milch, Oel oder Wein auf den Altar zu gießen, konnte man auch das Suki füttern; das war aber keine Verehrung des Thieres, sondern eine Huldigung, welche man dem Gotte Sebek, d. h. der Ewigkeit, darbrachte.

Auch bei uns kommen zuweilen noch lebendige Sinnbilder vor. Hier und da wird bei Osterprozessionen das oben erwähnte Lämmchen, mit Blumen und Bändern geschmückt, lebendig mitgeführt. Darf man sagen:

10*

„Da führen die Christen ihren Gott"? Durfte man sagen: „Da führen die Aegypter ihren Gott", wenn diese einen Stier, das Sinnbild des Osiri, in feierlichem Aufzuge durch die Stadt führten? — Der Ibis war Gott Jah, der Bock war Ment rc.

Uebrigens war es nicht überall in Kemi Gebrauch, die einen Gott bezeichnenden Thiere auf Unkosten der Tempel öffentlich zu halten. Das kam nur hier und da vor.

Am bekanntesten ist der Stier, der in Memfi als Sinnbild des großen Osiri gehalten wurde. Man nannte ihn Hapi (nicht Apis, wie die Griechen sagten), d. h. Richter. Dieses Hapi ist ein sehr oft vorkommender Beiname des Osiri, da dieser ja in der Unterwelt das Geschäft hat, die Verstorbenen zu richten. Schon aus diesem Namen ersieht man, daß das Thier gar nicht in Betracht kam oder wenigstens nicht in Betracht kommen sollte.

———————

Uebrigens ist es ganz natürlich, daß nicht Jeder aus dem Volke im Stande war, die Religion der gelehrten Priester in ihrer ganzen Reinheit aufzufassen, daß hier und da mancherlei Aberglaube sich geltend machte, und daß Dieser und Jener nicht fähig war, in den Geist einzubringen, und an der Form hängen blieb; ebenso ist nicht zu verwundern, daß bei dem gemeinen Volke die eigentliche Bedeutung, der Sinn mancher Feierlichkeit vergessen und der Gebrauch ohne Sinn und Verständniß nur dem Herkommen gemäß mitgemacht wurde.

Eine Vergleichung mit den Verhältnissen und Zuständen unserer Gegenwart soll Alles deutlicher machen.

Hier liegt eine Bäuerin in inbrünstigem Gebete auf den Knieen vor einer Bildsäule der heiligen Maria und bittet sie um die Genesung des kranken Kindes daheim. Und auf daß ihr Gebet sicherer erhört werde, verspricht sie der Mutter Gottes zwei große Wachskerzen und eine neue Krone. Das ist also schon eine Verwechselung des Bildes mit dem, was es darstellen soll; denn die Wachskerzen und die Krone schmücken nur das Bild. Aber noch mehr! Wenn das Gebet vor der Maria am See nicht hilft, geht die Mutter des kranken Kindes zur Maria vom Berg und klagt dieser ihr Leid. Hier ist also unwiderleglich klar, daß das steinerne Bild angebetet wird und nicht ein und dieselbe Mutter Gottes, im Bilde dargestellt am See und auf dem Berge. Das ist eben die Schwachheit des ungebildeten Volkes, welches sich nicht von dem Bilde zum Geiste erheben kann. Aber solches liegt nicht im Wesen der christlichen Religion; und wenn es auch tausendmal vorkommt, daß von der Unvernunft eine Statue angebetet wird, darf man doch nicht sagen, das Christenthum habe Götter von Holz und Stein.

Gerade ebenso war es in Aegypten. Dem gemeinen Volke ging manche Bedeutung verloren, und Dieser und Jener, der in Unwissenheit aufgewachsen, kam wol hin und opferte der heiligen Schlange und dachte gar nicht daran, und wußte nicht einmal, daß diese nur das Sinnbild des viereinigen, unerschaffenen Amun ist. Die Fremden aber, welche nach Aegypten kamen, verstanden natürlich den Sinn der Verehrung der Thiere gar nicht; sie wußten nur, was sie mit ihren Augen sahen, und so entstand die verkehrte und ungerechte Ansicht, die Religion der alten Aegypter sei ein roher Thier= dienst gewesen.

Und wie auch heut zu Tage ein Hülfsbedürftiger von einem Heiligen= bilde Wunder verlangt; wie heut zu Tage das wunderbegierige Volk Tau= senderlei zu erzählen weiß, wie hier und da und dort der Heilige in Wirk= lichkeit geholfen, Blinde sehend und Lahme gehend gemacht habe; obwol jeder Vernünftige weiß, daß es nicht wahr ist, weil es eben nicht wahr sein kann, — gerade so verlangte nicht nur vor breitausend Jahren das niedere Volk in Aegypten Wunder von dem Stiere Hapi, sondern es wußte auch viele Beispiele aufzuführen, wo er die Gebete erhört hatte, obwol auch da jeder Gebildete wußte, daß das Aberglaube sei und nichts Anderes. Das Volk ließ sich's nicht nehmen. Man stellte dem Thiere eine Frage und warf ihm Futter vor; fraß es, so war das eine bejahende oder günstige Antwort; nahm es aber Nichts von der dargebotenen Speise, so war die Antwort ver= neinend oder ungünstig. Ebenso brachte man Bitten vor das Thier. „O Hapi, großer, mächtiger Hapi!" fleht eine Mutter, auf den Knieen liegend, zu dem Stiere, „mein Kind ist krank, mein guter Maihar; keine Kunst kann ihm die Gesundheit wiedergeben; so hilf du ihm; steh' du einer armen Mutter bei!" Mit diesen Worten wirft sie dem Thiere sein Lieblingsfutter vor. Der Stier beriecht die Speise und läßt sie sich wohl schmecken. Getröstet geht die Mutter nach Hause; denn jetzt hat sie Hoffnung, der kleine Maihar wird wieder gesund; sie hat ja ein günstiges Zeichen bekommen. Stirbt der Knabe aber dennoch, — so ist Hapi nicht daran schuld; es ist dann irgend Etwas versehen worden; aber auf Hapi kann man sich verlassen. — Wer Wunder verlangt, der findet sie, und sollte er sie selbst erst schaffen; und wer abergläubisch ist, der sieht nicht — auch am hellsten Tage.

Dem Stiere Hapi wurde am meisten abergläubische Verehrung gezollt, und das hing mit einer Einrichtung der Zeitrechnung zusammen. Alle 25 Jahre hatte der Mond an demselben Tage des Jahres von 365 Tagen in derselben ·Stunde wieder dieselbe Gestalt. Daher begannen die Aegypter alle 25 Jahre einen neuen Abschnitt in ihrer Zeitrechnung, und um diesen Anfang einer neuen Periode öffentlich kund zu thun, wurde alle 25 Jahre ein neuer Hapi eingeführt. Wenn der alte nicht schon gestorben war, wurde er jetzt getödtet, und ein neues Thier, das die Priester natürlich schon vorher ausgesucht hatten, wurde unter vielen Feierlichkeiten in einem festlichen, glanz= vollen Aufzuge in den ihm bestimmten Tempelraum gebracht.

Zum Hapi wurde stets ein schwarzer Stier mit einer weißen Bläße (d. h. einem Flecken etwa in Gestalt eines umgekehrten Dreiecks) auf der

Stirne gewählt. Wann griechische Schriftsteller von 29 Kennzeichen erzählen, die der Hapi an sich habe tragen müssen, so gehört das zu den unzähligen Fabeln, die zum Theil aus Mißverständnissen entsprungen sind, und die man vielleicht auch absichtlich den griechischen Reisenden aufgetischt hat.

Es ist ganz natürlich, daß Hapi, der mit so großen Festlichkeiten eingeführt wurde, sich auch einer besondern Verehrung zu erfreuen hatte. Zu ihm nahm man am liebsten seine Zuflucht, denn ihn hielt man für höher als andere Götterbilder, wie ja auch die Mutter Gottes in Wallbüren für mächtiger und gütiger gehalten wird, als so manche andere, und viele Tausende wallfahrten alljährlich dahin, die vergebens vor anderen Marien gebetet haben. Solch Beginnen liegt auch nicht im Geiste des Christenthums, es ist erst mit der Zeit hineingekommen. Ebenso lag die Verehrung eines Thieres nicht im Geiste der ägyptischen Religion; diese kannte nur die Verehrung der Eltern, des Königs, der alten Helden, der oben erwähnten innenweltlichen Gottheiten und der vier Unerschaffenen, Nef und Net, Sebek und Pascht, des unbegreiflichen Amun.

Widder-Sphinx.

Das

# Land der Pyramiden.

## II.

### Sagen und Geschichtliches.

# Osiri und Isi.

## I.

### Osiri's Geburt, Leben und Tod.

Verkündigung. — Isi. — Zeit. — Osiri's Auszug. — Seine Rückkehr. — Des Bruders Verrath. — Der verhängnißvolle Sarg.

Vor langer, langer Zeit, es sind schon viel
Tausend Jahre her, damals war Aegypten noch
nicht der herrliche Paradiesgarten, prangend im
Schmucke üppigster Vegetation und bevölkert von
Millionen glücklicher Bewohner; der Boden war
zum größten Theile noch unangebaut, die Menschen waren roh und wild und
nährten sich von Schilf, Gras, Fischen, Seethieren und Menschenfleisch.

Aber es sollte anders werden, so war es beschlossen.

An den Ufern des Nil lag eine kleine Stadt, Tape. Eines Tages,
so erzählt die Sage, vernahm man eine Stimme aus der Höhe, die verkündete laut: „Der Herr der Welt tritt hervor an das Licht!" Und aus dem
Tempel des Gottes Amun tönte es, von unsichtbaren Lippen gesprochen:
„Der große König Osiri ist geboren!"

Wol verdiente er solche Verkündigung, denn er wurde der größte Wohl-
thäter seines Volkes. Unermüdet zog er im Lande umher, lehrte die Menschen
Ackerbau und Viehzucht, und gewöhnte sie an mildere Sitten, erfand den
Pflug und führte den Obstbau und die Kultur des Oelbaums ein, lehrte
die Bereitung des Weines und des Bieres, gründete Städte, führte Gesetze
ein, errichtete Werkstätten, in welchen Waffen zur Bekämpfung wilder Thiere

und Geräthe zur Bearbeitung des Bodens angefertigt wurden, und ward der Erfinder des Gesanges und der Musik.

Ihm treu zur Seite stand seine Gemahlin Isi. Unter den wilden Pflanzen des Feldes fand sie Waizen und Gerste, lehrte die Menschen den Getreidebau, und Ofiri erfand das Brodbacken. Auch das Lieblingsinstrument der Aegypter, das Kemkem (von den Römern Sistrum genannt, eine Art Triangel), ist eine Erfindung der Isi.

Bald dehnte sich die kleine Stadt Tape aus, schmückte sich mit Tempeln und Palästen, und wuchs mit der Zeit empor zur hundertthorigen Hauptstadt des Landes, und mit ihr gedieh und erblühte ganz Aegyptenland in reichstem Segen.

Da ließ eines Tages der König seine Gemahlin, seinen Sohn Har und seinen Bruder Set vor sich kommen und sprach: „Ihr seht, mein Volk ist glücklich und bedarf meiner persönlichen Anwesenheit nicht mehr; so will ich denn hinausziehen, auch anderen Völkern zu bringen, was sie gut und glücklich macht. Du, meine Isi, bist die Königin des Landes und bekleidest die höchste Würde während meiner Abwesenheit; aber auf deine Schultern, mein Bruder Set, lege ich die ganze Last der Regierung und die Sorge für mein Weib und mein Kind. Thue also, daß du ehrlich vor mir bestehest, wenn ich bereinst wiederkehre!"

Darauf versammelte er tüchtige Handwerker und Ackersleute, Krieger, Musiker und Sänger um sich und zog mit diesem bunten Heere zuerst nach Aethiopien. Hier ließ er große Dämme errichten, den Lauf des Flusses zu regeln, und die Einwohner durch seine mitgebrachten Aegypter in Ackerbau und Viehzucht, Gewerken und Künsten unterrichten. Von Aethiopien ging er nach Arabien, von da nach Indien und durchwanderte so ganz Süd- und West-Asien. Auch nach Europa kam der gute König, und wohin er kam, da brachte er Ordnung, Gesetz und Recht mit, überall machte er die Menschen glücklicher und besser. Darum ward er mit seinen Begleitern fast aller Orten freudig empfangen und mit Jubel begrüßt. Sein Ruhm eilte ihm voraus und ebnete ihm die Pfade; nur hier und da war er genöthigt, sich den Weg mit der Schärfe des Schwertes zu bahnen. Nirgends vertrieb er die eingeborenen Könige, nirgends erzwang er Steuern und Tribut; er kam, unterrichtete und belehrte die Völker, pflanzte Weinstöcke und Oelbäume, ließ da und dort auch wol nach Bedürfniß einige von seinen erfahrenen Begleitern zurück, dann zog er weiter.

So verging Jahr auf Jahr, und an den Ufern des Nil tauchte allmälig die Furcht auf, ob der so innig Verehrte wol je wiederkehren werde. Set wurde rücksichtsloser gegen Isi, herrschte in unumschränkter und willkürlicher Weise und machte Miene, die Krone ganz für sich zu behalten, statt sie, — wenn Ofiri nicht wiederkehren sollte, — an dessen Sohn Har zu übergeben, wie das Gesetz befahl. Um sich aber das Gelingen seines schlechten Planes zu sichern, um nöthigenfalls der Gewalt mit

Gewalt begegnen zu können, warb er sich mit großem Geschick eine mächtige Partei im Lande, deren Wohl und Wehe von ihm allein abhing.

Der Oelbaum.

Menschen, die unter seinem Bruder nicht zu dem geringsten Hof- oder Staats-Dienste gekommen wären, setzte er in Amt und Würden ein.

„Ich will's mit euch verſuchen," ſagte er. „Freilich, wenn mein Bruder
zurückkehrt, dann iſt's vorbei mit euch." Solchen, die keines Vertrauens
würdig waren, gab er Stellen, in welchen ſie leicht veruntreuen konnten.
Dann erfuhr er den Betrug und ſprach: „Ich will euch verzeihen; aber wehe
euch, wenn Oſiri Etwas davon erfährt!"

Auf dieſe Weiſe bildete er ſich nach und nach einen Anhang, der bereit
war, Alles für ihn zu thun; denn Jeder fühlte: wenn Set ſtürzt, ſo ſtürzen
wir Alle; wenn er heute die Regierung an Oſiri oder an Har übergiebt,
ſo iſt es in wenigen Wochen mit unſerer Herrlichkeit für immer vorbei.

Jetzt war Set ſicher, daß ihn ſeine Freunde gegen alle Anſprüche
ſeines Neffen mit größter Ergebenheit vertheidigen würden, und er ſah
getroſten Muthes der Nachricht von dem Tode ſeines Bruders entgegen.
Daß dieſer je zurückkommen werde, wagte außer der treuen Iſi in ganz
Aegypten vielleicht Niemand mehr zu hoffen; denn es waren ſchon viele
Jahre verfloſſen, ohne daß man auch nur das Geringſte von dem guten
Könige erfahren hätte.

Da, ganz plötzlich, verbreitete ſich die Nachricht: „Der König iſt heim=
gekehrt; er iſt ſchon gelandet!" Mit Windesſchnelligkeit flog die freudige
Botſchaft über das ganze Land; Einer rief ſie dem Andern zu; Freude und
Jubel erſcholl aller Orten; man bereitete Feſte vor für den feierlichen Einzug
des Allgeliebten; jedes andere Geſchäft wurde vergeſſen; denn nur ein Ge=
fühl belebte Aller Herzen, das der lebhafteſten Freude über das unerwartete
Erſcheinen des längſt todt Geglaubten.

Oſiri's Reiſe vom Meere bis Tape war ein ununterbrochener Triumph=
zug; auf blumenbeſtreuten Pfaden zog er in ſeine Hauptſtadt ein. Alles
jauchzte; von allen Seiten ertönte der Jubelruf: „Heil unſerem Vater! Heil
dem großen Oſiri!"

Set merkte nun wol, daß ſein Stündlein gekommen. Die Herrlichkeit
des Regierens war vorbei, und die Ehre, welche man ihm bisher aus Furcht
erwieſen hatte, konnte leicht in offene Verachtung, ja Beſchimpfung umſchlagen.
Auch er eilte ſeinem Bruder entgegen und wünſchte ihm heuchleriſch Glück zu
der frohen Wiederkehr; aber noch an demſelben Tage verſammelte er ſeine
Genoſſen um ſich und ſprach zu ihnen: „Liebe Freunde, ihr habt geſehen und
gehört, in welchen Freudentaumel die Rückkehr meines Bruders ganz Kemi
verſetzt hat. Wir ſind wol die Einzigen, welche nicht aufrichtig mit ein=
ſtimmen können in den Jubelruf; denn was uns bevorſteht, iſt nichts Gutes.
Ich weiß nur zu wohl, daß ich aus Freundſchaft für euch manchmal nach=
ſichtig war, und daß ihr euch Vieles erlaubt habt, was nur meine Liebe
zu euch überſehen konnte. Das iſt nun vorbei! Oſiri wird ein ſtrenges
Gericht halten. — Und doch iſt mir nicht bange meinetwegen; denn
ich bin ſein Bruder. Aber wenn ich bedenke, daß meine Freunde ihrer
Würden und Aemter entſetzt, öffentlich entehrt, vielleicht zu lebenslänglicher
Zwangsarbeit in die Bergwerke geſchickt werden ſollen, — dann blutet

mir das Herz. Seht, wenn ich daran denke, dann möchte ich wünschen: Wäre der König doch nie, nie zurückgekommen!"

Da umringten ihn alle seine Anhänger und drangen in ihn: „Was sollen wir thun? Rathe du uns! Hilf uns!"

„Ich weiß es nicht! Laßt mich! Es giebt kein Mittel; — ihr seid Alle verloren."

Nun ward Viel hin und her gesprochen und berathschlaget; jeder Plan ward alsbald wieder verworfen, denn Set blieb dabei: „Alles ist vergebens; der König ist streng und unerbittlich."

„So wollen wir hingehen", rief endlich Einer in Verzweiflung, „wollen uns dem Könige zu Füßen werfen und ihm Alles bekennen. Vielleicht sieht er gnädig auf unsere Reue und vergiebt uns."

„Feiger Thor!" sprach Set verächtlich. „Kannst du deine Stunde nicht abwarten? Willst du dich vor der Zeit dem Rächer ausliefern? Kann denn Ofiri nicht vielleicht noch vorher sterben? Dann seid ihr von aller Schuld und Strafe frei."

Stolz verließ Set den Saal. Betroffen blickten die Umstehenden einander an. Ja, wenn der König in den nächsten Tagen stürbe, dann wäre ihnen Allen geholfen. Still ging Jeder heim und überdachte das Wort in seinem Innern. Am nächsten Tage und am folgenden wurde viel gelaufen hierhin und dorthin, viel im Geheim gesprochen mit Diesem und Jenem, und ehe die Sonne noch dreimal aufgegangen war über den östlichen Bergen, war der verderbliche Bund geschlossen; Set und zweiundsiebzig Genossen hatten einander zugeschworen, den König umzubringen; dann sollte Ifi mit ihrem Sohne entfernt, verbannt und Set förmlich zum Könige ausgerufen werden.

Fest auf Fest folgte in Tape; Ofiri verblieb nur wenig Zeit, sich um die Regierung zu bekümmern. Sogar die Königin Afo kam von Aethiopien hergereist, den Allverehrten in seiner Hauptstadt zu begrüßen.

Set hatte unterdessen bei passender Gelegenheit die Höhe seines Bruders gemessen und den schönsten Sarg gekauft, welcher genau diese Länge hatte. Den rechten Sarg zu finden, war nicht schwer, denn es gab der Sarg-Niederlagen in Tape viele. Der Aegypter beschäftigte sich, wie wir wissen, oft mit dem Gedanken an seinen Tod, und wer es konnte, kaufte sich bei Lebzeiten seinen Sarg, ließ ihn sich nach Gefallen ausschmücken und ebenso sein Grab, die „ewige Wohnung" genannt. Ein schöner Sarg war eine Gabe, die am Geburtstage oder bei jedem andern Feste mit freudigstem Danke von Jedermann angenommen wurde. Set ließ nun den erkausten Sarg noch auf das Reichste mit Gold, Elfenbein, eingelegtem Holze, mit Schnitzwerk und Malereien verzieren und dann in sein Haus bringen.

Bald darauf nahm die Königin Afo Abschied und reiste, eine kleine Strecke begleitet von Ifi, nach Aethiopien zurück. Ifi aber kehrte nicht sogleich wieder heim, sondern hielt sich noch eine Zeit lang in Keft, einer Stadt, die etwa sechs Meilen unterhalb Tape am Nile lag, auf.

Während ihrer Abwesenheit lud Set seinen Bruder und die Großen des Reiches zu einem Festmahle ein, mit welchem auch er die Wiederkehr des Vielgeliebten feiern wollte. Bei diesem Mahle fanden sich auch sämmtliche zweiundsiebzig Verschworene ein. Man saß zechend und scherzend bis spät in die Nacht beisammen. Wollte sich einer der Gäste entfernen, so entließ ihn Set, wenn es keiner der Verschworenen war; Ofiri aber ward stets durch die dringendsten Bitten zurückgehalten. Endlich war Niemand mehr anwesend, der das Verbrechen hätte stören können.

„Ich möchte", sprach Set, „euch gerne ein bleibendes Andenken geben an diesen schönen Tag, an welchem mir es nach so langer, langer Trennung wieder einmal vergönnt war, meinen theuren Bruder zu bewirthen. Seht", fuhr er fort und führte die Gesellschaft in einen anstoßenden Saal, „hier habe ich einen Sarg anfertigen lassen, der gewiß Jedem von euch Freude machen wird. Wohlan, ihr sollt darum loosen, und wer der Glückliche ist, der mag ihn nehmen als Erinnerung an das heutige Fest."

Alle traten hinzu, bewunderten nicht nur die Kostbarkeit der Gabe, sondern auch die herrliche Arbeit; Set holte elfenbeinerne Würfel herbei, und nun versuchte Einer nach dem Andern sein Glück.

„Haltet!" rief nach einigen Minuten einer der Mitspielenden. „Es ist doch thöricht, dem blinden Zufalle die Entscheidung zu überlassen. Wie, wenn nun Einer den Sarg gewinnt, der ihn gar nicht gebrauchen kann? Es wäre doch Schade, wenn er unbenutzt bleiben sollte. Ich schlage euch eine andere Art der Entscheidung vor, die nicht minder unparteiisch ist: Versuchen wir's, wem der Sarg paßt, und der bekomme ihn. Wem die Natur zufälligerweise die rechte Größe gegeben hat, der soll der Glückliche sein."

Der Vorschlag fand allgemeinen Beifall, und Einer nach dem Andern stieg in den Sarg, Alle drängten sich herbei, bis wieder Einer die Stimme erhob: „Ihr Freunde, mir will es scheinen, als gebühre dem Könige doch der Vorrang."

„Ja, ja", ertönte es von allen Seiten, „der König soll's zuerst versuchen!"

Ofiri stieg ein, legte sich, — da sprangen die Verräther hinzu, warfen den Deckel auf den Sarg, schlugen die bereit gehaltenen Nägel ein, gossen noch siedendes Blei nach, — kein Mensch vermochte den Sarg mehr zu öffnen.

Das war am 17. des Monats Athir, im 28. Regierungsjahre des großen Ofiri.

Set's Tod.

## II.

## Har, der Rächer.

Noch in derſelben Nacht trugen die Verſchworenen den Sarg an' den Nil, warfen ihn in's Waſſer und kehrten einzeln und auf verſchiedenen Wegen nach ihren Wohnungen zurück. Am andern Morgen vermißte man den König und fragte zuerſt bei Set nach ihm. Dieſer ſtellte ſich höchlichſt erſtaunt und verſicherte, ſein Bruder ſei geſund und wohlgemuth um Mitternacht von ihm weggegangen; erbot ſich jedoch, ſogleich Erkundigungen bei den übrigen Feſtgenoſſen einzuziehen. Alsbald wurde auch ein Eilbote nach Keft geſandt, die Königin von dem Vorgefallenen zu benachrichtigen. Noch an demſelben Tage kam Iſi an. Ihr Jammern und Klagen, ihre Thränen vermehrten noch die allgemeine Aufregung. Mit Blitzesſchnelle hatte ſich ja in der Haupt-ſtadt und von dieſer aus nach allen Winden die Trauerbotſchaft verbreitet:

„Der König ist verschwunden." Allen war es, als hätten sie einen lieben Vater, einen treuen Bruder, einen theuren Anverwandten verloren; die Weh=klage erscholl in jedem Hause. Aber mit der Trauer vereinigte sich die Ent=rüstung, der Ruf nach Rache; denn das war Allen klar, daß hier ein dunkles Geheimniß, vielleicht ein scheußliches Verbrechen vorliege. Wäre Osiri bei der Heimkehr vor dem Festmahle eines plötzlichen Todes gestorben, so hätten ihn seine Begleiter doch nach dem Palaste gebracht; ja, hätte er sich selbst, — was nicht anzunehmen, — ganz allein auf dem Rückwege nach seiner Wohnung befunden, — den Leichnam würde man doch haben finden müssen. Er war also absichtlich von bösen Menschen weggeschafft worden. Wer konnten diese Schändlichen sein? Wer in ganz Aegypten konnte Vor=theil von dem Tode des vielgeliebten Königs ziehen?

Von nichts Anderem sprach man; an nichts Anderes dachte man. Jeder theilte hier und dort seine Gedanken mit und ließ sich die Vermuthungen der Anderen sagen. Der Verdacht bekam eine bestimmte Richtung; bald waren Alle auf der rechten Spur.

Set heuchelte die tiefste Betrübniß; aber die argwohnsvollen Blicke der trauernden Königin machten ihn befangen, vor ihrem Scharfblick bangte ihm; die tausend Fragen, welche von allen Seiten an ihn gestellt wurden, brachten ihn in Verlegenheit. Er beurlaubte sich, denn — — er hatte eine große Jagd veranstaltet, die sich nicht leicht verschieben lasse. So ging er weiterem Verhöre aus dem Wege; sechsundzwanzig seiner Genossen begleiteten ihn, die Uebrigen mußten in der Hauptstadt zurückbleiben, um zu beobachten, was da vorgehe.

Der Sarg schwamm unterdessen den Nil hinunter und blieb endlich im dichten Schilfe des Ufers sitzen.

Der Nilschilf, welchen wir Papyrus nennen, wurde von den Griechen Byblos genannt. Erzählte nun ein griechischer Schriftsteller, der Sarg sei den Nil hinabgeschwommen und in Byblos (d. h. im Papyrus=Schilfe) wiedergefunden worden, so konnte der Leser wol mißverstehen: in der Stadt Byblos. Auf diese Weise ist wahrscheinlich die mit den sonderbarsten Aus=schmückungen gezierte Erzählung bei Plutarch entstanden, der Sarg sei bis zur Stadt Byblos in Phönizien geschwommen. — Es fand sich übrigens in Unterägypten selbst ein am Meere liegender Ort dieses Namens, und ebenso eine gleichbenannte Nil=Insel bei Sai. — Aegyptische Nachrichten über das Leben Osiri's sind bis jetzt nicht aufgefunden.

In dem Schilfe sahen am Wasser spielende Kinder die prächtige Kiste, er=zählten ihren Eltern davon, und alsbald wurde Nachricht nach Tape geschickt. Isi eilte herbei, ließ den Deckel sprengen und erkannte ihren unglücklichen Gemahl. Laut weinend stürzte sie über die Leiche. Entsetzen ergriff alle Umstehenden.

Die Königin reiste nun mit dem Sarge, der ihre Liebe barg, ab. Da sie aber nicht weit von Pteneto war, wo ihr Sohn Har erzogen wurde, beschloß sie, diesen — jetzt ihr einziges Gut — zu besuchen. Der Sarg wurde in dem Dickicht eines Waldes verborgen, und Isi eilte, ihr geliebtes Kind an das Herz zu drücken.

Unglücklicher Weise aber kam Set bei dem Umherstreifen auf seiner Jagd an den heimlichen Ort und fand hier die Leiche seines Bruders wieder, die er längst im Meere glaubte. Sogleich rief er seine Genossen zusammen. „Seht her!" sprach er. „Der Leichnam des Königs ist gefunden. Wehe uns! Jetzt kann uns nur unverbrüchliches Zusammenhalten retten, Treue in Noth und Tod und festes, entschiedenes Handeln." Damit zog er sein Schwert, zertheilte die Leiche in kleine Stücke, gab jedem seiner Schuldgenossen eines davon und sagte: „Das ist das Siegel unseres Bundes auf Leben und Tod. — Nun gehet hin, sucht eure Freunde auf, binget, werbet, theilet Waffen aus; jetzt müssen wir ein Heer rüsten und der Gewalt mit Gewalt entgegen treten."

Die Verschworenen zerstreuten die ihnen überlieferten Stücke des Leichnams in die Umgegend und zogen dann umher, unter lockenden Versprechungen Theilnehmer für ihre Pläne zu werben.

Als Isi von Pteneto zurückkam, fand sie zu ihrem großen Schrecken den Sarg leer. Trostlos irrte sie umher, den Todten zu suchen; siehe, da fand sie eine abgehauene Hand. Verzweiflungsvoll nahm sie diese Reliquie zu sich und durchwanderte nun weinend und klagend die ganze Umgegend, die theuern Ueberreste aufzusuchen. Bald fand sie das Haupt, — einen Arm, — sie wurde nicht müde, sie rastete nicht, kein Schlaf erquickte sie, keine Ruhe gönnte sie sich, — endlich hatte sie von den sechsundzwanzig Stücken doch fünfundzwanzig wiedergefunden. Das noch fehlende war in den Nil geworfen und da von den Fischen verzehrt worden.

Die Königin ließ nun so viele kostbare Särge machen, als große Städte im Lande waren, — mehr als zwanzig, einen genau wie den anderen. In den einen wurde die zerstückte Leiche gelegt, in die anderen kamen lebensgroße Puppen. Darauf wurden die Priesterkollegien der genannten Städte zusammengerufen; Isi stellte die Särge vor sie hin und sprach: „Ich übergebe euch hier den todten Osiri. In einem dieser Särge liegt sein wahrer Leichnam; nehmet sie mit euch; begrabet sie in euren Tempeln; errichtet dem großen Todten Altäre und opfert ihm; sei jeder von euch überzeugt, daß er den echten, wahren Leib Osiri's bewahre, so wird er euch allen Segen bringen."

So geschah es. Jede größere Stadt hatte ein Grab Osiri's und rühmte sich, den wirklichen Leichnam des großen Königs zu besitzen.

Das blieb lange so. Nach und nach, im Laufe der Zeiten bildete sich jedoch immer fester die Ansicht, das eigentliche, das wahre Grab sei in dem großen Tempel auf der Insel Pilak, an der Grenze Aethiopien's. Damals rechnete man noch nach Jahren zu 360 Tagen; darum wurden um dieses Grab 360 eherne Opferschalen gestellt, und die Priester mußten an jedem Tage eine derselben mit Milch füllen. Der heiligste, höchste Eid, welchen ein Aegypter leisten konnte, war der: „Das schwöre ich bei dem großen Osiri, der auf Pilak ruht!" —

Als der Todte beerdigt war, sollte nun der Verbrecher gestraft werden. Set's gräuelvolle That lag bereits offen vor Aller Augen; allein ihn zur

Rechenschaft zu ziehen, war nicht so leicht, denn er und seine Freunde hatten ein großes Heer gesammelt und trotzten der Königin. Da rief auch sie ihre Getreuen zum Kampfe auf; der junge Har stellte sich an die Spitze der tapferen Kriegsmänner, erfahrene Feldherren, die mit Osiri die Welt durchzogen hatten, standen ihm zur Seite; bei Tlon kam es zur fürchterlichen, blutigen Schlacht, Set wurde gefangen genommen und gebunden vor die Königin geführt.

Aber diese verzieh ihm: „Set, Set," sprach sie, „du hast deinen Bruder ermordet, hast meinem Kinde den Vater geraubt, hast mich zur Wittwe gemacht. Keine Strafe wäre herb genug für dich; aber Nichts gibt mir den Verlorenen wieder. Gehe, du bist gestraft genug; gehe hin in Frieden!"

Har war im höchsten Grade aufgebracht über diese Milde seiner Mutter; doch konnte er ihren Beschluß nicht ändern.

Und Set? „Ha", rief er triumphirend, „ich werde doch noch König von Kemi!" Er eilte nach Aethiopien und beredete die Königin Aso, gemeinschaftliche Sache mit ihm zu machen; Aegypten sei ein reiches Land, die Hauptstadt berge köstliche Schätze ohne Zahl; es sei eine so kostbare Beute zu gewinnen, wie nirgends anders. So zog er mit dieser Königin an der Spitze eines auserlesenen Heeres wieder gen Tape. Ihm entgegen trat abermals Har mit seinen Kriegern.

Da traf es sich, als Aso eines Tages in der Nähe des äthiopischen Lagers spazieren ging, daß plötzlich dicht vor ihr eine Schlange zischend aus dem Grase fuhr und auf sie zusprang. Aso ergriff, um Hülfe schreiend, die Flucht, und die Schlange verfolgte sie in weiten Sätzen. Schon wollte die Königin ermattet zu Boden sinken, da erblickte sie einen jungen Aegypter, der des Weges daherkam. Sie nahm ihre letzte Kraft zusammen und stürzte auf ihn los, daß er sie errette. Und dieser schwang sein Schwert und hieb die Schlange mitten von einander.

Als die vor Angst halb ohnmächtige Königin wieder ruhig geworden, erkannte sie in ihrem Retter den jungen Har, denselben, gegen welchen sie mit ihrem Kriegsvolke herangezogen war. Sogleich schloß sie Frieden und ein Freundschaftsbündniß mit ihm. Die bevorstehende Schlacht konnte sie jedoch nicht abwenden, denn Set befehligte die Truppen und hatte sie alle lüstern und begierig nach Aegypten's Schätzen gemacht. Der Kampf entbrannte und war heißer und erbitterter, denn das erste Mal. Set wußte, was auf dem Spiele stand, darum feuerte er die Seinen unablässig an und focht mit dem Muthe der Verzweiflung. Nicht minder tapfer kämpften Har's Getreue, welche allesammt ergrimmt waren ob der Niederträchtigkeit des ruchlosen Set. Lange schwankte der Kampf unentschieden hin und her; stundenlang währte das Morden und Schlachten; die Wurfspieße waren längst alle dahingeschleudert und verbraucht, Mann an Mann kämpfte jetzt mit Schwert und Beil, mit Dolch und Sichel, mit der Keule und dem furchtbaren Tem. — Das Tem, eine Nationalwaffe der Aegypter, war eine Vereinigung von Keule und Beil: an einem etwa 2 Fuß langen Stabe eine schwere metallene Kugel mit einem Beile oder Messer an der einen Seite.

Endlich, nach dem hartnäckigsten Widerstande, vermochten die Aethiopier nicht mehr Stand zu halten; sie wandten sich zur Flucht, und in tollem, wildem Durcheinander jagten sie dahin, — ihnen nach mit lautem Jubelgeschrei die tapferen Sieger. Set hatte gekämpft wie ein Held, bis er in der allgemeinen Flucht mit fortgerissen wurde. Wie ein Sturmwind raste er dahin auf seinem Streitwagen, — dicht auf seinen Fersen folgte der junge Har. „Halt, Verräther! Halt!" rief er und schwang muthig sein Tem. Da kehrte sich Set um, legte einen Pfeil auf seinen Bogen und schoß ab. „Nimm Das, Knabe!" schrie er und jagte weiter. Aber seine Hand hatte gezittert, der Pfeil hatte nicht getroffen. Laut auf jauchzte Har.

„Platz da! Platz!" rief Set, denn vor ihm drängten sich die Flüchtigen, daß er nicht durchkommen konnte. Allein es war nicht möglich, sich hier Bahn zu brechen, — noch ein Augenblick, — jetzt ist Har da, — „Vater, ich räche dich!" — zerschmetterten Hauptes liegt Set am Boden.

Da ihr Sohn noch zu jung war, übernahm Mutter Isi selbst die Regierung. Lange Jahre herrschte sie noch über Aegypten glücklich und beglückend. Als sie geschieden war, trauerte das ganze Land, und man erwies ihrem Andenken die höchsten Ehren, die nur zu ersinnen waren. Ueberall errichtete man ihr Tempel, Bildsäulen und Altäre. Ihr, der Erfinderin des Getreidebaues zu Ehren, feierte man jährlich ein zehntägiges Erntefest; die ersten Garben wurden vor ihren Altären niedergelegt; Waizen und Gerste trug man in Prozession nach den Tempeln. — Verschiedene Pflanzen, namentlich mehrere Heilkräuter, wurden nach ihr benannt, und den schönsten Stern am Himmel, den wir Sirius nennen, nannten die Aegypter IsiStern (SatIsi). Als in späterer Zeit den 360 Tagen des Jahres noch 5 Schalttage zugesetzt wurden, feierte man alljährlich am ersten Schalttage den Geburtstag des Osiri, am vierten den der Isi.

Osiri's Geburtstag war eines der größten Feste im ganzen Jahre und wurde in allen bedeutenderen Städten mit Pracht und Jubel begangen. Zuerst wurde in dem Tempel gebetet, gesungen und geopfert; dann bekleidete man eine kleine Bildsäule des vergötterten Osiri mit kostbaren Gewändern, stellte sie in ein vergoldetes tragbares Kapellchen und trug sie so in feierlicher Prozession durch die ganze Stadt. Musiker und Sänger eröffneten den Zug, dann folgten die Priester, nach diesen die geschmückte Bildsäule, den Schluß bildete das Volk. War man wieder in dem Vorhofe des Tempels angekommen, so wurde abermals gebetet, gesungen, aus den heiligen Büchern vorgelesen und geopfert, dann verlief sich das Volk und überließ sich seinen Lustbarkeiten. Ueberall Tanz, Musik und Schaustellungen aller Art; es wurde gezecht und gejubelt bis in die späte Nacht.

Namentlich wurden diese Feste dadurch so bedeutend, daß an ihnen viele Tausende von Besuchern aus benachbarten kleineren Städten und Dörfern

11*

nach den Hauptorten kamen; der Fluß bildete ein leichtes Verbindungsmittel, und Tausende von einfachen Kähnen und bunt geschmückten Gondeln, Segelbarken und Ruderbooten schwammen an solchen Festtagen den Nil hinauf und hinunter. Gab es doch Viel zu sehen in den großen Städten, Seiltänzer, Gaukler, Taschenspieler; auch Kampfspiele und in späterer Zeit sogar Stiergefechte wurden aufgeführt. Die Stiere wurden eigens dazu gehalten und für diese Wettkämpfe aufgezogen. Gewöhnlich ließ man zwei Stiere gegen einander kämpfen, d. h. sich mit ihren Hörnern angreifen; mit Stöcken versehene Treiber standen dann in dem Circus, reizten die wüthenden Thiere immer von Neuem und ließen sie nicht zur Ruhe kommen. Aber auch Das kam vor, daß Männer gegen Stiere kämpften.

Am Todestage des großen Königs aber, am 17. Athir, beging man die Mysterien der Isi, denen jedoch nur Eingeweihte beiwohnen durften. Zur Nachtzeit wurde in den Tempeln von den Priestern theatralisch dargestellt der Tod des Königs, die Auffindung seiner Leiche, die Zerstückelung derselben durch Set, der Königin trostloses Umherirren und Suchen u. s. w., — Nichts fehlte, selbst die Schlange nicht, durch welche Aso verfolgt wurde, — nur zerhieb man keine wirkliche Schlange, sondern ein dickes Seil.

Nach den Aussagen altägyptischer Priester wären seit jenen Tagen bis heute nicht weniger als fünfundzwanzigtausend Jahre verflossen.

Von Osiri und Isi sprachen späte Zeiten noch mit Verehrung und Liebe, von Set nur mit Abscheu; Tufe nannte man ihn allgemein, d. i. der Bösewicht. Heutzutage aber gedenkt Niemand mehr an den Ufern des heiligen Nil der großen Vergangenheit; denn ein fremdes Volk wohnt dort, welches keinen Osiri kennt; das alte Volk ist verschwunden.

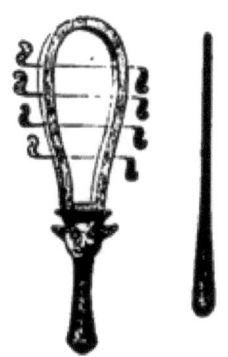

Das Kemkem, eine Erfindung der Isi.

Die räthselhafte Sandale.

# Uetkro.

## Um 2700 vor Chr. Geb.

### I.

### Des Weinhändlers Töchterlein.

Die Rosenwange. — Das Bad. — Der furchtbare Geier. — Des Königs Frage und des Weisen Antwort. — Wer suchet, der findet. — Die junge Königin.

Es sind schon über 4000 Jahre, da brach ein Kaufmann von der Insel Samos, dem es schwer hielt, sich und die Seinigen zu ernähren, mit Weib und Kind auf und zog nach Aegypten, wo er einen kleinen Handel mit Wein anfing. Auch hier ward es ihm sauer, sich durchzubringen; denn die Aegypter waren stolz gegen alle Ausländer, zurückhaltend, finster; sie hätten dem

Fremdlinge nicht einmal gestattet, sich mit ihnen an denselben Tisch zu setzen. Des Samiers einziger Trost, seine einzige Freude bei den vielen Unannehmlichkeiten, Sorgen und Mühen des täglichen Lebens war sein Töchterlein, das ihn reich= lich entschädigte für Alles, was er zu dulden und zu ertragen hatte. Die kleine Netkro erblühte aber auch in unnennbarer Lieblichkeit; Vater und Mutter waren überglücklich im Anschauen ihres Kindes, und selbst die Gäste im Schenkzimmer, die ernsten Aegypter, konnten sich nicht satt sehen an dem wunderbar lieblichen Mädchen. Und je älter es wurde, desto schöner ward es. Die Nachbarn wußten nicht genug zu erzählen von den glänzenden, dunkeln Haaren, von den kohlschwarzen Augen und den frischen, rosenrothen Wangen des Mägdleins und nannten es nur „Rosenwange".

Der Ruf von Netkro's Schönheit verbreitete sich nach und nach über die ganze Stadt; ihr zu Liebe holte man den Wein bei ihrem Vater; sie sehen, sie betrachten zu können, kamen Kunden aus den entferntesten Stadt= theilen; Jeder wollte die „Rosenwange" sehen, und wer sie einmal ange= blickt hatte, der vergaß das Wiederkommen nicht.

Niemand befand sich dabei besser, als ihr Vater. Sein kleiner Handel vergrößerte sich von Tag zu Tag; kaum konnte er die Menge Weins auf= treiben, die bei ihm verlangt wurde, und aus dem bescheidenen, unbekannten Fremdlinge ward ein reicher, angesehener Kaufmann. Seine Tochter aber hatte vom frühen Morgen bis zum späten Abend vollauf zu thun, denn Alle wollten von ihr bedient sein. Der beste Trunk schmeckte den Gästen nicht, wenn sie ihn nicht darreichte; wer einzukaufen kam, sah nach ihr, und sprang der Vater hinzu und wollte noch so gefällig jeden Wunsch befriedigen, so hieß es doch: „Ist die Rosenwange nicht da? Ich will warten, bis sie kommt."

So wurde Netkro den ganzen Tag in Athem gehalten. Doch blieb sie stets unverdrossen und freundlich; munter wie ein Schmetterling flatterte sie hin und her und wußte Alle zu befriedigen. Gab es einmal einen Augenblick der Ruhe, so eilte sie, begleitet von einer Dienerin, hinaus an den heiligen Nil, tauchte in seine klaren Fluthen und holte sich da neue Frische, Kraft und Lebenslust.

Tägliches Baden war den Aegyptern der großen Hitze wegen und infolge ihrer außerordentlichen Reinlichkeit ein so unabweisbares Bedürfniß geworden, als uns das Essen; und dieses Bedürfniß konnte befriedigt werden, da alle Städte entweder an dem heiligen Flusse selbst, oder doch an einem breiteren Kanale lagen. Auch war das Baden mit weniger Umständen verbunden, als bei uns. Meistens trug man nur ein einziges, leichtes Gewand; Sandalen besaßen nur die Vornehmeren und namentlich die Frauen; Alle, Männer wie Frauen, pflegten ein gelb und blau gestreiftes Tuch um den Kopf geknüpft zu tragen. Ausgekleidet war man also schnell. Hatte man nach Herzenslust gebadet, so warf man sein Gewand um, band das Tuch um den Kopf und spazierte weiter; das Abtrocknen besorgte die Sonne.

Eines Tages war Netkro mit ihrer Begleiterin auch wieder hinaus geeilt, sich in den krystallnen Fluthen des Nil zu erquicken.

Während jene sich noch am Bade erfreute, war diese bereits herausgestiegen, hatte sich angekleidet und ging nun am Ufer auf und ab.

Die Lotosblume.   Rechts von den Vögeln der bekannte Nilschilf, Papyrus genannt.

Sie beschäftigte sich damit, ihrer Herrin einen Strauß zu binden aus den prachtvollen weißen Lotosblumen, die in Masse am Ufer standen. Diese Blumen, welche viele Aehnlichkeit mit unseren Seerosen haben, waren eine besondere Liebhaberei der ägyptischen Frauen. Vornehme Damen sah man fast nie, — sei es auf dem Spaziergange, sei es in Gesellschaften, oder auch bei einer Lustfahrt auf dem Wasser, — ohne ein Lotossträußchen in der Hand. —

So ging die Dienerin eine kleine Weile sorglos hin und her.

„Rosenwange, Rosenwange", rief sie plötzlich mit lauter Stimme, „sieh diesen furchtbaren Vogel!"

Netkro blickte in die Höhe, — da schwebte in weiten Kreisen ein ungeheurer Geier über ihnen. Und immer enger und enger beschrieb er seine

Kreise, immer tiefer und tiefer kam er herab. Angst überfiel die Mädchen;
sie schrieen laut auf, sie riefen um Hülfe, aber es war Niemand in der Nähe,
der ihren Hülferuf hörte, der ihnen in ihrer Noth hätte beistehen können.
Jetzt war der unheilbringende Vogel gerade über ihnen, er senkte den Kopf
nach unten, — und wie ein Pfeil schoß er herab. Netkro stieß einen gellen-
den Schrei des Entsetzens aus und bedeckte beide Augen mit ihren Händen.
Ihre Dienerin aber entfloh vor Angst und Schrecken.

Einen Augenblick darauf rauschten wieder die Flügel des mächtigen Geiers,
— die beiden Mädchen wagten hin zu sehen, — da stieg der fürchterliche
Raubvogel wieder in die Lüfte, höher — höher — immer höher, und ent-
schwand den Blicken. Netkro sprang aus dem Wasser und fiel ihrer Begleiterin weinend um den Hals. Als sie sich von dem ersten Schrecken erholt
hatte, wollte sie heim eilen; da gewahrte sie erst, was der Geier angestellt, —
er hatte ihr die eine ihrer Sandalen entführt. Das war nun freilich kein
großer Schaden und stand nicht im Verhältniß zu dem Schrecken, den die
armen Mädchen ausgehalten. Rosenwange ging mit ihrer Begleiterin barfuß
nach Hause, erzählte das erlebte Abenteuer und hob zum Andenken die übrig
gebliebene Sandale auf.

---

Zu derselben Zeit aber begab sich's, daß der Phra des Landes aus seiner
Hauptstadt hinauszog auf das freie Feld, um dort mit seinen Räthen zu
Gericht zu sitzen. Damals wurden die Händel noch nicht im Gerichtshause
von besonderen Richtern nach geschriebenen Gesetzen entschieden, — das kam
erst später auf; sondern der König sprach das Recht öffentlich draußen vor
aller Welt, unter'm freien Himmel, unterstützt durch seine Räthe.

Die Parteien traten herzu, brachten ihre Anliegen vor, vernahmen ihr
Urtheil und entfernten sich wieder — freudig, oder traurig, je nachdem der
Ausspruch des Königs gelautet hatte.

Da wurde auf einmal die Aufmerksamkeit der Umstehenden gestört;
Dieser und Jener blickte in die Höhe; hier deutete Einer gen Himmel, dort
that ein Anderer einen lauten Ausruf des Staunens. Der König selbst erhob
sein Haupt, das er nachdenkend gesenkt hatte, — siehe, da schwebte hoch in
den Lüften ein gewaltiger Geier über der Versammlung. Niemand dachte
nun mehr an das Gericht; die Verhandlungen wurden unterbrochen, und Alle
beobachteten den stattlichen Vogel, der mit mächtigem Flügelschlage die Luft
durchschnitt. Jetzt breitete er seine Fittiche ruhig aus, beschrieb erst größere,
dann kleinere Kreise und kam immer näher und näher zur Erde herab. Mit
der lebhaftesten Theilnahme und mit großer Spannung sahen Alle dem Schauspiele zu, denn der Geier war in Aegypten ein Sieg bringender und Glück
verheißender Vogel, und zu ängstigen hatte sich Niemand, — was konnten
denn die vielen kräftigen Bürger, begleitet von Hunderten tapferer Krieger,
von einem Vogel zu fürchten haben?

Nun schwebte er gerade senkrecht über dem Könige. Da öffnete er eine seiner Krallen und ließ Etwas herabfallen. Ein Ruf des Staunens ertönte aus tausend Kehlen zumal. Pfeilgeschwind schoß der Geier davon und war bald Aller Augen entschwunden. Aber auf dem Schooße des Königs lag eine kleine, niedliche Sandale. Sprachlos saß der König; Verwunderung sprach aus allen Blicken; Niemand wußte, was er aus diesem Vorfalle machen sollte.

Endlich ergriff der König das Wort und sprach: „Wer deutet mir Das?" Sinnend wiegte Dieser und Jener sein Haupt, aber des Räthsels Lösung wollte lange Keinem gelingen. Da trat ein alter, erfahrener Priester vor, verbeugte sich tief und hob an:

„Du hast gefragt, o Sohn der Sonne, und dein Knecht antwortet. Es ist die Fußbekleidung eines Mägdleins, welche dir der Segen bringende Vogel aus des Himmels Höhe übergeben hat; auf denn und suche sie, die dir in solcher Weise zugeführt worden ist! Sie werde deine Hausfrau und unsere Königin!"

Alle hatten mit Aufmerksamkeit der Rede des Weisen gelauscht. Kaum hatte er geendigt, da erhob sich ein lauter Sturm des Beifalls. „Auf! Auf!" rief es von allen Seiten. „Suchen wir die Königin!" Im Triumphzuge wurde der König unter dem schmetternden Schalle der Trompeten und dem freudigen Geschrei des Volkes nach der Stadt zurück geleitet. Hier wußte man die merkwürdige Begebenheit schon durch Einzelne, die voran geeilt. Jubel erscholl in allen Straßen, und bald zogen Herolde durch die ganze Stadt und verkündeten unter dem Lärm der Trommeln und Trompeten, die Eigenthümerin der merkwürdigen Sandale werde vor den König geladen, und so sie ihm gefalle, solle sie mit ihm herrschen über Aegyptenland.

Sonderbarer Weise verging aber der ganze Tag, und Niemand meldete sich; obwol doch gewiß die Tochter jeder Familie stolz gewesen wäre, neben dem Sohne der Sonne auf dem Throne zu sitzen. — Was war nun zu machen? Der König hatte die Sandale sorgfältig verwahrt, vor anderen Auge unsichtbar; und wer sie beanspruchte, mußte sie nicht nur genau beschreiben, sondern auch die andere dazu passende Hälfte des Paares vorzeigen können und endlich das ebenfalls dazu passende Füßlein. Eine Täuschung war also nicht möglich, so gerne sie auch versucht worden wäre.

Im Königspalaste konnte man sich nicht fassen vor Staunen, daß sich Niemand zu der Sandale meldete. Denn daran dachte man nicht, daß der Geier sie viele, viele Meilen weit aus Unterägypten hergebracht hätte. Wieder zogen die Herolde durch die Stadt und riefen einen großen Preis aus für Den, durch dessen Hülfe das unbekannte Mädchen entdeckt werde, — Alles umsonst, Alles vergebens! Der König hatte keine Ruhe und keine Rast mehr vor Ungeduld. „Ich will sie sehen und muß sie sehen", rief er, „und sollte ich jede Hütte meines ganzen Reiches durchsuchen von Pilak bis zum Meere." Er brach auf und durchzog sein ganzes Land von Süden nach Norden, und ließ in jeder Stadt sein Gebot und Verlangen verkündigen.

So kam er auch dahin, wo Netkro wohnte; und als die Herolde hier auf offener Straße sein Wort verlesen, rief's von allen Seiten: „Das ist Rosenwange, die schöne Fremde. Ihr hat ein Geier die eine Sandale genommen. Ja, ja, das ist Rosenwange, die Tochter des Weinhändlers." — Während nun die Umstehenden zu Netkro eilten, ihr die glückliche Mähr mitzutheilen, flogen die Boten zurück zu dem Könige, riefen: „Heil, Heil dir! Endlich haben wir gefunden, wen du suchst", und erzählten ihm Alles. Dieser aber konnte sich nicht gedulden, bis man die so lange und sehnlich Gesuchte zu ihm führte, — er bestieg seinen Wagen und fuhr, begleitet von seinem ganzen Hofstaate, augenblicklich hin zu ihr.

Noch hatte sich Netkro nicht von ihrem Erstaunen erholt, da scholl Lärm und Getümmel von der Straße her. Sie lief zum Fenster, — siehe, da marschirten bei'm Schalle der Klappern und Keulen, der Trommeln und Trompeten zwei Hundert schwer gewappnete Keulenträger auf. Hinter ihnen kamen Bogenschützen und Lanzenträger; dann erschien ein Herold, der mit lauter Stimme rief: „Ape Rek! Ape Rek!" (Beuget das Haupt), und alles Volk auf den Straßen verneigte sich, aber die, so an den Fenstern, oder auf den Dächern standen, riefen mit lauter Stimme: „Heil unserm König!" Nun erschien der vergoldete Wagen, von prächtigen Pferden gezogen, die wieder durch weiß gekleidete Jünglinge geführt wurden; und auf dem Wagen stand der Sohn der Sonne, mit der weiß und rothen Königskrone geschmückt. Diener gingen ihm rechts und links zur Seite und hinter ihm und hielten an langen Stangen Fächer oder Schirme von Straußfedern über sein Haupt.

Der Wagen hielt vor des Weinhändlers Thür, — der König trat ein, — — — nach einer halben Stunde setzten sich die Keulenträger wieder in Marsch, die Musik erschallte, abermals ertönte der Ruf: „Ape Rek!" — aber neben dem Sohn der Sonne auf dem goldenen Wagen stand die schöne Rosenwange, und alles Volk jubelte und jauchzte laut auf: „Glück und Segen unserer jungen Königin!"

Allenthalben wurden dem jungen Paare Blumen auf den Weg gestreut; man bereitete ihm Feste und gab ihm ungeheuchelte Beweise von Freude und Liebe. Ueberglücklich kam die neue Königin in der Hauptstadt an; wieder folgte Fest auf Fest, Lustbarkeit auf Lustbarkeit, — und was das Beste war: die laute Lust nahm wohl ein Ende, aber nicht die Liebe ihres Gemahls, nicht die Verehrung des Volkes, das seine Königin fast wie ein überirdisches Wesen vergötterte.

Und Netkro verdiente diese Liebe. Sie war in der That eine liebende Mutter dem Volke; sie brachte Trost dem Verlassenen, Hülfe dem Armen, Pflege dem Kranken; kein Haus war zu klein, keine Hütte zu ärmlich, die sie nicht aufgesucht hätte, Glück und Segen spendend nach allen Seiten. Wo sie erschien, da schwanden Sorge und Noth, und Fried und Freude kehrten ein. —

Das Land der Pyramiden.

Der Sohn der Sonne holt seine Braut ein.

Leipzig: Verlag von Otto Spamer.

## II.
### Die Wittwe.

Des Königs Tod. — Die Pyramide. — Das unterirdische Gemach. — Das Gastmahl des Todes. —
Flammentod. — Netkro's Geist.

—◦——◦—

Jahre waren vergangen; die schöne Rosenwange erfreute sich des reinsten
Glückes, — liebend und geliebt, — was fehlte ihr? — Ach, sie ahnete
nicht, was ihr noch bevorstand; sie glaubte nicht, daß in ganz Aegypten sich
irgend ein Feind für sie, oder ihren Gemahl finden könne. Und doch war
dem so. Denn es fanden sich Solche, die es dem Könige nicht vergeben,
die es nicht vergessen konnten, daß er eine Fremde auf den Thron erhoben.
Sie hielten fest am alten Recht und Herkommen; sie wollten es nicht verletzen
lassen, sie wollten es rächen, — und sei es selbst am Leben des Königs.
Der geheime Bund der Unzufriedenen ward durch einen heiligen Eid besiegelt,
und bald war Netkro zur Wittwe gemacht. Da stand sie nun, die ehemals
so holdselige Rosenwange, jetzt ein bleiches, weinendes Frauenbild; da stand
sie klagend und jammernd und händeringend am Sarge des geliebten Mannes
und hätte sich so gerne mit ihm begraben lassen! Unter Thränen traf sie
die Anstalten zu seiner Beerdigung. Alle nur erdenklichen Zeichen der Liebe
und Treue wurden dem Todten noch gespendet, bis endlich nach den 70 Tagen
der Trauer die Stunde der Beerdigung erschien. Und als nun die einbal-
samirte Leiche in den westlichen Bergen beigesetzt, als das Grab wieder verschlossen war, — da lehnte die trauernde Königin noch lange an der ver-
mauerten Thüre und betete und weinte. „Schlaf wohl, Geliebter", lispelte
sie. „Nicht viel ist's mehr, was ich hier zu thun habe; mein Grab will ich
mir bauen, dich will ich noch rächen, und dann, dann eilen zu dir."

———————

Am andern Tage war die Königin wie umgewandelt. Sie ließ den
Baumeister kommen und beauftragte ihn mit Erbauung einer Pyramide —
ihres Grabmals, sodann eines großen, unterirdischen Saales, geeignet zu
festlichen Banketten. Denn es war im Lande Aegypten Gebrauch, in unterirdischen Gemächern (ähnlich unsern Kellern) Schutz gegen die drückende Hitze
zu suchen. Als die Pläne zu beiden Bauwerken besprochen und festgestellt
waren, entließ Netkro den Meister mit dem Befehle, er solle kein Opfer
scheuen, unumschränkt über ihren ganzen Schatz verfügen, — nur sorgen, daß
sie so bald, als irgend möglich, befriedigt werde. Dann widmete sie sich den
Staatsgeschäften und that Alles, was ihr zukam, mit Eifer und Hingebung;
ja, sie wußte sich ein solches Ansehen im ganzen Volke zu erwerben, daß
man in der That den König nicht vermißte. Zu der innigen Liebe, die schon

lange Jung und Alt, Arm und Reich, Vornehm und Gering an sie gefesselt
hatte, kam jetzt noch die hohe Achtung vor ihrer Einsicht und ihrer Kraft,
und Alle huldigten ihr in Liebe und Ehrfurcht. Noch späte Geschlechter rühm-
ten von ihr, sie sei (außer Isi) die Edelste und Schönste gewesen, die je
den Thron mit dem Sohne der Sonne getheilt.

Aber ihre Schönheit war nicht mehr die frühere; die Rosenfarbe war
von ihren Wangen gewichen; nie belebte ein Lächeln ihre bleichen, leidenden
Züge; nie kam ein Scherz, nie ein Ton der Freude über ihre Lippen, und
oft konnte man sehen, wenn sie still sinnend da saß, daß ihr Herz nicht hier
sei, daß ihre Gedanken in der Ferne schweiften. Am Liebsten ging sie, wenn
die Geschäfte des Staates besorgt waren, hinaus und sah nach ihrer Pyramide.
Diese wurde nicht, wie andere, aus gelbem Kalk-, oder Sand-Stein aufgeführt, sondern aus Granit, den man viele Meilen weit von der Südgrenze
des Landes herholen mußte. Das ganze Jahr hindurch waren Tausende von
Arbeitern beschäftigt, Steine zu brechen, zu behauen, den Nil hinab zu schaffen
und dort zum Baue aufeinander zu schichten. Mit gleichem Eifer wurde an
dem unterirdischen Saale gearbeitet, und als er fertig war, ließ ihn Netkro
mit königlicher Pracht ausschmücken. Seine Einweihung aber wurde noch
verschoben, bis auch die Pyramide vollendet war.

Endlich, nach sechs Jahren angestrengter Arbeit und sehnsuchtsvollen
Harrens waren beide Werke vollbracht. Die Pyramide erhob stolz ihren
Gipfel in die blaue Luft. Innen war das Grabkämmerlein schon hergerichtet,
der Granitsarg stand bereits darin, — die Steine lagen zurecht, den engen
Eingang zu vermauern, sobald die Leiche beigesetzt.

Niemand wußte, Niemand ahnete nur im Entferntesten, welchen Plan
die betrübte Netkro in ihrem Herzen barg. Als ihr Gemahl ermordet worden war, hatten die Mörder ihre Rache gefürchtet; aber die trostlose Wittwe
lebte nur ihrer Trauer, nur ihrem Schmerze, ließ die Frevler unangetastet,
und diese blieben in ihren Aemtern und Würden. Sie hatten nicht geglaubt,
so leicht davon zu kommen; jetzt, nach sechs langen Jahren dachte Keiner
von ihnen mehr an eine Gefahr. Aber die Königin lud alle die Mörder ein
zu einem großen Bankette, das zur Feier der Vollendung der Pyramide in
dem unterirdischen Prachtsale abgehalten werden sollte. Keiner der Geladenen
wußte, wer noch außer ihm der Ehre theilhaftig wurde, an dem Königsfeste
Theil zu nehmen; und als sie sich in dem Prunksaale versammelten, bemerkten
sie auch nicht, daß sie alle beisammen wären, die sich vor sechs Jahren den
Tod des Königs zugeschworen hatten. Und ferner wußten sie nicht, daß vom
Nil aus ein weiter Kanal unter der Erde gegraben war, der im Vorzimmer
des Saales neben der Treppe mündete, nahe bei der einzigen Thüre. Auch
war der Kanal mit einer Schleuße gut verschlossen, also daß kein Tropfen
Wassers durchdrang, und Alles war auf's Gastlichste geschmückt, mit prun-
kenden Teppichen behangen, mit heiteren Bildern bemalt, also daß Niemand
das Verderben ahnete, welches hinter dieser Wand lauerte.

Es war ein glänzendes Fest. Hundert Flammen erhellten den weiten
Saal, den die kostbarsten Geräthe schmückten. Die seltensten Weine, die
köstlichsten Gerichte prangten in goldenen Pokalen und Schüsseln; Alles, was
das Herz erfreuen konnte, war in reichem Maße geboten; duftende Blumen
verbreiteten Wohlgeruch; heitere Musik erscholl; Tänzerinnen ergötzten das
Auge durch ihre liebliche Kunst, — alle Gäste waren einstimmig, es sei das
herrlichste Fest, das sie je erlebt.

Mit funkelnden Augen überblickte die Königin die Zahl ihrer Gäste,
mit Genugthuung gewahrte sie ihre Freude, hörte sie die Aeußerungen ihrer
Lust. Als gegen Ende der Tafel das Jubeln und Jauchzen den höchsten
Grad erreicht hatte, da entschwebte die bleiche Frauengestalt durch den Saal.
Draußen blieb sie einen Augenblick in dem Vorgemache stehen, warf noch
einen funkelnden, Verderben verkündenden Blick zurück nach der Thüre, —
dann stieß sie mit ihrer zarten Hand den Riegel der Schleuße zurück —
und stürzte die Treppe hinauf.

Plötzlich ertönt ein donnerähnliches Rauschen und Brausen; die Thüren
des Saales springen auf, und mit furchtbarer Gewalt herein dringt die tod-
bringende, nasse Fluth. Sprachlos vor Schrecken, regungslos vor Entsetzen sind
Alle; kein Schrei ertönt, kein Wort wird gesprochen, kein Versuch zur Rettung
gemacht; wer steht, bleibt stehen, wer auf dem weichen Polster liegt, erhebt sich
nicht; es ist zu gräßlich, das Verderben zu schnell und zu sicher; der Tod ereilt
sie in wenig Sekunden Alle, Alle, den vollen Becher noch in der Hand.

Das war die Rache einer Frau, der man ihr Liebstes, ihr Theuerstes
entrissen hatte. Sie hätte damals, als ihr Gemahl ermordet worden war,
die Verbrecher einfangen und von den Gerichten zum Tode, oder zu lebenslänglicher Zwangsarbeit verurtheilen lassen können; aber das genügte ihr nicht.
Wie ihr selbst vor sechs Jahren unerwartet, unvorbereitet ihr ganzes Glück
geraubt worden, so sollte auch ungeahnet und blitzesschnell das Verderben über
Die kommen, welche sich an ihr versündigt. Alle sollten sie vereinigt sein;
nicht im Schlafe, nicht unter gewöhnlichen Verhältnissen, — mitten in der
Freude und Lust sollte der Tod in seiner schrecklichsten Gestalt vor sie hin-
treten. Sie sollten das Leben verlieren zur Zeit, da es ihnen am süßesten
war, und ehe sie der Tod ereilte, sollten sie ihn schauen in seiner ganzen
Gräßlichkeit. Der volle Becher und das nasse Grab!

Netkro war unterdessen nach einem anderen Gemache in der Nähe geeilt. Hier hatte sie schon seit Stunden ein großes Feuer angezündet; der
Boden war mit glühenden Kohlen bedeckt, die Flamme leckte an den Wänden,
— hier suchte und fand sie den Tod.

Am zweiundsiebzigsten Tage danach bewegte sich ein langer Trauerzug
hinaus nach der Pyramide; das Volk hielt Gericht über die verstorbene Königin, und da es sie des ehrlichen Begräbnisses für würdig erkannte, wurde
die Leiche in dem schon bereiten Grabkämmerlein beigesetzt.

Aber das Volk vergaß sie nicht; ihr Andenken blieb in Segen, und Enkel und Urenkel sprachen nach hundert und wieder hundert Jahren noch von der schönen Netkro.

\*　　\*　　\*

Ueber 4000 Jahre sind seitdem verflossen. Ein fremdes Volk lagert um die Pyramiden, fremde Worte tönen an heiligen Niles Strand. Kommst du aber hin in jenes Wunderland, siehst du jene unvertilgbaren Malsteine der Zeit, so wird dir, wenn du vor der kleineren Granitpyramide stehst, dein Wegweiser eine seltsame Erscheinung erzählen und jeder in der Nähe wohnende Araber wird sie dir bestätigen.

Zuweilen in klarer Sternennacht geschieht's, daß ein bleicher Schimmer der Pyramide entschwebt, ein weißer Schein. Tritt der Wanderer näher, so erblickt er ein liebliches Frauenbild von überirdischer Schönheit, gehüllt in ein langes, fliegendes, durchsichtiges Gewand. Auch am hellen Mittage will man schon die bleiche Gestalt gesehen haben. Sie umschwebt die Pyramide, in der sie ihre letzte Ruhe gefunden, und wer sie erblickt, den lächelt sie an, so schmerzvoll und doch so mild, daß er's nimmer wieder vergessen kann.

Das ist die schöne Netkro, die Rosenwange.

Die Pyramiden.

# Sesoosi.

### Regierte von 2575 bis 2527 v. Chr.

## I.

### Ein großer Held.

Geburt. — Erziehung. — Ein Muster für andere Könige bei ihrem Regierungsantritte. — Gegen die Ausschi. — Rüstung. — Abmarsch. — Das große Heer. — Denkmäler.

~~~~~~~~

Horch, tönt nicht Trompetenklang von den Zinnen des königlichen Schlosses? Weshalb wallet das Volk freudig bewegt durch die Straßen und jauchzt und jubelt laut auf? Ha, da rufen's die Priester von den Höhen der Tempel aus: Dem Könige Amenemes II. ist ein Sohn geboren.

Der glückliche Vater hat sogleich die himmelskundigen Astrologen benachrichtigen lassen; diese haben die Stellung der Sterne in der Stunde der Geburt geprüft und dem Könige diese Antwort geschickt: „Heil, König, dir! Dein Sohn wird sein größer denn Einer der Dagewesenen. Er wird beglücken sein Volk, wird erobern die Welt mit seinem starken Arm, er wird sein der Erste nach Osiri! Heil dem Sohne der Sonne!"

Da faßte Amenemes einen großartigen Entschluß: Er ließ zusammenbringen alle Knäblein, die an demselben Tage geboren waren in ganz Aegypten, auf daß sie erzogen würden mit seinem Sohne, daß sie seine Freunde, seine Brüder würden, die Freud und Leid mit ihm theilten, auf die er sich verlassen könne in Noth und Gefahr. Und es sollen ihrer 1700 gewesen sein. Der junge Prinz aber erhielt den Namen Sesoosi.

Nicht weichlich, aber mit der größesten Sorgfalt wurde die Kinderschaar erzogen. Als die Kleinen laufen konnten, da begann ein fröhliches, lustiges Leben; den ganzen Tag tummelten sie sich in den königlichen Gärten, vergnügten sich mit Spielen aller Art, und der Prinz galt nicht mehr und nicht weniger, als jeder seiner Kameraden; der Sohn des Königs und der Sohn des Fischers, — es war kein Unterschied, als daß der Eine Sesoosi und der Andere etwa Petamun hieß.

Unterdessen ließ Amenemes die Trefflichsten und Weisesten der ägyptischen Priesterschaft aus allen Gegenden des Landes berufen, daß sie die Lehrer des Prinzen Sesoosi und seiner Gespielen würden. Von diesen ausgezeichneten Männern erhielten sie die erste Unterweisung und wurden später, bei reiferem Alter, eingeführt in alle Wissenschaften. In gleicher Weise wie für den Geist wurde auch für das Herz gesorgt durch Lehre und Beispiel, durch Vorhalten rühmlicher Beispiele und besonders durch das Leben mit den Freunden. Im Umgange mit ihnen war jede gesellige Tugend zu lernen, Gefälligkeit und Dienstfertigkeit, Verträglichkeit, Nachgiebigkeit, Versöhnlichkeit; hier schloß sich Herz an Herz, hier wurde das Band der Freundschaft geknüpft, dauernd für das ganze Leben.

Nicht geringere Sorgfalt wurde auf die körperliche Erziehung verwendet. Die jungen Leute wurden an Mäßigkeit und Arbeit, an Ertragung von Strapazen, Hunger und Durst gewöhnt, in jeder Weise abgehärtet und von den gewandtesten und geschicktesten Kriegsleuten geübt im Laufen und Springen, Ringen, Werfen und Schleudern; sie lernten die Handhabung des Bogens und der verschiedenen Waffen, mußten alle Arten des militärischen Exercitiums mit Eifer betreiben. Die Jagd auf wilde Thiere war ihr Hauptvergnügen.

So war Sesoosi 18 Jahre alt geworden. Da hatte er nicht mehr Ruhe noch Rast daheim im väterlichen Palaste; er wollte hinaus, Heldenthaten verrichten, die Welt erfüllen mit seinem Kriegsruhme. Er stellte sich an die Spitze seiner Freunde, Amenemes gab ihm noch einige Tausend geübter Krieger und etliche erfahrene Kriegsobersten als Berather mit, — und der junge Prinz zog nach Norden und eroberte die östlich und westlich an Aegypten grenzenden Länder Tiarabia und Lybien. Nach kurzer Zeit kehrte der junge Held siegekrönt in die Arme seines Vaters zurück. Da vergoß der König Freudenthränen und sprach: „Nun kann ich ruhig heimkehren in meine ewige Wohnung und getrost erscheinen vor dem großen Ofiri, — mein Land Kemi wird glücklich sein durch meinen Sohn." Und bald darauf starb der alte König. Das war im Jahre 2575 vor Chr. Geb.

Nie hat ein Regent sein hohes Amt in schönerer Weise angetreten, als Sesoosi. Alle, welche wegen eines Vergehens gegen den König, oder die königliche Familie, oder wegen Verrätherei in Untersuchnng, oder in Strafe waren, wurden völlig straffrei entlassen und in alle ihre früheren Rechte und Aemter wieder eingesetzt. Allen im ganzen Lande, welche wegen Geldforde= rungen angeklagt waren, bezahlte der junge Phra ihre Schulden aus seiner eigenen Kasse. Wer in Noth und Dürftigkeit war, brauchte sich nur an ihn zu wenden; mit vollen Händen theilte er seine Reichthümer aus. In gleicher Weise übergab er einen großen Theil des königlichen Grundbesitzes seinen Unterthanen. Wer Hülfe benöthigt war und guten Raths, wandte sich ver= trauensvoll an ihn, und nie ward dieses Vertrauen getäuscht. Sesoosi kannte keinen größeren Genuß, als Erfreuen, Beglücken.

Um die Verwaltung des Landes zu erleichtern, wurde das Reich in 36 Provinzen eingetheilt, deren jede einen königlichen Statthalter erhielt, dem die Leitung seines Bezirkes, sowie die Erhebung der Abgaben übertragen wurde. Auch hatte er für die Erhaltung der Dämme und Kanäle, der Straßen und öffentlichen Bauwerke zu sorgen, und bei ihm mußten sich all= jährlich die Bewohner der Provinz einfinden und nachweisen, womit sie sich ernährten, und wie es um ihr Einkommen stehe.

Nachdem so das Land auf's Beste versorgt war, wandte Sesoosi seine ganze Kraft dem Heerwesen zu.

In Aegypten war es Sitte und durch langes Herkommen zum Gesetze geworden, daß der Sohn das Geschäft seines Vaters trieb. War also der Vater Soldat, so mußten alle seine männlichen Nachkommen wieder Soldaten werden, ja es durften selbst die Töchter nur an Kriegsleute verheirathet werden. So bestand also ein fest geschlossener, wohl geübter Kriegerstand, dessen einzelne Mitglieder von Jugend auf für ihren Beruf vorbereitet waren. Das ägyptische Heer war in jeder Hinsicht ausgezeichnet tüchtig; aber Sesoosi hielt es noch nicht groß genug für den Heereszug, welchen er unternehmen wollte. Deshalb ließ er einen Aufruf ergehen zu freiwilligem Eintritt in die Reihen der Krieger an Alle, die Muth und Kraft dazu in sich fühlten. Da man in Aegypten keine Reiterei hatte, sondern außer dem Fußvolk nur Wagen= kämpfer, so wurde den unterjochten Lybiern aufgegeben, ein tüchtiges Reiter= heer als Hülfstruppe zu stellen. So kam ein Heer zusammen wohl an 600,000 Mann Fußvolk, 27,000 Streitwagen und 24,000 Reitern. Zu Hauptleuten wurden Sesoosi's ehemalige Jugendgefährten ernannt; sie hatten sich ja bereits im Felde bewährt, und auf ihre Anhänglichkeit und Treue konnte sich der König fest verlassen.

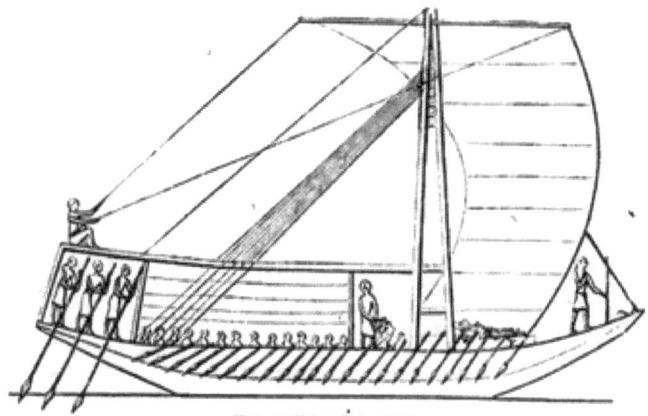

**Altägyptisches Kriegsschiff.**

. Ein großer Theil dieses ungeheuren Heeres mußte aber erst bewaffnet und gehörig eingeübt werden, bevor er gegen den Feind geführt werden konnte. Unterdessen ließ der König zwei wohlausgerüstete Kriegsflotten bauen, die eine im rothen, die andere im mittelländischen Meere. Er selber aber zog an der Spitze einer erprobten Heeresabtheilung nach Süden, fiel in Aethiopien ein, eroberte in kurzer Zeit das ganze Land und legte dem „schlechten Volke von Kusch", wie die Aethiopier verächtlich in Aegypten genannt wurden, einen jährlichen Tribut an Gold, Elfenbein und Ebenholz auf. Als Siegesbeute aber brachte er mit: einen äthiopischen Fürsten nebst seinen beiden Söhnen, eine große Zahl Kriegsgefangener, Reichthümer aller Art, goldene Ketten, Beutel mit Goldstaub, Pantherhäute, Elephantenzähne, Straußfedern, Waffen, kostbare Möbel u. s. w. Den meisten Beifall fanden jedoch bei den Aegyptern die mancherlei wilden Thiere aus Inner-Afrika, die alle von gefangenen Kuschi (Aethiopiern) vorgeführt wurden, die Affen, Panther, Leoparden, Strauße und namentlich die riesenmäßigen Giraffen. Die Darstellung dieses Triumph=zuges ist noch heutigen Tages in dem Denkmale von Bet=Ually, einem Felsentempel in der Nähe von Kalabschi in Nubien, zu sehen. Die Thiere sind vortrefflich gezeichnet, die Farben noch bis zu dieser Stunde frisch und grell.

Lange Zeit sprach man in der Hauptstadt von nichts Anderem, als von diesen lebendigen Siegeszeichen, und erst die Vorbereitungen zum Abmarsche des großen Hauptheeres brachten die Einwohner Tape's wieder auf andere Gedanken. — Seine Residenz verlegte Sesoosi von der alten Hauptstadt Tape nach Memfi. Diese Stadt hatte er zum Sammelplatze der Haupt=masse seines ungeheueren Heeres bestimmt.

Als nun die Rüstungen vollendet waren, stach die Flotte des rothen Meeres in See, bestehend aus 400 Kriegsschiffen, besetzt mit Tausenden der tapfersten Krieger und geführt von wohlerfahrenen Feldherren.

Sie eroberte alle Eilande und Küstenstädte bis weithin nach Indien, legte den Inselbewohnern schwere Abgaben auf, nahm überall Kriegsgefangene mit, Kostbarkeiten und Schätze aller Art davonführend.

Auch die Mittelmeerflotte fuhr ab und unterwarf sich alle Inseln und Küstenstriche bis nach Phönizien.

Endlich war der Tag gekommen, an dem der König selbst aufbrach, mit dem Landheere sich alle damals bekannten Länder der Erde unterthan zu machen.

Schon im Morgengrauen rückten die verschiedenen Truppengattungen aus ihren Kasernen und aus dem großen Lager, das draußen vor der Stadt errichtet war, und stellten sich zum Theil auf den freien Plätzen, zum Theil vor den Thoren der Stadt auf. Tausende und aber Tausende von Zuschauern wogten durch die engen Straßen, um die verschiedenen Regimenter in ihrer eigenen Tracht und Bewaffnung zu schauen; namentlich strömte das Volk schaarenweise hinaus, wo die lybischen Reiter auf ihren Rossen hielten, den Bewohnern Memfi's ein ganz neuer Anblick. Andere eilten nach dem Tempel des Ptah, wo der König seine Morgenandacht halten sollte. Heute durfte das Volk nicht, wie sonst täglich, mit dem Könige in den Tempelhof treten; das Thor war durch bewaffnete Krieger gesperrt, denn heute mußte der ganze Hof frei bleiben für die Feldherren und Hauptleute, die mit dem König beten und opfern sollten. Aber auf den Mauern des Hofes saßen die Zuschauer Mann an Mann und in den nächsten Straßen drängten sie sich Kopf an Kopf; Jeder wollte ihn noch einmal sehen, den Sohn der Sonne, den großen Sesoosi, bevor er sein geliebtes Kemi verließ, die Welt zu erobern. Die feierliche Prozession hätte unmöglich sich durchdrängen können, wenn nicht einige Streitwagen voran gefahren wären, Bahn zu brechen. Hinter diesen marschirte ein Musikcorps, dann eine kleine Abtheilung der königlichen Leibwache und nach dieser ein langer Zug von Priestern aller Art. Nun kam der König, zu Fuß, an seiner Seite schritt der Oberpriester; darauf folgten Priester aller Klassen, dann die große Schaar der Feldherren und Hauptleute, und den Schluß bildete wieder eine Abtheilung der Leibwache.

Jetzt hatten sich Alle aufgestellt, — der König und der Oberpriester vor dem Götterbilde, hinter ihnen die übrigen Priester; die Krieger standen rechts und links an den Seiten, die niederen Tempeldiener und das Musikcorps hinter der Bildsäule des Gottes.

Stille, tiefe Stille rings umher. Die priesterlichen Sänger stimmen langsam und feierlich ein Lied an, und die ganze Versammlung fällt ein in den heiligen Gesang.

> Preis deinem Antlitz, Schöpfer, Gott!
> Preis deinem Antlitz, großer Ptah!
> Der du gebildet die ganze Welt,
> Himmel und Erde und Sternenheer,
> Preis deinem Antlitz, Vater der Welt!

12*

Preis deinem Antlitz, Schöpfer, Gott!
Preis deinem Antlitz, großer Ptah!
　Der du schmückest das Weltenall
　Heute wie immer mit deinen Gaben!
Preis deinem Antlitz, Erhalter der Welt!

Preis deinem Antlitz, Schöpfer, Gott!
Preis deinem Antlitz, großer Ptah!
　Der du regierst und richtest die Welt,
　Den Guten belohnst und den Bösen vernichtest!
Preis deinem Antlitz, Regierer der Welt!

Und die ganze Versammlung fiel andächtig auf die Kniee, und Die, so auf den Mauern saßen, streckten die Hände betend dem Bilde des großen Gottes entgegen. Nur der König und der Oberpriester blieben aufrecht stehen, und während dieser, tief ergriffen, mit lauter Stimme ein Gebet sprach, ergriff Sesoosi ein goldenes Gefäß mit Wein und träufelte ihn auf den Altar vor dem Gotte. Sodann nahm er das goldene Rauchbecken, welches ihm ein Tempeldiener darreichte, streute kostbares Rauchwerk auf die Kohlen und räucherte vor dem Bilde des Ptah.

Das Gebet war beendet; das Volk erhob sich; ein anderer Priester trat jetzt vor, einen Abschnitt aus den heiligen Schriften vorzulesen. Wieder ertönte Gesang, und zum Schlusse ergriff abermals der Oberpriester das Wort.

„Ziehe hin“, sprach er, „und verbreite den Ruhm unserer Waffen über die ganze Erde. Sei muthig und tapfer in der Schlacht, edel und großmüthig nach dem Siege! Sei streng und gerecht, sei zuverlässig und treu; und bei Allem, was du thust, gedenke des Tages, da du wirst stehen vor dem Richter, da dein Herz wird gewogen auf der Wage der Gerechtigkeit! — Ziehe hin, und alle Götter mögen dich geleiten und schützen! Kehre freudig zurück mit Ehren beladen, und dein Ruhm sei gleich dem Ruhme des großen Osiri, des ewig lebenden Gottes!“

Trommeln, Trompeten ertönten, Keukem und Klappern ließen ihren betäubenden Lärm erschallen, alles Volk rief: „Heil, Heil dem Könige!“ Sesoosi, schon vollständig gerüstet, den metallenen Helm auf dem Haupte, eilte schnellen Schrittes an das Thor des Tempelhofes, sprang in seinen bereit stehenden Streitwagen, — und fort ging's unter dem Jauchzen der Zuschauer und den Segenswünschen der Zurückbleibenden.

Den Zug eröffneten 2000 lybische Reiter und 4000 schwerbewaffnete Fußgänger, mit Helmen, dreieckigen Schilden, Schwertern, Dolchen und eisernen Keulen wohl ausgerüstet. Jetzt kam ein einzelner, köstlich geschmückter Trompeter, der eine eintönige Weise hören ließ. Ihm folgte der große, vergoldete Prachtwagen, auf welchem sich ein hoher Mast erhob, der oben einen Widderkopf trug, geschmückt mit einer goldenen Sonnenscheibe, — das Symbol des Gottes Amun Ra, der das Volk zum Siege führen sollte. Diener gingen zu Fuße neben her und leiteten die Rosse.

Unmittelbar hinter dem Wagen des Gottes lenkte der König eigenhändig das Gespann seines Streitwagens. Ein Löwe, den er mit aus Aethiopien gebracht und gezähmt hatte, folgte ihm. In einiger Entfernung davon kamen die Oberfeldherren und höchsten Offiziere des ganzen Heeres. An diese schlossen sich die Bogenschützen der Leibgarde, und nun folgten, ihre Musikbanden voran, die verschiedenen Truppengattungen.

Aegyptische Krieger verschiedener Waffengattungen.

Was für mancherlei Standarten, Kleidungen, Ausrüstungen und Bewaffnungen konnte man da sehen! Kürasse und Panzerhemden, Helme von Leder und Metall und baumwollene Mützen und Kopftücher, Schilde von Holz und Leder, in allen Gestalten und Größen, kaum zwei Fuß hoch bis zur Höhe von fünf Fuß; Spieße, gerade und krumme Schwerter, Streitäxte, Dolche, Kampfsicheln, alle Arten von Keulen, Bogen und Pfeilen, Schleudern und das furchtbare Tem.

Acht bis zehn Mann hoch marschirten die Truppen auf. Den Schluß bildeten Tausende von Streitwagen. In jeder Stadt schlossen sich neue Regimenter an. — Die Regierung des Heimathlandes aber hatte Sesoosi seinem Bruder Harmai übertragen; diesem blieb auch die Sorge für die Königin und die sechs königlichen Prinzen.

So zog Sesoosi mit mehr als einer halben Million Menschen über die Landenge von Suez nach Asien. Von Land zu Land wälzte sich die ungeheuere Heeresmasse, über Berge und Ströme, und kein Volk vermochte ihm zu widerstehen. Der König theilte alle Beschwerden des Feldzuges, alle Gefahren der Schlacht getreulich mit seinen Mannen. Wo der Kampf am blutigsten, wo der Sieg zweifelhaft war, dahin stürmte er mit seinem Wagen, dahin schoß er seine Pfeile, da schwang er sein Tem und seine Sichel. Oft sprang er vom Wagen herab und stürzte sich so, Schwert und Keule in der Hand, der Tapferste der Tapfern, in das Kampfgewühl.

War ein Volk unterlegen, dann bestimmte Sesoosi die Abgaben, welche es alljährlich an ihn zu entrichten hatte, und diese bestanden natürlich aus solchen Erzeugnissen, die bei ihm in besonderer Güte und Trefflichkeit hervorgebracht wurden, — Thieren, Metallen, kostbaren Steinen, mancherlei Gegenständen des Luxus u. s. w. Im Uebrigen behielt jedes Land seinen König, seine Regierung und seine Gesetze, nur mußten alle unterworfenen Herrscher von Zeit zu Zeit, — alle paar Jahre einmal —, nach Aegypten ziehen und dem Sohn der Sonne ihre Ergebenheit beweisen.

Sesoosi war nicht allein ein gewaltiger Eroberer, er war auch ein edler, hochherziger Mensch. Hatte ein Volk um seine Selbständigkeit tapfer gestritten, seine Freiheit mit Kraft vertheidigt, so erkannte er dies willig an und ließ ihm Ehrensäulen errichten, auf welchen er rühmend erklärte, es sei ein Heldenvolk, das er nur mit Mühe unterworfen habe. Einem weichlichen hingegen, welches ihm nur schwachen Widerstand geleistet, welches verzagt die Vertheidigung seines Landes geführt, dem ließ er Schandsäulen setzen mit der Aufschrift, es sei ein Volk feiger Weiber.

Zum ewigen Angedenken an seinen Siegeszug wurden auch allenthalben in Felswände große Steinbilder (Reliefs) gemeißelt, die den König darstellten, in der Linken die Lanze, in der Rechten den Bogen, und darunter stand: „Dieses Land habe ich mit meinen Waffen bezwungen, ich, der König der Könige, der Herr der Herren, Sesoosi." Ein solches Relief (siehe die Abbildung) ist noch heute in Syrien am Nahr el Kelb (d. i. Hundsfluß) zwischen Beirut und Gebel, drei Stunden von ersterem Orte an der Fläche eines Kalkfelsens zu sehen. Der Fels ist grau; die Nische, in welcher Sesoosi steht, ist 6¾ Fuß hoch).

Während neun Jahren durchzog der große Sesoosi in stetem Siegeslaufe alle bekannten Länder Asien's, drang nach Indien bis weit über den Ganges vor, gelangte bis an's schwarze Meer und sogar nach Europa, an vielen Orten Kolonien gründend. Dagegen nahm er aus allen Ländern, die er sich unterworfen, nicht nur Kostbarkeiten und Schätze aller Art, sondern namentlich eine große Zahl tüchtiger Arbeiter mit, denn Hände konnte man in Aegypten genug brauchen, der Arbeitskräfte waren nie zuviel, und das Land war fruchtbar genug, noch eine Million Menschen mehr zu ernähren.

Der siegreiche Sesostri. — Reliefbild am Nahr el Kelb.

184

## II.
### Im Frieden.

Rückkehr. — Der fürchterliche Harmai. — Triumphzug. — Werke des Friedens. — Die Kriegsgefangenen. — Vier Könige vor den Wagen gespannt. — Der blinde König. — Das Andenken des großen Sesoosi.

Endlich, endlich kehrte der Held an der Spitze seiner Getreuen in das Vaterland zurück! Groß war der Jubel, allgemein die Freude! Aus allen Gegenden des Landes eilte das Volk herbei, den ruhmgekrönten Sieger zu sehen und die unzähligen Reichthümer, die er mitgebracht, anzustaunen. Solche Schätze, solche Herrlichkeiten hatte noch keines Menschen Auge vereinigt gesehen.

Aber die seligste Freude empfand die Königin, die nun nach langen neun Jahren den innig Geliebten wiedersehen sollte. Und wie glücklich war der König, als er sie wieder umarmen konnte und seine sechs Söhne, die zu stattlichen Männern herangewachsen waren! Auch sein Bruder Harmai, der bisherige Statthalter, eilte ihm entgegen und begrüßte ihn. Seine Freude jedoch war nicht aufrichtig, seine Glückwünsche waren nicht ehrlich gemeint. Er wäre lieber selbst König geworden und hätte es gerne gesehen, wenn die Augen seines Bruders nie mehr den heiligen Nil erblickt hätten.

Und doch, — was hätte es ihm geholfen, wenn sein Bruder jetzt gestorben wäre? Der Erbe des Reiches war großjährig, alt genug, die Regierung anzutreten. So lange Sesoosi sich in fernen Landen befand, so lange er nicht zurückgekehrt, war Harmai unbeschränkter Herr in Kemi, denn der König hatte ihn eingesetzt; — jetzt aber war alle Herrlichkeit vorbei und keine Aussicht vorhanden, je wieder zur Regierung zu gelangen, so lange noch ein einziges Glied des königlichen Hauses lebte. — Solche Gedanken bewegten das Herz des herrschsüchtigen, ehrgeizigen Harmai; und aus der Herrschsucht wurde Neid, und aus dem Neide Haß, und die Gier ließ ihm keine Ruhe bei Tag und Nacht. Nichts war ihm zu schwer, Nichts zu bedenklich, Nichts zu schrecklich, das er nicht gethan hätte, sein Ziel zu erreichen. — — —

Es ist Nacht. Sesoosi ist mit seiner Familie dem langsamen Zuge des Heeres weit vorausgeeilt, um schneller wieder in seiner Hauptstadt zu sein. Hier steht das große königliche Zelt, und in ihm ruhen in verschiedenen Gemächern Vater und Mutter und die sechs Söhne, zum ersten Male wieder vereinigt nach so langer Trennung.

Da erhebt sich still Harmai von seinem Lager. Leisen Schrittes schleicht er davon und trägt dürres Reisholz herbei, das er schon am Tage zurecht gelegt. Wie eifrig er geht und kommt! Eine hohe Mauer schichtet er auf rund um das Zelt! Jetzt ist er fertig. — Siehe, jetzt naht er von Neuem, einen hell leuchtenden Feuerbrand in der Hand! Er schiebt ihn zwischen die Reiser, — — da knistert und prasselt es, Funken fliegen auf, — jetzt schlägt die helle Flamme empor! Wenige Minuten, und das Zelt ist rings mit einer Feuermauer umgeben, und die da drinnen sind verloren, unrettbar verloren, wenn kein Wunder geschieht. Sicherlich kommt jede Hülfe zu spät, — denn das Zelt brennt schon von allen Seiten, — — bis rettende Hände das Feuer gelöscht, oder die Brände weggeschafft, ist Sesoosi mit den Seinen längst nicht mehr am Leben.

So hatte Harmai gerechnet, und vielleicht hätte er sich auch nicht getäuscht. Aber er hatte nicht bedacht, wessen die Kindesliebe fähig ist.

Sesoosi erwacht. Seine Gemahlin, seine Kinder springen entsetzt von ihrem Lager auf. Dichter Rauch erfüllt die Räume, Gluthhitze umgiebt sie; in einem Augenblick — das ist ihnen allen klar —, müssen sie ersticken, oder verbrennen; und wer etwa durch das Feuer dringen wollte, büßt sicher mit dem Leben; die verbrannten Glieder vermögen es nicht, ihn lange zu tragen, er wird zusammenstürzen und vielleicht einen noch qualvolleren Tod erleiden.

Aber nicht Zeit ist's zum Ueberlegen, zum Prüfen, zum Besinnen, — das Leben hängt an der Sekunde. Da springen todesmuthig zwei der Söhne auf, werfen sich der Länge nach in die Flammen, deren Macht sie theilen und bilden also mit ihren Leibern eine Brücke, über welche Vater und Mutter und Geschwister flüchtigen Schrittes durch das Feuer stürzen hinaus in die frische, erquickende Luft der stillen Nacht.

Tausendmal hatte Sesoosi auf seinen Kriegszügen muthig dem Tode in's Auge geschaut, den größten Gefahren getrotzt, — ohne die Aufopferung seiner beiden Söhne wäre er hier im eigenen Lande jämmerlich umgekommen. Auf den Knieen dankte er inbrünstig den Göttern für seine Rettung. Der heimtückische, brudermörderische Harmai aber büßte sein Verbrechen durch das Schwert.

Wenige Wochen nach der glücklichen Rückkehr des Königs wurde das große, öffentliche Siegesfest begangen. Die höchsten Beamten aus allen Theilen des Landes vereinigten sich in der Hauptstadt, und wer es irgend möglich machen, wer nur von seinem Geschäfte abkommen konnte, eilte hin, dem glänzenden Feste beizuwohnen. Täglich kamen zu Wagen und zu Fuß ganze

Aegyptisches krummes Schwert, Säbel.

Schaaren Schaulustiger an, und auf dem Nile naheten stromaufwärts und stromabwärts die Flotten festlich geschmückter, bunt bewimpelter Kähne, und es war nicht möglich, daß alle Fremden in der Stadt untergebracht wurden; draußen auf dem Felde lagerten sie zu vielen Tausenden unter leichten, luftigen Zelten.

Es lohnte sich aber auch wohl der Mühe, eine Reise nach der Hauptstadt zu machen; von dem Triumphzuge des Königs Sesoosi erzählten Kinder und Kindeskinder nach hundert Jahren noch. Das war das Großartigste, was man je im Aegypterlande gesehen.

Der Festzug des Königs vom Palaste zum Tempel war folgendermaßen geordnet:

Nach einer Abtheilung Streitwagen, welche nur dazu dienten, dem Zuge die Bahn zu öffnen, kamen

1) Flötenspieler, Trompeter, Trommler. — 2) Chorsänger.

Wenn die Instrumentalmusik verstummte, sangen sie in begeisterten Siegesliedern den Ruhm des Königs und seiner Krieger und das Lob des schützenden Gottes.

3) Die Verwandten und Freunde des Königs, Priester, Abgeordnete aus allen Tempeln des Landes, ein Theil der Staatsbeamten und Offiziere.

4) Zwölf Kriegshauptleute, deren Kopfbedeckungen mit Straußfedern geziert sind, tragen ein reich geschmücktes, vergoldetes Kapellchen. In diesem steht ein vergoldeter Thron, dessen Armlehnen von goldenen Löwen und Sphynxen gebildet werden. Auf diesem Throne sitzt Sesoosi. Sein Haupt trägt die weiße Krone Oberägyptens und die rothe Krone Unterägyptens. In der einen Hand hält er einen kostbaren Hirtenstab, in der anderen eine Peitsche, — anzuzeigen, daß er das Volk behüten soll, wie der Hirte seine Schafe, und daß er es leiten soll, wie der Wagenlenker seine Rosse. Das Kapellchen ist verziert mit den Sinnbildern der Wahrheit und Gerechtigkeit. Vor dem Könige her geht der Erbprinz, eine goldene Räucherpfanne in der Hand, Weihrauch vor dem Sieger verbrennend. Priestersöhne gehen zur Seite und tragen an langen vergoldeten Stäben die königlichen Fächer, aus Straußfedern gebunden.

5) Kinder der Priester mit den Waffen des sieggekrönten Königs.

6) Die Königin, die Prinzen und Prinzessinnen.

7) Die höchsten Staatsbeamten und Oberfeldherren.

8) Ein Theil der Kriegsgefangenen, Leute aus allen Nationen, zum Theil in den auffallendsten Trachten, eine merkwürdige Darstellung verschiedener Nationen.

9) Wilde oder fremde Thiere aller Art, — ausländische Schafe und Rinder, Affen, Papageien, Goldfasanen, Pfauen, Leoparden und Panther, Löwen und Tiger, Luchse, Giraffen und Nashörner, Elephanten, ja sogar die plumpen Bären fehlten nicht. — In großen Kübeln werden seltene ausländische Pflanzen getragen.

10) Kostbarkeiten aus Gold, Silber und Edelsteinen, Gegenstände des Luxus, alle die zahllosen Herrlichkeiten, welche der König als Bereicherung seiner Schatzkammer mitgebracht. Besonderes Aufsehen erregten die fremdartigen Waffen.

11) Vertreter aller Truppengattungen, so vollständig als möglich.

Die Feier im Tempelhofe selbst war ähnlich der vor der Abreise des Königs, nur glänzender und großartiger. Aber auch die Bildsäulen der Eltern des Königs sind aufgestellt; auch vor sie tritt er mit erhobenen Händen und preist und lobt laut Die, so ihn erzogen, sein Leben behütet und ihn fähig gemacht haben, Heldenthaten zu verrichten; auch seinen Eltern bringt er vor allem Volke Opfer dar, auch ihnen gelten die Dankeslieder.

Wochenlang reihete sich Fest an Fest; täglich waren die Thiergärten gefüllt von Schaulustigen, welche nicht satt werden konnten, die neuen Ankömmlinge zu bewundern; Musik und Tanz aller Orten, Festmahle in jedem Hause; stets neuer Zudrang von Fremden, — ganz Aegypten schwelgte in Lust und Freude.

Das Land der Pyramiden.          Leipzig: Verlag von Otto Spamer.

Triumphzug des Phra.

Aber auch die Zeit der Freude verging, und wie jeder zu seinem Berufe zurückkehrte, so widmete sich der König jetzt wieder mit ganzer Seele den Regierungsgeschäften. Die Kriegsgefangenen wurden zur Arbeit in die großen Goldbergwerke, welche an der äthiopischen Grenze lagen, oder an die Kanäle, oder zum Tempelbaue geschickt. Auch in den Steinbrüchen wurden sie verwendet und namentlich dazu, das unermeßliche Baumaterial von da aus nach den Städten und Bauplätzen zu befördern.

Nachdem Sesoosi für sein Land Ehre und Kriegsruhm erworben, Reichthümer, Beute aller Art und viele Tausende fleißiger Hände mitgebracht hatte, gab er sich ganz und gar den Werken des Friedens hin. Er ließ große Dämme errichten und auf diesen viele Städte neu erbauen, die nun nicht alljährlich durch die regelmäßigen Nilüberschwemmungen verwüstet wurden. Sodann ließ er das Land von einer unzähligen Masse von Kanälen durchschneiden, welche überallhin den Segen des fließenden Wassers brachten. Gegen die Einfälle der kriegerischen Syrer und Araber schützte er das Land durch eine hohe, starke Mauer, die er über 70 Stunden lang quer über die Landenge ziehen ließ, welche Afrika mit Asien verbindet. In jeder Stadt Aegypten's wurde dem Gotte ein Tempel errichtet, der gerade hier besonders verehrt ward. Auf alle Bauten aber ließ Sesoosi mit großen Buchstaben setzen, daß kein Mann des Landes Kemi von ihm mit harter Arbeit geplagt worden sei; alle seine Werke habe er nur mit Hülfe der Kriegsgefangenen ausgeführt. Die Tempel wurden mit farbenreichen Gemälden geschmückt und durch kolossale Bildsäulen der Götter geziert. Vor den großen Tempel in Memfi ließ er sechs Statuen stellen, — vier, seine Söhne darstellend, je 40 Fuß hoch, und zwei, welche ihn selbst und seine Gemahlin darstellten, je 60 Fuß hoch. Und auf einem mehrere hundert Fuß langen Schiffe errichtete er einen kostbaren Tempel von Cedernholz, außen ganz mit Gold, innen mit Silber überkleidet. Dieser schwimmende Tempel, dem Gotte Amun geweiht, fuhr das ganze Jahr hindurch auf dem Nile von einer Stadt zur andern.

Zum ewigen Gedächtniß dessen, was Sesoosi gethan, wurden zwei Obelisken von röthlichem Granit aufgerichtet, 120 Ellen hoch, blank polirt wie Spiegel. In großen Buchstaben eingemeißelte Inschriften erzählten der Nachwelt, was der große König seinem Lande gewesen.

Auch in der Gesetzgebung war sein gewaltiger Geist thätig; auch den Handel förderte er. Namentlich wurde durch die vielen aus Südasien mitgebrachten Kriegsgefangenen eine sehr lebhafte Handelsverbindung mit Indien angeknüpft.

Wir wissen bereits, daß Sesoosi die Könige, welche er auf seinem weiten Zuge unterworfen hatte, im Besitz ihrer Würde und Stellung gelassen hatte, daß sie ihm einen bestimmten Tribut bezahlen mußten, und endlich verpflichtet waren, zu festgesetzten Zeiten sich persönlich in der Hauptstadt Aegypten's einzufinden, um dem Phra ihre Huldigung darzubringen.

Diese Könige wurden dann ihrem Range gemäß behandelt; man begegnete ihnen mit allen Ehren, zeichnete sie in jeder Weise aus; aber wenn

Sesoosi zu seinem Morgenopfer in den Tempelhof fuhr, wurden vier der unterworfenen Fürsten vor seinen Wagen gespannt und mußten ihn dahin ziehen. So machte man allem Volke anschaulich: „Seht, das sind große Könige, vormals gewaltige Könige, aber ich bin vielmal größer als sie, denn ich habe sie vor meinen Wagen gespannt. Sie sind mächtige Herren, aber ich bin der Herr der Herren, der König der Könige.“

Einst hatte Sesoosi auch sein Frühgebet verrichtet, trat aus der Pforte des Tempelhofes und stieg in seinen vergoldeten Wagen. Drei der Könige ergriffen sogleich die Deichsel und schickten sich an, ihn in seinen Palaste zurückzuziehen; der vierte aber stand gedankenvoll, das Haupt gesenkt und theilnahmlos da, merkte nicht, was um ihn her vorging und mußte wiederholt gemahnt werden, bis er sich wieder sammelte und zugriff.

Nach Hause gekommen, ließ ihn Sesoosi vor sich bringen. Er sprach: „Sag' an, mein Freund, welche Gedanken waren es doch, die vorhin dein Herz so bewegt, die dich so ergriffen, daß du nicht merktest, wie ich in den Wagen stieg?“

Da antwortete dieser: „Mögen dich Sonne und Mond, Himmel und Erde und alle übrigen Götter behüten, daß du nie solche Gedanken habest, wie ich! Sieh, ich betrachtete das Wagenrad und dachte, wie jetzt oben ist, was vor einer Minute unten war, wie jetzt unten im Staube ist, was soeben erst oben war. Und ich verglich mich und mein Schicksal mit diesem Wagenrade. Auch ich war oben, ein mächtiger Gebieter und sah stolz herab auf meine Nachbarn, die nur klein und arm gegen mich waren; ich ahnete nicht, daß ich von dieser Höhe so tief herabsteigen sollte. Da kamst du, o Sohn der Sonne, in unser Land, und nun — — spannest du mich vor deinen Wagen, und der stolze Fürst ist geworden gleich einem gemeinen Zugthiere.“

Und Sesoosi neigte sinnend sein Haupt, reichte dem Könige die Hand und sprach: „Du sollst mich ferner nicht mehr in den Tempel ziehen. Auch ich stehe jetzt hoch; ist's in den Sternen bestimmt, daß ich dereinst ebenfalls erniedrigt würde, so will ich es nicht verschuldet haben. Gehe hin in Frieden!“

Am andern Morgen ließ er seine Rosse vor den Wagen spannen, und nie mehr überhob er sich in seinem Glücke.

Aber das Glück blieb ihm treu bis in sein spätes Alter. Achtundvierzig Jahre lang hatte er sein Land mild und gerecht regiert, hatte Sitte, Gesetz und Wohlstand gefördert, und keine Stadt war im ganzen Lande, die nicht Wohlthaten von ihm aufweisen konnte. Große Strecken des Bodens hatte erst er kulturfähig gemacht, den Ertrag der Felder hatte er gemehrt, Landbau und Viehzucht, Bergbau, Handwerke und Künste, Handel und Wissenschaften gefördert, die Wehrkraft des Landes vermehrt und seinem Volke Ruhm, hohes Ansehen und Reichthümer erworben. Achtundvierzig Jahre waren verflossen, seit sein Vater Amenemes II. gestorben, da kündigte sich auch bei ihm die Schwäche des Alters an; sein Gesicht nahm ab, in kurzer Zeit war der greise König erblindet.

Die ägyptischen Augenärzte waren sehr geschickt. Weit und breit

berühmt, wurden sie oft in fremde Länder gerufen, um zu helfen. Mit welchem Eifer pflegten sie den alten König und versuchten Alles, was sie ihre Kunst
lehrte, und ermüdeten nicht in ihrer Sorgfalt! Aber hier war alle Mühe vergebens; das verlorene Augenlicht war nicht wieder zu gewinnen.

Als sie dem Könige auf sein Befragen ehrlich gestanden, es sei keine
Rettung mehr für ihn, sprach er gelassen, aber ernst: „Das sei ferne, daß
mein theures Kemi von einem blinden Könige regiert werde. Der König
soll sein gleich der Sonne. Wie sie überall hin scheint von den östlichen Bergen bis zu den westlichen, von Pilak bis zum Meere, so soll der Phra überall
selbst sehen, mit eigenen Augen erforschen, was dem Lande noth thut. Jetzt
ist es Zeit, das Reich meinem Sohne zu übergeben. — Aber wenn er nun
Peitsche und Hirtenstab führt, — das heißt: „das Volk leitet und beschützt"
— was soll ich dann noch hier? Das soll Niemand von Sefoosi sagen,
daß er seine letzten Jahre in trägem Nichtsthun verlebt, daß er aufgehört zu
wirken, bevor er zur Ruhe in seine ewige Wohnung gegangen. Nein, hier
bin ich fertig; jetzt will ich vor Osiri treten und ihm Rechenschaft ablegen."

Und als nun der älteste Sohn die Regierung angetreten hatte, als alle
Geschäfte geordnet und in gehörigen Gang gebracht waren, da gab sich der
alte König mit eigener Hand den Tod. Das war im Jahre 2527 vor Christi
Geburt. Zweiundsiebzig Tage trauerte das Volk um seinen großen König,
dann begrub es ihn, aber — es vergaß ihn nicht. Er hatte sich bleibende
Denkmäler errichtet, überall; die schönsten und unvergänglichsten im Herzen
seines dankbaren Volkes. Nach mehr denn tausend Jahren sprachen die Priester
noch von seiner Weisheit, sangen die Krieger noch die Schlachtlieder aus seinen
Heldenzügen, erzählte das Volk noch von dem großen Sefoosi, dem König
der Könige.

Bogenschützen. Aegyptisches Wandgemälde.

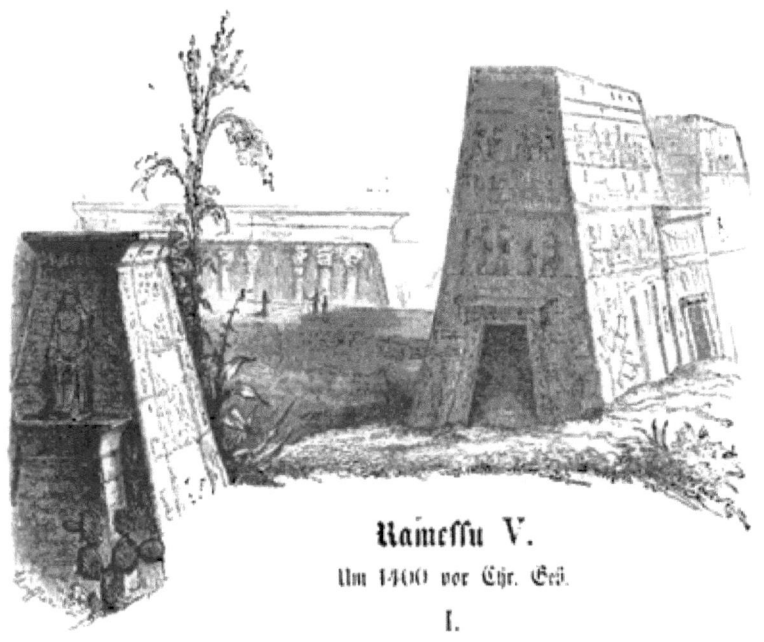

## Ramessu V.

### Um 1400 vor Chr. Geb.

### I.

### Der König und sein Schatz.

Ramessu's Reichthum. — Des Königs Baumeister. — Der sterbende Vater. — Pet-isi's Leichtsinn. — Erster Versuch. — Das böse Gewissen. — Der rathlose König. — Der alte Weise. — „Amenhotep, jetzt hilf!“

⁂

Mehr denn tausend Jahre nach dem großen Sesoosi regierte in Aegypten ein König, der hieß Ramessu und war weit und breit berühmt durch seine Reichthümer. Er verwandte viele Sorgfalt auf den Bergbau, und seine Mühe wurde glänzend belohnt; die Arbeiter förderten alljährlich eine große Masse edlen Metalles und kostbarer Steine zu Tage. Aber Ramessu war auch ein glücklicher Feldherr. Er hatte große Eroberungszüge zu Land und zu Wasser gemacht, einen reichen Schatz der seltensten Kostbarkeiten mit zurück= gebracht, und durch die regelmäßigen Abgaben, welche ihm die unterworfenen Könige bezahlen mußten, nahmen seine Reichthümer noch immer zu.

Nun war es in Aegypten Sitte, daß der König sämmtliche Einnahmen, welche er hatte, — Gewinn aus den Bergwerken, Pachtzins von den der

Krone gehörigen Grundstücken, Tribut unterjochter Völker und die Abgaben
der eigenen Unterthanen, — wieder verausgabte. Alles, was er nicht für
sich, seine Familie und seinen Hofstaat brauchte, wurde verwendet, Kanäle zu
unterhalten, Straßen auszubessern, Tempel und Kasernen zu bauen, die Flotte
zu vermehren u. s. w. Es fiel einem ägyptischen Könige nie ein, Etwas zu-
rückzulegen, Etwas ersparen zu wollen. Dazu hätte sich auch in der That
kein vernünftiger Grund finden lassen, denn die Einnahmen des Königs waren
so überschwenglich groß, daß er sich zu jeder Zeit jeden Wunsch befrie-
bigen konnte, und wenn er auch Millionen gekostet hätte. Der Fischfang
in dem von Mares angelegten See brachte täglich 2000 Gulden ein; die
Bergwerke trugen jährlich viele Millionen; und das war doch immer nur der
geringste Theil der königlichen Einnahmen. Darum theilte der Sohn der
Sonne auch mit vollen Händen aus und gab und verschenkte nach allen
Seiten. Kostbare Seltenheiten, welche aus fremden Ländern kamen, wurden
zumeist den Göttern dargebracht, das heißt: in die Tempel gegeben.

Ramessu aber hatte eine zu große Freude an Schätzen und Kostbarkeiten, als daß er Alles, was er einnahm, wieder hätte ausgeben sollen.
Kam also z. B. als Tribut eines unterworfenen Staates eine Sendung Goldstangen in Tape an, so wurden diese nicht, wie das bisher immer geschehen,
sofort in Ringe umgeschmolzen und verausgabt (— das damalige Geld in Aegypten bestand in goldenen Ringen, deren Gewicht durch Einprägung mittelst
eines Stempels angegeben war), sondern Ramessu bewahrte sie mit noch
vielen anderen ähnlichen Schätzen in einem besonderen Saale seines Palastes
auf und ergötzte sich zuweilen an ihrem Anblicke.

Da der König Geld und Geldeswerth anhäufte, statt es nützlich zu verwenden und es wieder auszugeben, erhielt er den Ruf eines Geizigen und
wurde nach und nach ziemlich allgemein verachtet.

Für einen Theil seiner Reichthümer ließ er auf der Westseite des Nil
einen prachtvollen Tempel bauen, der zugleich sein Palast war. Ein vier
Stockwerke hoher, thurmartiger Vorbau enthielt seine Privatwohnung, und oft
stand er hier an einem Fenster, oder auf einem Balkon und blickte hinaus
über die herrliche Stadt, über das glückliche Land und freuete sich so recht
von Herzen seines Lebens. Auch saß er oft mit Weib und Kindern nach
Sonnenuntergang oben auf dem platten Dache und ruhete aus von des Tages
Plage und von der Last der Regierung. Zuweilen aber auch führte er die
Seinen in den Saal, der seine Schätze barg, und zeigte ihnen da die Kostbarkeiten aus aller Herren Länder.

Bald aber gewahrte er, daß es ihm an Raum fehlte, alle die Dinge
aufzuheben und schön aufzustellen, an denen sein Herz hing; darum ließ er
seinen Baumeister kommen und trug ihm auf, ein ganz besonderes Schatzhaus
zu bauen, das erstens Raum genug böte, des Königs jetzige und noch künftig
zu erwerbende Reichthümer geschmackvoll und übersichtlich darin aufzustellen,
und das zweitens auch gehörig fest und sicher sei, also daß kein Dieb einbrechen

und Etwas entwenden könne. Der Baumeifter fprach: „Es gefchehe, wie du
gefagt haft, o Sohn der Sonne, und du wirft mit deinem Diener zufrieden
fein." Darauf machte er Plan und Riß, es wurde gemeffen und abgeftedt,
Steine wurden herbeigefchafft und behauen, taufend Hände waren täglich be=
fchäftigt, an dem Baue zu arbeiten. Und als er aufgerichtet war, kamen
die Anftreicher und Maler und bededten alle Wände außen und innen mit
Gemälden, welche die königliche Familie darftellten, oder den mächtigen Ra=
meffu auf dem Schlachtfelde, oder zur See, oder auf der Jagd. Nachdem
auch das gefchehen war, brachten die Schreiner große Tifche und Tifchladen
von Cedernholz herbei, hohe Lampenftänder wurden aufgeftellt, der Boden
wurde mit koftbaren Teppichen belegt, und nun trat der Baumeifter wieder
vor den König hin, überreichte ihm mehrere eiferne Schlüffel und fprach:
„Dein Gebot, o Herr, ift erfüllt; hier find die Schlüffel zu deinem Schatz=
haufe. Mögeft du zufrieden fein mit deinem Knechte!"

Rameffu hatte in der That Urfache, fehr zufrieden mit der Ausführung
feines Auftrages zu fein. Das Gebäude hatte die Geftalt eines länglichen
Viereckes, ftieß mit der einen kurzen Seite an den königlichen Palaft, zeigte
aber weder Fenfter noch Thüre, weder an den Seiten noch in dem Dache war
irgend eine Oeffnung zu finden; der einzige Zugang war von dem Palafte
aus, aber auch hier mit verfchiedenen Thüren verfchloffen, deren jede mit einem
anderen Schlüffel geöffnet ward. Ein Dieb hätte alfo die Wachen vor und
in dem Palafte täufchen, durch mehrere Zimmer dringen und fchließlich die
verfchiedenen Schlüffel haben müffen, um zu des Königs Schätzen zu gelangen.
An ein gewaltfames Einbrechen von außen war gar nicht zu denken, denn
das Gebäude war fehr feft aus koloffalen Sandfteinen aufgeführt. Das Innere
war ein einziger großer Saal, auf's Prächtigfte ausgefchmückt. Da er natür=
lich völlig finfter war, ftanden hohe Leuchter umher, die jedes Mal angezündet
werden mußten, wenn fich der König an feinen Schätzen erfreuen wollte.

Rameffu war überglücklich, als er feine Herrlichkeiten in dem großen
Saale auffteilte. Wochenlang hatte er damit zu thun, denn immer fand er,
daß Etwas noch beffer geordnet, gefchmackvoller gruppirt werden könnte, daß
hier und da durchaus noch Etwas geändert werden müßte. Und als er mit
Allem zu Stande gekommen, brachte er anfangs täglich eine Stunde in feinem
Schatzhaufe zu und fchwelgte in dem Anblicke der Koftbarkeiten, deren Werth
(nach unferem Gelde) 800 Millionen Gulden betragen haben foll.

Der Baumeifter wurde reichlich belohnt, erhielt den Titel „Freund des
Königs" und war nun ein vornehmer Mann.

———————

Jahre waren vergangen. Rameffu hatte Reichthümer auf Reichthümer
gehäuft; der Baumeifter war alt geworden und lag jetzt krank und fchwach
auf feinem Bette. „Frau", fagte er, „fchicke mir unfere beiden Söhne her,
und dann laffe uns allein."

Die Frau that, wie ihr gesagt war, und schickte die beiden jungen Bursche an das Bett des Kranken. Sie trieben, wie das in Aegypten Sitte war, dasselbe Geschäft, wie ihr Vater, waren auch Bauleute, hatten sich aber in den letzten Jahren ziemlich der Arbeit entwöhnt; denn so lange ihr Vater lebte, konnten sie von dem Gehalte, welchen dieser als königlicher Baumeister bezog, sorgenfrei leben. Darüber hatte ihr Vater schon oft nachgedacht; deshalb ließ er sie auch jetzt vor sich rufen.

„Meine Kinder", sprach er, als sie vor ihm standen, „ihr wißt, daß ich kein reicher Mann bin. Wir haben herrlich und in Freuden gelebt; aber ich hinterlasse euch Nichts. Ihr müßt nun anfangen zu arbeiten, eure Kräfte tüchtig anstrengen, ununterbrochen thätig sein, wenn ihr ehrlich leben wollt. Es wird euch Anfangs schwer halten, dem Müßiggange zu entsagen, den ihr nun schon seit Jahren gewöhnt seid; aber ihr müßt wol."

Der Vater konnte nicht weiter sprechen, er war zu schwach. Die Söhne knieeten an seinem Bette nieder, weinten und beteten.

Ueber eine Weile begann der Alte wieder mit matter Stimme: „Wenn ihr einmal in große Noth kommt, wenn euch ein Unglück zustößt, — — daß ihr mir eure gute Mutter nicht darben laßt, — ich habe für alle Fälle gesorgt. — An dem Schatzhause des Königs habe ich einen geheimen Zugang angebracht, den Niemand kennt, außer mir allein. Wenn ihr krank werdet, wenn die Mutter Noth leiden sollte, dann geht hin, holt euch, soviel ihr bedürfet; der König ist reich genug; er wird es nicht einmal merken, daß ihm Etwas fehlet."

„Wie?" rief der jüngere Sohn, Petisi, und sprang in die Höhe. „Du hast einen verborgenen Eingang zum Schatzhause? Wo? bitte, sage uns, wo!" — „Ich habe den Eingang nie benutzt", sagte der Vater, „und auch ihr sollt nur in der äußersten Noth, wenn euch gar kein anderes Rettungsmittel mehr bleibt, wenn — —".

„Aber wo? Lieber Vater, wo?" unterbrach ihn Petisi. —

„Auf der Südseite des Schatzhauses ist — von unten gezählt — in der dritten Reihe der Bilder, etwa in der Mitte der ganze Länge dargestellt, wie der König opfernd vor dem großen Osiri knieet. Hinter dem Throne des Osiri steht Isi und hinter dieser ihre Schwester Nebthi. Der Stein, auf welchen diese Bilder gemalt sind, dreht sich um eine Achse. Drückst du stark auf das Bild der Nebthi, so giebt der Stein nach, und es entsteht eine Oeffnung in der Mauer, durch welche du bequem hineinsteigen kannst. Willst du den Zugang wieder schließen, so drückst du stark gegen das Bild des knieenden Königs, und der Stein fügt sich wieder ein, daß es Niemand — weder außen noch innen — entdecken kann. — Aber ihr müßt mir versprechen, — gebt mir eure Hände". — — —

Der Alte sank wieder um. Das Sprechen und die Enthüllung seines Geheimnisses, namentlich der Gedanke an die möglichen Folgen hatte ihn so

sehr aufgeregt, daß er nicht fortfahren konnte. Er schien so schwach, daß die
Söhne ihre Mutter herbeiriefen. Aber trotz aller Bemühungen war es nicht
mehr möglich, ihn wieder zu erquicken. Er verblieb in einem schlummerähn-
lichen Zustande, lallte nach einiger Zeit noch einmal: „Versprecht mir — — —
Nebthi", dann entschlief er, um nimmer zu erwachen.

Noch an demselben Tage eilte Petifi nach der Südseite des Schatzhauses, suchte das verheißungsvolle Bild auf und stand lange, lange sinnend
davor. Aufgeregt, träumend, zerstreut kehrte er nach Hause zurück, und kein
Tag verging seitdem, daß er nicht hingegangen wäre, die Stelle wieder und
immer wieder aufzusuchen, welche ihm den Eingang zu den unermeßlichen
Schätzen des Königs öffnen sollte.

Nur mit der größten Anstrengung konnte er seine Begierde bemeistern,
bis die Wochen der Trauer, bis die Feierlichkeiten der Beisetzung des Vaters
vorüber waren. Aber kaum war die Leiche in ihre ewige Wohnung gebracht, so
trat Petifi mit funkelnden Augen vor seinen älteren Bruder hin und fragte:
„Ptahmai, wollen wir diese Nacht in das Schatzhaus des Königs gehen?"

Entsetzt erwiederte Ptahmai: „Möge uns Osiri behüten und bewahren!
Wir wollen ehrlich bleiben. Denke an die Rechenschaft!" —

„Ich will ja Nichts nehmen. Aber sehen möchte ich nur die Schätze
einmal. Das Sehen ist nicht verboten."

Nach einem Augenblicke der Ueberlegung sprach Ptahmai: „Weißt du
nicht, was unser Vater gesagt hat? Nur wenn wir in größester Noth wären,
wenn die gute Mutter darben sollte, dürften wir Etwas nehmen."

„Thor", rief Petifi, „es ist ja nicht die Rede von Stehlen, sondern
von Sehen. Davon kommt Nichts vor in dem Bekenntnisse, das du einst
vor den Richtern der Unterwelt sprechen mußt. Da heißt's: „Ich habe nicht
gemordet; ich habe nicht den Befehl gegeben, zu morden; ich habe nicht die
Ehe gebrochen; ich habe nicht gestohlen; ich habe nicht Wucher getrieben; ich
habe nicht das Maß der Elle verfälscht; ich habe nicht das Gewicht der Wagschale verkleinert; ich bin kein Heuchler gewesen; ich habe nicht geflucht", u. s. w.
Kannst du deine Bekenntnisse nicht mehr? Sage sie doch her, alle zweiund-
vierzig; heißt eines davon: „Ich habe nicht des Königs Schätze gesehen?"
Du bist doch ein rechter Thor!" Ptahmai ging stillschweigend und kopfschüttelnd weg; er wußte nicht, was er seinem Bruder antworten sollte, und
doch grauete ihm vor dem Besuche in dem Schatzhause.

Petifi machte sich im Laufe des Tages noch einige Male an seinen
Bruder; da ihm dieser aber immer kein Gehör schenkte, begab er sich bald nach
Mitternacht, als Mutter und Bruder in tiefem Schlummer lagen, mit einer
Leiter und einer kleinen Laterne allein auf den Weg nach dem Königspalaste.

Die Laternen waren seit uralten Zeiten in Kemi bekannt. Am Feste
der Göttin Net wurde das ganze Land mit bunten Laternen illuminirt, und
tausend Kähne, geschmückt mit farbigen Lichtern, belebten in der Festnacht
den heiligen Strom.

Im Uebrigen hatte man kleine Oellämpchen, welche auf hohe Lampenständer gesetzt wurden. —

Die Wachen standen vorn am großen Portale nach Osten zu. An der Südseite herrschte Todtenstille und tiefe Finsterniß. Ohne von irgend eines Menschen Auge bemerkt zu werden, kam Petisi zur Stelle. Er hatte nicht erst nöthig, nach dem Bilde zu suchen; er hatte längst und wiederholt nach Schritten abgezählt, wo er die Leiter anstellen mußte. Zitternd hielt er sie fest; zitternd stieg er hinauf. Hier, hier war das Bild des großen Osiri. Welch feierlich ernste Miene! Auch Petisi mußte bereinst vor ihn treten und Rechenschaft ablegen! Aber er wollte ja nichts Böses thun, wollte ja nur sehen. Und dennoch, — warum klopfte ihm das Herz so ängstlich? Warum konnte er das strenge Antlitz des heiligen Osiri nicht anblicken? — Weg, weg, — hier steht Isi und hier ihre Schwester Nebthi, — ein Druck, — leicht und geräuschlos dreht sich der Stein. In fieberhafter Aufregung steigt Petisi in die Oeffnung, setzt sich, zieht die Leiter nach, läßt sie innen wieder hinab, schließt seinen Eingang, steigt hinunter, — „Sathar (Göttin der Finsterniß), sei mir gnädig!“ stöhnt er, — jetzt steht er unbemerkt und in Sicherheit im Schatzhause des Königs!

Wenn nur das Laternchen mehr Licht verbreitet hätte! Aber halt, da stehen ja große, kostbare Lampengestelle, und die Lampen selbst stehen noch darauf; man braucht sie nur anzuzünden. — So! Jetzt ist es hell in dem Saale! Ah! Solche Pracht, solche Herrlichkeit hat Petisi nicht erwartet! Rundum Tische von wohlriechendem Cedernholze, und auf den Tischen und in den Kästen Reichthümer ohne Maß und Zahl! Hier liegen Bündel Goldstangen, wie man draußen am Nil die Bündel Schilfrohr liegen sieht. Hier sind Vasen und Trinkgefäße jeder Größe und Gestalt von Gold und Silber. Die feinsten Arbeiten in Edelsteinen, — Figuren in Bronce, — kostbare Urnen in Glas und gemaltem Porzellan, — ganze Becken voll goldener Ringe, — die brillantesten Emaille-Arbeiten, — Statuetten von Gold und täuschend nachgemachten Edelsteinen, — silberne Körbe, gefüllt mit noch unverarbeiteten Edelsteinen, Granaten, Karneol, Heliotrop u. s. w., — Korallen, Elephantenzähne, Straußfedern und Straußeier, Ebenholz, Pantherhäute, — silberne Stangen und silberne Ringe, — ganze Säcke voll Goldstaub, — fremde Waffen mit Gold und Edelsteinen ausgelegt, — Ketten, Armringe und breite Halskragen, ganz von Gold und Juwelen zusammengesetzt, — wer vermag, alle die Herrlichkeiten aufzuzählen!

Wie im Traume wandelte Petisi zwischen den Schätzen umher. Plötzlich aber überfiel ihn eine unaussprechliche Angst. Wie leicht konnte er durch eine vorbeiziehende Streifwache entdeckt werden, wenn er das Schatzhaus verließ! Schnell löschte er die Lampen, nahm eine Hand voll goldner Ringe zu sich und eilte weg. Als er die Mauer öffnete, sah er zu seinem Schrecken, daß bereits die Morgendämmerung angebrochen war; doch kam er ungesehen nach Hause, und auch Mutter und Bruder hatten seine Abwesenheit nicht bemerkt.

13*

Wohl aber bemerkten sie eine peinliche Unruhe, von welcher er den gan=
zen Tag geplagt wurde. Er hatte nirgends Ruhe, noch Rast, hörte oftmals
nicht, wenn die Mutter zu ihm sprach, sprang wie aus einem tiefen, schweren
Traume plötzlich in die Höhe und eilte dann flüchtigen Fußes hinweg. Zehn=
mal trieb ihn die Angst an diesem Tage nach der Südseite des Schatzhauses;
zitternd blickte er hinauf nach dem Bilde der Nebthi, ob der Stein gut ein=
gefügt sei, ob man Nichts bemerken könne. Dann sah er sich wieder nach
allen Seiten um, ob ihn Niemand beobachte. Standen einige Leute auf der
Straße beisammen und unterhielten sich, so schlich er zagend hinzu und horchte,
ob sie nicht sprächen von dem Diebstahl, der in verflossener Nacht an des
Königs Schätzen verübt worden, und daß man dem Diebe schon auf der Spur
sei. Kam er nach Hause, so war seine erste Frage, ob Niemand dagewesen,
ob Niemand nach ihm gefragt habe, ob er nicht gesucht worden sei.

Petisi fühlte die Qualen eines bösen Gewissens.

Am folgenden Tage aber ward er ruhiger. Und da Niemand nach ihm
forschte, gab er das gestohlene Geld aus, holte später wieder neues und über=
redete endlich auch seinen Bruder Ptahmai, daß dieser mit ihm ging und
gemeinschaftliche Sache mit ihm machte. Der Mutter wurde Alles verheim=
licht. Sie glaubte ihre Söhne bei der Arbeit, wenn diese dem Vergnügen
nachjagten; sie hielt für ehrlichen Verdienst, was gestohlenes Gut war; und
während sie Nachts in stiller Stunde für ihre Kinder betete, schlichen diese
leise aus ihrem Kämmerlein und gingen ihrem Diebsgeschäfte nach.

Und so sicher wurden sie mit der Zeit, daß sie gar nicht mehr daran
dachten, sie könnten einmal ertappt werden.

———

Ramessu merkte auch in der That anfangs Nichts. Aber da die Diebe
immer kecker wurden, konnte die Sache doch nicht länger verborgen bleiben.

Eines Tages stand der König lange vor einem der Tische, auf welchen
seine Kleinodien ausgebreitet lagen; wie in einen Traum versunken, schüttelte
er oft bedächtig sein Haupt; dann wandte er sich plötzlich zu seinen Begleitern
um und sprach: „Meine Freunde, schon seit einiger Zeit kommt es mir vor,
als fehle bald hier, bald da Etwas von meinen Schätzen; ich habe bisher
immer geglaubt, es sei Das eine Täuschung, aber nun weiß ich's gewiß, ich
bin bestohlen.“

Lächelnd erwiderte einer der vertrauten Räthe: „O König, daß du hier
bestohlen werdest, ist rein unmöglich. Du mußt dich wol irren, denn wo
keine Möglichkeit ist, ist auch keine Wirklichkeit.“

Ramessu schwieg einen Augenblick verlegen, dann antwortete er mit
Heftigkeit: „Meine Augen täuschen mich nicht. Ich weiß nicht, wie es zu=
geht, aber ich weiß, daß es ist.“

Dann trat er noch vor einige Tische, warf prüfende Blicke hierhin und
dahin und verließ schweigend den Saal.

Oft sprachen seine Begleiter noch im Laufe des Tages von dem Vorfalle; allein sie waren fast alle überzeugt, daß sich der König irre, weil es ja unmöglich sei, in das Schatzhaus einzubrechen. Am folgenden Morgen nahm er sie aber wieder mit und ging geraden Weges auf die Tische zu, welche er sich gestern besonders angesehen hatte. Auf dem Ersten war Alles noch in bester Ordnung; auf dem Zweiten auch; aber nicht so auf dem Dritten. Da bemächtigte sich eine furchtbare Aufregung des Königs. Mit vor Zorn zitternder Stimme rief er denjenigen seiner Räthe, welcher ihm gestern widersprochen hatte. „Komm hierher, Amenhotep!" rief er. „Was sagst du nun? Gestern lag hier neben diesem Becken mit Ringen ein Halskragen, zusammengesetzt aus goldenen Siegesgeiern und Perlen von Karneol und Heliotrop. Wo ist er nun!?"

Amenhotep sah sich um, blickte rechts und links auf die nächsten Tische, sah auf dem Boden nach, dann antwortete er ruhig: „Irrthum ist des Menschen Theil, o Sohn der Sonne; und auch du bist ein Mensch."

Schon wollte Ramessu seinem Zorne freien Lauf lassen, da unterbrach ihn ein alter, viel erfahrener Diener der Krone: „Erlaube, o König, daß wir überall nachsehen, ob sich nicht entdecken läßt, wo und wie ein Dieb zu deinen Schätzen kommen kann."

Es wurden die Lampen zur Hand genommen, Leitern herbei geholt, man untersuchte die Decke, die Wände über und unter den Tischen, den Boden, — nirgends eine Lücke, eine Oeffnung, nirgends die geringste Spalte. Man untersuchte die Thüre, — das Schloß, — Alles in Ordnung, Alles fest und sicher!

„Erfülle auch mir eine Bitte", sprach nun Amenhotep, als Alle rathlos um den König standen. „Lasse deine Schreiber kommen und ein genaues Verzeichniß aller deiner Schätze machen, welche du hier aufbewahrst. Lasse die Tische nummeriren und sorgfältig aufschreiben, was und in welcher Ordnung Alles hier auf den Tischen und in den Laden liegt. Denn was geschrieben ist, ist geschrieben."

Der König befolgte den Rath; die Ringe wurden gezählt, die Säcke mit Goldstaub gewogen, Alles wurde notirt, und als das Verzeichniß unter seinen Augen angefertigt war, nahm er es mit sich und beschloß, nun gleich am folgenden Tage den Zweifler zu überführen.

Aber — — es fehlte Nichts, und am nächsten Morgen wieder Nichts und wieder Nichts. Amenhotep lächelte und sprach: „Irrthum ist des Menschen Theil." Ramessu aber lachte nicht, denn der kostbare Halskragen war verschwunden und blieb verschwunden. Darum ward der König auch nicht müde, ging täglich in der Frühe des Morgens in sein Schatzhaus und hoffte immer noch, den Zweifler zu überzeugen.

Endlich, nach Wochen gelang ihm dieses, denn wieder lag ein plumper Diebstahl vor, der nun durch das geschriebene Verzeichniß Aller Augen klar war. Triumphirend blickte der König um sich; Amenhotep aber stürzte zu seinen Füßen und flehte: „Verzeihung, o Sohn der Sonne, Verzeihung!"

„Amenhotep", sprach Ramessu, „du hast mir gesagt: Wo keine Möglichkeit ist, kann auch keine Wirklichkeit sein.° Ich aber sage dir: Wo die Wirklichkeit ist, da muß die Möglichkeit sein. — Stehe auf!"

Der König in seinem Schatzhause.

„Höre mich, höre mich!" antwortete Jener. „Du hattest Recht, du sahest schärfer, als ich. Aber ich gelobe dir nun, den Dieb zu entdecken; ich will meinen Fehler wieder gut machen und will den Verbrecher in deine Hände liefern. — Sieh, Eines steht fest: der Dieb kann nicht durch Decke, Wände oder Fußboden, er muß durch die Thüre gekommen sein. Und da ist wieder nur Zweierlei möglich: Entweder Einer von uns, die wir mit dir hier eintreten, ist der Dieb, oder irgend ein Anderer schleicht sich nächtlicher Weile mit falschem Schlüssel herein und weiß, die Wache zu täuschen. Also bitte ich dich, flehe ich dich an: Nimm uns nicht mehr Alle mit, wenn du das Schatzhaus besuchst; laß dir nur von einem Einzigen, dessen du ganz versichert bist, die Lampe tragen, und zweitens: Versiegele den Eingang. Dann ist jeder weitere Diebstahl unmöglich gemacht, und mir überlasse es, den Verbrecher ausfindig zu machen. Wir alle aber wollen das tiefste Stillschweigen über den Vorfall beobachten."

Daß einer der Räthe des Königs im Beisein dieses Letzteren Etwas entwenden sollte, war gar nicht denkbar; denn bei der wenigen Kleidung, die sie trugen, konnten sie ja Nichts verbergen und hätten das Gestohlene geradezu vor den Augen des Königs in den Händen hinaustragen müssen. Auch hatte Ramessu nicht den geringsten Verdacht gegen seine Begleiter; allein er ging doch auf den Vorschlag Amenhotep's ein; denn er selbst war rathlos.

„Wohl", sprach er nach einigem Bedenken, „ich will deiner Meinung folgen, und du selbst sollst Der sein, welcher mich künftighin allein begleitet."

Alles wurde noch einmal nachgesehen, die Diebstähle wurden auf dem Verzeichnisse bemerkt, dann verschloß der König den Eingang und versiegelte ihn eigenhändig mit seinem königlichen Siegel. Amenhotep schlich von einem Goldschmiede und Juwelenhändler zum anderen und fragte, ob er nicht einen schönen Halskragen bekommen könne. Es wurden ihm viele, zum Theil sehr kostbare vorgelegt, aber der vermißte war nicht dabei. Die Diebe waren schlau genug gewesen, den Kragen zu zertrennen, die Perlen allein zu verkaufen und die kleinen goldenen Siegesgeier einzeln hier und da, zum Theil sogar in benachbarten Städten, zu verwerthen. Was sie in der verflossenen Nacht gestohlen hatten, war noch in ihren Händen.

Amenhotep ermüdete nicht in seinen Bemühungen; doch waren alle Nachforschungen vergebens. Nur das Eine schien erreicht zu sein, daß nicht auf's Neue gestohlen werden könne. Aber selbst Das war nicht in der That erlangt, denn als Ramessu nach einigen Wochen mit seinem Begleiter wieder einmal in das Schatzhaus trat, — das Siegel war unverletzt wie immer, — blieb er starr vor Schrecken stehen: Zwei kostbare Porzellan-Vasen waren verschwunden und ein Becken mit Goldringen war rein ausgeleert.

„Was nun? Amenhotep, jetzt hilf! — Also kommt der Dieb doch nicht durch die Thüre herein! Aber durch die Mauersteine kann er auch nicht kommen! — Ich lasse dir vollkommen freie Hand; thue, ordne an, befiehl, was du willst, aber hier verschaffe mir Licht, fange mir den Spitzbuben!"

Amenhotep sprach anfangs kein Wort und überlegte still für sich; dann ließ er den Boden des Saales mit dem feinsten Sande bestreuen, so daß man jeden Fußtritt darin sehen mußte, entfernte sich wieder mit dem Könige und versiegelte die Thüre.

An den nächstfolgenden Tagen fand sich der Sand stets noch vollkommen glatt und unberührt; am zehnten Tage aber sah man deutliche Fußtapfen. Sie führten im Saale hin und her, kamen gar nicht in die Nähe der Thüre und ließen durchaus nicht erkennen, wo sie anfingen und wo sie endeten;

troß aller Bemühung, troß der sorgfältigsten Unterfuchung war nicht zu er=
kennen, wo der Dieb eingedrungen war.

Rathlos stand Rameffu; Amenhotep aber sagte gelassen: „Es war
die erste Probe; ein zweiter Versuch gelingt vielleicht beffer." Er ließ den
Sand wieder glatt streichen und setzte mit stets gleichem Eifer seine Nach=
forschungen nach den entwendeten Gegenständen fort.

Alles umsonst, Alles vergebens!

Nach einem Monate zeigten sich wieder Fußtapfen in dem Saale, und
siehe, — zwei Männer mußten da gewesen sein, denn die Spuren waren
von verschiedener Größe und Gestalt. Und wieder waren die Diebe gar nicht
in die Nähe der Thüre gekommen, und wieder war es unmöglich, zu finden,
wo und wie sie eingedrungen.

„Sieh", sprach Rameffu, „alles Das führt zu Nichts. Nun will ich
dir sagen, wie wir zum Ziele kommen: Von heute an laffe ich an jedem Abende
zehn Mann Keulenträger in den Saal sperren. Mag der Dieb dann von
unten, oder von oben, von rechts, oder von links kommen, — die werden
ihn packen und fest halten. Laffe den Sand nur wieder weg bringen."

„Erlaube deinem Diener", erwiderte Amenhotep, „anderer Ansicht zu
sein. Wenn du es so machest, wie du soeben gesagt, dann weiß in zwei Tagen
die ganze Stadt dein Geheimniß, und die Diebe müßten sehr dumm sein, wenn
sie kämen, so lange du deine Kriegsleute in dem Saale aufgestellt hast."

„Aber wir müssen sie halten; sie müffen auf der That ertappt und
gepackt werden."

„Da giebt es noch ein anderes Mittel", sagte Amenhotep und ließ
ganz in's Geheim von dem königlichen Waffenschmiede große metallene Fallen
anfertigen, welche, ähnlich unseren heutigen Fuchsfallen, so eingerichtet waren,
daß sie mit großer Gewalt zufuhren, wenn auf sie getreten wurde. Nachdem
er sich nun noch von dem Waffenschmiede das Gelübde unverbrüchlichen Schwei=
gens hatte ablegen laffen, wurden die Fallen vor den Tischen im Schatzhaufe
an den Boden fest geschraubt, geöffnet und mit ganz leichten Teppichen bedeckt.

Rameffu konnte nicht schlafen vor Erwartung. Aber er mußte Geduld
lernen, denn die Diebe kamen nicht in jeder Nacht, und wenn er Morgens
nachsah, waren Schätze und Fallen unberührt.

Des Königs Schloß.

## II.

### List über List.

Die Falle. — Ein Mann ohne Kopf. — Der verlorene Sohn. — Vor dem Bilde des Vaters. — Guter Wein. — Warum lachst du? — Ramessu's Plan. — Täuschung. — Die Hochzeit.

~~~

Die Söhne des verstorbenen Baumeisters hatten unterdessen in Lust und Freuden gelebt; ihr Gewissen hatten sie für einige Zeit beruhigt, sich und der Mutter gute Tage gemacht. Sie vergaßen, daß es leicht über Nacht anders werden könne, und dachten nicht an Schande und Strafe und nicht an die Rechenschaft in der Unterwelt vor dem Throne des großen Osiri.

„Ptahmai", sagte Petisi zu seinem Bruder, als Beide einst spät nach Mitternacht von einem Trinkgelage heimkehrten, „unser Reichthum ist wieder zu Ende; wir müssen heute noch Geld holen."

„Es ist zu spät", meinte der ältere Bruder. „Die nächste Nacht ist auch Zeit dazu."

„Nein", entgegnete Petisi, „ich will morgen die große Wasserfahrt auf dem Flusse mitmachen und habe nur noch einen einzigen Ring. Wenn wir uns eilen, können wir noch Leiter und Licht holen, in das Schatzhaus gehen und doch vor der Morgendämmerung wieder daheim sein."

Ptahmai machte noch einige Einwendungen, wollte aber am Ende doch seinen Bruder nicht allein gehen lassen, obwol die Zeit schon sehr vorgerückt war.

Leicht hatte sich der Stein gedreht, Nebthi den Eingang gewährt, — Ptahmai saß noch oben in der Lücke, Petifi stieg bereits innen die Leiter hinab, — — ein herzzerreißender, gellender Schrei durchtönt den weiten Saal. „O, Bruder, Bruder, ich bin verloren", jammert Petifi von furchtbarem Schmerze gepeinigt. Er hat auf eine Falle getreten, und diese ist mit schrecklicher Gewalt zugefahren und hat ihm von beiden Seiten mitten zwischen Knie und Ferse ihre scharfen, metallenen Zähne in's Fleisch gehauen. Bei der geringsten Bewegung ist er in Gefahr, das Fleisch sich von den Knochen zu reißen; die Falle ist auch so stark, daß sie der Bruder nicht öffnen kann; ja dieser schwebt noch in steter Gefahr, selbst in gleicher Weise gefangen zu werden. Bald hatten Beide ihre Lage klar erkannt. Ptahmai hatte vorsichtig die Teppiche weggezogen, und während sein Bruder dumpf stöhnte und ächzte, kniete er neben ihm und arbeitete sich beim Scheine der Lampe in fieberhafter Anstrengung ab, mit einem Messer, das er zufällig bei sich trug, die Schrauben der Falle aus dem Boden zu lösen.

Krach! Die Spitze des Messers bricht ab, und ein Strom von Thränen dringt aus Ptahmai's Augen. Verzweiflungsvoll ringt er die Hände. Aber Petifi hat seine Fassung wieder erlangt.

„Bruder, es dämmert", spricht er, „du kannst, du darfst hier nicht länger verweilen. Du kannst mich nicht mehr retten; für mich ist die Stunde gekommen, da ich meinen Lohn empfangen soll. Verzeih' mir, o Bruder, daß ich dich zum Diebstahl verführt habe, und sei unserer Mutter ein guter, treuer Sohn. An sie und an dich ist jetzt allein noch zu denken; euch vor der Schande zu bewahren, giebt es nur ein Mittel. Nimm dein Messer, schneide mir den Kopf ab und trage ihn weg, dann ist wenigstens der Name des Vaters nicht befleckt, dann ist die Ehre der Mutter gerettet."

Ptahmai wollte natürlich nicht einwilligen; allein Petifi überzeugte ihn, daß dies der einzige Weg sei, zu retten, was überhaupt noch gerettet werden könne.

Umgeben von den Schätzen des Königs, bei dem unsicheren Scheine des flackernden Lämpchens verrichtete Ptahmai das grause Werk. Das Haupt seines unglücklichen Bruders war das kostbarste Kleinod, das er heute aus dem Schatzhause des reichen Ramessu mit weg nahm. — — —

Am andern Morgen kam der König, wie gewöhnlich, mit seinem Begleiter, nachzusehen. Kaum fiel der erste Lichtstrahl in den weiten Saal, da entdeckte auch schon Ramessu's forschendes Auge im Halbdunkel die menschliche Gestalt an der südlichen Wand.

„Da ist er! Da ist er!" schrie der König laut auf und sprang mit vorgestreckten Armen auf den Gefangenen zu, als könne ihm dieser noch entgehen. „Ich hab' ihn! Ich hab" — — Vor Schrecken konnte er nicht weiter sprechen; er stand wie gelähmt. Entsetzt stöhnte er: „Ein todter Mensch!"

„Ein Mann ohne Kopf", wiederholte Amenhotep, der nun auch hinzu getreten war.

Als sich Beide wieder einigermaßen gefaßt hatten, begann der Letztere seine Untersuchung. Er sah, wie die Teppiche weg gelegt waren, er entdeckte die Versuche, die Falle loszuschrauben, er enträthselte sich Alles, Alles ward ihm klar, — nur das Eine nicht, wie der eine Dieb mit dem Kopfe des andern hinaus gekommen. Der geheime Eingang zu dem Saale war durchaus nicht zu finden.

Auf Amenhotep's Rath wurde nun in die Mitte der äußeren Seite des Schatzhauses fünfzehn Fuß hoch vom Boden ein großer Haken eingeschlagen. Der Leichnam wurde aus der Falle genommen und mit einer Schnur, die man ihm unter den Armen durchzog, an diesen Haken aufgehängt. Zahlreiche Kriegsleute wurden an dieser Seite des Palastes aufgestellt und erhielten Befehl, Jeden sogleich zu ergreifen, der bei dem Anblicke der Leiche in auffallender Weise erschrecke, oder weine und klage.

Und dieser Plan war gar nicht übel. Die Vorübergehenden blieben staunend stehen, denn dergleichen war man in Tape nicht zu sehen gewohnt; und wem sie begegneten, dem erzählten sie die schreckliche Neuigkeit. Nun lief alle Welt hin, mit eigenen Augen zu sehen. „Warst du heute schon am Schatzhause?" rief der Freund dem Freunde zu. „Frau, was ist vorgegangen!" sprach der Mann, wenn er heim kam. Bis zur Mittagsstunde wußte die ganze Stadt die Schauergeschichte, und Tausende und Tausende waren alle selbst dort gewesen.

Aber wer war der Verbrecher? Wie hieß er? — Er trug das gelbe Gewand um die Lenden, wie jeder Andere; weitere Kleidungsstücke hatte er nicht, der Kopf fehlte, — da war jedes Rathen vergeblich und überflüssig.

Nun meinte Amenhotep, die Freunde, Angehörigen, Helfershelfer des zur Schau gehängten Diebes würden gewiß auch kommen, und weder seinen Kindern, noch seinen Eltern, noch seinem Weibe werde es möglich sein, sich so zu beherrschen, daß man nicht ihre Theilnahme erkenne. Auf diese Art seien dann auch die Mitschuldigen zu ermitteln. Allein Petisi's Mutter wußte Nichts um das Verbrechen ihres Sohnes. Neugierig lief sie hin und sah, ohne zu ahnen, wer der Todte sei. Hätte sie ihr Kind in ihm erkannt, dann wäre ihr Schmerz, wäre ihre Verzweiflung gewiß Allen sichtbar gewesen. Aber sie hatte nicht die entfernteste Ahnung von einem solchen Unglück.

Als ihr Jüngster nicht, wie gewöhnlich, ihr den Morgengruß brachte, fragte sie: „Ptahmai, wo ist dein Bruder?" — „Er läßt dich grüßen; er ist schon sehr frühe auf die Arbeit und wollte dich nicht wecken." — Als er aber auch nicht bei dem Mittagsbrode erschien, und Ptahmai, verlegen um eine Ausrede, stotternd hervorbrachte, er wisse nicht, wo sein Bruder sei, da überfiel die Mutter eine namenlose Angst.

„Kind", rief sie händeringend, „was ist vorgegangen? Ist deinem Bruder ein Unglück zugestoßen? Warum bist du so unstät und unruhig? Du

läufſt den ganzen Morgen hin und her; du ſiehſt verſtört aus; du gehſt mir
aus dem Wege; du kannſt mich nicht anblicken! Wo iſt Petiſi?

Aber Ptahmai enteilte ſeiner Mutter und ſuchte, flüchtigen Fußes die
Felder durchſtreifend, draußen die Ruhe, die er daheim nicht haben, die er
nirgends finden konnte. Die Mutter eilte zu allen Verwandten, Freunden,
Bekannten und fragte nach ihrem Sohne; — er hatte die Nacht in luſtiger
Geſellſchaft zugebracht, war mit ſeinem Bruder heim gegangen, — weiter
wußte Niemand Etwas.

Gegen Abend kam Ptahmai wieder nach Hauſe. Da faßte ihn die troſt=
loſe Mutter an der Hand und führte ihn in ihr Schlafkämmerlein. Hier ſtand
eine aus Holz geſchnitzte, bunt bemalte Figur in Mumiengeſtalt, welche ihren
verſtorbenen Mann vorſtellen ſollte. Vor dieſem ſtand ein kleiner, runder Altar,
auf welchen ſie an jedem Morgen dem theuren Geſchiedenen zu Ehren einige
Tropfen Wein goß, wobei ſie ſtill ein frommes Gebet ſprach.

Vor dieſem Altar mußte nun Ptahmai niederknieen, und die Mutter
forderte ihn auf, vor dem Bilde ſeines Vaters zu bekennen, was aus ſeinem
Bruder geworden ſei. Jetzt konnte der Sohn nicht länger wiederſtehen. Aber
ſo vorſichtig er auch in ſeinem und ſeines Bruders Sündenbekenntniß war,
ſo behutſam er auch die Worte wählte, — das war doch mehr, als ein Mut=
terherz ertragen konnte. Mit einem Schrei des Entſetzens ſank ſie regungslos
neben dem Altare nieder. Sie hatte ſich gefaßt gemacht auf ein großes Un=
glück, ſie hatte an den Tod ihres Jüngſten gedacht, ſie erwartete das Schreck=
lichſte; aber Das — ihre Kinder Diebe, Ptahmai ſeinen Bruder enthauptet,
Petiſi an der Mauer hängend, — Das war zu Viel!

Als die unglückliche Wittwe wieder zur Beſinnung kam, ſchien ſie ziem=
lich ruhig zu ſein; ihr Schmerz war zu groß, ſie konnte noch keine Thränen
finden. „Morgen in der Frühe“, ſprach ſie, „gehe ich zum Könige und hole
mir mein Kind.“

Ptahmai wollte ſie um jeden Preis von dieſem Vorſatze abbringen.
Er ſtellte ihr die Schande vor, Mutter eines Diebes zu ſein; er ſagte ihr,
was für eine Strafe ſeiner, als des Mitſchuldigen harre; er zeigte ihr, wie
ſie ja Nichts gewinnen, ſondern nur verlieren könne; — Alles umſonſt!
Auf alle ſeine Vorſtellungen hatte ſie ſtets daſſelbe Wort: „Ich will mein
Kind haben.“

„Nun wohl“, rief Ptahmai, ich werde es verſuchen, und ſollte mich’s
auch Leben und Ehre koſten!“

———————— — ——

Es war ſchon ſpät am Abend; die neugierigen Gaffer hatten ſich längſt
verlaufen; die ſtarke Wachtmannſchaft am Schatzhauſe war in ihre Kaſerne
zurückgekehrt, und nur zwei ſchwerbewaffnete Krieger ſtanden noch bei der Leiche,
damit dieſe nicht während der Nacht geſtohlen werde.

Da kam ein junger Mann vorbei, der zwei mit Weinschläuchen beladene Esel vor sich her trieb. Es war Ptahmai.

Fässer unserer Art hatten die Aegypter nicht. Im Keller bewahrten sie den Wein in großen irdenen Gefäßen, die oben mit einer Blase zugebunden waren. Für den Transport wurde der Wein in sackartige lederne Schläuche gefüllt.

Als Ptahmai ganz in der Nähe des Postens war, lösete er unbemerkt die Schnur an dem einen Schlauch und schrie dann laut auf: „O, Isi und Osiri, mein Wein läuft mir fort!" Schnell sprangen die beiden Kriegsleute hinzu, hielten ihre Helme unter und ließen sich den Wein trefflich schmecken. Aber Ptahmai schalt sie und wollte sie weg jagen.

„Du bist ein sonderbarer Mensch", sagte der Eine. „Ist es denn nicht besser, der Wein läuft in unseren Magen, als in den Staub? Für dich ist's doch einerlei."

„Ja", erwiederte der Eseltreiber, „es ist wahr. Aber helft mir nur schnell, den Esel abpacken, damit ich noch retten kann, was zu retten ist; ich will euch gerne nachher noch einen Schluck zukommen lassen."

Als der Schlauch wieder zugebunden war, fuhr Ptahmai fort: „Es ist nur gut, daß es gerade mein schlechtester Wein war. Jetzt will ich euch einmal ein anderes Tröpfchen zu versuchen geben." Und er ließ sie eine bessere Sorte kosten. „Ah", riefen Beide, „das läuft wie glühendes Feuer durch die Adern! Lieber Freund noch ein paar Tropfen!"

„Ihr seid Nimmersatt!" lachte dieser. „Aber kommt her! Wer weiß, wann ihr wieder einmal so Etwas zu versuchen bekommt." Und er füllte Jedem seinen Helm bis zur Hälfte mit dem starken, betäubenden Weine; dann wünschte er ihnen eine gute Wache und trieb seine Esel weiter.

„Es ist doch eine schöne Sache", meinte der eine der Krieger, als er seinen Helm ausgeschlürft hatte, „um den Wein."

„Ja", sagte der andere, „das ist eine köstliche Erfindung des großen Osiri. — Aber ich bin so schläfrig, daß ich mich kaum mehr wach halten kann." Damit setzte er sich auf den Boden und lehnte sich bequem mit dem Rücken in die Nische der Mauer.

„Ja, ja, ja!" gähnte Jener. „Weißt du was? Wir wollen abwechselnd ein Stündchen schlafen. Ein Mann ist genug für den Todten; der läuft nicht weg."

„Gut", sprach der andere. „Lasse mich nur zuerst schlafen; denn ich halte es nicht mehr aus. Wenn du dann zu schläfrig wirst, so weckst du mich wieder." Und einen Augenblick darauf lag der Sprecher schon in tiefem, festem Schlafe.

Aber seinem Kameraden ging es nicht besser. Bald setzte auch er sich nieder, und ohne Jenen geweckt zu haben, schlief er ebenfalls so fest ein, daß ihn Nichts aus dem Schlafe zu wecken vermochte.

Nach einer Stunde erschien Ptahmai wieder, eine Leiter auf der Schulter. Er rüttelte, er schüttelte die Schläfer, — sie regten sich nicht. Da stellte er die Leiter an, holte den Leichnam herab, und da die Beiden so gar

unempfindlich waren, trieb's ihn, seinen Muthwillen noch an den armen Ge-
sellen auszulassen. Sie hatten die Helme neben sich am Boden liegen, —
und so schor er Jedem die rechte Hälfte des Kopfes kahl ab und entfernte
sich dann, die harrende Mutter zu befriedigen.

Seltsames Erwachen.

Als aber in der Frühe des Morgens etliche Leute des Weges kamen
und die beiden Schläfer so zugerichtet sahen, blieben sie stehen und lachten
laut auf. Darüber erwachte der eine, sah sich verwundert um, sprang dann
erschrocken in die Höhe, — auf dem Posten zu schlafen, wurde ja strenge
bestraft; — da er aber seinen Kameraden anblickte und sah, wie der zur
Hälfte kahl geschoren war, da konnte er wohl begreifen, warum Jene so lachten, und er lachte aus vollem Halse mit, faßte den Schläfer am Ohr, zauste
ihn, daß er schreiend aufwachte, und rief: „Mensch, wie siehst du denn aus!“
    Kaum jedoch hatte dieser die Augen geöffnet, als er in das allgemeine
Gelächter einstimmte, mit beiden Händen auf seinen Kameraden deutete und

spöttisch fragte: „Willst du vielleicht Priester werden?" — Die Priester nämlich gingen in kahlem Kopfe und mußten sogar die Augenbrauen sorgfältig ab-
scheeren. So machten sich die Beiden übereinander lustig, bis sie nach ihren
Köpfen fühlten und merkten, daß sie gleiches Schicksal getroffen hatte. Sie
setzten beschämt ihre Helme auf und harreten mit Schrecken der Stunde, da
sie abgelöst werden sollten, — denn der Leichnam, den sie zu hüten hatten, war
verschwunden. Auch erging es ihnen schlimm genug. Sie wurden vorläufig zur
Untersuchung in's Gefängniß gesetzt, und später zu harter Arbeit in den Bergwerken verurtheilt. Und der König? — Der war trostlos. Amenhotep jedoch
sagte zu ihm: „Du siehst, o Sohn der Sonne, daß unsere List nicht hinreicht,
den Dieb zu fangen; daß er unendlich listiger und gewandter ist, als wir. Uebrigens glaube ich nicht, daß er sich je wieder an deinen Schätzen vergreifen wird."

„Damit bin ich aber nicht zufrieden", rief Ramessu, „ich will den
Dieb wissen und in meine Gewalt bekommen; ich will Den sehen und kennen
lernen, der klüger ist als wir."

„Dann", erwiderte Amenhotep, „weiß ich nur ein Mittel: Locke ihn
durch Versprechungen an. Mit Gewalt bekommen wir ihn nicht, mit List
auch nicht, also bleibt nur der Weg der Güte. Versprich ihm Straflosigkeit
und noch ein großes Geschenk dazu, wenn er sich dir vorstellt; so wird er
sicher kommen. — Ich rathe dir dieses nicht gerne, denn Das ist noch nicht
da gewesen, so lange die Sonne unser Land bescheint, daß ein Verbrecher
noch belohnt wird; aber ich sehe kein anderes Mittel; und ich muß sagen:
Ich möchte in der That auch den Menschen kennen lernen, der alle unsere
Weisheit so zu Schanden macht." —

Der Plan wurde hin und her überlegt, reiflich besprochen, — und kaum
war eine Stunde verflossen, zogen königliche Herolde mit Trompeten und Klappern durch alle Straßen, riefen das Volk zusammen und verkündeten laut des
Königs Willen: „Da die Götter unseren Herrn und Gebieter, dem mächtigen
König Ramessu, nicht mit einem Sohne und königlichen Prinzen gesegnet haben,
er aber nicht weiß, wann und zu welcher Zeit er zur ewigen Ruhe in die westlichen Berge einkehren wird, Rechenschaft abzulegen vor Osiri, dem Richter,
— so hat er in seiner Weisheit beschlossen, seine Töchter und königlichen
Prinzessinnen zu verheirathen und den Anfang zu machen mit der reizenden,
unvergleichlichen Bertreri (d. i. Rosenblüthe). — Weil aber hierzu der
König den Weisesten und Klügsten auswählen möchte, so wird Jeder, der sich
solcher Eigenschaften rühmen kann, aufgefordert, sich einzufinden in dem Palaste, in den Gemächern der Prinzessin und ihr rückhaltlos zu erzählen, was
er an klugen Thaten gethan, — gleichviel, es sei gut, oder verwerflich. Und
wer ihr der Klügste unter Allen erscheint, dem wird sie alsogleich die Hand
reichen. — Solches gebietet der Freund der Wahrheit, der Geliebte der Götter,
der Herr des Volkes, der Sohn der Sonne, Ramessu." —

Staunend stand die Menge. So Etwas war noch nicht erlebt worden.
Die Prinzessinnen waren nie anders, als an vornehme Räthe des Königs,

ober an große Feldherren, meistens an irgend einen ihrer Verwandten aus der Familie selbst verheirathet worden. Jetzt sollte Jeder, der klug und weise wäre, sich um die herrliche Bertreri bewerben dürfen! Ja, wer hier der Glückliche wäre! —

Am Nachmittag erschien Amenhotep wieder vor dem Könige und fragte: „Hat deine Tochter schon Besuche gehabt?" —

„Ja wohl! Es waren verschiedene treffliche Jünglinge da, wackere Leute, die ich gerne als Schwiegersöhne in's Haus nehmen möchte; aber der Rechte war noch nicht dabei." —

„Vielleicht bist du selbst die Ursache davon, und er kommt gar nicht. Ich bin soeben einem der Ausrufer begegnet; aber was er verkündet, lautet ganz anders, als wir's ausgemacht hatten. Warum hast du die Stelle weggelassen, welche dem Bewerber Straflosigkeit zusichert, wenn vielleicht eine der von ihm erzählten Thaten eigentlich vor dem Gesetze straffällig wäre? Und warum hast du den Schluß verändert? „Der soll sie zur Frau bekommen" ist doch bestimmter, als: „Dem wird sie die Hand reichen"."

„Eben deswegen!" sprach Ramessu mit schelmischem Lächeln. „Sieh, ich habe dem Diebe eine Falle gelegt. In dem Zimmer neben meiner Tochter stehen zwanzig Mann der Leibgarde bereit. Kommt nun der Rechte, und hat er seine Erzählung beendet, so spricht Bertreri: „Hier hast du meine Hand", und wenn er, wie natürlich, einschlägt, so hält sie ihn fest, stampft auf den Boden und ruft um Hülfe. Die Gardisten springen hinzu, fassen den Schelm, — ich habe mein Wort gelöst, denn die Prinzessin hat ihm ja die Hand gereicht, der Schelm wird in's Gefängniß geworfen, ich lasse ihn verurtheilen und schicke ihn in die Bergwerke."

„Das wirst du nicht thun!" entgegnete Amenhotep langsam und mit feierlicher Stimme. „Das wirst du nicht thun, Ramessu! Der König von Aegypten legt seinen Unterthanen keine Falle; der Freund der Wahrheit täuscht und betrügt nicht; der Geliebte der Götter fürchtet ihren Richterspruch; der Herr des Volkes darf nicht erröthen vor dem Volke; der Sohn der Sonne ist lauter Licht und Klarheit, wie die Sonne selbst."

„Ich werde es thun!" eiferte Ramessu.

„Herr und Gebieter", sprach bescheiden Amenhotep, „du bist König und kannst thun, was du willst. Niemand darf dir's wehren; alle Welt muß dir dienen und gehorchen. Ich kann und darf dich nicht hindern in deinen Plänen; aber meine Pflicht ist es, dir zu zeigen, wenn du auf einem Irrwege bist; das muß ich thun, das ist meines Amtes! Bedenke: Du sprichst und gebietest, und wir sind deine Diener. Aber es kommt eine Stunde, da gebietest du nicht mehr, da bittest du, und das Volk ist Herr und entscheidet. Denke des Augenblicks, da dein todter Leib vor dem Eingange zu seiner ewigen Wohnung harrt, harrt der Erlaubniß, einzugehen. Wenn dann der Oberste der Todtenrichter hervortritt vor die versammelte Menge und spricht: „Volk von Kemi! Dein König Ramessu bittet um ein ehrliches Begräbniß."

Und wenn er dann auffordert zur Anklage, — — fürchteft du nicht, daß die Verwandten deffen hervortreten werden, den du jetzt hintergehen willft? — Und wenn fie's nicht thun, was wird aus dir werden, wenn du vor dem großen Ofiri ftehft? Wenn dein Herz auf die Wagfchale gelegt wird?"

„Verlaffe mich, Amenhotep!" fprach Rameffu finfter. —

„Du haft zu befehlen, ich bin dein Knecht. Ich gehe und flehe zu allen Göttern, daß fie dich bewahren und behüten mögen vor jeder Sünde."

Amenhotep verließ den Saal. Der König war fehr aufgeregt. Der Gedanke an das letzte Gericht war ein furchtbarer. Und doch brachte er's nicht über fich, feinen Befehl zu widerrufen. Er dachte: „Wozu? Ich kann ja immer noch Verzeihung eintreten laffen." Wiederholt erkundigte er fich bei feiner Tochter, — fie hatte noch Jeden, nachdem fie Namen und Thaten aufgefchrieben, mit der Vertröftung entlaffen müffen, fie wolle weiter zufehen und ihre Wahl treffen, wenn Niemand mehr komme; denn der Eine, auf den es abgefehen war, wollte fich nicht einfinden.

⁕

⸻

Bereits war es Abend geworden.

Bertreri faß in Dämmerung gehüllt in ihrem Gemache, ließ nachdenkend den Kopf auf die Bruft finken und feufzte: „Vergebens, vergebens hat mich der Vater als Lockfpeife hingeftellt! Er kommt nicht!"

Da eilt ihre Dienerin herein und verkündigt ihr, ein neuer Werber fei angekommen; und ehe noch die Lampen angezündet find; ehe das Zimmer im Glanze der Lichter erftrahlt, raufcht der Vorhang der Thüre auseinander, und, — in einen weißen Mantel eingehüllt, — tritt ein junger Mann vor fie hin und verbeugt fich tief und ehrfurchtsvoll. Eine ftattliche Figur! Ein fchöner Mann! Schwarze blitzende Augen!

Ein Wink der Prinzeffin entfernt die Dienerin. Abermals verbeugt fich der Fremde demüthig bis zum Boden, dann blickt er um fich, ob er mit der Königstochter allein ift, thut einen Schritt vorwärts und fpricht: „Auch ich wage es, allverehrte Prinzeffin, vor dich zu treten, vor dich, die du fchön bift, wie Netkro. Mögeft du mir ein geneigtes Ohr leihen. Es ift Mancherlei, das ich dir zu erzählen und deiner Beurtheilung vorzulegen habe. Denn erftens bin ich auf unfichtbaren Wegen in des Königs Schatzhaus gedrungen und habe ihm feine Koftbarkeiten entwendet."

Bertreri zitterte vor Aufregung an allen Gliedern; der Fremde blickte links und rechts um fich und erzählte ruhig weiter: „Zweitens habe ich meinem Bruder, der fich in einer Falle fing, den Kopf abgefchnitten und fo die Nachforfchungen des Königs unfchädlich gemacht."

Bertreri ftreckte ihre Arme vor gegen den Erzähler und rief: „Du bift der Schlauefte. Deine Hand!" Aber diefer hatte beide Hände unter feinem

Mantel verborgen, sah sich noch einmal um und fuhr fort: „Drittens habe ich den Leichnam meines Bruders entwendet, die Wachen eingeschläfert und ihre Köpfe kahl geschoren."

Bertreri's Ueberraschung.

„Hier hast du meine Hand!" rief die Prinzessin lebhaft. „Du bist der Rechte!" Dieser brachte ruhig die eine Hand unter dem Mantel hervor, — „Viertens", sprach er, — Bertreri faßte die dargebotene Rechte mit beiden Händen, stampfte mit ihren Füßchen auf den Boden, daß die goldbeschlagenen Sandalen laut klapperten, und schrie: „Herbei! Herbei!" — „Viertens", — sprach Jener gelassen, „habe ich die schöne Bertreri angeführt." Damit kehrte er sich um, ließ ihr seine Hand und rannte ohne Hand aus dem Zimmer und aus dem Palaste.

In demselben Augenblicke stürzten die Garden mit geschwungenen Schwertern in das Gemach, Diener kamen mit Lichtern herbei, der König erschien mit Blitzesschnelligkeit, — — die Prinzessin lag halb ohnmächtig auf ihrem Sessel und hielt zwischen ihren zarten Fingerchen eine Menschenhand.

Allgemeines Entsetzen! Allgemeines Grausen!

Als endlich Bertreri erzählt und wieder erzählt und jede Frage beantwortet hatte, standen Alle rathlos; — an eine Verfolgung war natürlich nicht mehr zu denken.

Jetzt wurde Amenhotep wieder zu dem Könige beschieden. „Heil dir, Sohn der Sonne", rief dieser, als er Alles erfahren, „die Götter haben dich vor einer schweren Sünde bewahrt! Ja, du bist in Wahrheit der Liebling der Götter! Lob und Ehre und Preis sei ihnen dafür in Ewigkeit!"

„Amenhotep, mein Freund", sprach der König tief ergriffen, „ich will dir nun folgen."

Und am andern Morgen gingen die Ausrufer wieder mit Trompeten und Klappern durch die Stadt und verkündeten Folgendes: „Also spricht der Sohn der Sonne, der König Ramessu: Von allen Bewerbern um die Hand meiner Tochter, der königlichen Prinzessin Bertreri, hat sie den Vorzug gegeben dem, der in der gestrigen Abendstunde bei ihr gewesen und seine Hand bei ihr zurückgelassen hat. So ernenne ich ihn denn hiermit zu meinem Kinde und Schwiegersohn, mache ihn zum Gemahl der Prinzessin Bertreri und gelobe ihm vor allem Volke Geheimhaltung und Straflosigkeit für Alles, was er meiner Tochter entdeckt hat. Zugleich befehle ich ihm, daß er heute noch vor meinem Throne erscheine, sich den väterlichen Segen zu erbitten. So spricht der Freund der Wahrheit, der Geliebte der Götter, der Herr des Volkes, der Sohn der Sonne, Ramessu."

Schon nach wenigen Stunden erschien Ptahmai, bekannte Alles und erbat sich den Segen des Königs. Die zurückgelassene Hand hatte er der Leiche seines Bruders abgeschnitten und unter seinem Mantel verborgen gehalten.

Nach wenigen Wochen wurde die Wittwe des Baumeisters in das königliche Schloß abgeholt und die Hochzeit mit großer Pracht gefeiert.

Ptahmai und Bertreri lebten lange, lange Jahre miteinander in Glück und Segen; sie waren fromm und gut und Göttern und Menschen ein Wohlgefallen, denn sie vergaßen nicht, was ihnen der alte Amenhotep am Tage ihrer Hochzeit gesagt hatte. Als da Alle ihre Glückwünsche anbrachten, trat er ernst vor das junge Paar hin, faßte ihre Hände und sprach zu Ptahmai: „Sohn, du bist klüger, als wir Alle; sorge, daß du auch besser seiest. Vergesset nicht, Kinder: Wenn ihr einst zur Rechenschaft vor den großen Osiri hintretet, wird nicht euer Kopf gewogen auf der Wage der Gerechtigkeit, nicht euer Kopf, aber euer Herz."

Der nächtliche Schwur vor dem Standbilde des Gottes Ptah im Tempelhofe zu Memfi.

# Pfametik.

### (Regierte von 663 bis 610 vor Chr. Geb.)

## I.

## Die Zwölfherrschaft.

#### König Schebek. — Der Aufstand. — Kampf. — Die zwölf Herrscher.

Nicht immer war das Schicksal den Aegyptern gütig gesinnt. Es kamen auch trübe Zeiten über das Land, Noth und Elend herrschten, wo sonst Freude und Lust, Arbeit und Thätigkeit, Wohlbefinden und Zufriedenheit heimisch waren. Etwa siebenhundert Jahre nach Ramessu V. fiel der König Schebek von Aethiopien mit einem großen, wohlgerüsteten Heere in Aegypten ein. Es gelang ihm, die ägyptischen Heere in allen Schlachten zu besiegen und nach Tape, sogar bis nach Memfi vordringend, fast das ganze Land in seine Gewalt zu bekommen, ja selbst den König gefangen zu nehmen.

Das war ein furchtbarer Schlag für die sieggewohnten Aegypter! Entsetzen aber verbreitete sich überall, vom Palaste bis zur Hütte, als man vernahm, Schebek habe den König lebendig verbrennen lassen. Die Königin mit ihren Kindern floh, umgeben und beschützt von ihren Getreuen, nach Norden in die Nähe des Meeres, wo sie sich in unzugänglicheren Gegenden niederließ. Hier fand das eingeborene Herrscherhaus eine Zuflucht, regierte auch fortwährend die nächsten, von den Nilarmen umschlossenen und von Kanälen durchzogenen Distrikte und wartete auf bessere Zeiten, bis es mit Hülfe der Götter gelingen werde, die Aethiopier wieder hinaus zu jagen.

Schebek regierte übrigens nicht grausam oder barbarisch; er war im Gegentheile ein guter Regent, der sich auch das Wohl seiner neuen Unterthanen angelegen sein ließ. Wäre er nur kein Fremder gewesen, und hätte er nur nicht den Sohn der Sonne den Flammentod sterben lassen, — die Aegypter würden ihn vielleicht sogar geliebt haben.

Auf Mord und Meineid war von alter Zeit her die Todesstrafe festgesetzt; Schebek schaffte diese ganz und gar ab, ließ Mörder und Meineidige nicht mehr hinrichten, sondern zum Besten ihrer Landsleute an öffentlichen Bauten Zwangsarbeit verrichten. Unter seiner Regierung wurden viele Kanäle neu angelegt, Tempel und Paläste errichtet, die Bergwerke mit Fleiß und Eifer bebaut. Ein trefflicher König, — wenn er nur kein Aethiopier gewesen wäre!

Fünfzig Jahre ertrugen die Aegypter die Herrschaft der Fremdlinge, — länger konnten sie es nicht aushalten. Ueberall zeigte sich der Geist der Unzufriedenheit, allenthalben rief man nach einem eingeborenen Könige; Nachrichten über Widersetzlichkeiten aller Art liefen tagtäglich in dem königlichen Palaste ein. Es gährte weit und breit im ganzen Lande; alle Gemüther waren erregt, und Jeder war bereit, das Schwert zu ziehen und nach seinem Theile zu helfen zur Vertreibung, oder Vertilgung der Aethiopier, — wenn nur der rechte Held erschienen wäre, der sich an die Spitze gestellt hätte! Die Freiheitskämpfer waren da; aber der Feldherr fehlte.

Allein wenn ein Volk nur ehrlich will, wenn es sich nicht scheut, für seine Freiheit einzustehen und zu kämpfen und zu sterben, dann bleibt auch der Tag der Erlösung nicht aus.

Psametik, ein Nachkomme jenes unglücklichen Königs, den Schebek auf den Scheiterhaufen geführt hatte, ein stolzer, kräftiger Jüngling, begeistert für die Unabhängigkeit seines Volkes, sandte in's Geheim Boten an die Vornehmsten und Angesehensten unter den unzufriedenen Aegyptern. Auf seine Veranlassung kamen sie alle nach Memfi. Hier hielten sie geheime, nächtliche Zusammenkünfte, entwarfen den Plan zum Volksaufstande; bestimmten die Anführer und verabredeten, wie es in Zukunft gehalten werden sollte, wenn das Land wieder einmal vollkommen von den Fremdlingen befreit wäre. Als sie mit dem ganzen Plane im Reinen waren, schworen sie einen feierlichen Eid, ihn auch so auszuführen, gelobten sich treue Freundschaft und unverbrüchliches Zusammenhalten, opferten mit einander im Tempel des großen Gottes Ptah und kehrten dann ein Jeder an seinen Wohnort zurück.

Bald kamen eilende Boten in der Hauptstadt an und brachten die Nachricht, in Keft seien die Aegypter aufgestanden, hätten sich für frei und unabhängig erklärt von dem äthiopischen Könige, einen ihrer Vornehmen zu ihrem Beherrscher ausgerufen und laut Tod und Verderben geschworen dem schlechten Volke von Kusch.

Der König stellte sich an die Spitze einiger Regimenter und marschirte stromaufwärts gen Keft. Doch war er kaum einen Tag unter Weges, so wurde er von einem anderen Boten eingeholt, der ihn flehentlich bat, wieder umzukehren und hinab nach Unterägypten zu kommen, — denn in Saï ist Psametik begleitet von Tausenden eingezogen, und alles Volk strömt herzu und jauchzt und ruft: „Heil Psametik, dem Sohn der Sonne, dem Könige von Kemi!"

Da wurde Kriegsrath gehalten, was wol am Besten zu thun sei, wohin der König selbst ziehen, und wohin er keinen seiner Feldherren senden solle; ob an beiden Orten zugleich, oder besser nach einander der Aufruhr zu unterdrücken sei. Aber noch bevor die Berathung zu Ende war, kam eine neue Nachricht. In Piom waren alle Aethiopier todtgeschlagen, der Provinzhauptmann umgebracht und für alle Zeiten die Herrschaft der schlechten Kuschi abgeschafft worden. Das Volk zog, wohlgeordnet, in großen Schaaren von Ort zu Ort. Voran wurden Standarten getragen, auf welchen das Bild eines Menschen mit Krokodilskopf, oder auch ein ganzes Krokodil zu sehen war. Ein Feldherr der eingeborenen Truppen leitete den Aufstand.

In kurzer Zeit stand das ganze Land in vollem Aufruhr. Von Pilak bis zu dem Meere, von den östlichen bis zu den westlichen Bergen erscholl derselbe Ruf zur Vertreibung der Aethiopier, das Volk von Kemi hatte nur Ein Ziel vor Augen: das Ende der Fremdherrschaft. Ja, selbst die Hauptstadt empörte sich, als der König kaum aus ihr abgezogen war.

Da warf er sich denn mit Heeresmacht auf die nächste Provinz. Die ägyptischen Krieger traten ihm kühn entgegen; es warb eine mörderische Schlacht geliefert, in welcher von beiden Seiten mit Muth und Tapferkeit und großer Erbitterung gekämpft wurde, — aber die Aethiopier hatten die Uebermacht, sie siegten, und der König dämpfte den Aufruhr. Er hielt ein strenges Gericht, ließ die Vornehmsten der Aufständischen hinrichten und zog dann weiter in eine andere Provinz, auch dort die Ruhe wiederherzustellen. Abermals ein hartnäckiger Kampf, abermals großes Blutvergießen, — abermals endlicher Sieg des Königs. Doch kaum war er abmarschirt nach einem anderen Orte des Aufruhrs, so hatten Jene, die er erst vor wenigen Wochen unterworfen, von Neuem ihn öffentlich der Regierung für verlustig erklärt und einen anderen

Regenten gewählt. Auf diese Weise wanderte der gehetzte König mit seinen
Kriegsleuten von Stadt zu Stadt, überall die Empörung unterdrückend. Doch
sobald er sich wieder entfernt hatte, brach sie mit um so größerer Heftigkeit
von Neuem aus. Wo er die Flamme des Aufruhrs gelöscht glaubte,
loderte sie in wenigen Tagen mit erhöhter Heftigkeit empor. Für jeden Gefallenen traten zehn Rächer in die Reihen der Freiheitskämpfer. Wer nur
Schwert und Keule schwingen, wer die Lanze werfen, oder den Bogen spannen
konnte, schloß sich den Streitenden an. Der Aethiopier war unrettbar verloren. Keine noch so blutige Strenge half. Aegypten hatte über sieben Millionen Einwohner, — der König konnte nicht Alle hinrichten lassen.

Zwei volle Jahre dauerte dieser Freiheitskrieg, endlich wurden die verhaßten Fremdlinge überall zurückgeworfen, zur Heimkehr in ihr Mutterland
gezwungen, und in Aegypten eine neue, einheimische Regierung eingesetzt.
Kemi war frei.

Der rechtmäßige Thronerbe war Psametik, der sich auch als mann-
hafter Streiter im Freiheitskampfe Ehre, Ruhm und Ansehen erworben hatte.
Allein auch Andere hatten sich ausgezeichnet, hatten als Feldherren das Volk
zum Siege geführt und sich großen Anhang und mächtigen Einfluß erworben.
Als nun die Abgeordneten aus sämmtlichen sechsunddreißig Provinzen in der
Hauptstadt zusammen kamen, den neuen Regenten zu bestimmen, da stellte es
sich deutlich heraus: fast Jeder hielt einen Anderen für den Würdigsten, die
Krone zu tragen. Keiner wollte nachgeben, und fast schien es, als solle der
Krieg von Neuem entbrennen. Doch waren die Wähler vernünftig genug,
einzusehen, daß der Bürgerkrieg von Allem das Schrecklichste sei. „Unsere
Feinde werden lachen ob unseres Haders“, sprach der Eine. „Zerfleischen
wir uns untereinander, so werden bald die Kuschi ihr Haupt wieder erheben.
Lasset uns einig sein, einig vor Allem! Schicket euch in einander; ihr seid
ja Alle Kinder der Mutter Isi.“

Das war zwar recht schön und gut, und Jeder gab dem Redner Recht;
aber — es half um keinen Schritt weiter, denn Jeder meinte, die Andern
sollten sich nach ihm richten und in ihn schicken.

Es waren außer Psametik noch elf Jünglinge aus edlen Familien, welche
sich als Anführer im Freiheitskampfe hervorgethan und gerechte Ansprüche auf
die Krone erworben hatten. Keiner war minder tüchtig, als die Andern, unter
Jedem wäre das Land glücklich geworden, — wen sollte man ausstoßen?

Da tönte der Ruf von Süden her: „Die Aethiopier rüsten wieder!“
Und plötzlich waren Alle einig. Die sechsunddreißig Provinzen wurden unter
die zwölf Helden vertheilt, die einen Bund ewiger Freundschaft miteinander
schlossen. Einer heirathete die Schwester des Andern, und Alle gelobten sich
gegenseitig Hülfe und Beistand in jeder Bedrängniß; sie versprachen, einander
nie zu bekriegen, oder zu übervortheilen, nahmen Alle ihren Wohnsitz in
Memfi, in demselben Palaste und regierten von hier aus in Eintracht und
Brüderlichkeit ihre Provinzen.

Im ganzen Lande ward dieses Abkommen mit Freude und Jubel begrüßt, und die Aethiopier wurden wieder ganz still und stellten ihre Rüstungen ein.

Mit großer Sorgfalt vermied man Alles, was einem der zwölf Regenten irgend ein Vorrecht, oder auch nur ein größeres Ansehen hätte geben können. Tagtäglich wurde das Volk daran erinnert, daß keiner über dem andern stehe, sondern daß alle einander gleich seien, gewisser Maßen die zwölf Statt-halter eines unsichtbaren Königes. An jedem Morgen gingen sie mit einander in das Heiligthum des großen Ptah und opferten da gemeinschaftlich und beteten zusammen für des Volkes Wohl und Glück. Die alte Opferschale der vorigen Könige wurde in dem Tempel aufbewahrt; man hatte zwölf neue vollkommen gleiche Schalen kostbar aus reinem Golde gefertigt, die jeden Mor-gen den Regenten von den Priestern im Tempelhofe dargereicht wurden.

Und die Freundschaft und Eintracht der Zwölfe war nicht bloser Schein; sie war aufrichtig und wahr. Sie lebten zusammen wie Brüder, bildeten nur Eine Familie, und Keiner fürchtete, daß das Band ihrer Treue jemals zerrissen werden könne.

---

## II.

## Der Einzelherrscher.

Die Verkündigung des Ptah. — Verlegenheit bei'm Opfern. — Der vertriebene Psametik. — Neue Weißagung. — Die Erfüllung. — Soldatenaufstand. — Der Auszug.

~~~~~~

So verfloß manches Jahr in Glück und Friede; Psametik und seine Freunde dachten an keine Aenderung. Aber wol dachten Andere daran.

Die alten Räthe des Reiches, die weisesten unter den Gelehrten, die erfahrensten unter den Priestern waren in's Geheim zusammengetreten und hatten die außergewöhnliche Lage des Landes in Betracht gezogen.

„Die Zwölftheilung des Staates", so sprachen sie, „war in schwerer Zeit das einzige Mittel, den innern Frieden zu erhalten; aber sie muß der äußeren und inneren Sicherheit wegen wieder beseitigt werden. Der älteste Sohn jedes der zwölf Könige erbt von seinem Vater die königliche Würde; auf diese Weise bleibt das Land vielleicht für ewige Zeiten getheilt. Die Väter zwar sind jetzt Freunde; werden es in Zukunft auch die Söhne sein? Wie, wenn Einer von ihnen nach der Alleinherrschaft strebt, die Anderen be-kriegt? Sich vielleicht gar mit fremden Feinden verbindet? — — Aus dieser

Gefahr ist das Land nur zu retten, wenn wir selbst von den Zwölfen den Tüchtigsten aussuchen und das Volk dahin bringen, daß es diesen zu seinem alleinigen Könige ausruft."

Also wurden die zwölf Regenten mit größester Aufmerksamkeit beobachtet; man prüfte genau und sorgfältig all ihr Thun und Lassen und entschied sich endlich einstimmig für Psametik. Dieser stammte überdies aus der alten, durch die Aethiopier vertriebenen Herrscherfamilie; er hatte gesetzmäßigen Anspruch auf den Thron, und seine Erhebung zum Alleinherrscher konnte kaum große Schwierigkeiten bieten.

Natürlich wurde die Verabredung geheim gehalten, aber nach einiger Zeit verkündeten die Priester folgenden Ausspruch des Gottes Ptah:

„Nicht will ich, daß zwölf Herrscher vor meinem Antlitze erscheinen; der Sohn der Sonne ist nur Einer;. und Der soll Herr und König sein über ganz Aegypten, der nicht aus goldener, sondern aus eiserner Schale mir opfert."

Darüber erstaunten die Regenten und beriethen sich mit einander, was nun zu thun sei; es wäre ja Jeder gern bereit gewesen, die kostbare goldene Opferschale mit einer minder kostbaren zu vertauschen. Die Priester wurden befragt, und ihr Entscheid lautete dahin: „Ihr Alle könnt und sollt Nichts in der Sache thun; der große Ptah wird entscheiden. Nach wie vor kommt ihr jeden Morgen in sein Heiligthum; wir reichen euch die goldenen Opferschalen, und ihr opfert, wie bisher. Er, der es anders will, wird es auch zu machen wissen."

Damit begnügten sich die Könige und versprachen einander noch aus-drücklich, daß Keiner von ihnen allein opfern wolle.

Wieder vergingen Jahre, und kaum dachte man noch an diese Weissagung, da begab sich's, daß eines Morgens die Zwölfe wieder in dem Tempelhofe vor dem Altare standen und zwar, wie sie, — die durch Kampf zur Re-gierung gelangt waren, — es im Gebrauche hatten, in voller kriegerischer Rüstung, den eisernen Helm (— einen solchen besitzt gegenwärtig noch das ägyp-tische Museum in Leyden —) auf dem Haupte. Einer der Priester holte die goldenen Opferschalen herbei. Als er sie aber austheilte, bemerkte er, daß ihm eine davon fehlte, so daß für Psametik, welcher zuletzt in der Reihe stand, keine mehr übrig blieb. Er eilte also schnell wieder hinein und suchte die zwölfte Schale; aber alles Suchen war vergebens, er fand sie nicht. Unter-dessen nahete ein zweiter Priester mit der weingefüllten goldenen Kanne. Er füllte die Gefäße der Könige, und als er an Psametik kam, wartete er erst ein Wenig, dann sprach er: „Nimm deinen Helm herab und reiche mir ihn dar, damit ich den Wein hinein gieße und das Opfer nicht länger aufgehalten wird!" Psametik that, wie ihm gesagt worden. Man betete, sang und opferte, wie gewöhnlich, und Alle gingen zufrieden und ohne Arg nach Hause. Eben als der Gottesdienst zu Ende war, kam der Priester mit der zwölften Schale herbeigesprungen; in diesem Augenblicke erst hatte er sie gefunden. Allein es war nun zu spät.

Nach einigen Tagen ging das Gerede: „Will Pfametik Alleinherrscher
sein? Indem er den Wein mit seinem Helme darbrachte, hat er aus einer
eisernen Schale geopfert?"

Seine Freunde erschracken darob, ließen den Oberpriester des Gottes
Ptah rufen und fragten ihn, was er von der Sache halte. Dieser ant=
wortete: „Wohl, das Unbegreifliche ist geschehen, und so wird die ganze
Weissagung in Erfüllung gehen; Pfametik soll und wird allein König sein,
denn so ist's beschlossen. Was wir Menschen für Zufall halten, ist Rath=
schluß und Werk der Götter."

Aber die anderen Elfe wollten sich nicht fügen, ihre Gewalt nicht dem
Einzelnen abtreten. „Ob ihr Fürsten wollt, oder nicht", sprach der Priester,
„er ist der Sohn der Sonne und wird es sein."

Obwol Pfametik auf's Feierlichste versicherte, daß er nicht entfernt
daran gedacht habe, seine Mitkönige zu hintergehen, beschlossen sie doch, ihn
auszustoßen aus ihrem Bunde und von der Hauptstadt zu vertreiben. Er
sollte in die ihm zugewiesenen Provinzen gehen und keine Gemeinschaft mehr
mit Denen haben, die über ein Jahrzehnt seine besten und treuesten Freunde
gewesen. Und wie sie es beschlossen hatten, so wurde es auch ausgeführt.

Darauf fragten sie wieder den Priester: „Wie nun? Wird er noch
unser Oberherr werden?" — Der Priester antwortete ernst: „Er wird es
nicht werden; er ist es. Und wenn es ihm die ägyptischen Krieger versagen,
ihn zu seinem Rechte zu bringen, so werden Männer aus dem Meere
kommen, die ihn wieder einführen in die Hauptstadt und setzen auf den Thron
des großen Sesoosi, Heil sei seinem Andenken. Was gesagt ist, wird ge=
schehen, und ihr könnet es nicht ändern."

───────────

Pfametik zog sich nach Saï zurück, und seine Mitregenten glaubten,
er werde bald vergessen sein. Doch dem war nicht so. Die Priester in
Allem, was sie thaten, berechnend und einstimmig, brachten allmählich dem
Volke die Ueberzeugung bei, dem rechtmäßigen Thronerben sei bitteres Unrecht
geschehen, Pfametik allein sei würdig, die Krone zu tragen, und die anderen
Elf hielten sich nur durch Mißbrauch der Gewalt an der Regierung. So
kam es ganz in der Stille nach und nach dahin, daß der Vertriebene in allen
Provinzen nicht nur zahlreiche Anhänger und Freunde hatte, sondern daß man
geradezu nur ihn als den einzigen und rechten König, die Anderen aber
als Thronräuber ansah und nur auf eine günstige Gelegenheit wartete, sich
ihrer zu entledigen.

Auch reisten wiederholt verschiedene Priester ganz unbemerkt nach Saï
und trafen ihre Verabredungen mit dem Verbannten, gaben ihm Rath und
Trost und das feste Versprechen ihres mächtigen Beistandes. Ihrer Weisung
folgend, schickte Pfametik vertraute Boten nach Griechenland und Jonien,

um von da Hülfsvölker zu erlangen. Die Griechen trieben zu damaliger Zeit
noch überaus gerne Seeräuberei und noch andere schlimme Dinge. Wenn eine
Schaar junger, kräftiger Leute nach einer benachbarten Insel fuhr, dort Alles
verwüstete, das Vieh wegnahm und mit reicher Beute zurück kam, so hieß
Das ein Heldenzug, und der Anführer solcher Raubgesellen ward ein viel=
gepriesener Held. Die benachbarten Völker, wie z. B. die Phönizier, hiel=
ten sich seit geraumer Zeit griechische Söldner, denn für Geld konnte man
stets Griechen haben; sie waren immer gerne dabei, wo es Heldenthaten
zu verrichten und gute Beute zu machen galt.

Plötzlich erschienen mehrere Schiffe bewaffneter Griechen an der Meeres=
küste. Die Mannschaft stieg aus und kündigte sich sogleich durch Sengen und
Brennen, Plündern und Verwüsten der Felder an. Aber nicht lange, so er=
schien Psametik, vereinigte sie mit seinen Getreuen, stellte sich an ihre Spitze
und brach auf nach Süden.

Mit Blitzesschnelligkeit verbreitete sich das Gerücht durch das ganze Land:
„Männer sind aus dem Meere gestiegen! Psametik steht an ihrer
Spitze. Er ist schon auf dem Wege nach Memfi. Auf, laßt uns ihm
entgegen eilen!"

Psametik's Mitregenten erschracken und machten noch einen letzten Ver=
such, die Regierung für sich zu retten; sie zogen dem Gefürchteten mit Heeres=
macht entgegen. Allein auf ihrem ganzen Zuge mußten sie mit steigendem
Entsetzen gewahren, in jeder Stadt, in jedem Dorfe, daß der Boden wankte,
auf dem sie standen, daß sie fast nirgends einen zuverlässigen Anhang hatten.
Sie wurden nicht mit Jubel begrüßt, nicht mit Segenswünschen entlassen.
Kaum waren sie fortgezogen, so bereitete man sich vor, den lang ersehnten
Psametik würdig zu empfangen. Die Priesterschaft hatte ihm das ganze
Land gewonnen ohne Schwertstreich, ohne einen Tropfen Blutes zu vergießen.

Endlich standen die beiden Heere einander gegenüber. Aber als die
Schlacht beginnen sollte, marschirte wol die Hälfte der ägyptischen Krieger
mit Sang und Klang hinüber zu Psametik. Zwar kam es zu einem Ge=
fechte, doch war sein Ausgang vorauszusehen; die im Stiche gelassenen elf
Regenten ergriffen die Flucht und retteten sich nach Libyen; ihr ehemaliger
Freund und Genosse aber war König und Alleinherrscher und hielt einen großen
Siegeszug durch ganz Aegypten, wo er überall mit offenen Armen empfangen
ward. Hierauf kehrte er zurück nach Saï und nahm seinen bleibenden Aufent=
halt daselbst. Dieses wurde von jetzt an die dritte Haupt= und Residenzstadt
des Landes.

Fünfzehn Jahre hatte Psametik mit seinen elf Genossen gemeinsam
regiert; langsam war der Plan der Priester gereift, aber sicher, und so
war denn jetzt wieder die frühere Regierungsform hergestellt.

Nun begann ein ganz neues Leben in Aegypten. Fremden hatte man bisher nur ausnahmsweise gestattet, sich an den Ufern des Nil dauernd niederzulassen; jetzt gab der König den herangezogenen Hülfstruppen, welche ihn bei dem Kampfe um die Krone unterstützt hatten, große Ländereien, wo sie sich anbauen, Städte gründen, Ackerbau, Viehzucht und Handel treiben konnten. Zugleich schickte er eine große Zahl ägyptischer Knaben zu ihnen, daß sie ihre Sprache lernten und in Zukunft bei dem Verkehre mit auswärtigen Kaufleuten als Dolmetscher dienen könnten. Auch seine eigenen Söhne ließ er im Griechischen unterrichten. Er schloß Schutz- und Trutzbündnisse mit benachbarten Königen, knüpfte Handelsverbindungen an, gestattete fremden Kaufleuten, im ganzen Lande umherzureisen, sich überall niederzulassen, und versprach und gewährte ihnen denselben Schutz, wie den eingeborenen Aegyptern. Ja, in seinem Eifer, den Verkehr mit dem Auslande zu fördern und so viele Fremde, als nur immer möglich, in das Land zu ziehen, ging er sogar so weit, daß er diesen Fremden manche Begünstigungen und Erleichterungen zukommen ließ, deren sich selbst die Einheimischen nicht erfreuten.

Das aber erregte die Unzufriedenheit der Aegypter, welche es nicht ertragen mochten, daß ihnen andere, weniger gebildete Völker vorgezogen wurden. Es fehlte nur an einer passenden Gelegenheit, dem allgemeinen Unwillen einen Ausdruck zu geben; doch auch diese fand sich.

Psametik unternahm einen Kriegszug nach Syrien. Sein Heer war zusammengesetzt aus ägyptischen Kriegern und den fremden Söldnern, die ihm zur Alleinherrschaft verholfen hatten. Theils aus Dankbarkeit gegen diese gab er ihnen den Ehrenplatz in der Schlacht, theils dachte er auch, er habe sie, die Fremdlinge, so reichlich mit Gut und Ländereien beschenkt, daß sie gewiß mit der äußersten Hingebung und Tapferkeit für ihn fechten würden, und stellte sie deshalb an die gefährlichste Stelle. Das empörte nun die ägyptischen Heerhaufen auf's Aeußerste.

„Wer sind diese Jonier und diese Griechen", riefen sie, „daß sie uns vorangestellt werden? Welche Siege haben sie erfochten? Welche Länder haben sie erobert? Aegyptische Helden waren es, die unter dem großen Osiri, — gelobt sei sein Name! — die weite Welt durchzogen haben. Unsere Väter waren es, die mit dem unvergleichlichen Sesoofi alle Länder der Erde unterworfen haben. Aegypter waren's, die mit dem unbesiegten Ramses zogen, nicht Griechen, nicht Jonier! Sind wir nicht stärker und gewandter, als sie? Sind wir nicht tapferer und treuer, als sie? Haben sie uns vielleicht besiegt, als Psametik sich das ganze Reich unterwarf? Nein! Tausende von Aegyptern standen auf ihrer Seite, und ihre Gegner kämpften nicht, sonst wären ihre Leichen längst hinabgeschwommen zum Meere."

Also sprachen die in ihrer Ehre gekränkten alten Heldenschaaren. Dennoch thaten sie ihre Schuldigkeit, und der Krieg wurde glücklich beendigt. Als sie aber wieder heim kamen zu ihren Weibern und Kindern, zu ihren Freunden und Bekannten und da erzählten, wie schlecht sie behandelt worden, wie man die Fremden ihnen vorgezogen habe, da wurde die Entrüstung allgemein. Einer reizte den Andern, und endlich brach der Sturm los.

„Auf, auf", hieß es. „Wenn uns der König verstößt, müssen wir uns ein neues Vaterland suchen. Daß uns Ausländer vorgezogen worden, diese Schande ertragen wir nicht."

Und überall brachen die Kriegsleute auf, ließen Haus und Feld und Weib und Kind im Stiche, traten zusammen in ihre Regimenter und zogen, ihre Hauptleute an der Spitze, weg aus dem Lande, dessen König sie nicht mehr wie seine Kinder behandelte.

Als die Nachricht von dieser furchtbaren und gefährlichen Auswanderung nach Saï zu Psametik kam, erschrack er sehr. Sogleich schickte er einige Feldherren den Abziehenden nach mit dem Auftrage, sie sollten sehen, wie sie diese auf gütliche Weise zurückhalten könnten, — denn mit Gewalt war Nichts zu machen. Die Zahl der Auswanderer war schon auf mehr als sechzigtausend Mann gestiegen, und in jeder Stadt schlossen sich noch neue Schaaren an.

Aber alle Bemühung der Feldherren war vergebens. Die einzige Antwort, welche sie erhielten, war: „Entweder die Griechen, oder wir. Psametik hat die Wahl." Dieser aber konnte begreiflicher Weise nicht die Griechen über Nacht aus dem Lande jagen. Als daher die Abgesandten mit der traurigen Botschaft zurück kamen, und als er hörte, wie aus allen Städten die Mannschaften zuströmten, entschloß er sich zu einem letzten Versuche: er selbst wollte sein Glück bei den Unzufriedenen versuchen, sehen, ob sie sich nicht durch sein königliches Ansehen und seine Ueberredungsgabe zum Bleiben bewegen ließen. Er bestieg seinen Wagen und eilte ihnen nach.

Unterdessen zog das Heer den Nil entlang von Stadt zu Stadt, von Dorf zu Dorf, immer stromaufwärts nach Aethiopien zu. Es war, als ginge es in den Krieg. In bester Ordnung zogen sie dahin, die alten Regimenter mit ihren Standarten, ihrer Musik, die Hauptleute voran, Alle vollkommen bewaffnet und gerüstet. Als sie in die südlichen Grenzprovinzen kamen, erhielten sie ganz unerwartet noch ungeheuren Zuwachs.

Gesetzmäßig durfte kein Krieger länger als zwei Jahre von seiner Familie entfernt gehalten werden. Wer in eine andere Stadt geschickt wurde, als die, in welcher er ansässig war, mußte nach längstens zwei Jahren wieder in seine Heimat entlassen werden. Nun lagen in den südlichen Grenzfestungen schon seit drei Jahren dieselben Regimenter; man hatte sie ganz vergessen, hatte nicht daran gedacht, die Besatzungen zu wechseln; seit drei Jahren hatten die Männer ihre Weiber und Kinder nicht mehr gesehen. Da sie nun hörten, wie es ihren Kameraden im Norden ergangen war, und sahen, wie entschlossen diese handelten, überlegten sie nicht lange, verließen allesammt ihre Garnisonen und zogen mit von dannen.

Nahe der Grenze holte der König die grollenden Schaaren ein. Willig gaben sie ihm Gehör; aber was geschehen war, war geschehen, und seine

Worte konnten sie nicht bewegen, ihren Entschluß zu ändern. Er erinnerte sie an ihr Eigenthum, daß sie ja Haus und Hof und Feld im Stiche ließen.

„Mit dem Schwerte in der Hand erobern wir uns neuen Boden, und andere Häuser bauen können wir auch", war ihre Antwort.

„Thut es euch gar nicht leid, eure Heimath zu verlassen?" —

„Wo es uns wohl geht, da ist unsere Heimath." —

„Zu den schlechten Kuschi wollt ihr gehen, euer geliebtes Kemi verlassen und den heiligen Jaro?" —

„Mit den Kuschi haben wir Nichts zu thun, der Jaro fließt auch noch jenseit der Grenze, und wo wir uns niederlassen, da ist Kemi!" —

Er vermochte sie nicht zu halten. Zweimalhundert und vierzigtausend Mann zogen über die Grenze, lauter kräftige, tüchtige Krieger. In Aethiopien empfing man sie mit offenen Armen; wies ihnen die schönsten Gegenden zur Niederlassung an und gewährte ihnen jede Erleichterung.

Sie brachten ägyptische Sitte und ägyptische Bildung mit und waren bald angesehen, hoch geehrt und einflußreich im ganzen Lande.

Psametik konnte den Verlust des herrlichen Kriegsheeres nicht verschmerzen. Er suchte, es so gut als möglich zu ersetzen, und war vorsichtiger in Begünstigung der Fremden. Er hütete sich, das Nationalgefühl seiner Aegypter weiter zu verletzen, und that im Uebrigen Alles, was von einem würdigen Sohne der Sonne erwartet werden konnte. Er unternahm Tempelbauten, ließ Kanäle, Straßen und Brücken ausbessern und war Freund und Förderer der Wissenschaften und Künste. Besonders nahm er sich der Armen und Nothleidenden mit werkthätiger Liebe an, und als er im Jahre 610 vor Chr. Geb. nach einer dreiundfünfzigjährigen Regierung starb, war die Trauer um ihn aufrichtig und allgemein. Er hatte sich in Wahrheit den Titel verdient, den er schon zu seinen Lebzeiten führte: „Uro nofre het: der König, gut von Herzen."

Hopra in der Schlacht.

# Hopra und Jahmes.

(587 bis 568, — 568 bis 524 vor Chr. Geb.)

## I.

### Hopra, der Held.

Zidkijahu. — Die Babylonier. — Belagerung Jerusalem's. — Die Schlacht. — Der Israeliten Heldenmuth. — Erstürmung der Stadt. — Zidkijahu's Tod. — Gedaljah.

König Hopra war ein gar tapferer Kriegsheld, der zwar nicht auf Eroberungen ausging, aber sehr gerne jedem guten Nachbar beistand, wenn er einer Hülfe gegen übermächtige Feinde bedurfte.

Zu selbiger Zeit regierte im jüdischen Lande König Zidkijahu (Zedekias), der aber nicht selbständiger Herrscher war, sondern nur Stellvertreter des großmächtigen Nebukadnezar, des Herrn von Babel. Schon seit längerer Zeit waren die Juden von den Babyloniern unterjocht worden und mußten

alljährlich schwere Abgaben an ihre Besieger entrichten; schon wiederholt hatten
sie versucht, das Joch der Fremdlinge abzuwerfen; aber jedes Mal waren sie
durch die ungeheueren Heerschaaren des Bedrängers wieder zu Boden ge-
schmettert worden. Jetzt wollte Zidkijahu einen neuen Versuch machen, seinem
Volke die Freiheit zu erwerben. Um aber ganz sicher zu gehen, sandte er
zuvor Botschaft nach Saï an den König von Aegypten und ließ anfragen, ob
er wol auf ein Hülfsheer rechnen dürfe, wenn der Babylonier mit seinen
Truppen angezogen käme, das Land wieder zu unterjochen.

Hopra war mit Freuden bereit, die Juden in ihrem Freiheitskampfe zu
unterstützen. Kaum war diese frohe Nachricht in Jerusalem angekommen, als
mit Jubelgeschrei alles Volk die Herrschaft der Babylonier für beendigt erklärte; Zidkijahu sagte sich los von Nebukadnezar und verkündete, daß
er von nun an als alleiniger Herr und König über Juda gebieten werde.

Aber Nebukadnezar ergrimmte in seinem Herzen über den wortbrüchigen und treulosen Zidkijahu, der ihm vor neun Jahren einen heiligen Eid
bei seinem Gotte geschworen hatte, Juda in seinem Namen zu regieren,
für ihn zu verwalten. Daher brach er mit einem gewaltigen Heere auf,
viele tausend Mann zu Fuß, zu Roß und zu Wagen, und zog hin, den Abtrünnigen zu strafen. In Jerusalem war kaum der erste Freudentaumel
vorbei, da vernahm man schon das nahende Ungewitter, welches Alles, Alles
zu zerstören, zu zertrümmern drohte. — Nun gingen Eilboten hinüber nach
Aegypten und fleheten um die versprochene Hülfe. Augenblicklich rüstete Hopra
und setzte sich in Marsch mit einem wohlgeübten Heere tüchtiger Wagenkämpfer,
geschickter Bogenschützen und tapferer Keulenträger und Lanzenwerfer. Schwert,
Dolch und Sichel wußten Alle wohl zu handhaben.

Doch weit schneller als er waren die Babylonier. Ehe er sich es versah, waren sie über die Grenze gezogen und sengten und brennten, verwüsteten
die Felder, zerstörten die Städte, plünderten und mordeten, daß ein unsäglicher Schrecken über das ganze Land kam. Das Volk verlor den Muth und
bestürmte seinen König mit Bitten und Flehen, er möge sich dem großmächtigen
Nebukadnezar wieder unterwerfen und um Gnade und Vergebung flehen,
sonst seien sie Alle verloren. Die Priester sprachen zu ihm: „Du hast deinen
Eid gebrochen, den du vor neun Jahren Babel's großem Könige geleistet hast;
nun giebt dich der Herr, unser Gott, in die Gewalt deiner Feinde, darum
daß du übel gethan hast. So gehe denn hin und bemüthige dich, auf daß
dein Volk erlöset werde von der furchtbaren Plage!"

Ganz anders aber sprachen die Kriegshauptleute.

„Höre nicht auf sie, die Feigen! Mache dein Volk frei von dem Sklaven-
joche, und sie werden dich segnen Alle, die jetzt zittern und zagen, und Kinder und Kindeskinder werden deinen Namen preisen. Vertraue auf uns!

„Wir sind mit dir und verlassen dich nicht; bald wird uns Hülfe kommen von den unüberwindlichen Aegyptern und ihrem tapfern Hopra. Muth,
verzage nicht!"

Jüdische Hohepriester und Leviten.

Allein die Aegypter wollten nicht erscheinen.

Statt ihrer näherten sich die Babylonier der Landeshauptstadt Jeruschalem. So weit das Auge blickte, waren Straßen und Felder bedeckt von den Schaaren der Feinde. Da lagerten sie in ihren Zelten, die babylonischen Männer mit ihren dicken, schwarzen Bärten, mit ihren hohen, spitzen Mützen, und hinter ihnen hielt eine unübersehbare Zahl von Packwagen und lasttragenden Kameelen.

Jetzt entstand große Verwirrung in der Stadt. Viele fürchteten die Rache der Feinde und flüchteten bei Nacht; die Meisten nahmen ihren Weg nach Aegypten. Andere eilten hinaus, warfen sich dem schrecklichen Nebukadnezar zu Füßen und flehten um seine Gnade. Die Krieger aber mahnten zu kräftigem Widerstande, verwiesen auf die starken Mauern der Stadt und auf die Hülfe, die von Aegypten kommen sollte.

Am Uebelsten unter Allen war der König Zidkijahu daran. Alle bestürmten ihn mit Anforderungen und guten Rathschlägen, und doch konnte er's — wie es so oft gegangen und noch alltäglich geht — nicht Allen recht machen. Die Einen schalten ihn einen Meineidigen, der das Volk in's Verderben geführt; die Andern priesen ihn als den Erretter, den Befreier des Volkes.

Auf Ein Mal verbreitete sich ein Gerücht, das Alle neu belebte. Anfangs wollte man's nicht glauben; aber abgesandte Spione kehrten mit der frohen Botschaft zurück und bestätigten unter lautem Jubel der Zurückgebliebenen: „Hopra kommt! Hopra unser Erlöser! Heil Hopra! Heil Zidkijahu!" Und vergessen war alle Angst; weg war alle Furcht, und Niemand sagte zu dem Könige mehr: „Du Meineidiger!" Und siehe, die freudigen Erwartungen wurden nicht getäuscht; denn gar bald brachen die Babylonier ihr Lager ab, legten die Zelte zusammen, bepackten Wagen und Kameele und — zogen von dannen. Nun kannte der Jubel zu Jeruschalem keine Grenzen mehr. Feste auf Feste wurden gefeiert, und Diejenigen, so zur Unterwerfung gerathen hatten, mußten Verachtung, Spott und Hohn erdulden. Aber Niemand ahnete, wie bald sich über Nacht Alles ändern werde.

Nebukadnezar zog den Aegyptern entgegen. Hopra's Heer aber war zusammengesetzt aus Eingebornen und aus griechischen Soldtruppen. Zwischen beiden bestand Neid, Zwietracht, Haß, und wenn ein griechisches Regiment den Feinden gegenüber in Noth war, hüteten sich die Aegypter wohl, ihm zu Hülfe zu kommen. Seit Pfametik fremde Söldner in Dienst genommen, konnte sich der Sohn der Sonne nicht mehr auf sein Heer verlassen.

Das zeigte sich auch dies Mal wieder nur zu deutlich. Der einheitliche Geist fehlte. Nebukadnezar griff mit großem Ungestüm an, — und die Aegypter wurden geschlagen.

Jetzt kam die Trauerbotschaft nach Jeruschalem: „Hopra ist gefallen, sein ganzes Heer vernichtet, und der grimmerfüllte König von Babel rückt abermals gegen uns heran; er hat nicht vergessen, wie wir gejubelt, da er abzog." Verzweiflung erfaßte die Kleinmüthigen. Sie ließen Hab und Gut im Stiche und flohen, um nur ihr Leben zu retten. Andere aber blieben und ermuthigten die Zagenden, trösteten die Aengstlichen und meinten, noch sei nicht Alles verloren; die Stadt verfüge ja über viele Tausende kräftiger Arme, habe hohe und starke Mauern, und mit Gottes Hülfe könne eine einzige Stadt recht wohl selbst dem mächtigsten Könige widerstehen.

Die Belagerung begann. Die Feldobersten ließen es nicht an Zureden und Ermuthigungen fehlen; das Volk ermannte sich und vertheidigte die Stadt mit heldenmüthiger Aufopferung. Rückten die Babylonier mit einem Mauerbrecher heran, die Mauern einzustoßen, so warfen die Juden Steinblöcke herab und zerschmetterten Die, welche den Sturmbock zu bedienen hatten. Suchten sich die Babylonier durch eine Schirmwehr zu schützen, so schleuderten die Juden Feuerbrände von den Mauern und zündeten das Dach an. Es war ein erhebender Wettstreit, wer den Anderen an Kriegslist und Tapferkeit übertreffen werde.

Aber Nebukadnezar ließ nicht nach, und — Zidkijahu wankte nicht.

Während so der Kampf vor Jerufalem's Mauern tobte, kam unerwartet Hopra, der nicht gefallen, von Neuem herangezogen und fiel die Babylonier im Rücken an. Allein da mit den Juden vorher kein Einverständniß herbeigeführt werden konnte, unterblieb der erwartete gleichzeitige Ausfall von ihrer Seite. Die Uneinigkeit der in ihrer Erwartung getäuschten Aegypter machte jedes entschiedene Vorgehen unmöglich. Die Belagerer wurden zwar zeitweilig beunruhigt und gestört, aber deswegen hörte die Belagerung der Stadt nicht auf. Gelang es doch nicht einmal, ihr neue Lebensmittel zuzuführen.

Nach einigen Monaten machte Hopra einen wiederholten Versuch, die Stadt zu entsetzen, — vergebens; seine Bemühungen hatten keinen bessern Erfolg. Aergerlich über den fehlgeschlagenen Plan, kehrte er nach Saï zurück.

Nebukadnezar verdoppelte jetzt seine Bemühungen. Er errichtete rings um die Stadt hohe Schanzen, von denen aus er durch seine Bogenschützen die Vertheidiger von den Mauern trieb, rückte mit Belagerungsthürmen an die Mauern, ließ schief aufwärts führende Dämme aufwerfen, die es ihm möglich machen sollten, mit seinen Kriegern die Mauern zu ersteigen, — kurz er ließ Nichts unversucht, was ihm die Kriegskunst damaliger Zeit an die Hand gab, das widerspenstige Volk zu bezwingen. Aber die Juden standen wie ihre Mauern und kämpften als Helden. Sie wankten und wichen nicht, obgleich ihre Zahl nicht zu vergleichen war mit den unermeßlichen Schaaren Nebukadnezar's. Ein Monat verging nach dem anderen, ein Vierteljahr nach dem anderen, — der König von Babel knirschte vor Wuth, — bereits ein Jahr war verflossen, und die heldenmüthige Stadt trotzte ihm noch immer.

Aber jetzt kam ein Feind in die Stadt, der war mächtiger, als jener draußen vor den Thoren, ein Feind, dem Niemand widerstehen kann, dem auch der Tapferste erliegen muß, — das war der Hunger. Die Lebensmittel gingen zur Neige, und nun zagten die Schwachen wieder. Sie flohen in der Nacht hinaus und warfen sich dem Babylonier zu Füßen und fleheten um ihr Leben und — um Brod.

Wieder war ein Monat vergangen; man hatte das Wenige, was noch da war, eingetheilt, man hatte einen großen Theil des noch übrig gebliebenen Viehes geschlachtet, — nun blieb keine Hoffnung mehr — als die einzige, daß vielleicht Nebukadnezar der Belagerung müde werde und freiwillig abziehe. Allein der König von Babel war ein ganzer Held, dem es weder an Muth, noch an Ausdauer fehlte; und darauf, daß die Lebensmittel in der Stadt einmal zu Ende gehen müßten, hatte er gar wol gerechnet.

Zum Uebermaße des Elends brach jetzt in Jerufalem — wohl infolge der ungenügenden und schlechten Nahrung — die Pest aus. Verzweiflung bemächtigte sich der Bedauerungswürdigen. Massenweise strömten sie hinaus, Nahrung und Leben im Lager des Feindes zu suchen. Und dennoch, dennoch wurde die Stadt nicht übergeben! Es fand sich immer noch ein Häuflein aufopferungsfähiger Helden, die treu zu ihrem Könige standen, die lieber

sterben wollten, als sich ergeben. Wunder der Tapferkeit verrichteten diese
herrlichen Freiheitskämpfer; achtzehn volle Monate lang widerstand die ge-
ängstete Stadt dem Babylonier; — da war ihre letzte Kraft gebrochen. In
einer Unglücknacht erstürmten die feindlichen Schaaren die Mauern, drangen
in die Stadt ein, — und nun begann das Werk der Zerstörung.

Zidkijahu hielt todesmuthig Stand, bis die Feinde in den Tempel gedrungen waren. Als er nun aber Alles verloren sah, vereinigte er sich mit
seiner Familie, seinen Freunden und Dienern und floh mit seinen Feldobersten,
geschützt von dem Dunkel der Nacht, aus seiner rauchenden Hauptstadt. Allein
den Babyloniern wurde dies verrathen; sie verfolgten den König und holten ihn
in einem engen Thale in der Nähe von Jerecho ein. Entsetzt stob der Troß
der Diener und falschen Freunde des unglücklichen Fürsten aus einander; nur
Wenige hielten treu zu ihm und wurden mit ihm gefangen.

„Du treuloser Knecht", redete ihn Nebukadnezar an, als er vor ihn
gebracht wurde, „du boshafter Verräther! Habe ich nicht vor beinahe elf
Jahren den vorigen König der Juden abgesetzt und aus Gnade dich auf den
Thron erhoben? Hast du mir nicht bei deinem Gotte einen heiligen Eid
geschworen, mir das Land treu und in Gehorsam zu erhalten? Und nun hast
du mich verrathen! Aber du siehst, der Gott meiner Väter weiß den Undank
zu strafen. Gelobt sei der große Bel, der dich in meine Hand gegeben hat!"

Und vor den Augen des gedemüthigten Königs wurden zuerst alle seine
Begleiter, einer nach dem andern, hingerichtet. Als er Aller Blut hatte
fließen sehen, stach man ihm die Augen aus, führte ihn nach Babel und warf
ihn daselbst in's Gefängniß, wo er, mit eisernen Ketten beladen, elendiglich
umkam. Nebukadnezar zog nun nach Phönizien, die mächtige Stadt Zor
zu erobern. Allein hier reichte seine Ausdauer nicht hin, das Werk zu vollenden. Die Männer von Zor wehrten sich mit Löwenmuth, und Hopra
von Aegypten — wieder Hopra — führte ihnen vermittelst seiner Flotte
immer neue Lebensmittel und Vertheidiger zu. Dreizehn Jahre lagen die
Babylonier vor der Stadt und boten jedes Mittel der Kriegskunst auf, sie ein-
zunehmen; unverrichteter Sache aber mußten sie abziehen.

An des unglücklichen Zidkijahu Stelle hatte Nebukadnezar den Gedaljah zum König der Juden, oder eigentlich zum Statthalter ernannt. Allein
dieser wurde nach kurzer Zeit von seinen eigenen Landsleuten erschlagen. Kaum
jedoch war diese That geschehen, so überfiel ängstliches Zagen die Uebelthäter.
„Was wird der Babylonier thun, wie wird er gegen uns ergrimmen, wenn
er die That erfährt!"

So zogen sie denn aus in großen Schaaren, in fremdem Lande Schutz
zu suchen. Tausende und wieder Tausende wanderten in langen Zügen hinüber nach Aegypten, wo ihnen Hopra bereitwillig fruchtbare Strecken Landes
zuwies, die sie in Frieden bebauen konnten.

## II.
## Die Regierung des Königs Jahmes.

Die Kyrenäer. — Der soll unser König sein! — Wie sich Aegypter nicht behandeln lassen. — Uro questo. — Die Fremden im Lande. — Kunstwerke. — Antwort für die Spötter.

Aber die Aegypter sahen diese Einwanderung der Fremden nicht gerne. Schon seit Psametik's Zeiten hatten sich gar viele Ausländer in Kemi niedergelassen an den Ufern des gesegneten Jaro; der König hielt 30,000 Mann griechischer Soldtruppen, — alles Das war eine stete Herausforderung des steigenden Fremdenhasses und zuletzt die Ursache des endlichen Sturzes des Königs Hopra. Griechenland gegenüber hatten die Spartaner im Norden Afrika's und in einiger Entfernung vom Meere eine Kolonie angelegt, Kyrene. Die Stadt vergrößerte sich, eine zweite wurde gebaut, — eine dritte, vierte, fünfte, — die Stadt hatte sich zu einem Ländchen erweitert, das nun Kyrenaika genannt wurde und die eingeborenen Libyer in hohem Grade beengte. Immer größer wurde die Anmaßung, immer entschiedener das Auftreten der Kyrenäer, so daß die überall zurückgedrängten Libyer sich endlich um Hülfe an Hopra wandten. Dieser schickte auch sogleich eine Heeresabtheilung gen Westen zum Kampfe gegen die Kyrenäer.

Allein die Aegypter, gänzlich unbekannt mit der Kampfweise der Griechen, wurden nicht nur geschlagen, sondern ein großer Theil des Heeres wurde gänzlich vernichtet. Die Heimkehrenden aber schrieen laut über Verrath und meinten, es sei besser, auszuwandern, als noch länger einem solchen Könige zu dienen, der das Heer geradezu in's Verderben geschickt habe.

Als Hopra Nachricht von dem Aufstande erhielt, sandte er den Widerspenstigen einen seiner Heerführer mit Namen Jahmes entgegen, der bei allen Kriegern außerordentlich beliebt war wegen seiner Freundlichkeit, Tapferkeit und Gerechtigkeit. Er stammte aus einer armen Familie und hatte sich durch muthvolle Thaten empor geschwungen. Doch war er nicht hochmüthig geworden, sondern gedachte bescheidentlich seiner Herkunft. Darum war er geachtet, verehrt und geliebt im ganzen Heere, wie kein Zweiter.

Jahmes hatte aber einen gefährlichen Auftrag. Er sollte die Aufrührer wieder zum Gehorsam zurückführen; allein diese schwuren hoch und theuer, lieber das Land zu verlassen, als einem Verräther zu dienen. „Er bleibt daheim“, schrieen sie, „wenn wir in den Kampf ziehen; ist das die Art eines Königs? Wenn das Volk von Kemi in den Krieg geht, dann gehört der Sohn der Sonne an seine Spitze.“

„Der große Sesoosi, — Heil sei seinem Andenken! — ist nicht daheim geblieben“, riefen Andere.

„Es ist klar, er wollte uns opfern. Warum hat er seine Griechen nicht nach Kyrene geschickt; die wissen ja, wie mit ihren Landsleuten zu fechten ist.“

„Und warum hat er kein größeres Heer abgesandt? Er hat uns absicht=
lich in's Verderben gejagt."

„Schlagt ihn todt, den Freund der Fremden!" erschallte es nun von
allen Seiten. „Seit hundert Jahren gelten wir Nichts mehr; die Fremden
stehen obenan, die Griechen und Jonier."

Jahmes konnte kaum zu Worte kommen. Alles, was er zur Entschul=
digung des Königs vorbrachte, wurde mit lautem Geschrei widerlegt.

Endlich brachte ein Hauptmann die wild empörte Masse zum Schwei=
gen und sprach:

„Ihr Männer von Kemi, höret mich, und merket auf meine Worte! —
Gewiß ist, daß wir seit Psametik's Zeiten verachtet sind, daß uns das
fremde Volk vorgezogen wird."

„Das weiß der allsehende Ra und die große Pe", bestätigte die Menge.

„Gewiß ist auch", fuhr Jener fort, „daß es dem Könige nicht um den
Sieg zu thun war, sonst hätte er Griechen gegen Griechen geschickt, oder unser
Heer wenigstens dreifach verstärkt. Wenn er aber nicht siegen wollte, was
wollte er sonst? Antwort: Er wollte uns verderben! Und warum? Damit
wir ihm nicht mehr im Wege wären, damit er mit seinen Fremden allein
herrschen könne. Das ist klar wie das Licht des dreimalgroßen Taati."
(Der dreimalgroße Taati, d. h. Leuchtende, war die Sonne; der zweimal=
große war Jah, der Mond.)

„Ja, das ist klar!" ertönte es einstimmig. —

„Und sollen wir nun einem solchen Könige länger dienen? — Nein! —
Sollen wir, die Gekränkten, das Land verlassen, wie unsere Väter gethan
haben? — Nein! — Er soll herab vom Throne; er, der solche Schmach
über uns gebracht hat! Es giebt noch andere Männer, die würdiger sind,
die Doppelkrone zu tragen. Hier, seht Jahmes an! Ist der nicht ein rechter
Held! Der ist ein Mann nach dem Herzen des großen Osiri!"

Bei diesen Worten hob der Hauptmann einen neben stehenden großen
metallenen Helm auf, setzte ihn auf das Haupt des erstaunten Feldherrn, der
nur das gewöhnliche blaue Tuch um den Kopf trug, und rief mit lauter
Stimme: „Jahmes soll unser König sein!"

„Heil Jahmes! Heil dem Sohn der Sonne! Heil! Heil!" rief die
Menge, — — und das verhängnißvolle Werk war geschehen. Nach neun=
zehnjähriger Regierung ward Hopra von dem Throne gestürzt und mit ihm
die Familie Psametik's, — ein neues Königshaus gelangte zur Herrschaft.

Das war im Jahre 568 vor Christi Geburt.

Als Hopra Dies vernahm, sandte er einen zweiten Boten ab mit dem
Auftrage, sich genau von dem Stande der Sache zu unterrichten und Jahmes
zur Verantwortung vorzuladen. Allein der Abgesandte wurde mit Spott und
Hohn empfangen. „Ja", antwortete der neue König, „ich werde kommen;
unfehlbar werde ich kommen — und nicht allein; alle meine Freunde wer=
den bei mir sein."

Jahmes zum König ausgerufen.

Auf diese Nachricht hin versammelte Hopra sogleich seine griechischen Hülfstruppen, 30,000 Mann an der Zahl, und rückte dem Abtrünnigen entgegen. — Es kam zur Schlacht. — Ein heißer Kampf entspann sich, denn von beiden Seiten wurde mit der größten Erbitterung gefochten. Jetzt handelte es sich um die Entscheidung: Hopra und die Fremden, oder Jahmes und die Aegypter. Die beiden Könige wußten recht gut, daß es sich nicht nur um die Krone, sondern wahrscheinlich auch um das Leben handelte; die Griechen kämpften für ihr Ansehen und ihren Einfluß, die Ehre ihres Namens; die Aegypter für ihr Alles, denn besiegt mußten sie Vaterland, Weib und Kind verlassen und in die Fremde ziehen. Aber sie unterlagen nicht; ihre alte Tapferkeit trug einen glänzenden Sieg davon; ein großer Theil der Griechen fand seinen Tod auf dem Schlachtfelde, die übrigen suchten ihre Rettung in wilder Flucht; Hopra selbst wurde gefangen genommen.

Als nun der neue König seinen Einzug in Saï hielt, da jauchzte und jubelte alles Volk laut auf und konnte nicht satt werden in Freudenrufen für

Jahmes und in Verwünschung des unglücklichen Hopra. Dieser hatte sich durch Begünstigung der Fremden längst den Haß des ganzen Volkes — nicht nur des eingeborenen Heeres — zugezogen; in den letzten Tagen seiner Regierung aber hatte er noch eine Handlung begangen, welche den Haß zur Wuth entflammte. Als nämlich der Bote, welcher beauftragt war, das Heer zum Gehorsam zurück zu bringen und Jahmes gefangen vorzuführen, unverrichteter Sache und allein nach Saï zurück kam, ergrimmte der König gewaltig und rief im Zorne: „Du ungetreuer Knecht! Du Verräther! So hast du den Befehl deines Königs vollführt? Ich will dich strafen zum abschreckenden Beispiel für Alle, die ihres Königs Gebot nicht achten.“ Und er ließ ihm Nase und Ohren abschneiden und ihn hinaus auf die Straße werfen.

Aber Solches waren die Aegypter nicht gewöhnt, dergleichen Beschimpfungen kamen sonst nicht bei ihnen vor. Sie geriethen über diese Grausamkeit in die äußerste Aufregung. Hätte Hopra nicht sogleich die Stadt verlassen, — wer weiß, was noch geschehen wäre!

Nun kam er als Gefangener in die Stadt zurück, und Jahmes hatte alle Mühe, ihn gegen die Beleidigungen der Einwohner zu schützen. Er nahm den Verhaßten mit sich in den Palast, und Hopra bewohnte nun als Gefangener dieselben Räume, die er neunzehn Jahre als König bewohnt hatte. Doch wurde er mit Aufmerksamkeit verpflegt und wohl gehalten. Jahmes erwies ihm alle Achtung, so daß ihm eigentlich Nichts fehlte, als — die Freiheit.

Aber damit war das Volk nicht einverstanden. Täglich zog es in großen Schaaren vor den Palast und forderte laut die Auslieferung Dessen, der sich so schnöde benommen, der in Einem Manne alle Aegypter so tief verletzt hatte. Jahmes sprach zu der Menge und suchte sie zu beruhigen; das gelang auch Anfangs. Aber dieselben Auftritte wiederholten sich jeden Tag und nahmen endlich ein so drohendes Aussehen an, daß der König, um größeres Unglück zu verhüten, den unglücklichen Hopra der erzürnten Menge auslieferte.

Wüthend fiel das Volk über ihn her und erwürgte ihn. Dann zog es mit lautem Toben an den großen Tempel und suchte das Namensschild Hopra's auf. Sein Name wurde weg gemeißelt, — Hopra wurde verurtheilt, nicht da gewesen zu sein, nicht existirt zu haben; — in seinen Namensring aber schrieb man: Uro mesto: der verhaßte König.

* * *

Jahmes gehört zu den merkwürdigsten Glückskindern. Er ist einer von denjenigen Menschen, welche sich immer und überall vom Glücke aufgesucht und stätig begünstigt sehen. Aus niedrigem Stande zur höchsten Würde empor gestiegen, regiert er 44 Jahre; und während dieser langen Zeit bleibt ihm das Glück hold und nie trübte sich das stets heitere Lächeln der sonst so wankelmüthigen Glücksgöttin. Alles, was er unternimmt, gelingt in gewünschter Weise. Und wie sich gegen das Ende seiner Regierung ein dräuendes

Gewitter zusammenzieht, verderbenverkündende Wolken am Himmel Aegypten's
aufsteigen, — ihm selbst bleibt unwandelbar das Glück getreu. Denn als
der blutgierige Perser mit seinem Heere nahte, — da starb Jahmes, noch
bevor der Sturm gegen sein geliebtes Kemi losbrach. Er sah das Land nur
in Glück und Segen und wurde zur Rechenschaft vor den
großen Osiri gerufen, ehe die Tage der Trübsal kamen.

Auch Jahmes gewährte den Fremden manche
Vortheile, räumte ihnen Freiheiten und Rechte ein und
förderte die Verbindung mit anderen Ländern und fremden Nationen auf jegliche Weise. Mit den Kyrenäern
schloß er einen Handelsvertrag und ein Waffenbünd-
niß zu Schutz und Trutz; er lud fremde Handelsleute
ein, regelmäßig mit ihren Waaren nach Aegypten zu
kommmen; den Griechen wies er eine Stadt an, wo
sie sich dauernd niederlassen und ihre Geschäfte treiben
konnten. Ja, er erlaubte ihnen sogar, daselbst Tempel zu errichten und die Götter nach ihrer Art zu
verehren.

Und dennoch wurden die Aegypter nicht aufgebracht gegen den Erwählten. Denn er setzte die Landeskinder nicht gegen die Fremden zurück; im Gegentheile arbeitete er unverdrossen am Wohl des Landes.

Grieche im Reiseanzuge.

Er beförderte die Gesetzgebung, unterstützte Gewerbe, Künste und Wissenschaften, ermuthigte und erleichterte den Handel auf jede Weise. Eine Anzahl der
herrlichsten Kunstwerke verdankt ihm ihre Entstehung. Prachtvolle, zwanzig
Fuß hohe Götterstatuen von spiegelglatt polirtem Granit, — ein 75 Fuß
hohes Standbild vor dem Tempel des Gottes Ptah in Memfi, — ein
ganz neuer prachtvoller Tempel, den er der großen Isi ebenfalls in Memfi
errichten ließ und unzählige andere Kunst- und Bau-Werke verkündeten sein
Lob im ganzen Lande.

Als größtes Wunder der Steinmetzen-Kunst ließ Jahmes in den Gra-
nitgebirgen Oberägypten's aus einem einzigen Felsblocke einen Tempel
aushauen, 33 Fuß lang, 22½ Fuß breit und 12½ Fuß hoch, — Decke,
Säulen und Boden — Alles aus demselben Stein. Von Suan, wo
der Stein gebrochen worden war, brauchte man kaum drei Wochen zur Reise
nach Saï, allwo der merkwürdige Tempel im Vorhofe des Heiligthums der
Göttin Net aufgestellt werden sollte. Aber 2000 Arbeiter hatten volle drei
Jahre nöthig, bis sie das seltene Kunstwerk mit seinem ungeheuren Gewichte
auf untergelegten Walzen an den Ort seiner Bestimmung gebracht hatten. Seit
langer Zeit hatte kein Phra das Land mit so vielen und so herrlichen Werken
der Kunst geschmückt!

Auch für den Heldenruhm und die kriegerische Ehre seiner Aegypter sorgte
Jahmes. Er vergrößerte die Flotte und eroberte mit ihr die Insel Kypros

(Cypern) im mittelländischen Meere, die ein überaus kostbarer Schatz für Aegypten war. Ueber 240 Quadratmeilen groß, hatte sie ein reizendes Klima und war weit und breit berühmt wegen ihrer Fruchtbarkeit. Sie hatte hohe Gebirge mit dichten Waldungen, die Holz im Ueberflusse lieferten; Getreide, Wein, Oel in Masse; reiche Kupferbergwerke, nebst etwas Silber; auch mit Honig und Wolle wurde bedeutender Ausfuhrhandel getrieben. Das war eine kostbare Erwerbung für die Aegypter!

Anfangs rümpften zwar Manche die Nase und zuckten die Achsel, weil Jahmes aus dem niederen Volke stammte, ein Emporkömmling war; er ließ sich aber dadurch nicht irre machen; durch seine außerordentliche Leutseligkeit, seine Gerechtigkeit, Redlichkeit und Wahrheitsliebe, sowie durch hohe Weisheit nöthigte er bald Jedermann Achtung ab und gewann die Liebe seiner Unterthanen. Einigen vorlauten Spöttern aber setzte er in seiner Weise den Kopf zurecht. Eines Tages fanden sie, da sie wieder zum Könige kamen, ein kleines aber überaus schönes, goldenes Götterbild in dem Hofe des Palastes aufgestellt. Sie staunten die herrliche Arbeit an und brachten dem Bilde des Gottes ihre Verehrung dar. Als Jahmes dieses einige Male gesehen hatte, sprach er verächtlich zu ihnen, ob sie sich nicht schämten, vor diesem Bilde zu opfern; er habe es aus dem goldnen Fußbecken schmelzen lassen, in dem sie alle so oft ihre Füße gewaschen hätten. „Sonderbar“, erwiderte der Vorlauteste unter ihnen, „was geht uns das an? Es war ein Fußbecken, ist jetzt aber ein Götterbild; und wenn es ein würdiges Bild Dessen ist, den es vorstellen soll, so geht mich die Vergangenheit Nichts an, und ich werde mich vor ihm beugen.“ — Da klopfte ihm Jahmes freundlich auf die Schulter und sprach lächelnd: „Ich war ein armer Feldhauptmann, bin aber jetzt der Sohn der Sonne; und wenn ich nur ein würdiger König bin, so geht Dich meine Vergangenheit Nichts an, und du wirst dich vor mir beugen.“

Der gravitätische Ernst der alten ägyptischen Könige hatte in Jahmes einen schlechten Vertreter. Er überließ sich mit der größesten Gewissenhaftigkeit den Staatsgeschäften, und es war nur eine Stimme darüber, daß das Reich nie besser verwaltet gewesen, als unter ihm; doch wenn die laufenden Geschäfte erledigt waren, dann setzte er sich in den Kreis seiner alten und neuen Freunde, zechte, scherzte und freute sich seines Lebens in heiterer Lust. Und falls ihm Jemand zu verstehen gab, solch Leben schicke sich nicht für den Sohn der Sonne, antwortete er: „Warum nicht? Der Schütze spannt seinen Bogen nur, wenn er ihn braucht; darnach spannt er ihn wieder ab; sonst kann er ihn nicht gebrauchen, wann es Noth ist. So auch der Mensch. Wer immer ernst arbeiten wollte, müßte zum Narren werden, oder zum Stumpfsinnigen. Jetzt lebe ich der Lust und dem Scherze; kommt die Arbeit, bin ich auch wieder am Platze.“

## III.

### Polykrates.

Einer der merkwürdigsten Verbündeten und Freunde des Königs Jahmes war Polykrates, ein Samier. Er war der Sohn eines überaus reichen Mannes, mit seltenen Fähigkeiten begabt. Die Insel Samos war ein Freistaat; Polykrates aber faßte den Entschluß, sich zum Könige derselben zu machen. Durch Freigebigkeit gegen die Armen, durch öffentliche Gastmähler und durch glänzende Feste und Spiele, welche er dem Volke gab, erwarb er sich nach und nach einen solchen Anhang, daß er nicht mehr zweifelte, sein Werk werde ihm gelingen. Nun theilte er seinen stolzen Plan seinen beiden Brüdern mit, bat sie, gemeinschaftliche Sache mit ihm zu machen, und versprach, die Herrschaft der Insel mit ihnen zu theilen.

Als nun Alles gehörig vorbereitet war, fielen bei einem Feste der Götterkönigin die Anhänger des Polykrates über die anderen Samier her, tödteten sie, oder jagten sie in die Flucht und bemächtigten sich der Burg. Hier vertheidigten sie sich mit großer Tapferkeit, und es gelang ihnen, sich so lange zu halten, bis der König der Insel Naxos zu ihrer Hülfe herbei kam. Nun wurde die ganze Insel unterjocht, unter die drei Brüder getheilt, und die Freunde und Helfer der neuen Könige wurden reichlich belohnt, in hohe Aemter eingesetzt, ihre Feinde aber dem Tode überliefert, oder verbannt.

Polykrates gedachte aber nicht, die Herrschaft dauernd mit seinen Brüdern zu theilen; sie sollten ihm nur beistehen, die Stufen des Thrones zu ersteigen, — nun Dies geschehen, standen sie ihm im Wege. Daher ließ er den einen umbringen, den andern verjagte er von der Insel und war nun allein Herr von Samos.

Anfangs gab es noch manchen Kampf mit den um ihre Freiheit betroge= nen Bewohnern; Polykrates aber wußte doch den endlichen Sieg davonzu= tragen. Jeden Versuch einer Empörung schlug er mit unerbittlicher Strenge darnieder und verfuhr mit ausgesuchter Grausamkeit gegen die Aufständischen. Dann gab er wieder Feste, Spiele, Gastmähler, theilte mit vollen Händen Geschenke aus und sorgte in jeder Beziehung für das Beste seiner Unterthanen, so daß diese sich endlich über den Verlust ihrer Freiheit trösteten und im Ge= nusse äußeren Glückes und Wohlstandes vergaßen, was sie verloren hatten. Da es aber immerhin einem Helden der alten Freiheit noch einmal einfallen konnte, den rächenden Dolch gegen des Königs Brust zu zücken, besetzte Poly= krates seine Burg mit fremden Söldnern, die er ausdrücklich dazu hatte an= werben lassen, seine Person vor den eigenen Unterthanen zu schützen; und wenn er sich öffentlich zeigte, bildeten seine Leibtrabanten eine unburchdring= liche Mauer zwischen ihm und dem Volke, — denn sein Gewissen erinnerte ihn tagtäglich daran, wie er auf den Thron gestiegen, und durch welche Mit= tel er sich bisher darauf erhalten.

Jahmes war auch ein Emporkömmling und nicht im Königspalaste ge= boren; aber er bedurfte keiner Leibwache, sich gegen sein Volk zu schützen.

Uebrigens war Samos zu keiner Zeit blühender und in größerem Wohl= stande, als unter Polykrates. Er förderte den Handel, die Schifffahrt; unterstützte Ackerbau und Viehzucht, ließ z. B. die besten Schafe und Hunde einführen, Schweine aus Sicilien, Ziegen von Naxos kommen; ermunterte Gewerbe und Künste; rief berühmte Gelehrte an seinen Hof und führte glück= liche Kriege, die Ehre, Heldenruhm und — reiche Beute eintrugen.

Von allen Königen war es nur einer, der ihm Furcht einflößte, und das war Jahmes. Darum bat er diesen um seine Freundschaft und schloß ein enges Bündniß mit ihm. Beide Herrscher hatten von da an viel schrift= lichen Verkehr mit einander und sandten sich oft gegenseitig Geschenke. Als sich Polykrates von ägyptischer Seite her sicher wußte, rüstete er eine Flotte von hundert Ruderschiffen aus, eroberte eine Insel nach der ande= ren, sogar Städte auf dem Festlande Asien's; bald war er Herr zur See, und wohin er kam, unterwarf man sich ihm freiwillig aus Furcht vor seiner Macht. Denn wagte ja einmal ein Völkchen, ihm zu widerstehen, so wurde es sicher jedes Mal besiegt, — — der gebrochene Widerstand und endliche Sieg vergrößerten stets nur den Ruhm des mächtigen, gefürchteten Polykrates.

So beständig hatte das Glück wol selten einem Sterblichen gelächelt! Kein Plan wurde ihm vereitelt, kein Unternehmen mißlang; er durfte sich kühn an das Höchste wagen.

Aber dieser stete Sonnenschein, der anscheinend durch kein Wölkchen ge= trübt, nie durch einen Sturm unterbrochen wurde, machte seinem Freunde Jahmes bange. Er schrieb daher einen herzlichen Brief an seinen Verbün= deten nach Samos und theilte ihm seine Bedenken mit. „Freund", schrieb er ihm, „dein Glück ist unnatürlich und darum beängstigend. Sieh, nur durch den Wechsel von Freud und Leid wird des Menschen Herz geläutert; nur dadurch, daß auf die Lust der Schmerz und auf das Unglück wieder das Glück folgt, wird der Mensch geschickt gemacht, vor dem Richterstuhle des großen Osiri zu bestehen. Auf gerechter Wage wird des Sterblichen Lust und werden seine Thränen abgewogen; Alles gleicht sich aus; nur Leid, oder nur Freude ist Niemandem auf der weiten Erde bestimmt. — Sieh, darum beklage ich dich. Du hast bis jetzt ein Uebermaß von Glück genossen. Ich fürchte, es wird ein furchtbares Unglück über dich hereinbrechen, denn die Wagschale des Leides und der Trübsal ist noch leer. Aber beide Wagschalen werden sich ausgleichen; glaube es, lieber Freund, glaube es! — Daher komme dem Schicksale zuvor! Was dir am Meisten am Herzen liegt, das stoße von dir; mit eigener Hand bereite dir ein Unglück; lege du selbst ein Gewicht in die Wagschale des Leides, — thue es, es bleibt nicht aus!"

Dieses Schreiben machte Polykrates sehr bedenklich; er fürchtete, der Freund möge Recht haben, und beschloß, zu folgen.

Für sein kostbarstes Kleinod hielt er einen Siegelring. Es war ein prächtiger, in Gold gefaßter Smaragd (Plinius sagt, es sei ein Sardonyx gewesen), auf welchem eine Leier eingravirt war. Der König beschloß, sich von diesem theuren Schatze zu trennen. Ernst fuhr er auf einem prächtigen Boote, begleitet von den Großen der Krone, hinaus auf's Meer, schleuderte das seltene Kleinod in die schäumenden Wellen und kehrte traurig wieder heim. Er bereute, was er gethan; denn er vermißte seinen Juwel fortwährend; der Ring fehlte ihm beständig am Finger, und er dachte: „Warum habe ich nicht etwas Anderes aus meiner Schatzkammer in das Meer geworfen?! Nichts hätte mich so geschmerzt, als der Verlust dieses Ringes."

Nach einigen Tagen erscheint ein armer Fischer in der Küche des Königs. Er hat einen Fisch gefangen, so schön und groß, wie ihm noch nie einer zu Gesicht gekommen. „Den", denkt er, „soll der König erhalten." Das Geschenk wird angenommen, — der Fischer belohnt, — der Koch bereitet die Speise. Da tritt der Mundschenk des Königs vor diesen hin, eine goldene Platte in der Hand, worauf ein kostbarer Juwel liegt. „Sieh", spricht er, o großer König, was der Koch in dem Bauche des Fisches fand."

Und Polykrates erkennt seinen Ring. Außer sich vor Freude über die wunderbare Wiedererlangung seines unschätzbaren Kleinodes, — die Kunst, Steine zu schneiden, war den Griechen damals kaum bekannt geworden, — schickt er dem glücklichen Fischer noch eine reiche Gabe; seinem Freunde Jahmes aber schreibt er sogleich das Erlebniß und fügt, überzeugt von der Unwandelbarkeit seines Glückes bei: „Du siehst, bei mir macht das Schicksal eine Ausnahme; mich sicht das Unglück nicht an; und wenn ich es selbst herausfordere, es wagt sich nicht an mich."

Doch Jahmes antwortete: „Dein Glück macht mir Grauen. Wieder ein Gewicht in die Wagschale des Glückes! Entsetzlich muß es sein, wenn bei dir die Wagschale des Unglückes an die Reihe kommt! — Du warst mir ein treuer Bundesgenosse, — aber von heute an sind wir geschieden; ich hebe jede Gemeinschaft mit dir auf; ich will nicht der Freund eines Mannes sein, über den sicher noch ein furchtbares, ein unsägliches Unglück hereinbrechen wird, Das würde meinem Herzen zu wehe thun.  Ich will mich bemühen, dich zu vergessen. Aber du bereite dich vor auf das Unglück, und gedenke meiner Worte!"

Polykrates spottete der Mahnung, wandte sich an den Perserkönig Kabuija (Kambyses) und trug ihm ein Bündniß an zur gemeinschaftlichen Eroberung Aegypten's.  Diesem gefiel der Plan, und er begann seine Rüstungen.  Polykrates sandte ihm dazu 40 große, wohlbemannte Ruderschiffe und schickte ihm in's Geheim ein Brieflein zu, des Inhalts:

„Die stattliche Mannschaft auf meinen Schiffen habe ich besonders sorgsam ausgewählt; es sind treffliche Helden, aber ihnen träumt bisweilen noch von der alten Freiheit. Sie können mir's nicht vergessen, daß ich mir in Samos einen Thron errichtet habe.  Sie möchten mich wol am liebsten wegschaffen, darum schaffe ich sie weg.  Ich denke, sie sollen alle den Keulenmessern der Aegypter erliegen.  Stelle sie nur an den gefährlichsten Platz, verwende sie, wie du willst, — nur sorge dafür, daß Keiner lebend zurückkomme."

Die verrathenen und verkauften Samier.

Aber den so schändlich verrathenen und verkauften Samiern wurde heimlich mitgetheilt, was ihr Herr dem Könige von Persien geschrieben.  Sie beriethen sich mit einander, entschlossen sich kurz und segelten nach Samos zurück.  „Ja", sprachen sie, „wir sind die Helden der Freiheit, und frei wollen wir unser Land wieder machen von dem Tyrannen, der es unterjocht hat und so schnöde mit uns verfahren." — Sie landeten an der Insel, — der Kampf begann, — — aber es war Polykrates, der Glückliche, gegen den sie kämpften. Sie wurden zurückgeschlagen, und der König saß fester auf seinem Thron, als jemals.

Jetzt wandten sich die Aufständischen nach Griechenland und suchten Hülfe bei Sparta und Korinth. Es gelang ihnen, den Beistand der beiden Städte zu erlangen, und im Gefolge einer sehr ansehnlichen Flotte erschienen sie plötzlich wieder vor Samos. Den Spartanern ging der Ruf voraus, daß ihnen Niemand widerstehen könne, die Korinther hatten noch aus früherer Zeit eine arge Beleidigung zu rächen; von den sie begleitenden Samiern war das Aergste zu erwarten; — Polykrates zagte zum ersten Male. Doch — wer vermochte Etwas gegen ihn, den Glücklichen! Die Verbündeten wurden geschlagen, — sie wagten eine zweite, eine dritte Schlacht, — sie wurden vernichtet, — die wenigen Ueberlebenden suchten Rettung in der Flucht.

„Was ist Unglück?" sprach Polykrates. „Ich kenne es nicht."

Zehn Jahre waren verflossen, seit er sich auf den Thron geschwungen, und jedes Jahr war bezeichnet durch außerordentliche Glücksfälle. Um seine Freundschaft buhlten Könige; er war Herr des Meeres; jeder Wunsch wurde ihm erfüllt, jedes Unternehmen mit Erfolg gekrönt; je höher er sein Ziel steckte, desto weiter trug ihn das Glück auf leichten Schwingen über dieses Ziel hinaus.

„Daß mich doch Jahmes sähe, der Thor!" sprach Polykrates sinnend zu sich selbst. „Was würde er jetzt wol sagen? — Aber höher, immer höher hinauf! Die Welt ist noch groß."

Und er faßte den Plan, zunächst Jonien zu erobern, das damals unter persischer Herrschaft stand. Er rüstete, und in kurzer Zeit stand ein Heer zu seinem Befehle, das jeden Feind zittern gemacht hätte.

Auf unbekannten Wegen war sein Plan zu den Ohren des persischen Statthalters von Sardes gekommen, und bald erschien ein Bote desselben auf Samos und überbrachte folgenden Brief:

„An dich, o großer Polykrates, wende ich mich, denn du bist der Einzige, der mir beistehen wird, der Einzige, deß Hülfe Werth für mich hat. Treue Freunde am Hofe meines Herrn und Gebieters, des großmächtigen Königs Kabuija, haben mir anvertraut, wie mein Herr sein Antlitz von mir gewandt, also daß mir seine Gnade nicht mehr lächelt. So hat er denn dem Hauptmann seiner Leibwache befohlen, nach Sardes zu reisen und mir den Tod zu geben. Wenn es aber dir gefällt, einen Bund mit mir zu machen, mir beizustehen gegen meine Feinde, wie ich dir beistehen will gegen die deinen, so wollen wir Lydien und Jonien befreien von der Perserherrschaft; Lydien gehöre mir als erblich Königreich und Jonien dir, gegen die Perser aber wollen wir kämpfen beide vereinigt. Ich habe ein großes, starkes Heer zu meinem Befehle und kann dir Summen anbieten, die unerschöpflich sind.

Gefällt es dir nun, den Bund mit mir zu schließen, so eile her nach Sardes, daß wir Alles verabreden, denn nicht weise ist es, solche Dinge weiter der Schrift anzuvertrauen; ich aber kann die Stadt nicht verlassen."

Polykrates sagte mit Freuden zu. Seine Tochter meinte zwar, es sei nicht klug, sich allein und ohne bewaffneten Schutz in ein Land zu wagen, gegen dessen König man sich verschworen; aber der Vater beruhigte sie. „Kind", sprach er, „du weißt noch nicht die Größe und die Zuverlässigkeit meines Glückes zu würdigen. Ich hatte in der Stille den Plan gemacht, Jonien zu erobern; — kaum habe ich es nur gedacht, so bietet mir schon ein unbekannter Helfer die Hand zur Ausführung. Wem das Schicksal solche Bürgschaft bietet, der hat Nichts zu fürchten."

Am andern Tage fuhr er über die Meerenge hinüber nach Jonien und landete bei dem Städtchen Mykale. Von da reiste er weiter nach Sardes. Als er aber in Magnesia (noch in Jonien, es gab verschiedene Städte dieses Namens) angekommen war, fielen bewaffnete Kriegsknechte über ihn her, legten ihn in Ketten und warfen ihn in ein Gefängniß.

Viele Tage schmachtete er hier, ohne daß ihm Jemand Aufklärung gegeben hätte, wie solches Unglück über ihn gekommen. Endlich wurde er auf einen Wagen gesetzt und als Gefangener zurückgeführt nach Mykale. Er glaubte, man werde ihn zu Schiffe bringen und nach Samos führen. Doch dem war nicht so. Am nächsten Morgen setzte sich ein großer Zug von Bewaffneten aller Art in Bewegung und zog mit ihm hinauf auf das Vorgebirge Trogylion. Hier bildeten die Krieger einen großen Kreis. Polykrates wurde hineingeführt. Einer der Kriegsleute trat zu ihm und reichte ihm einen Becher dar. Polykrates, der noch immer nicht ahnete, was mit ihm vorgehen sollte, wurde ängstlich und fragte: „Was? Wollt ihr mich vergiften?" Schweigend deutete der Krieger nach der Seite: Da lag ein großes, schweres Kreuz und daneben war schon die Vertiefung gegraben, es aufzurichten. Jetzt war dem unglücklichen Könige plötzlich Alles klar. Man hatte ihm den betäubenden Trank gereicht, welchen man aus Barmherzigkeit den Missethätern gab, die zum Kreuzestode verurtheilt waren. „Trinke!" gebot mit barscher Stimme der Kriegsknecht. Polykrates schwankte, er wollte umsinken; aber man stützte ihn, und er trank und trank den Becher leer bis zum letzten Tropfen.

Jetzt traten die Henker herzu, rissen ihm die Kleider vom Leibe, legten ihn auf das Kreuz und schlugen ihm große eiserne Nägel durch Hände und Füße. Darauf wurde das Kreuz erhoben, so gerichtet, daß der Unglückliche nach Westen sah, und in den Boden befestigt.

Ein prächtig geschmückter Feldherr in strahlender Rüstung, auf einem blendend weißen Rosse, deß Geschirr von Gold und Edelsteinen flimmerte, ritt jetzt heran. Er hielt vor dem Kreuze. „Polykrates", sprach er mit stolzer Stimme, „sieh her! Ich bin der Statthalter von Sardes! — So soll es Jedem ergehen, der es wagt, seine Hand gegen den großen König von Persien, den unbesieglichen Kambyja, zu erheben! — Siehst du deine Insel", fuhr er fort und deutete mit der Hand nach dem Meere. „Siehst du dein Samos? Dort liegt es. Blick' es noch einmal an!" — Dann verbeugte er sich gegen die Sonne, zog sein Schwert, hielt es hoch gen Himmel und rief: „Heil Kabuija! Heil unſerm Herrn!“ Und alles Volk ſchrie mit ihm. Polykrates hob noch einmal ſein mattes Haupt, blickte nach Weſten, nach ſeinem ſchönen Samos, — ein tiefer Seufzer entwand ſich ſeiner Bruſt. „O Jahmes, Jahmes“, liſpelte er. „Die Wagſchale des Unglücks!“ — Sein Blick umflorte ſich, — das Haupt ſank, — er verlor das Bewußtſein, — der Trank fing an zu wirken.

Da traten die Keulenträger hervor und zerſchmetterten dem Gekreuzigten die Schienbeine und die Knochen in den Armen und in der Bruſt. Darauf kehrten Alle unter dem Schalle kriegeriſcher Muſik nach der Stadt zurück.

Das war das Ende des Königs Polykrates, des Glücklichen, 522 Jahre vor Chriſti Geburt.

———————

Und doch, — ſo ſeltſam hier des weiſen Jahmes Wort in Erfüllung gegangen, — er ſelbſt war einer der wenigen Menſchen, denen das Glück treu bleibt bis zum letzten Athemzuge. Selbſt der Schmerz über das unglück-liche Ende ſeines ehemaligen Freundes Polykrates blieb ihm erſpart, denn er ſtarb zwei Jahre vor dieſen.

Auch den Kriegszug des Königs von Perſien nach Aegypten erlebte er nicht mehr. Er ſah ſein geliebtes Kemi nur im Glück. So lange er re-gierte, gab’s keine zu große Ueberſchwemmung, keine Trockenheit, keine Miß-ernte, keine anſteckende Seuche. Vierundvierzig Jahre ſchmückte der Edle den Thron, und nach ſeinem Tode ſprach das Volk: „Nie iſt das Land blühender geweſen, als unter ihm; nie der heilige Nil wohlthätiger, nie der Boden frucht-barer.“ Auch wird berichtet, wol etwas übertrieben — das Land habe unter ihm 20,000 bewohnte Städte gezählt.

Der ſchönſte Ruhm des Königs Jahmes iſt aber der, daß ihm das Volk den Titel gab: „Begründer der Gerechtigkeit auf Erden.“

Er ſtarb im Jahre 524.

Samiſche Waffen.

*Kriegsrath am persischen Hofe.*

# Psametik III. und Kabutja.

## (524 bis 520 vor Chr. Geb.)

### I.

### Bis zur höchsten Macht des Perserkönigs.

Regen in Tape. — Der Dienst des Augenarztes. — Phanes. — Des Verräthers Blut. — Die Gesandtschaft. — Psametik's Leid. — Der Leichenschänder. — Spione. — Die Antwort der Kuschi. — Die Probe. — Wie man dem Könige von Persien antworten muß, und was man nicht thun darf, selbst wenn man sein Bruder ist. — Der Traum.

Als Jahmes starb, hinterließ er einen Sohn, Psametik III. (bekannter unter den durch die Griechen entstellten Namen Psammenitos und Psammecherites). Ein seltsames Ereigniß bezeichnete den Antritt seiner Regierung:

In der Hauptstadt Tape fiel ein heftiger Regen. Seit Menschengedenken hatte man Dieses nicht erlebt; in Oberägypten regnete es fast nie. Bedenklich schüttelte alle Welt den Kopf und fragte: „Was wird Das bedeuten? Wenn nur kein Unglück über das Land kommt!"

Aber das Unglück kam, — kam blitzesschnell und riesengroß.

Schon vor einer Reihe von Jahren hatte der König von Persien, da er an den Augen litt, zu Jahmes gesendet und diesen gebeten, ihm doch einen der weltberühmten ägyptischen Augenärzte zu schicken, was Jahmes auch mit großer Bereitwilligkeit that.

Von diesem Augenarzte hatte der Prinz Kabuija oft die Schönheit der Töchter des ägyptischen Königs rühmen hören; da nun sein Vater gestorben war und er selbst auf den Thron Persien's gestiegen (527 vor Chr. Geb.), schickte er eine außerordentliche Gesandtschaft nach Saï und ließ um eine ägyptische Prinzessin anhalten. Allein Jahmes, der bereits mehr als genug gehört hatte von der Wildheit, Grausamkeit und Unmäßigkeit des Königs von Persien, wollte diesem keine seiner Töchter zur Frau geben; aber er sandte eine Tochter des verstorbenen Hopra, die er reich mit Gold und Kostbarkeiten aller Art ausstattete, zu Kabuija, und dieser nahm sie unter die Zahl seiner Frauen auf.

Nach einiger Zeit jedoch erfuhr er von ihr selbst, daß sie keine Tochter des regierenden Königs sei, und Das brachte ihn so in Wuth, daß er sogleich beschloß, den treulosen Nachbar vom Throne zu stoßen.

Wenn Das nur so leicht gewesen wäre! Aber der Weg nach Aegypten führte durch eine wasserlose Wüste, die auch nicht einen einzigen Brunnen aufzuweisen hatte. Wie sollte man solche Massen Wassers mitnehmen, daß die vielen Tausende von Kriegern und Rossen drei bis vier Tage daran genug hätten? Das war rein unmöglich!

Da kam der Verrath zu Hülfe.

Phanes, ein treuloser Grieche, der unter den Hülfsvölkern der Aegypter gedient hatte, ging zu dem Perserkönige über, erbot sich, ihm die Eingangspässe nach Aegypten zu zeigen, im Lande selbst den Wegweiser zu machen, und vermittelte ein Bündniß mit den Arabern, so daß diese mit großen Wasservorräthen in die Wüste kamen und dort das Perserheer erwarteten.

Noch bevor es so weit gekommen war, wurde Jahmes vor den Richterstuhl des großen Osiri gerufen, Rechenschaft zu geben über sein Thun und Lassen, und der junge Psametik III. bestieg den Thron Kemi's.

Kaum hatte er sein Haupt mit der Doppelkrone geschmückt, da tönte der wilde Kriegslärm von Osten her, und er sammelte sein Heer und zog aus und lagerte sich an dem östlichen Arme des Nils, den Feind zu erwarten.

Bald verlautete, daß Phanes den Verräther mache. Da ergrimmten die Aegypter und brachen in laute Verwünschungen aus über die treulosen Griechen. „Seit dieses fremde Gesindel in's Land gekommen, haben wir Unglück aller Wege", hieß es. „Diese wortbrüchigen, verrätherischen Griechen

16*

werden noch den Untergang des ganzen Landes herbeiführen." — Die Lands=
leute des Phanes aber, welche noch bei dem Heere der Aegypter waren,
wollten diesen Schimpf nicht auf sich sitzen lassen, wollten zeigen, daß zwischen
ihnen und dem Eidbrüchigen keine Gemeinschaft sei; deshalb holten sie die in
Aegypten zurückgebliebenen Söhne des Phanes in's Lager, und als nun die
Perser angekommen waren und beide Heere einander gegenüber lagerten, stellten
die Griechen ein großes Becken zwischen beiden Schlachtreihen auf, führten die
unglücklichen Knaben, einen nach dem andern vor, schlachteten sie vor den
Augen ihres Vaters und ließen ihr Blut in das Becken laufen. Dann gossen
sie Wein und Wasser zu, rührten's gut um, füllten die Becher und tranken
allesammt davon.

Verschiedene Gattungen der hellenischen Krieger.

Die Aegypter schauderten, aber die Griechen stürmten wild auf den Feind
ein mit lautem Wuthgeschrei: „So soll dein Blut vergossen werden, du schänd=
licher Verräther! Nach deinem Blute lechzen wir."

Die Schlacht entbrannte; von beiden Seiten wurde mit Muth und Tapfer=
keit gefochten, von beiden Seiten mit hartnäckiger Ausdauer; — endlich unter=
lagen die Aegypter. Sie ergriffen die Flucht und warfen sich in die Haupt=
stadt Memfi, wo sie sich, ihren jungen König an der Spitze, gegen den
nachstürmenden Feind zu halten gedachten.

Kabuija rückte nun in Unterägypten ein, mordete, plünderte, verwüstete,
wohin er kam. Dann sandte er den Nil hinauf eine Barke mit einem Herolde
an Pfametik, ihn aufzufordern, sein Land dem unüberwindlichen Könige von
Persien zu übergeben. Als aber die Barke in Memfi ankam, hieß es: „Wie?

Freiwillig unterwerfen? Die Aegypter können fallen, aber sie ergeben sich nicht. Und Solches lassen wir uns auch nicht anbieten." Knirschend vor Wuth stürmte das Volk hinaus, riß die Ruderknechte und den Herold aus dem Boote, erwürgte sie auf offener Straße und zertrümmerte das Fahrzeug. Doch der Unthat folgte die Rache auf dem Fuße.

Bald darauf stand der grollende Kabuija vor den Thoren der Stadt. Eine abermalige Aufforderung zur Uebergabe wurde mit Hohn zurückgewiesen, und nun begannen die Belagerungsarbeiten. Die Belagerten wehrten sich wie Helden; Einer suchte den Andern an Muth und Hingebung zu übertreffen, — aber eine große, volkreiche Stadt kann sich nicht lange halten, wenn es möglich ist, sie von allen Seiten einzuschließen. Auch Memfi fiel, Pfametik wurde gefangen, nachdem er ein halbes Jahr regiert hatte, und Aegypten verlor im Jahre 523 vor Chr. Geb. seine Selbstständigkeit und wurde eine persische Provinz.

Jetzt kamen trübe Tage über das arme Land.

Am Meisten ergrimmt war Kabuija gegen den König selbst; sein erstes Beginnen war also, diesen zu züchtigen. Hätte er ihn hinrichten lassen, — Das wäre zu Wenig gewesen in den Augen eines Kabuija, — ein Moment, und aller Schmerz ist vorüber, und kein weiteres Leid kann man dem Tobten mehr zufügen. Nein, der Perserkönig hatte andere Martern ausgedacht; er wußte: Wer das Vaterherz am Tiefsten verletzen will, muß die Kinder angreifen. So ließ er den entthronten König in einen Palast bringen, der am Ufer des Nil lag. Hier wurde er an's Fenster geführt, — siehe, da ward ein großer Zug von Jungfrauen aus den edelsten Familien der Stadt an den Fluß getrieben, für die Perser Wasser zu holen.

„Pfametik, siehst du auch deine Tochter?"

Wol sah er sie, barfuß im Staube dahin schreitend, kaum bedeckt, den schweren Wasserkrug auf dem Kopfe. Doch er war ein Mann und wußte auch den größten Schmerz zu tragen.

Darnach kamen die Söhne der reichsten und angesehensten Familien Memfi's, zweitausend treffliche Jünglinge, die zum Richtplatze geführt wurden; sie hatten einen Strick um den Hals, einen Zaum in dem Munde und wurden von rohen Persern mit Stöcken und Peitschen an dem Fenster des Königs vorbei getrieben.

„Pfametik, siehst du auch deinen Sohn?"

Wol sah er ihn und sah auch, wie sie hingerichtet wurden, alle die Zweitausend; aber er wußte auch, was er seiner Würde als König von Aegypten schuldig war, — er stand aufrecht, und kein Schmerzenslaut entfuhr seinen Lippen. Kabuija vermochte es nicht, den stolzen Geist zu demüthigen. Er hätte ihn so gerne zum Statthalter Aegypten's ernannt, — wer kannte besser die Hülfsquellen des Landes, wer konnte leichter das Volk im Gehorsam erhalten, als der bisherige Herrscher? — wenn Pfametik nur willführiger gewesen wäre! Aber er war und blieb so stolz, als sei er der Sieger. „Du kannst mich umbringen lassen", sagte er, „ich bin in deiner Gewalt, aber du kannst mich nicht zwingen, dir zu dienen. Der Sohn der Sonne beugt sich vor dem Perserkönige nicht."

Geduldig trugen die Aegypter nicht die Blutherrschaft der Perser, auch waren sie gar nicht gesonnen, die Fremdlinge für immer im Lande zu lassen; zumal ihr rechtmäßiger König noch unter ihnen lebte. So war es sehr natürlich, daß sie den Plan zu einer Empörung faßten, deren Haupt und Leiter Psametik war.

Bereits war Alles verabredet, der Tag der Ausführung nahe, Hoffnung bewegte jede Brust, und freudig sahen die Männer von Kemi der Stunde der Erlösung entgegen, — da entdeckte Kabuija die Verschwörung, ließ den unglücklichen Gefangenen vergiften und wieder Tausende hinrichten. Die Aegypter aber, deren Unternehmen nun keinen Mittelpunkt mehr hatte, — der König und sein Erbe waren ja ermordet, — blieben unthätig vor Entsetzen; der Schrecken hatte Alle gelähmt.

Nun zog Kabuija den Strom hinab nach Saï, denn dort war Jahmes begraben, für ihn der Verhaßteste aller Aegypter. Konnte er sich an dem Lebenden nicht rächen, so wollte er wenigstens an dem Todten seine Wuth stillen. Er ließ das Grab öffnen, die Leiche aus dem Sarge nehmen und vor sich bringen.

„Löset die Binde!" befahl er sodann. „Und weg mit allem Schmucke! Reißt ihm das Gold und die Edelsteine vom Leibe! Arm und bloß soll er vor mir liegen, der Betrüger!"

Es geschah.

„Nun peitscht ihn, daß das Fleisch von den Knochen fällt!"

Die gehorsamen Knechte thaten, wie ihnen befohlen war.

„Bringt Nadeln herbei, glühende Nadeln! Stecht ihn! Reißt ihm die Haare aus!"

So ließ er den Leichnam mißhandeln, trat ihn mit den Füßen und ließ ihn schließlich in's Feuer werfen, was auf Aegypter und Perser einen um so tieferen Eindruck machte, als bei beiden Völkern das Verbrennen der Leichen gänzlich unbekannt war. Aber so wollte es der grausame König. Er beraubte die Tempel, schändete die Heiligthümer, verspottete die Priester und sann täglich auf neue Schmach und neuen Hohn für das unglückliche Volk von Kemi.

Doch auch nach neuen Eroberungen stand sein Sinn, und da lag ihm denn kein Land näher, als das vielgenannte Kusch (Aethiopien), das von Aegypten aus schon mehr als ein Mal erobert worden war. Er ließ also sein Heer wieder nach Süden aufbrechen und marschirte nach dem alten Tape.

Von hier schickte er Spione nach Aethiopien, denen er reiche Geschenke mitgab, welche als nachbarlicher Gruß dem Könige der Kuschi überreicht werden sollten; in's Geheim sollten die Abgesandten aber Straßen, Engpässe, Flußübergänge und Festungen auskundschaften, um später bei dem beabsichtigten

Feldzuge als Wegweiser zu dienen.    Unterdessen wüthete Kabuija in Tape, wie er's in Memfi und Saï gethan hatte.

Zufällig hörte er, daß König Jahmes' Gemahlin hinter dem Palaste des großen Sesoosi begraben liege.    Sogleich ließ er das Felsengrab aufsuchen, erbrechen, — und obwol er durch verschiedene Gänge auf und ab 125 Fuß tief in den Fels eindringen mußte, — er ruhete nicht, bis er ganz hinten in einem kleinen Gemache den Sarg der Königin gefunden hatte. Es war ein prächtiger Sarkophag von dem schönsten grünen Porphyr, außen und innen allerwärts mit Bildhauereien und hieroglyphischen Inschriften bedeckt, auf dem Deckel eine Relief-Darstellung der Göttin Hathar.    Der Sarg ward aufgebrochen, die Mumie herausgerissen, ihres kostbaren Schmuckes beraubt und dann in dem Grabe selbst in Beisein des Königs verbrannt.

Dieser kostbare Sarg kam durch die französische Expedition (von der wir später kurz berichten werden) von Aegypten nach Paris, verblieb aber dort nicht lange, sondern ward nach London in das britische Museum gebracht, wo er heute noch zu sehen ist. — In gleicher Weise entweihete der persische Wütherich die übrigen Gräber, welche er irgend zugänglich fand, bis seine Spione aus Aethiopien zurück kamen, und ihm solch ernste Nachrichten brachten, daß ihm alle anderen Gedanken darüber vergingen.

Der König von Kusch hatte sogleich erkannt, daß es dem Perser nicht um freundliche Nachbarschaft zu thun war, und daß die Boten neben Ueberreichung der Geschenke noch ein anderes Geschäft hatten.    Doch that er anfangs, als habe er nicht den geringsten Verdacht, nahm die Gaben, welche ihm Kabuija sandte, gütig auf und beantwortete den Gesandten bereitwillig alle Fragen, die sie an ihn zu stellen für gut fanden.    Er behielt sie mehrere Tage bei sich, ließ sie trefflich bewirthen und überall umher führen, damit sie Alles mit eigenen Augen sehen mochten, was sie irgend interessiren konnte. Als es aber wieder an die Abreise ging, ließ er sie vor sich bringen und sprach zu ihnen also:

„Ihr müsset nicht denken, ihr Männer, daß mir der Zweck eures Besuches unbekannt wäre.    Nicht gute Nachbarschaft will Kabuija mit mir halten, sondern Krieg führen, mir mein Land entreißen, wie er's dem Könige Psametik auch gethan, und Ihr seid seine Kundschafter.    So berichtet ihm denn, was ihr gesehen, und nehmt ihm auch ein Geschenk von mir mit. Hier!    Ueberreicht ihm einen von unseren Bogen und sagt ihm, wenn seine Perser einmal solche Bogen so leicht spannen können, wie wir, dann möge er es wagen, mit seinem Kriegsvolke gegen uns zu ziehen; bis dahin aber solle er still zu Hause bleiben und seinen Göttern danken, wenn es uns nicht einfällt, ihn aufzusuchen."    Mit diesen Worten ergriff der König einen der Bogen, die in der Ecke des Zimmers standen, überreichte ihn den Abgesandten und kehrte ihnen dann stolz den Rücken und verließ sie.    Der Bogen war aber fünf Fuß hoch, von außerordentlich festem Holze gemacht, und keiner der Gesandten war im Stande, ihn auch nur einen Zoll breit zu spannen.

Perſiſche Bogenſchützen.

Als ſie nun mit der böſen Botſchaft und dem herausfordernden Geſchenke zu Kabuija kamen, gerieth dieſer außer ſich vor Wuth. „Was?" ſchrie er, „dieſer armſelige König von Kuſch will mich verſpotten, mich, vor dem die Welt zittert? Mich, den Herrn von Parſis, Aſſyrien, Babylonien, Chaldäa, Medien, Judäa, Phönizien, Aegypten? Mich, vor deſſen Throne fünfzig Völkerſchaften auf den Knieen liegen? Mich, den unbezwinglichen Kabuija? Auch er ſoll im Staube vor mir liegen! Mit ſeinem eigenen Bogen will ich ihm den Pfeil in ſein Läſtermaul ſchießen. O, er kennt den großen Kabuija noch nicht! Er weiß nicht, daß ich der beſte Schütze bin von Allen, die je geboren ſind! Und ſo, wie ich dieſen elenden Bogen ſpanne, ſo will ich" — — — Er zog, er riß an der Sehne, — aber der Bogen bewegte ſich nicht.

Blitzenden Auges ſah er im Saale umher, ob ſich keiner ſeiner Unterthanen vielleicht unterſtehe, ein Wenig zu lächeln. Allein den Räthen, Mundſchenken, Schirmträgern und Feldherren war's nicht um's Lachen; ſie ſtanden zitternd an der Wand und dachten: „Wer von uns wird nun dafür büßen müſſen, daß er den Bogen nicht ſpannen kann?" Kabuija war zufrieden mit den Mienen ſeiner Höflinge, reichte den Bogen einem ſeiner Hauptleute und ſprach: „Verſuche du, ob du den Bogen ſpannen kannſt!"

Aber Der hatte längst gelernt, wie man sich dem Perserkönige gegenüber benehmen mußte, wenn man seines Lebens sicher sein wollte. „O, mein
Herr und Gebieter", antwortete er, „das ganze Heer weiß, daß Dir Keiner
— wie an Einsicht und Weisheit — so auch an Gewandtheit und Stärke
gleich kommt; thöricht wäre es, Etwas zu versuchen, das einem solchen Helden nicht gelingen wollte; und strafbare Vermessenheit wäre es, wollte einer
deiner Knechte auch nur den Wunsch hegen, es dir, dem Gebieter der Könige,
in irgend einem Stücke gleich zu thun."

„Du hast weise gesprochen", entgegnete der König; „ich bin mit dir
zufrieden und erlasse dir den vergeblichen Versuch."

Da trat des Königs Bruder, Bartja (Herodot nennt ihn Smerdis),
hervor und sprach: „Willst du mir wol erlauben, großer Herr, meine Kraft
auch zu versuchen?"

Und da es ihm nicht abgeschlagen ward, ergriff er den Bogen, that
einen kräftigen Ruck, und so gelang es ihm wenigstens, den Bogen zwei Fingerbreit zu spannen; Größeres vermochte er nicht. Aber Das war schon
mehr als zuviel für Kabuija. Sein Auge wurde finster; er ballte die Fäuste,
— doch gewann er es noch über sich, einen Ausbruch seines Zornes zurück-
zuhalten. Schwankenden Schrittes ging er in ein anderes Zimmer. „Prexaspes!" rief er, und der Feldherr folgte im zitternd nach.

Der König warf sich in einen Thronsessel; Prexaspes kniete vor ihm.

Nach einer Weile fing Jener an: „Mein Bruder geht in dieser Stunde
noch nach Persien zurück und wird Statthalter in Susa. Morgen vor Sonnenaufgang bricht das ganze Heer auf gen Aethiopien. Du hast für die Ausführung von Beidem zu sorgen. Nun fort!"

Prexaspes entfernte sich, überbrachte den Befehl der Verbannung dem
unvorsichtigen Bartja, der sich unterstanden hatte, stärker zu sein, als der
König, und ordnete das Nöthige für den Abmarsch der Truppen an.

Aber in aller Frühe des folgenden Tages, noch bevor das Heer aus-
rückte, wurde der Feldherr wieder zu dem Könige gerufen. Wehe! wehe!
diese Miene verkündete Blut und Tod.

„Prexaspes", hob Kabuija mit dumpfer Stimme an, „heute Nacht
träumte mir von meinem Bruder Bartja. Er saß in Susa auf einem Kö-
nigsthrone, und sein Haupt schmückte die königliche Tiara (eine hohe, spitze
Mütze). Und wie ich ihn so ansah, wuchs die Tiara und wuchs und wuchs,
bis sie an den Himmel stieß. Was bedeutet dieser Traum? Sprich! Was
hälst du davon?" — „Mein großer König, du weißt, daß ich nur in deinem
Dienste lebe; und ich weiß, daß ich nur durch deine Gnade athme und noch
bin; aber wie ich auch grüble und denke und überlege, vermag ich doch nicht,
den Sinn dieses Traumes zu erklären. O, so erleuchte du mich mit deiner
Weisheit und leite mich auf den Weg, daß ich das Rechte finden möge." —

„Die königliche Tiara bedeutet, daß Bartja König werden wird; und
daß sie bis zum Himmel empor gewachsen, das zeigt an, daß er über die

ganze Welt regieren wird. Und mich, seinen Bruder, wird er vom Throne stoßen. — O! er wird nun Alles wagen, da er den Bogen gespannt hat!" —

„Ja, großer König, so ist's! Das ist die Deutung des Traumes. Jetzt ist mir Alles klar. — Was übrigens den Bogen betrifft, so wissen alle Perser, daß du weit stärker bist, als dein Bruder, und daß du den Bogen wol hättest spannen können, wenn es nur dein ernster Wille gewesen wäre." —

Diese Schmeichelei that dem Könige wohl; aber der böse Traum beherrschte ihn ganz. Er ging unruhigen Schrittes in dem Saale umher; dann blieb er plötzlich vor seinem Feldherrn stehen, starrte ihn einen Augenblick mit finsterer Miene an und sprach dann: „Prexaspes, heute reisest auch du nach Susa ab, tödtest meinen Bruder, ordnest die Geschäfte und bringst mir die Nachricht, daß du ihn mit eigner Hand erlegt hast. Verstehst du wol: mit eigner Hand."

Zitternd entgegnete Prexaspes: „O, mein Herr und Gebieter, dein schwacher Diener" — — —

Aber Kabuija unterbrach ihn barsch: „Ist mein Auftrag zu schwer für dich, so wird er dich zermalmen. Jetzt gehe!" —

„Dein Knecht gehorcht", stammelte der unglückliche Auserkorene. Dann erhob er sich, ging hinaus und reiste noch an demselben Tage nach Susa ab, wie ihm befohlen war. Aber er beeilte seine Reise nicht; zu dem blutigen Werke, das ihm aufgetragen war, kam er immer noch frühe genug.

Bartja ahnete nicht, was kommen sollte, als Prexaspes bei ihm erschien und um Aufnahme bat, unter dem Vorgeben, er sei bei Kabuija in Ungnade gefallen. Diese Ungnade an und für sich hatte durchaus nichts Unwahrscheinliches; aber daß Prexaspes mit dem Leben davon gekommen und nur verbannt worden war, das war unwahrscheinlich. Doch dachte Bartja, sein Bruder sei einmal zu Gunsten eines treuen und zuverlässigen Dieners milder als gewöhnlich gewesen. Nach acht Tagen aber, da er mit diesem treuen Diener, seinem Gastfreunde, auf der Jagd war, durchstach ihn dieser von hinten mit dem Speere. Und als der Prinz taumelnd zu Boden stürzte, sprang Prexaspes hinzu, stieß ihm noch seinen Dolch in die Brust und sprach dazu: „Im Namen des Königs, deines Bruders."

Zwei Monate später kniete der Feldherr wieder vor seinem Gebieter und berichtete ihm, wie er den Befehl ausgeführt.

„Also wirklich todt? und begraben?" fragte der König hastig.

„Todt und begraben; mit meinen eigenen Händen begraben", antwortete Jener. —

„Stehe auf! Ich bin zufrieden mit dir."

Und der zuverlässige Diener erhielt zwei prachtvolle Feierkleider, um die ihn alle Welt beneidete, — — — der König wußte treue Dienste zu lohnen. —

Die lauernden Löwen der Wüste.

## II.

## Zerfall und Ende.

Zug nach Kusch. — Sie essen Menschenfleisch. — Neuer Plan. — Der Wegweiser Schwur in der Nacht. — 50,000 Menschen im Sande begraben. — Kabuija's Wuth. — Bartja's Auferstehung. — Des Wütherichs Ende.

Als Prexaspes, der über ein Vierteljahr ausgeblieben war, zurückkehrte, war der Zug nach Aethiopien bereits beendet. Aber er war nicht glücklich ausgefallen; Kabuija ließ sich zwar den Unwiderstehlichen, Unbesiegbaren nennen, allein allmächtig war er nicht.

In Eile war das Heer aufgebrochen, ohne daß die für einen längeren Kriegszug nöthige Menge Vorräthe zusammengebracht worden wäre. Nur wenig Tage hatten die Lebensmittel gereicht. So lange man noch in den gesegneten Fluren Aegypten's dahinzog, wo Städte und Dörfer in ungezählter Reihe an den üppigen Ufern des Nil prangten, konnte man sich die Bedürfnisse des Lebens immerhin verschaffen; als man aber in die Granitregion eingetreten war und die Südgrenze des Landes erreichte, wurde das anders, und bald litt das Heer Mangel am Unentbehrlichsten.

Bereits waren manche der armen Kriegsleute vor Hunger und Mattig-
keit umgesunken und elendiglich am Wege verschmachtet, da wagte einer der
Hauptleute, dem König mitzutheilen, daß die Mannschaft Noth litte. Aber
Kabuija, dem es für seine Person natürlich an Nichts fehlte, denn sein
Hausverwalter, seine Köche und Mundschenke hatten selbstverständlich für Alles
reichlich gesorgt, Kabuija brauste in wildem Zorne auf und drohte furchtbar
Denen, die ihm noch ein Mal solche Botschaft brächten.

In der Stille schlachtete man nun nach und nach sämmtliche Pferde,
die bei dem Zuge waren; und als der König es merkte, daß seine persischen
Reiter verschwunden waren und er auch keine Wagenkämpfer mehr hatte, ließ
er etliche der Oberanführer hinrichten, zog aber immer weiter, unbekümmert
um das Schicksal der armen Menschen, die er so in's Verderben führte. Da
nun später einer seiner Vertrauten sich erkühnte, ihm anzudeuten, daß jetzt
absolut keine Nahrung mehr für das Heer aufzutreiben sei, fuhr ihn Kabuija
an: „Es wächst noch genug am Wege."

In der That war die Mannschaft nun einzig darauf hingewiesen, sich
von dem Grase und den Kräutern zu nähren, die am Rande der Heerstraße
wuchsen. Ein großer Theil der Armee wurde krank, Hunderte blieben täglich
liegen; aber Niemand kümmerte sich um sie, Niemand fragte nach ihnen, und
Niemand hatte den Muth zu sagen: „Kehren wir um!" Die Leute waren
an einen so unbedingten, so absoluten Gehorsam gewöhnt, daß sie mit offenen
Augen in ihr Verderben gingen, wenn es der König befahl.

Endlich aber kam man in eine so wüste Gegend, daß man kaum einen
Grashalm noch zu finden vermochte. Alles Grün war verschwunden, das
Auge sah nur Sand und Fels, Fels und Sand. Und beutegierige Löwen
lauerten, wo ein Ermatteter niederfiel. Wehe dem Armen! In wenigen
Minuten war er zerrissen von den Königen der Wüste.

Jetzt war die Noth auf's Höchste gestiegen, und die Krieger, welche immer
noch entschlossen waren, ihrem Könige zu folgen, griffen zu dem äußersten,
gräßlichen Mittel, ihren Hunger zu stillen: sie loosten je den zehnten Mann
aus, der dann geschlachtet und von den andern neun verzehrt wurde.

Als Kabuija nach etlichen Tagen hörte, daß sein Heer von Menschenfleisch lebte, als er die verzweifelten Mienen seiner Krieger ansah und ihre
kannibalischen Blicke beobachtete, da wurde ihm unendlich bange; denn was
war nicht von Menschen zu fürchten, die ihre eigenen Brüder verzehrten!
Wie leicht war es möglich, daß ein verwegener Mund rief: „Kommt, laßt
uns Kabuija schlachten!" Und dann stürzten gewiß Alle mit Blutgier auf
ihn los. Es giebt Verhältnisse, in welchen auch der unterwürfigste Sklave
keine Ehrfurcht mehr vor seinem Herrn hat. In unsäglicher Angst befahl
Kabuija: „Wir kehren um! Auf der Stelle!"

So wurde denn umgewendet, als kaum der fünfte Theil des Heerweges
zurückgelegt war. Durch Entbehrung und Elend herabgebracht, durch den
Hungertod gelichtet, kam das Heer in erbärmlichster Verfassung wieder in

Tape an. Wer hätte in den schwachen, abgezehrten Gestalten, die sich kaum noch auf den Beinen halten konnten, die Ueberreste des stattlichen Heeres wieder erkannt, das mit dem Perserkönige ausgezogen war, Aethiopien zu erobern!

Das Mißlingen des vereitelten Planes mußten die armen Aegypter entgelten. Kabuija ließ die noch übrigen Tempel plündern, verwüsten, die den heiligen Stätten geraubten ungeheuren Schätze an Gold, Silber und edlen Steinen nach Persien bringen und wählte noch 6000 Aegypter aus, die mit nach Persepolis ziehen mußten, dort prächtige Königspaläste aufzuführen und sie auszuschmücken mit Dem, was ihnen selbst geraubt worden war.

Seinen Kriegsruhm wieder herzustellen, ordnete er einen Zug an nach einer der bekannten Oasen, die als herrlich angebaute Landschaften mitten in der Sandwüste lagen, wie Inseln im Meere. Die berühmteste nannten die Aegypter Uahe Amun, wie wir wissen, weil daselbst ein berühmter Tempel des Gottes Amun stand. Sie lag 100 Stunden westlich von Memfi, war reich bevölkert, strotzte in der üppigsten Fruchtbarkeit, — ein himmlisches Paradies mitten in der Einöde.

Dorthin sandte Kabuija ein Heer von 50,000 Persern, lauter auserlesene, treffliche Leute. Er rechnete im Voraus darauf, daß Tausende auf dem Marsche zu Grunde gehen würden; und daß sich die Bewohner der Oase nicht freiwillig unterwerfen würden, konnte er sich auch denken.

Da aber durch die Wüste keine gebahnte Straße führt, da man die Richtung des Marsches einzig nur nach den umgebenden Bergen und Hügeln bestimmen kann, so wurden einige Dutzend des Weges kundige ägyptische Führer genommen und ihnen unter Androhung fürchterlicher Strafen geboten, das Perserheer auf dem kürzesten und sichersten Wege nach Uahe Amun zu geleiten.

Wer als Feind in ein fremdes Land einfällt, wer als Wütherich das Blut unschuldiger, friedfertiger Menschen vergießt, soll aber ja nicht meinen, von den schuldlos Bedrängten freiwillig noch gute Dienste erwarten zu dürfen.

In der Nacht vor dem Abmarsche des Heeres traten die ägyptischen Wegweiser zusammen und sprachen: „Jetzt, o großer Amun, giebst du selbst diese persischen Blutsauger in unsere Hände, auf daß wir sie verderben können. 50,000 Mann sind uns überliefert, und es kostet nichts Höheres, sie zu vertilgen, als das Leben von uns Wenigen. Hathar, Hathar (Göttin Nacht), höre uns! Das schwören wir bei dem großen Osiri, der auf Pilak liegt: Sie sollen nicht lebendig zurückkommen! Wir wollen sie in der Wüste umherführen, bis sie alle umgekommen sind, alle, alle. Sende deine brennendsten Strahlen auf uns, o großer Ra (Gott Sonne), und du, allgütige Anuke (Göttin Erde), schicke deine glühendsten Sandwirbel über unsere Häupter! Wir verlangen nicht zu ruhen in den kühlen Bergen Kemi's, — wir wollen uns begraben in dem ewigen Sande."

Am andern Morgen brach das Heer auf.

O, welche Strapazen, welche unsägliche Noth und Pein hatten die armen Söhne Asien's auszustehen! Zuerst die furchtbarste Hitze; der glühende Sand versengte die Sohlen der dahinziehenden Eroberer, — nirgends ein Fluß, ein Bach, ein Brunnen, eine Quelle! Schon nach wenigen Stunden mußte man ruhen, dann sich's gefallen lassen, während der ärgsten Hitze des Tages wiederum zu rasten und den Abend zum Weitermarsch abzuwarten. War aber der erste Tag, den man mit frischen Kräften und gutem Muthe angetreten, schon empfindlich genug, so war der zweite noch weit fürchterlicher. Und doch begann die rechte Noth erst am dritten Tage, nachdem man das Seitenthal, welches durch die libyschen Gebirge führt, verlassen hatte und nun in der Ebene dahinzog. Bald war alle Ausdauer geschwunden, alle Lebensfrische verflogen; langsam, mißmuthig zog das Heer dahin; Jeder schleppte sich nur mühsam weiter und blieb blos deswegen nicht liegen, weil er sonst in wenigen Stunden um so sicherer jämmerlich umgekommen wäre. Am vierten Tage aber blieben schon ansehnliche Schaaren zurück, fielen um und starben eines elenden Todes. Mit unheimlicher Gelassenheit schritten die ägyptischen Wegweiser ruhig weiter, und so oft sie gefragt wurden, ob man noch nicht bald am Ziele sei, antworteten sie kaltblütig: „Bald, ja. Geduld, Geduld, wir kommen immer näher."

Der nächste Tag kostete bereits Tausenden das Leben. Wüthend fielen die Perser über die Wegweiser her, mißhandelten sie jämmerlich, schlugen einige von ihnen todt und schrieen: „Bringt sie um, die ägyptischen Verräther, denn sie führen uns in die Irre!" Die Feldherren und Hauptleute besänftigten jedoch das Heer wieder und sprachen: „Wer soll uns denn weiter führen, wenn Diese todt sind? An ihrem Leben hängt das unsere. Sie wollen so wenig sterben, als wir." Dann ließen sie die Wegweiser vor sich kommen und fragten: „Seid ihr auch des Weges noch sicher? Und wie lange wird es dauern, bis wir an's Ziel kommen?" — „Wir sind des Weges vollkommen sicher", antworteten diese. „Ihr mögt es daran sehen, daß wir übermorgen, am siebenten Tage, an eine Station kommen, wo Wassers die Fülle ist, und wo das Heer ausruhen und sich erholen kann."

Wie sie gesagt, so geschah es. Man kam in eine kleine Oase; das Heer erquickte sich und zog nach einigen Rasttagen neu gestärkt weiter.

Kaum hatte man aber den Lagerplatz verlassen, als die Noth erst recht begann und bald den höchsten Grad erreichte. Der Wind blies aus Südwest und wühlte den feinen Sand auf. Man mußte halten, die Augen schließen, dem Winde den Rücken kehren, Einzelne sanken um und wurden sogleich von den Sandwehen bedeckt und völlig begraben. So vergingen wieder ein paar Tage unter furchtbaren Kämpfen und unsäglichen Leiden.

„Wie weit ist's noch? Sind wir noch nicht bald da?" —

„Bald sind wir am Ziel."

Und der große Ra sandte seine brennendsten Strahlen, und die allgütige Anuke schickte ihre glühendsten Sandwirbel und begrub das große

Perferheer im Sande der Wüste. — Jetzt sind sie am Ziel! Dort ruhen sie, das ganze Heer und die ägyptischen Wegweiser, 50,000 Mann, — dort ruhen sie und schlafen den ewigen Schlaf. Ein Sandhügel deckt ihre Leichen. Keiner von ihnen hat die Oase des großen Amun gesehen, keiner ist zurückgekommen zu den Seinen. —

Tag um Tag und Woche um Woche verging, — Kabuija hörte Nichts von seiner Armee. Endlich wurde er ungeduldig und schickte Boten nach der Uahe Amun, und diese brachten dann die Trauerbotschaft, daß man dort keinen Perfer gesehen hatte, und daß ohne Zweifel das ganze Heer in der Wüste zu Grunde gegangen.

An der Wüste konnte der König seinen Zorn nicht auslassen, — die armen Menschen, welche in seine Gewalt gegeben waren, mußten das Unglück des Heeres entgelten.

Er ließ zwölf der angesehensten Perfer vor sich bringen und überhäufte sie mit Vorwürfen, daß sie ihm von dem Zuge nach der Oase nicht abgerathen hatten. Sie entschuldigten sich mit ihrer Unkenntniß der Verhältnisse. „So könnt ihr mir also fernerhin nicht nützen", schrie Kabuija, ließ zwölf Löcher in den Schloßhof graben, jedes sieben Fuß tief, die persischen Feldherrn lebendig mit dem Kopfe nach unten hinein stecken und dann mit Erde wieder zuwerfen.

Wüthend zog er darauf von Tape weg nach Memfi.

Als er hier ankam, strömte alles Volk jauchzend und festlich geschmückt durch die Straßen; Freude und Lust sah man auf allen Gesichtern. Der König, welcher nicht anders meinte, als man wolle seiner spotten und jubele über den Untergang des Perferheeres, ließ sogleich die Vorsteher der Stadt rufen und befragte sie, was die allgemeine Freude zu bedeuten habe.

„Großer König", antworteten Diese, wir haben einen neuen Hapi (Apis) bekommen, was nur alle 25 Jahre geschieht; deshalb der Jubel des Volkes und das Festgetümmel." —

„Wer ist Hapi?" —

„Eigentlich nur ein schwarzer Stier mit einem weißen Dreiecke auf der Stirne, aber er ist uns ein Sinnbild unseres Gottes Osiri." —

„Das lügt ihr! Ihr lügt!" schrie der König, außer sich vor Zorn. „Einem Ochsen zu Ehren feiert man keine Feste. Ihr sollt mich hinfort nicht mehr belügen."

Und er ließ sie auf den Schloßhof führen und durch seine Perfer alle, alle enthaupten.

Jetzt wurden die Priester herbei geholt. —

„Was für ein Fest habt ihr heute? Aber hütet euch, mich zu belügen!" —

„Wir belügen den König nicht!", entgegneten die Priester ruhig. „Es sind 25 Jahre um." (521 vor Chr. Geb.) „Ein neuer Hapi wird bei uns eingeführt." — „Was?" unterbrach sie Kabuija. „Ich will ihn sehen, diesen Hapi. Führt ihn her! Sogleich! In den Hof!"

Er stieg hinunter, die Priester thaten, wie ihnen befohlen worden war. „So", rief der König, als er des Thieres ansichtig wurde, „Das ist euer Gott? Seht her, wie ich mit eurem Gotte umgehe!" Und er zog sein Schwert und stieß es dem Thiere in den Leib. Dann ließ er sämmtliche Priester durch seine Henkerstnechte fassen, bis auf's Blut peitschen und auf die Straße werfen. Zugleich schickte er seine Leibgarde hinaus in die Stadt mit dem Befehl, ohne Gnade Alle umzubringen, die da sängen, jauchzten, musicirten, oder auch nur festlich geschmückt seien.

Da gab es ein großes Blutbad. Tausende erlagen dem Grimme eines wahnsinnigen Königs, Hunderttausende rangen die Hände und seufzten: „Wann, o wann werden wir von diesem Wütherich erlöst?" — —

„Was weinest du?" fuhr Kabuija seine Schwester an, als er wieder in den Saal trat.

Das Gemetzel auf dem Schloßhofe und in den Straßen hatte sie mit Entsetzen erfüllt; sie gedachte ihres jüngeren Bruders Bartja, — daß dieser auf Befehl des Königs umgebracht worden war, wußte Jedermann und durfte auch Jeder wissen, der König war ja Herr über Gut und Blut seiner Unterthanen; — so fand sie Kabuija weinend am Fenster sitzen. „Was weinest du?"

„Ich dachte an unseren Bruder Bartja", antwortete die Schwester.

„Und du weinst über diesen Verräther?" schrie Kabuija, riß die Schwester vom Stuhle, warf sie zu Boden und trat sie mit den Füßen, bis sie vor seinen Augen starb.

So wüthete der Entsetzliche gegen Aegypter und Perser, ja gegen seine eigene Familie. Aber die Grausamkeit hatte Unruhe, Gewissensbisse, Furcht vor Rache und Wiedervergeltung, schlaflose Nächte im Gefolge, — Kabuija wollte sich fröhlich machen, wollte sich betäuben; er suchte die wilde Lust, ausgelassene Freuden, die Genüsse der Tafel, er trank den Wein im Uebermaße, — doch Nichts half. Tänze und Musik erfreuten ihn nicht; Nachts wichen die bleichen, blutigen Schreckgestalten nicht von seinem Lager; Jeden, den er erblickte, betrachtete er mit Mißtrauen und Furcht; und in seinem Grimme sprach er zu sich selbst: „Ich fürchte mich nicht; ich kann thun, was ich will, und hinrichten lassen, wen ich will", — und wieder fiel eine Anzahl Opfer unter der Hand des Henkers.

Allein dadurch ward die Aufregung des Königs nur um so größer, so daß kein Tag verging, an dem er nicht in der Trunkenheit scheußliche Blutbefehle erlassen hätte. Perser und Aegypter sagten: „Er ist wahnsinnig"; aber sie beugten sich doch vor ihm und warteten in Geduld, bis sie eine höhere Hand von dem Wütherich befreite.

Da kam plötzlich ein Bote aus Susa und verkündete dem Perserheere: „Bartja, der Sohn des großen Kor, läßt euch sagen, daß er die königliche Tiara aufgesetzt, daß ihr hinfort ihm zu gehorchen habt, nicht mehr seinem Bruder Kabuija, denn Bartja ist König." Darüber erschracken Alle und wußten nicht, was sie nun thun sollten. Kabuija aber hörte die Sache auch, ließ Prexaspes vor sich kommen und sprach: „So also haſt du den Befehl vollführt, den ich dir gegeben?"

„Großer Herr und Gebieter", antwortete der Feldherr, „thue mit deinem Knechte, wie es dir wohlgefällt; aber so lange die Todten nicht wiederkommen, haſt du von deinem Bruder Bartja Nichts zu befürchten, denn ich ſelbſt habe ihm das Leben genommen, ich ſelbſt habe ihn mit eigenen Händen begraben. Ein Betrug iſt es, den man ſpielt; Bartja lebt nicht mehr. Ziehe ſelbſt hin, o großer König, und erlaube mir, dich zu begleiten. Mein Leben iſt in deiner Hand. Findeſt du deinen Bruder in Suſa, ſo laſſe es mich entgelten; dann ſei keine Strafe zu hart, keine Qual zu groß für mich. Aber ich weiß, was ich gethan."

Als der König ſeinen Feldhauptmann ſo ſprechen hörte, war er überzeugt, daß ihn dieſer nicht hintergangen, und entſchloß ſich ſogleich, an der Spitze ſeines Heeres nach Perſien zu eilen, um den Betrug zu entlarven, den man dort ſpielte.

Doch, — ſeine Zeit war abgelaufen; die Menſchheit ſollte erlöſt werden von dem Scheuſal.

Als er zu Pferde ſtieg, löſte ſich die Zwinge von der Scheide ſeines Schwertes, und er ſtach ſich mit dem Schwerte in den Schenkel. Sogleich hob man ihn wieder herab, brachte ihn auf ſein Lager und pflegte ihn unter Furcht und Hoffnung. Allein bald kam der Brand an die Wunde; der König litt die furchtbarſten Schmerzen und ſah ein, daß er unrettbar verloren ſei. Da ließ er die Vornehmſten der Perſer vor ſich kommen und beſchwor ſie, den beabſichtigten Betrug in Suſa zu entlarven, denn ſein Bruder ſei todt und könne nicht wiederkommen.

Nach zwanzig Tagen unſäglicher Pein ſtarb der Fürchterliche, nachdem er Alles in Allem ſieben Jahre und fünf Monate regiert hatte. Aegypten aber hatte drei Jahre unter ſeiner Herrſchaft geſeufzt. Er hinterließ keine Nachkommen. Auch kein Denkmal exiſtirt von ihm; er ·hat weder Tempel erbaut, noch Bildſäulen errichtet, — er konnte nur zerſtören. Die Zeichen ſeines Namens ſind überhaupt im ganzen Lande nur zweimal aufgefunden worden. Aber ſein Gedächtniß blieb tauſend Jahre im Volke lebendig, denn überall hatte er Zeugniſſe wahnſinniger Zerſtörungswuth hinterlaſſen, und der Enkel ſagte es dem Enkel, und von Generation zu Generation pflanzte ſich die Sage fort von Kabujia, dem Wütherich.

# Wie es weiter in Aegypten ging.

## I.

### Die Perser und Ptolemäer.

Hoffnung auf Freiheit. — Neue Verwüstung. — Maihar. — Der Freiheit letzter Tag. — Alexander — Die Lagiden. — Kleopatra.

Kabuija war todt, aber an seine Stelle kam ein anderer König, und Aegypten blieb eine persische Provinz. Sein Glanz war geschwunden, seine Herrlichkeit dahin. Von da ab konnte es sich nie wieder recht erholen.

Als die Perser in einen verderblichen Krieg mit den Hellenen verwickelt wurden und gegen den athenienfischen Helden Miltiades die Schlacht bei Marathon verloren hatten, hielten die Aegypter die Zeit für gekommen, das fremde Joch abzuschütteln. Sie verjagten den persischen Statthalter, fielen über die feindlichen Besatzungen her, vernichteten sie, oder trieben sie in die Flucht. — Es war im Jahre 484 vor Chr. Geb., als die Aegypter wieder leichter aufathmeten und freudig ausriefen: „Gelobt sei der große Amun, kein Fremder gebietet mehr an den Ufern des heiligen Jaro!"

Aber der König von Persien war Herr über 56 Völkerschaften; und noch ehe er mit seinem Heere von fünf Millionen und mit seiner Flotte von mehr als 4000 Schiffen gegen Griechenland zog, unterwarf er sich vorher (482) erst die widerspenstigen Aegypter. Sein Heer war so gewaltig, daß es Alles vor sich in den Staub trat; — nach zwei Jahren der Freiheit ward das Land wieder unterjocht, mußte 200 Schiffe zur feindlichen Flotte gegen Griechenland liefern, und der Bruder des Königs wurde Statthalter und nahm seinen Sitz in Saï.

Mit Milde hatte der „Sohn der Sonne" das Reich regiert; der persische Statthalter trat es mit Füßen. Die größte Willkührherrschaft waltete da, wo sonst nur wohlthätige Gesetze gegolten; die Beamten und Unterbeamten erlaubten sich ungestraft die himmelschreiendsten Gewaltthätigkeiten, die schamlosesten Erpressungen, — der Aegypter war rechtlos und schutzlos im eigenen Lande. Was Kabuija von Tempeln und Palästen verschont hatte, was in den letzten vierzig Jahren neu gebaut, oder wiederhergestellt worden war, fiel jetzt unter der unerbittlichen Hand brutaler Feinde. Die Tempel wurden ihrer ungeheuren Schätze beraubt; die ungezählten Kostbarkeiten der falschen Götter wurden entführt, — denn die Unterjochten hatten selbstverständlich die falschen Götter, und die Sieger nur hatten die allein wahren und echten.

Zwanzig Jahre dauerte dieser Zustand der Schmach; da wurde der König Xerxes im Jahre 462 ermordet, und das ganze Reich gerieth in die größte Verwirrung.

„Auf, auf!" schallte es jetzt durch ganz Aegypten, „das Blut des ermordeten Königs ist das Morgenroth unserer Freiheit." Und schnell hatte man sich geeinigt. Maihar, ein Saïte, wurde zum König ausgerufen, ein tapferer libyscher Feldherr wurde ihm beigegeben, alles Volk griff zu den Waffen, und in wenigen Wochen war das ganze Land frei, frei von den Unterdrückern von Pilak bis zum Meere, und in Schaaren strömten die gläubigen Aegypter in die bis dahin geschlossenen Tempel, in die Ruinen der Tempel, — und brachten Lob und Preis den Göttern, die es so gnädig gefügt. Fest auf Fest folgte, der Jubel wollte kein Ende nehmen, — o, wie süß, wie süß ist doch das Gefühl der Freiheit! Und Maihar versah nicht träge sein hohes Amt. Er brachte ein großes Heer zusammen, übte es auf's Trefflichste ein, rüstete eine stattliche Kriegsflotte aus, schloß ein Bündniß mit den Athenern, — und nun komme her, du stolzer Perser!

Der neue König Artaxerxes erzürnte aber höchlich über die rebellischen Bewohner von Kemi, stellte ein doppelt so großes Heer auf, übergab seinem Bruder den Oberbefehl und schickte es gegen die Widerspenstigen.

17*

Es kam zur Schlacht. Von beiden Seiten wurde mit Hartnäckigkeit, mit Erbitterung gekämpft, — am Ende aber behielt die gerechte Sache den Sieg, — die Perſer wurden vollſtändig geſchlagen, ihr Heer wurde aufgelöſt, in wilde Flucht gejagt, das Blut des königlichen Prinzen ſelbſt röthete die Wahlſtatt.

Als ſolche Nachricht hinüber kam, ſchwur der König von Perſien hoch und heilig, Aegypten müſſe wieder unterworfen werden, und ſollte der Preis ein noch ſo hoher ſein. Sogleich begannen neue Rüſtungen; Phönizien war der Sammelplaß. Nachdem alle Vorbereitungen beendet, zog ein Heer von 300,000 Mann zu Land und eine Flotte von 300 Kriegsſchiffen gegen die unverbeſſerlichen Aegypter. — Solchem allgewaltigen Andrange konnten die Bewohner des ausgeſogenen, geplünderten, verwilſteten Landes nicht wiederſtehen. Sie wurden geſchlagen; der libyſche Feldherr gefangen und gekreuzigt, Mai = har zog ſich mit ſeinen Getreuen zurück in die Sümpfe am Meere, wohin ihm die Perſer nicht zu folgen wagten.

Und wieder kamen alle Greuel barbariſcher Verheerung über Remi; die ſtolzen Aegypter, die in vergangenen Zeiten einen Fremden nicht einmal an demſelben Tiſche mit ſich eſſen ließen, waren jetzt die Knechte der rohen Fremd= linge geworden; ſie, die früher alle in Wohlhabenheit gelebt, mußten ſich nun plagen und ſchinden, die unerſättliche Habgier ihrer Unterbrücker zu befriedigen.

So lag Aegypten abermals auf beinahe fünfzig Jahre darnieder, und nur in den Sumpfgegenden am Meere hatten ſich etliche Tauſend Familien unabhängig zu halten vermocht. Aber der Sinn für Freiheit und Selbſt= ſtändigkeit war nirgends erloſchen. Das Volk bedurfte freilich vorerſt der Erholung von den furchtbaren Schlägen des Schickſals.

Ein halbes Jahrhundert ſpäter, im Jahre 412, da ging ein dumpfes Ge= rücht durch das ganze Land, — man ziſchelte einander in die Ohren, — geheime Zuſammenkünfte wurden gehalten, — die Jugend übte ſich in den Waffen, — Boten gingen nach dem Meere, dorthin, wo jetzt der Enkel jenes Helden, der die Perſer zuletzt geſchlagen, an der Spiße der wenigen noch freien Aegypter ſtand. Er führte denſelben Namen, wie ſein Großvater, — und er führte ihn mit Ehren. Denn als der Tag kam, da Alles vorbereitet und erfüllt war, brach er hervor mit ſeinen Schaaren, und ſchnell wie ein Wetter= ſtrahl ſtand er vor den Mauern von Memfi. Da reſidirte der perſiſche Statthalter, und viele Regimenter ſtanden zu ſeiner Verfügung. Aber der junge Maihar ſtürmte gegen die Unterdrücker mit Löwenmuth hervor; mit Todesverachtung folgten ihm die Seinen und Gleichgeſinnte aus den Gegen= den, welche er durchzogen. „Denn das Leben iſt der Güter höchſtes nicht" (ſagt unſer vaterländiſcher Dichter), und wahrlich, es iſt Nichts werth, wo die Freiheit fehlt. Die Leute von Remi, ſo drinnen in der alten Landeshaupt= ſtadt waren, griffen zu den Waffen, ſchlugen ohne Barmherzigkeit auf die Perſer los, öffneten die Thore, — Memfi mußte ſich ergeben.

Erquicklich blies der friſche Hauch der jungen Freiheit durch das ganze Aegypterland. Friſches Leben brachte die Siegesbotſchaft nach allen

Seiten, es war eine Zeit der herrlichsten Begeisterung, wie unsere Großeltern sie in unserm theuren Vaterlande auch schon erlebten, und ehe der Mond Einmal die Erde umkreist hatte, war Aegypten frei, frei vom Fels bis zum Meere. Held Maihar trieb die Trümmer des Perserheeres vor sich her, wie der Wolf eine Schafheerde scheucht, und verfolgte sie bis nach Phönizien.

Kein Wunder, daß nach der Rückkehr von seinem Siegeslaufe der Jubel des Volkes kein Ende nehmen wollte. Aller Hände waren emporgestreckt, wie zum Gebet ( — denn der Aegypter faltete die Hände nicht, sondern hielt sie bei'm Beten vor sich hin, ähnlich wie wir es zur Abwehr thun würden), die Väter hoben ihre Kinder auf die Köpfe und sagten ihnen: „Schaut dort den Jüngling! das ist der Held, jetzt unser König!" und tausendstimmig erscholl der Ruf: „Heil Maihar! Heil dem Sohne der Sonne! Heil! Heil!"

Noch einmal sollte sich Aegypten auf ein Menschenalter hinaus einer einheimischen Regierung erfreuen; noch einmal versuchten es eingeborene Könige, ihm den alten Glanz wiederzugeben; siebenzig Jahre hielt es noch Stand gegen das stete Andrängen der Feinde, — dann fiel es, und seine Herrlichkeit war hin und blieb für immer entschwunden.

Die letzten Könige leisteten fast Uebermenschliches. Sie befestigten die Städte in bisher nicht dagewesener Weise; zogen neue Kanäle, berechnet, den Marsch einer feindlichen Armee zu erschweren; vermehrten das Heer; vergrößerten die Flotte; errichteten Obelisken und Bildsäulen; ließen Paläste und Tempel aufführen; förderten Ackerbau und Gewerbe, Handel, Kunst und Wissenschaft, es war eine schöne, hoffnungsvolle Zeit, während welcher die Feinde wiederholt zurückgeschlagen wurden. Ward doch selbst durch den Phra kühnlich das große Perserreich angegriffen.

Aber Das Alles waren doch nur letzte, verzweifelte Anstrengungen, denen das Land nicht auf die Dauer gewachsen war. Im Jahre 338 unterwarf Persiens König mit Hülfe griechischer Soldtruppen wiederum ganz Aegypten, und von nun an hatte es seine Selbstständigkeit und Unabhängigkeit für immer verloren. Dabei wurden Scheußlichkeiten verübt, die noch ärger waren, als Kabnija's Grausamkeit; die Perser verwüsteten und zertrümmerten mit teuflischer, noch niemals dagewesener Zerstörungslust die bewunderungswürdigsten Denkmale aus der Zeit der alten Herrlichkeit und Blüthe des Landes, sie raubten und plünderten mit einer Habgier, die unersättlich war: selbst die ungezählten Schriften in den Archiven wurden geraubt und nach Persiens Hauptstadt gebracht; mit der durchtriebensten Bosheit suchte der Perserkönig die Aegypter da zu verletzen, wo es ihnen am Wehesten that. So befahl er z. B. den Stier Hapi zu schlachten und die Priester zu zwingen, sein Fleisch zu essen.

Freilich hätte man dies den alten Aegyptern nicht bieten dürfen. Aber Jahrzehnte der Unterdrückung und Demüthigungen hatten das edle Volk entnervt, verdorben und seine Priesterschaft war entartet.

Zum Lohne für seine Gräuelthaten wurde der verruchte Perser von einem Aegypter, der ihm nach Babylon gefolgt war, vergiftet. Dieser sandte

auch, was noch von den geraubten Schriften zu retten war, in ſein Vaterland zurück.

Doch ward das Land dadurch nicht frei. Es folgte ein neuer König und
nach zwei Jahren wieder einer, bis endlich Alexander von Macedonien
das große Perſerreich zertrümmerte und ſein macedoniſches Weltreich gründete.
In Aegypten wurde er mit großer Freude begrüßt und, als Erlöſer vom
Joche der Perſer, faſt wie ein Gott verehrt.

Der Trauerwagen mit der Leiche des großen Königs.

Da Alexander ſelbſt vor ſeinem ſo früh erfolgten Tode gewünſcht hatte,
in dem großen Tempel der Nahe Amun (Seite 34) begraben zu werden, ſo
ward ſeine Leiche 350 Stunden weit von Babylon über Damaskus nach Aegypten gebracht. Der Trauerwagen, der die königliche Leiche trug, und der darin
ruhende Katafalk waren prachtvolle Kunſtwerke. Der Sarg aus Gold war

zur Hälfte mit Spezereien gefüllt und darüber eine goldburchwirkte Purpur=
becke gebreitet. Auf letzterer lagen die königlichen Waffen. Ueber dem Wagen
wölbte sich eine goldene Decke, geschmückt mit Schuppen, die aus Edelsteinen
gebildet waren. Unter der Wölbung dieses Daches stand vorn ein goldener
Thron, der auf goldenen Ringen eine Prachtkrone trug. An den Rändern
der beiden Dachseiten waren Franfen mit Glöckchen angebracht, welche letzteren
durch ihr Geläute die Ankunft des Wagens verkündeten. An jeder Ecke des
Wagens befand sich das goldene Standbild einer Siegesgöttin. Die Wände
des eigentlichen Leichengemaches bestanden aus fingerdickem goldenen Gegitter.
Ueber diesem befand sich auf jeder der vier Seiten eine bildliche Darstellung.
Das erste Gemälde stellte den König selbst vor, um ihn eine Wache von Mace=
doniern und Persern; das zweite Gemälde zeigte einen Kriegszug von Elephan=
ten, auf ihren Rücken die Führer und gewappnete Macedonier tragend; das
dritte bildete einen Reiterkampf ab, und das vierte war die Darstellung einer
Kriegsflotte in Schlachtordnung. Den Eingang des Gemaches bewachten gol=
dene Löwen, welche den Eintretenden anschauten. Um dieses zog sich eine
Säulenhalle. Die Säulen, welche das gewölbte Dach trugen, hatten jonisches
Kapitäl, waren ganz aus Gold geschmiedet und mit goldenem Laub umwun=
den. Auf dem Gewölbe lag in der Mitte des Daches ein phönizischer kost=
barer Teppich ausgebreitet und auf demselben ein goldener Kranz aus Oel=
zweigen. Im Sonnenschein funkelten die Blätter dieses Kranzes, als sei er
eine leuchtende Sonne. Der Wagen, welcher den prächtigen Bau trug, hatte
vier persische Räder, die fast ganz vergoldet waren, und eine so kunstvolle
Einrichtung, daß keine Unebenheit des Bodens seine wagerechte Stellung ver=
änderte. An jeder seiner vier Deichseln befanden sich in vier Zügen hinter
einander sechzehn der schönsten Maulthiere. Die Breite des Wagens betrug
16, die Länge 18 Fuß. — Ptolemäos, einer der Feldherren Alexanders, wel=
cher sich zum Herrn Aegyptens gemacht, empfing den Leichenzug mit großem
Gepränge und führte ihn nach Memfi, wo die Leiche aufbewahrt wurde, bis
der koloffale Bau des Königsgrabes in Alexandrien vollendet war. Erst unter
den Nachfolgern des Ptolemäus — Lagiden genannt, weil sie von dem macedo=
nischen Feldherrn Lagos abstammten — fand sie daselbst ihre bleibende Ruhe=
stätte. Nach dem Tempel des Amun ist sie nie gekommen.

Die Hoffnungen des Landes mit Bezug auf die stattgefundene Regie=
rungsveränderung gingen zum Theil in Erfüllung, denn unter den neuen
Herrschern kehrte eine kurze Zeit des Friedens wieder ein. Die Lagiden för=
berten Handel und Gewerbfleiß, Wissenschaft und Kunst und tasteten in keiner=
lei Weise die Religion und die heiligen Gebräuche der Aegypter an. Das noch
nicht lange gegründete Alexandria erhob sich schnell zur ersten Handelsstadt
der alten Welt. Es zählte zur Zeit seiner Blüthe beinahe eine Million Ein=
wohner und war der Sammelplatz aller seefahrenden Nationen.

Unter den Nachfolgern Alexanders wurden Häfen verbessert, Leuchtthürme
angelegt, neue Seestädte gegründet; Länder, welche für den Handel von

Bedeutung waren (z. B. Phönizien, Paläſtina u. ſ. w.), wurden erobert, — es ſtrömte ein Reichthum in Aegypten zuſammen, der fabelhaft zu nennen war. Der König Ptolemäos II. hatte ein jährliches Einkommen von 24 Millionen Gulden und 15 Millionen Maß Getreide und hinterließ bei ſeinem Tode einen Schatz von etwa 1800 Millionen Gulden. — Die Abbildung auf Seite 265 zeigt den Leuchtthurm der Inſel Pharos. Dieſe liegt zwiſchen zwei vor= ragenden Landſpitzen vor beiden Häfen Alexandria's. Der Thurm war aus weißem Marmor aufgeführt, über dreihundert Fuß hoch, ſo daß er mit dem Fel= ſen, auf welchem er ſtand, nahe an ſechshundert Fuß Höhe hatte. Ein großes Holzfeuer, welches oben erhalten wurde, leuchtete viele Meilen weit in das Meer und zeigte den Schiffern die Einfahrt in den Hafen. — Die auf demſelben Bilde dargeſtellten Fahrzeuge geben eine Anſchauung von der damaligen Bauart der See= ſchiffe. Mit ſolchen Schiffen wurde ein übermäßiger Luxus getrieben; namentlich ſuchte ein Herrſcher den anderen in der Größe ſeiner Schiffe zu übertreffen.

Der König Hieron von Syrakus hatte ein Schiff bauen laſſen, das für alle Häfen Italiens und Siciliens zu groß war. Es waren die einzelnen Theile am Lande fertig gemacht und dann hinaus geſchafft und auf dem Meere zuſammengeſetzt worden. Als der Koloß aber vollendet da ſtand in ſeiner Pracht und Herrlichkeit, wußte Niemand, wohin damit. Alexandria hatte den größten Hafen der Welt; ſo entſchloß ſich Hieron, ſein Prachtſchiff dem Herrn Alexandria's, das heißt, dem Könige von Aegypten, Ptolemäos Philadelphos, zu ſchenken. Er lud noch 60,000 Scheffel Korn, 10,000 irdene Gefäße voll geſalzener Fiſche und eine Unmaſſe anderer Vorräthe darauf und ſchickte ſein Prachtſchiff als Geſchenk dem Einzigen, der im Stande war, es zu beherbergen.

Das Schiff war eine Galeere, hatte drei Verdecke, deren mittelſtes einem Wohnhauſe glich, und auf jeder Seite zwanzig Ruderreihen. Es hatte ſechzig Zimmer und Säle, eine Küche, einen Garten mit grünenden Gewächſen, einen Platz zu gymnaſtiſchen Uebungen, eine Bibliothek, ein Badezimmer, einen be= ſonderen Fiſchbehälter, eine Menge Kammern für die Kriegsleute und Ma= troſen, Backöfen, Mühlen, Holzremiſen und allein zehn Pferdeſtälle. Auch ein kleiner Tempel der Göttin Aphrodite fehlte nicht. Dabei war es mit dem größten Luxus ausgeſtattet. Herrliche Statuen, elf Fuß hoch, zierten das Verdeck, und die Böden der Säle ſtellten in koſtbarer Moſaikarbeit die Be= lagerung der Stadt Troja dar. Es hatte drei Maſtbäume und, als Kriegs= ſchiff, eine eiſerne Wand um das Verdeck und acht Thürme, von welchen jeder mit vier Schwerbewaffneten und zwei Bogenſchützen beſetzt war. In der Mitte des Schiffes ſtand ein neunter Thurm, höher als die anderen. Dieſer trug die Bildſäule des Königs Atlas. Hinter der Eiſenwand ſtanden Wurfma= ſchinen, welche dreihundertpfündige Steine ſchleuderten, und Katapulten, welche vierundzwanzig Fuß lange Pfeile abſchoſſen, — d. h. Balken, die vorn ſpitz und mit Eiſen beſchlagen waren. Außen war das Rieſenſchiff mit Pech und Theer beſtrichen und ſodann bunt bemalt. Vier hölzerne und acht eiſerne Anker dienten, es zu halten.

Der Leuchtthurm auf der Insel Pharos.

Man nannte es anfangs den Syrakusaner, später bekam es den Namen Alexandreia. Die Dichter damaliger Zeit besangen dieses Wunderschiff und konnten sich nicht hoch genug versteigen zu seinem Lob und Preis; und da nun die alten Schriftsteller ihre Beschreibung aus diesen Dichtern schöpften, oder auch auf mündliche Ueberlieferung gründeten, — denn wir haben keine Nachricht durch irgend Jemanden, der das Schiff mit seinen eigenen Augen gesehen, — so ist es nicht nur möglich, sondern sogar sehr wahrscheinlich, daß in der Beschreibung Vieles übertrieben ist.

Noch größer sollen die Schiffe gewesen sein, welche der ägyptische König Ptolemäos IV. in Alexandria selbst erbauen ließ. Da wird uns z. B. von einem berichtet, das 560 Fuß lang und am Hintertheil 96 Fuß hoch gewesen sein soll. Zu seiner Bemannung gehörten 400 Matrosen, 3000 Soldaten und 4000 (!) Ruderknechte, so daß das Schiff also über 7000 Mann mitführte. Es sollen auf jeder Seite vierzig Ruderreihen über einander gewesen sein. Das ist übrigens ganz undenkbar. Von welcher Länge hätten die Ruder der obersten Reihe sein müssen, und wer hätte sie bewegen wollen! Schon zwanzig Reihen sind unglaublich! — Ziehe man aber auch ab nach Belieben, setze man Alles auf die Hälfte herab, so bleibt doch des Staunenswerthen noch genug übrig.

Einen praktischen Nutzen hatten diese Schiffsungethüme nicht; denn sie waren zu schwer zu lenken, zu unbehülflich; — sie waren nur ein Zeichen des damaligen Wohlstandes, der Prachtliebe und des Geldüberflusses am Hofe des Königs.

Die neue Hauptstadt Aegyptens war der Sammelplatz alles Großen und Herrlichen damaliger Zeit. Auch die Künste und Wissenschaften schlugen hier ihren Sitz auf. Die größten Gelehrten aus allen Ländern strömten nach Alexandria. Es wurde eine öffentliche Bibliothek von 400,000 Buchrollen aufgestellt; eine andere von 300,000 Rollen befand sich im Tempel des Osiris-Hapi (Serapis). Es wurde geforscht, geschrieben, geordnet, übersetzt, — der Ruhm der alexandrinischen Gelehrten verbreitete sich weithin über alle Länder.

Auch die Kunst nahm einen neuen Aufschwung; großartige Bauten und kostbare Werke der Bildhauerkunst wurden ausgeführt, — es war eine herrliche Zeit des Eifers, des rüstigen Strebens und froher Hoffnung, — aber die Hoffnung ging nicht in Erfüllung. Schon der Vierte der Lagiden führte ein so weichliches, üppiges Leben, schwelgte so in sinnlichen Genüssen und allen nur erdenklichen Ausschweifungen, daß er den Beinamen: „der Schwelger" erhielt und schon im 37. Lebensjahre den Folgen seiner Unmäßigkeit erlag. Dabei war er grausam und blutgierig, ermordete seine Gemahlin und seinen Bruder; ja, das Volk erzählte sogar, daß er den eigenen Vater umgebracht habe, um schneller an die Regierung zu kommen.

Fast 200 Jahre schmachtete Aegypten unter dem Drucke schlechter Regenten, von welchen immer einer den andern in Grausamkeit und Tyrannei, in Wollust und Ueppigkeit zu übertreffen suchte. Die Regierung war in den

Das Riesenschiff: die Alexandreia.

Händen von Weibern und Günstlingen. Das Volk wurde in Folge der Aus-
schweifungen und sinnlosen Verschwendungen seiner Könige fast erdrückt durch
wachsende Lasten und Steuern; die auswärtigen Besitzungen gingen verloren;
die Gelehrten wurden vertrieben; Handel, Kunst und Wissenschaft gingen zu
Grunde; Verwandtenmord war an der Tagesordnung; auf blutgetränktem
Pfade bestiegen die Könige den Thron. Das Volk ermordete verschiedene dieser
Wütheriche, den einen (Ptolemäos Alexander II.) schon 19 Tage nach dem
Antritt seiner Regierung; es empörte sich wiederholt, wenn es sah, wie der
eine König seine Gemahlin mordete, um ihre Tochter zu heirathen, der andere
sogar mit dem Blute der eigenen Mutter seine Hände befleckte; oder es verjagte die Uebelthäter, aber sie kamen, unterstützt vom Auslande, immer wieder in's Land, und so sank Aegypten immer tiefer und tiefer, bis es endlich
eine Beute des Alles verschlingenden Rom wurde.

Der letzte Nachkomme des Lagos auf dem Throne Aegyptens war Kleopatra, die Tochter des (im Jahre 51 vor Chr. Geb. verstorbenen) Königs
Ptolemäos Auletes. Sie heirathete ihren älteren Bruder, Dionysos, und regierte einige Zeit ziemlich friedfertig mit ihm. Allein Das dauerte nicht lange.
Die griechische Königsfamilie war allen Sünden und Lastern ergeben, und
das üppige, genußsüchtige Weib vertrug sich bald nicht mehr mit dem Bruder. Es entstand Streit und Hader, dann offene Zwietracht, und schließlich
wurde (im Jahre 48) Kleopatra vertrieben.

Sie eilte nach Syrien und versuchte, ein Heer gegen ihren Bruder zu werben. Das gelang ihr auch auf das Beste, denn sie war schön und gewandt in allen Künsten der Ueberredung und Verführung. Bei dem einen Feldherrn spielte sie die gebeugte, vertriebene Königin; bei dem andern ließ sie ihre Thränen reichlich fließen über den bösen Bruder, der die arme Schwester verjagt; hier machte sie die stille Dulderin, dort forderte sie, einer wilden Tigerin gleich, funkelnden Auges zur Rache auf. So gewann sie Alle für sich; Jeder folgte ihr, und mit einem großen Heere zog sie über die Grenze gegen ihren Bruder. Dieser eilte ihr entgegen; aber noch bevor es zur Schlacht kam, erschien der römische Feldherr Julius Cäsar, welcher seinen ehemaligen Freund Pompejus verfolgte, in Aegypten und forderte beide königliche Geschwister vor sich, er werde zwischen ihnen entscheiden.

Nun war kein Zweifel mehr, wer Recht bekam. Kleopatra wußte dem siegreichen Cäsar so schön zu schmeicheln, daß er ihren Bruder verbannte und ihr allein das Reich zusprach. Die Bewohner Alexandria's nahmen Dies jedoch nicht so geduldig hin; sie eröffneten den Krieg gegen den anmaßenden Römer, und Cäsar war wiederholt persönlich in der größten Lebensgefahr. Das eine Mal rettete er sich durch Schwimmen, das andere Mal durch Anzünden der gesammten ägyptischen Flotte.

Aber schon im Jahre 47 ertrank Ptolemäos Dionysos im Nil, der Krieg hatte von selbst ein Ende, und die reizende Kleopatra heirathete den gefälligen Julius Cäsar. Dieser schwelgte nun im Genusse ausgesuchter Freuden. Feste folgten auf Feste; Gastmähler, Musik und Tanz, Schauspiele, Lustbarkeiten aller Art drängten Eines das Andere.

Endlich mußte Cäsar wieder aufbrechen, denn seines Bleibens war ja nicht in Aegypten. Kleopatra heirathete sogleich ihren jüngeren Bruder, Ptolemäos XIV. und vertrug sich wirklich einige Jahre so ziemlich leidlich mit ihm. Als sie seiner aber satt hatte, vergiftete sie den armen Jüngling und sah sich nun nach einem neuen Genossen um. Der Vornehmste und Angesehenste war ihr der Liebste, und so wählte sie Cassius, welcher im Jahre 44 den Dictator Cäsar ermordet hatte und nun an der Spitze der alten Republikaner stand. — Gegen diesen aber zog Antonius mit Heeresmacht aus, und im Jahre 42 verlor Cassius die Schlacht bei Philippi und stürzte sich vor Verzweiflung in sein Schwert.

Als Dies Kleopatra vernahm, erkundigte sie sich, wo jetzt Antonius zu finden sei, und da man ihr sagte, er weile in Tarsos (in Kilikien), eilte das verführerische fünfundzwanzigjährige Weib dahin, beglückwünschte den Sieger und wußte ihn so zu fesseln, daß der schwache Antonius nicht mehr von ihr lassen konnte. Kleopatra ward seine Frau; er folgte ihr nach Alexandria und führte hier ein Leben der ausgesuchtesten Schwelgerei. Noch nicht da gewesene Ergötzungen und Genüsse wurden ausgedacht; von einem Taumel stürzte sich das zügellose Paar in den anderen, und bei den Festen wurde eine Pracht entwickelt, welche keine Beschreibung wiederzugeben vermag.

Von feigen Sklavenseelen ließen sich Beide als Götter verehren, — ein kindisches Spiel lächerlicher Eitelkeit. Unser Tonbild auf Seite 271 zeigt den weichlichen Antonius auf hohem Throne in der Tracht des römischen Feldherrn. Aber er hat das Pantherfell um die Schultern geworfen und den rebenbekränzten Thyrsos in der Hand, denn er will den Gott Bacchus vorstellen. Neben ihm thront Kleopatra. Sie hält das Kemkem; denn sie will die Erfinderin dieses Instrumentes, die große Isi, sein. Krieger, Priester, Harfenspieler und Volk ziehen jubelnd, zujauchzend, oder singend und lob5 preisend vorüber. Links steht eine Gruppe römischer Soldaten, die wol nicht ben Gott Bacchus bewundern, sondern den armseligen, weichlichen Feldherrn zu verhöhnen scheinen.

Antonius hatte schon eine Frau, die edle Octavia, in Rom. Aber er verstieß sie, seiner angebeteten Kleopatra zu Liebe, und schenkte dieser eine Provinz des römischen Reiches nach der andern. Das empörte den Senat in Rom, und Octavianus (der Bruder der Octavia) veranlaßte eine Kriegserklärung gegen Antonius und Kleopatra. Unbekümmert um das nahende Verderben zogen diese Beiden in der Welt umher. Sie schwelgten in Babylon und Jerusalem, in Ephesos und Athen; als es aber endlich — am 2. September 31 — bei dem Vorgebirge (und der Stadt) Akteion (Actium) zu einer Schlacht, und zwar zu einer Seeschlacht kam, verließ Kleopatra sogleich nach dem Beginne des Treffens mit ihren sechzig ägyptischen Schiffen die Stellung und segelte nach Alexandria zurück. Dadurch wurde natürlich die Schlacht verloren. Antonius fragte aber auch darnach nicht; er ließ Flotte und Landheer im Stich und folgte eiligst Der, ohne die er, der Schwächling, nicht leben konnte. — In Aegypten kam er wieder zur Besinnung; aber das Landheer und die Flotte von 300 Schiffen hatten sich bereits dem Sieger ergeben, — was war nun noch zu machen? Antonius schickte Boten zur Unterhandlung mit Octavianus ab, — — und die treulose Kleopatra ließ durch dieselben Boten dem siegreichen Feinde heimlich Anträge machen, welche sie sicher stellen und Antonius verderben sollten.

Octavianus verlangte den Tod, oder die Auslieferung des Antonius.

Was that nun das falsche Weib? Es wartete vorerst ab, wie sich die Dinge weiter entwickeln würden, — entschlossen, Dem sich zuzuwenden, der endlich Sieger bleiben würde. Der Feind kam nach Aegypten, eroberte die Grenzfestung und zog gegen die Hauptstadt. Da versuchte Antonius noch ein Mal sein Glück; er rückte dem Feinde entgegen und griff ihn zu Wasser und zu Lande an. Allein Heer und Flotte verließen ihn; eine Legion nach der anderen, ein Schiff nach dem anderen ging zum Gegner über, und Antonius kehrte allein und verlassen nach Alexandria zurück.

„Wo ist Kleopatra, meine angebetete Göttin?" —

„Sie ist unterdessen gestorben und bereits begraben", war die Antwort. —

„Und ist sie todt, so will auch ich nicht mehr leben!" So rief er verzweiflungsvoll aus und stieß sich sein Schwert in die Brust.

Kleopatra war aber nicht todt. Sie hatte sich nur verborgen und wollte, da sie bereits den Ausgang der Schlacht wußte, Antonius durch die Nachricht von ihrem Tode zu einem unwiderruflichen Schritte treiben, was ihr denn auch gelungen war.

„Der arme Schelm", spottete sie jetzt. „Geht, sagt ihm doch, daß ich noch lebe!" — Als diese Botschaft zu Antonius kam, mußten ihn seine Diener zu ihr tragen, zu ihren Füßen legen, — da hauchte der Arme, Verrathene sein Leben aus. —

Nun eroberte Octavianus Alexandria, und die Königin eilte ihm entgegen und wollte ihn für sich gewinnen, wie sie bisher noch Jeden gewonnen hatte. Aber dieses Mal hatte sie sich verrechnet. Octavianus war für jede ihrer Schmeicheleien unzugänglich.

„Du wirst meinen Einzug in Rom schmücken; mit Ketten gefesselt sollst du hinter meinem Triumphwagen hergehen."

Das war zu Viel für die stolze Kleopatra! Lieber den Tod als solche Schmach! Allein der römische Feldherr ließ sie scharf bewachen; sie konnte weder fliehen, noch Hand an ihr Leben legen. Und doch blieb ihr jetzt nur noch der Tod, wenn sie nicht, verhöhnt und verspottet, den Siegeseinzug ihres Ueberwinders schmücken wollte.

Auf ihre Bitte brachte ihr eine ergebene Dienerin, welche täglich ihr Zimmer mit frischen Blumen schmücken mußte, auf dem Boden eines kostbaren Körbchens, mit duftenden Blumen bedeckt, zwei giftige Schlangen mit. Jetzt war sie Herr ihres Lebens. Sie hielt die Nattern an ihre Brust, — die Thiere bissen zu, — das Gift wirkte, — Octavianus mußte seinen Triumpheinzug in Rom ohne die gefangene Königin halten.

Es war im Jahre 30 vor Chr. Geb., als Kleopatra auf diese Weise freiwillig ihrem Leben ein Ende machte. Aegypten aber verlor seine Selbstständigkeit und wurde eine römische Provinz.

Serapisdienst in Rom.

## II.

### Die letzten achtzehnhundert Jahre.

Eine Weissagung. — Vertilgung der alten Religion. — Kriegsdrangsale. — Wieder die Perser. — Sarazenen. — Kreuzfahrer. — Türken.

Es ist uns ein Orakelspruch aufbewahrt von dem großen Taati, dem Weisesten der Weisen Aegyptens, der lautet:

„Die Gottheit, welche Kemi durchflammt, wird seiner Zeit zum Himmel zurückkehren und Kemi verwaist und seiner Götter beraubt sein. Gräber und Leichen werden dann dieses Land, die heilige Stätte der Tempel und Gotteshäuser, erfüllen. O, Kemi, Kemi! Nur die Fabeln von deiner Religion werden übrig bleiben; und deine ungläubigen Nachkommen werden von deinem frommen Sinne nur steinerne Worte zeugen. Der Fremdling wird über dich herrschen, und der heilige Strom seine göttlichen, aber von Blut entweiheten Fluthen über seine Ufer wälzen; der Todten aber werden mehr denn der Lebenden sein."

Und so ist's eingetroffen, buchstäblich so.

Der Dienst der ägyptischen Götter verbreitete sich auch nach anderen Ländern. Die Römer hatten den Gebrauch, die Götter eines von ihnen unter=jochten Volkes unter die Zahl derjenigen aufzunehmen, die öffentlich verehrt werden durften; und Das machte auch nicht die geringste Schwierigkeit, oder Verwirrung. Die verschiedenen Götter bestanden nebeneinander, und wem keine seiner Nationalgottheiten wohl wollte, der konnte sich an eine andere wenden; Das hatte durchaus kein Bedenken. Mit dem Gotte der Christen war es natürlich etwas ganz Anderes. Diese sagten: „Alle eure Götter sind Nichts, gar Nichts; es gibt nur einen einzigen Gott, und der ist der unsere." Daher konnte dieser Gott nicht neben den anderen bestehen; darum der Kampf des Heidenthums und Christenthums, bis dieses Letztere den Sieg davon trug und alle alten Götter von ihren Thronen stürzte.

Als Kemi von den Römern erobert war, wurden auch in Italien hier und da Tempel der ägyptischen Götter errichtet und zum Theil sehr fleißig besucht. Die Aegypter waren eben doch ein sehr gelehrtes, sehr weises Volk, sie mußten also auch vortreffliche Götter haben; und Mancher dachte: „Ich will's einmal bei der großen Isi versuchen; die scheint mir eine sehr mäch=tige Göttin zu sein."

So verehrte man ägyptische Götter, — natürlich sinnlos, ohne irgend ein Verständniß. Man baute der Isi Tempel und wußte nicht, wer sie war.

Einer der Ptolemäer hatte ein großes Götterbild von Asien her nach Alexan=dria bringen und dort im Tempel des Osiri=Hapi (Osiri, der Richter) aufstellen lassen. Man fragte: „Was soll Das?" — Antwort: „Das ist euer Osiri=Hapi, wie man ihn in Sinope in Asien gemacht hat." Natürlich war es das Bild eines ganz anderen Gottes; aber der König wollte es ver=ehrt haben, ließ den alten, kleinen Tempel abreißen, an seine Stelle einen neuen, überaus prachtvollen und großen setzen, das Bild hineinstellen und blieb dabei, es sei Osiri, der Richter der Unterwelt. Aus dem unverstande=nen Namen Osiri=Hapi machten die Griechen Sarapis, die Römer Se=rapis, und in Hellas und in Italien wurden später dem neuen Gotte Tem=pel errichtet. In Rom allein standen vier Tempel des Serapis, und beson=ders Kaiser Caracalla war ein großer Verehrer dieses Gottes. Wer der Gott eigentlich war, wußte Niemand recht zu sagen. Die Bildsäule (— siehe Ab=bildung S. 271) stellte einen in ein langes Gewand gewickelten Mann dar, um welchen sich eine Schlange wand; er trug einen großen Bart, dicke Locken und ein Getreidemaß (einen Scheffel) auf dem Haupte; in einigen Tempeln hatte er neben sich den dreiköpfigen griechischen Höllenhund. An der Bildsäule war also durchaus auch nicht das Geringste ägyptisch. Ebenso war der Gottesdienst ein Gemenge verschiedener Gebräuche, bei welchen Nichts ägyptisch war, als das Kemkem (von den Römern Sistrum genannt), mit welchem man über die Gebühr lärmte. — Har pe Kroti (Har, das Kind) war der jüngste Sohn Osiri's. Die Griechen zogen den unverstandenen Namen in Harpokrates zusammen, machten aus ihm einen Gott des Stillschweigens (— weil Har als Kind abgebildet ist, wie er den Finger in den Mund steckt, die Fremden aber meinten, er lege bedeutungsvoll den Finger auf die geschlossenen Lippen, —) und errichteten ihm auch in ihrer Heimath Tempel. Ebenso verbreitete sich sein Dienst über ganz Italien, und besonders in Rom setzte er sich sehr fest. In Folge der bei der sinnlosen Verehrung eines unverstandenen Gottes vorkommenden Ausschweifungen wurde der Dienst des Harpokrates wiederholt verboten; seine Priester wurden mehrere Male mit Schimpf und Schande aus der Stadt gejagt, — aber immer wieder von Neuem füllten sich die Tempel des kleinen Gottes. —

Es war klar: Für die damalige Bildungsstufe der Römer genügten die griechischen und römischen Götter nicht mehr. Man griff nach anderen. Diese wurden, als unverstanden, nur noch schneller zum Gespötte der Gebildeten. Das Bedürfniß einer geistigeren Religion machte sich immer mehr geltend, und es konnte natürlich nicht durch die ägyptische befriedigt werden, denn die Römer kannten ja nur die Fabeln dieser Religion.

————

Zu vielen, vielen Tausenden waren in den letzten 500 Jahren die Aegypter dahin gemordet worden; man hatte sie geplündert, beraubt, von Haus und Hof verjagt; Fremde hatten zum Theil ihre Stätten eingenommen; große Schaaren von Persern, Griechen und Juden waren in das Land gezogen; ägyptischer Brauch, ägyptische Sitte ward mehr und mehr in den Hintergrund gedrängt; das Fremde machte sich geltend. Die Griechen lernten zwar mit der Zeit die ägyptische Sprache, aber nicht die Schrift; sie konnten sprechen und verstehen, aber nicht die Hieroglyphenschrift lesen und schreiben; selbst die demotische Schrift zu entziffern fiel ihnen zu schwer. Da die Griechen aber die gebietenden Herren waren, mußte man sich nach ihnen richten; und so ward es allmählich Brauch, das Aegyptische mit griechischen Buchstaben zu schreiben. Das ist, was wir heute das Koptische nennen: ägyptische Wörter in griechischen Lautzeichen ausgedrückt. Die ältesten uns übrig gebliebenen koptischen Schriftstücke datiren vom Anfange des zweiten Jahrhunderts unserer Zeitrechnung.

Den härtesten Schlag erlitten die Aegypter durch die gewaltsame Abschaffung ihrer Religion und die Einführung des Christenthums. Kaiser Constantin schickte einen christlichen Statthalter nach Alexandrien und gebot, daß weder neue Götterbilder aufgerichtet, noch angefangene Tempel ausgebaut werden durften, daß aber jede Stadt einen bestimmten Theil ihres Einkommens an die christlichen Kirchen und Geistlichen abgeben mußte. Kostbare Götterbilder und Weihgeschenke wurden dem kaiserlichen Schatze einverleibt.

Da das Volk sich aber nicht so leicht von seiner alten Religion abbringen ließ, erschien im Jahre 353 nach Chr. Geb. der Befehl, sofort alle Tempel

zu schließen und mit dem rächenden Schwerte Jeden niederzu-
schlagen, der sich noch unterfangen sollte, Opfer zu bringen.
Das Vermögen der Hingerichteten aber solle dem Staatsschatze
zufallen. Gleiche Strafe solle die Vorsteher der Provinzen treffen, wenn
sie den kaiserlichen Befehl nicht mit aller Strenge ausführten.

Und die kaiserlichen Beamten führten mit wahrhaft unersättlicher Raub-
gier den grausamen Befehl aus; jede feindselige Anzeige, daß Dieser oder
Jener heimlich den alten Göttern des Landes geopfert, oder das Orakel befragt, war ihnen willkommen. Wir wissen von niederträchtigen und gehässi-
gen Criminaluntersuchungen zu diesem Behufe, wobei sogar, wie im Jahre
359 es geschah, vielfach die Folter angewendet wurde, um die Angeklagten
durch die schrecklichsten Schmerzen, durch die furchtbarsten Qualen zur Ab-
legung eines Geständnisses zu zwingen.

Kaiser Theodosius, der Große genannt, erließ sogleich nach seinem
Regierungsantritte am 27. April 380 den Befehl, daß alle seine Unterthanen
ohne Ausnahme den christlichen Glauben anzunehmen hätten, und es begann
nun eine regelrechte Verfolgung aller Anhänger der alten Religionen. Mit
Feuer und Schwert wurde das Christenthum ausgebreitet.

Allein der Widerstand des Volkes war ein unglaublicher. „Unsere Götter
haben uns Jahrtausende hindurch beschützt; unter ihnen ist Aegypten reich und
gelehrt, groß und mächtig gewesen, — warum sollen wir nun andere annehmen?" So sprach das Volk.

Leider vergaßen aber selbst die Verkünder der Lehre unseres Heilandes
seine Gebote und der hohe Sinn des Stifters unserer Religion schien zeitweilig gewichen von seinen Stellvertretern auf Erden. So ließ im Jahre 389
Theophilus, Bischof von Alexandrien, einen großen ägyptischen Tempel in eine
christliche Kirche verwandeln; Das mochte man sich noch gefallen lassen, daß
er aber die Götterbilder auf den Marktplatz stellen und öffentlich verhöhnen
ließ, war unedel und unklug; denn dadurch kam es zu einem heftigen Straßen-
kampfe zwischen Heiden und Christen, der auf beiden Seiten Vielen das Leben
kostete. Schließlich zogen sich die Heiden auf einen niedrigen Hügel zurück
und verschanzten sich dort in dem Tempel des Osiri-Hapi. Ein Tempel
von einer solchen Ausdehnung, mit solchen Mauern und Thürmen war aber
eine kleine Festung. Begeisterte Anhänger der alten Religion ermahnten das
Volk, für seine Götter zu kämpfen und, wenn es sein müsse, zu sterben.

Jetzt wandte sich der stutzig gewordene Statthalter nach Rom um Ver-
haltungsbefehle. Es kam die Anweisung: „Sämmtliche Tempel des ganzen
Landes sollen als die Ursachen der Volksaufstände sofort zerstört
werden." Nun wurde der große Tempel belagert und förmlich gestürmt. Wer
von seinen Vertheidigern lebendig in die Hände der Stürmenden fiel, wurde
mitleidslos umgebracht; die Meisten fanden den Tod im Kampfe für ihren
Glauben. Der Tempel aber wurde bis auf den Boden zerstört, völlig von
der Erde vertilgt und mit ihm eine Bibliothek von 300,000 Buchrollen.

Die Römer in Aegypten.

Mit ihm ging eine unermeßliche Fülle von Kunstschätzen, Kostbarkeiten von edlem Metalle, wie sie kein anderes Gotteshaus der Welt mehr aufzu= weisen hatte, verloren. Es war nach dem römischen Capitol der prachtvollste Bau, der größte und reichste Tempel auf der ganzen Erde gewesen!

Von Alexandria aus zogen Rom's Cohorten, durch das ganze Land, stellten sich überall an die Spitze liebloser Christen, schlugen den Widerstand der Heiden mit Waffengewalt nieder und zerstörten alle Tempel, groß und klein, alle — vom Meere bis gen Pilak. Und um den Sinn des Volks völlig zu beugen, wurde am 24. Februar 391 befohlen: „Wer in den Ruinen eines Tempels betet, soll fünfzehn Pfund Gold als Strafe bezahlen, und dieselbe Strafe trifft Jeden, der ein solches Verbrechen erfährt und nicht so= gleich zur Anzeige bringt."

Es ist entsetzlich und wahrhaft gemütherschütternd zu sehen, auf welche antichristliche Weise im uralten Kulturstaate Aegypten die alte Landesreligion abgeschafft, und das Christenthum eingeführt ward.

Freilich ist es eine traurige, leider nur zu oft erprobte Wahrheit, daß von allen Leidenschaften, welche die Menschheit erzittern machen, der religiöse Fa= natismus die entsetzlichste ist. Um die alte Religion des Landes mit Stumpf und Stiel auszurotten und zu verhindern, daß ein Anhänger des alten Glau= bens, wenn auch nicht in öffentlichen Tempeln, so doch in seinem eigenen Hause den Göttern seiner Väter opfere, erschien am 10. November 392 ein

18*

Dekret des Kaisers Theodosius, welches unter Anderem befahl, daß jedes Haus, in welchem geräuchert, jeder Acker, auf welchem ein Altar errichtet würde, sofort dem rechtmäßigen Besitzer zu entreißen und dem kaiserlichen Schatze einzuverleiben sei. Besondere Preise wurden noch bestimmt für die Angeber und besondere Strafen für die Mitwissenden, welche nicht Anzeige von dem Vergehen machten. In Folge solcher drakonischen Maßregeln verließen endlich viele Tausende der geplagten Landeskinder ihre alten Götter, denen sie nun nicht mehr dienen konnten, und bekannten sich zu dem neuen Glauben.

Bald machten die römischen Kaiser noch eine wichtige Entdeckung. Die alten, nun zerstörten Tempel hatten große Besitzungen und sehr bedeutende Einkünfte. Bekanntlich gehörte ja in Aegypten der dritte Theil sämmtlichen Grundes und Bodens der Priesterschaft, d. h. er wurde verpachtet, und der Pachtzins zum Besten des öffentlichen Gottesdienstes und seiner Diener, sowie zur Förderung der Wissenschaft angewendet; denn die Priester waren ja die Gelehrten, Astronomen, Geschichtsschreiber des Landes u. s. w. Im Jahre 407 wurde aber befohlen: „Die Jahreseinkünfte der Tempel sollen dem Un=terstützungsfond zufallen und vorzugsweise Unseren getreuen Soldaten zu Gute kommen." Die getreuen Soldaten waren nur zu eifrig bemüht, Alles, was ihnen zu Gute kommen sollte, aufzusuchen und einzutreiben.

Acht Jahre später ging man noch weiter und vereinigte sämmtliche Tempelgüter mit den Krongütern des Kaisers; aus allen Städten des Lan=des wurden aber die ehemaligen heidnischen Priester, wenn sie nicht offen zum Christenthume übertraten, verjagt; kein Priester der alten Religion durfte mehr in einer Stadt wohnen. Aber auch wer nie ein Priesteramt bekleidet, war seines Eigenthums und seines Lebens nicht mehr sicher. In Alexandria lebte eine heidnische Philosophin Hypatia, die ein Muster der Tugend und Weis=heit war und deshalb allgemein geachtet und verehrt wurde. Daß sie sich aber nicht taufen ließ, konnte ihr die glaubenswüthige Parthei nicht verzeihen. Unter Anführung eines gewissen Petrus paßte man ihr einst (im J. 415) auf, riß sie aus ihrem Wagen, schleifte sie durch die Straßen in die Kirche, mordete sie da zu Ehren Gottes auf scheußliche Weise, zerstückelte den Leich=nam gliedweise mit Austerschalen und verbrannte ihn zuletzt.

So wüthete man gegen die armen Heiden. Kam die Pest in's Land, so hieß es, (wie später von den armen Juden): „Daran sind die fluch=würdigen Götzendiener schuld!" Der Pöbel fiel über sie her und ließ seinen Zorn an ihnen aus. Erreichten die Nilüberschwemmungen nicht den gewünschten Grad, so sprach man: „Das ist wieder die Schuld der Heiden! Wenn sie nur alle vertilgt wären vom Erdboden!" Schlechte Witterung, Mißwachs, Hungersnoth, — Alles hatten die Heiden verursacht.

Gegen diese christliche Verfolgungssucht flüchteten sich die wenigen Stand=hafteren in die Berge, die Schwächeren hatten längst nachgegeben; — bis zum Jahre 500 nach Chr. Geb. war auch wol der letzte Aegypter durch Ueberredung, oder durch Gewalt zum Christenthume gebracht worden. Was von Tempelüberresten noch brauchbar war, wurde zu christlichen Kirchen und Kapellen benutzt und eingerichtet.

Während dieses Vertilgungskrieges gegen ihre ehrwürdige Religion hatten die Aegypter noch fortwährend Kriegsdrangsale aller Art zu erdulden. Bald von dieser, bald von jener Seite kam das Unheil über sie. So hatte z. B. Kaiser Caracalla erfahren, wie man sich in Alexandria mißbilligend darüber geäußert, daß er verschiedene Mordversuche gegen seinen Vater gemacht, seinen Bruder und dessen Freunde und Diener wirklich ermordet hatte u. s. w., — da zog er hin, richtete ein fürchterliches Blutbad an und übergab sodann die Stadt seinen wilden Horden zu vollständiger Plünderung. — Ein ander Mal wurde ein Krieg zwischen Zenobia, der Königin von Palmyra, und dem Kaiser Claudius in Aegypten ausgefochten. — Im Jahre 290 bemächtigte sich Achilles der Herrschaft über Aegypten und wußte sie sechs Jahre hindurch zu behaupten. Kaiser Diocletian mußte die Stadt Alexandria acht Monate lang belagern, bis es ihm endlich gelang, sie zu erstürmen. Sie wurde abermals geplündert und das ganze Land von den Römerschaaren vollständig verwüstet. So versank das herrliche Land in Elend, Trümmer und Schmach.

Elfhundert Jahre nach dem Einfalle des grausen Kabuija kamen — im J. 616 — abermals die Perser und eroberten unter ihrem Feldherrn Sarbar Aegypten. Kaiser Heraclius kaufte ihnen um schweres Geld den Frieden ab, und sie zogen wieder von dannen; aber schon wenige Jahre darnach — 640 — kam die gewaltige Heeresmacht der Araber und machte der römischen Herrschaft in Aegypten für immer ein Ende.

Doch es war unter arabischem Scepter kaum besser, als unter römischem. Jetzt wurde wieder das Christenthum verfolgt und ausgerottet, dagegen der Mohamedanismus erbarmungslos durch Feuer und Schwert eingeführt. Gleich der erste Khalif Omar ließ die 400,000 Buchrollen der öffentlichen Bibliothek in Alexandrien zum Heizen seiner Bäder verwenden. „Denn," sagte er, „was auf diesen Blättern steht, findet sich entweder auch in dem Koran, dem Buche unserer heiligen Religion, oder es findet sich nicht darin. Steht es darin, so sind diese Bücher unnütz; steht es nicht darin, so taugt es auch Nichts. Darum in's Feuer mit dem Plunder!" — Jedem Aegypter wurde eine neue jährliche Steuer von zwei Dukaten auferlegt, die für jeden Kopf —, Mann, Weib, Kind, Knecht, Magd, — bezahlt werden mußte, eine fast unerschwingliche Last für viele Tausende. Aber wer nicht bezahlte, dessen Leben wurde bedroht, oder er ward als Sklave verkauft.

Das war der Anfang der Herrschaft der Araber, so regierten die Beherrscher der „Gläubigen;" und wie der Anfang, so der Fortgang. Statthalter empörten sich gegen die Khalifen und wurden wieder unterjocht, — wer aber am Meisten bei solchen Kämpfen litt, waren die unschuldigen Bewohner des in den Staub getretenen Landes. — Zur Zeit der Kreuzzüge kamen die Kreuzfahrer nach Aegypten und wollten nun mit Gewalt wieder christlich machen, was durch fünfhundert Jahre des Drängens und Ueberwältigens zum Mohamedanismus „bekehrt" worden war. Und welches waren die Mittel dieser zweiten Bekehrung? Wieder Mord, Brand, Krieg und Verwüstung. — Endlich, 1516, eroberte Sultan Selim das alte Reich der Pharaonen, und seit dieser Zeit sind die Türken Herren im Lande des großen Osiri, der Turban befiehlt, wo der Sohn der Sonne geherrscht. 2400 Jahre sind verflossen, seit Aegypten seine Unabhängigkeit verloren; Perser, Griechen, Römer, Araber und Türken haben dort gehaust; es ist ein neues Land, das alte Kemi findest du nicht mehr.

Es ist gekommen, wie vorausgesagt war: Kemi ist verwaist und seiner Götter beraubt; Gräber und Leichen füllen das Land; nur die Fabeln der heiligen Urreligion des Landes sind übrig; ein fremdes Volk lebt dort, ein fremder Herrscher gebietet, und der Todten sind mehr, denn der Lebendigen.

Ein Imam (türkischer Priester), den Koran vorlesend.

Bonaparte überwacht die Einschiffung der Armee von Aegypten.

# Die Franzosen in Aegypten.

## I.

## Das Jahr 1798.

Vorbereitungen. — Bedeutung des Zuges. — Malta. — An der Pompejussäule. — Leiden. — Schlacht bei den Pyramiden. — Heldenmuth bei Abukir. — Feste in Kairo. — Das ägyptische Institut. — Des Sultans Verkündigung. — Der Aufruhr. — Die Metzelei in Kairo. — Das Gewitter.

Eine letzte Eroberung des Landes der Pyramiden muß nun noch erzählt werden; und ihr gebührt ein besonderes Kapitel, da sie es war, die uns Abendländer erst wieder hingeführt hat in jenes Schatzhaus alter Weisheit, uns die Wunder einer vergangenen Welt wieder erschloß.

Es war im Frühlinge des Jahres 1798, als sich plötzlich in den französischen Häfen des Mittelmeeres eine ganz ungewöhnliche Thätigkeit entfaltete.

Bald waren dreizehn mit allen Kriegsbedürfnissen versehene Linienschiffe, vierzehn Fregatten und vierhundert Transportschiffe daselbst versammelt; aber Niemand wußte wozu. Jetzt kamen auch dreißig Tausend Mann gedienter Soldaten, sowie zehn Tausend Seeleute.

„Was giebt's?" zischelte man einander in die Ohren. „Werden wir die Türkei erobern?" Diese Ansicht verschaffte sich immer mehr Geltung, als nach und nach hundert Mitglieder der Kommission für Künste und Wissenschaften aus Paris eintrafen, die tüchtigsten Gelehrten, die ausgezeichnetsten Künstler, welche Frankreich aufzuweisen hatte. „Was wollen diese?"

Am 9. Mai erschien auch der Besieger Italiens, der jugendliche Held General Bonaparte, und jetzt erfuhr man erst, was geschehen werde.

Aegypten sollte erobert, Aegypten sollte eine französische Provinz werden, so hatte es die Regierung der Republik in Paris beschlossen.

Wäre Dies gelungen, — die ganze Weltlage hätte dadurch eine andere Gestalt angenommen. Zwischen zwei Meeren, — zwischen drei Erdtheilen liegend, — gesund und fruchtbar, wie kein anderes Land, hätte sich Aegypten in kurzer Zeit zu einer Bedeutung erhoben, die wir uns nur annähernd vorstellen können. Europäische Kultur, modernes Gesetz und Recht, Sicherheit der Person und des Eigenthums, Fabriken und Handel, Künste und Wissenschaften würden aus Aegypten eines der herrlichsten Länder der Welt gemacht haben. Der nächste Weg von Europa nach Ostindien und Neuholland führt über Aegypten; der ganze Handel mit jenen Gegenden wäre den Engländern entrissen worden und in die Hände der Franzosen übergegangen. Alexandria wäre wieder geworden, was es vor zweitausend Jahren war, die erste Handelsstadt der Erde, und die Franzosen hätten sich kühn die Beherrscher des Mittelmeeres nennen können.

Am 19. Mai 1798 ging die Expedition unter Segel. Vorher redete Bonaparte seine Truppen an und begeisterte sie für die denkwürdige Aufgabe, welche ihnen geworden war; er versprach den Soldaten, jeder solle so viel Beute vom Feldzuge mit heim bringen, daß er sechs Morgen Landes dafür kaufen könne. Mit Jubel empfingen sie solche Verheißungen und schifften sich freudig und hoffnungsvoll ein.

Drei Wochen darauf erschien die Flotte vor Malta und besetzte diese Insel, ohne Widerstand zu finden. Die auflauernden Engländer zu täuschen, segelte man sodann weit nach Osten, als gelte es, eine Landung in der Türkei, oder in Griechenland zu bewerkstelligen. Diese List glückte. Unbehelligt legten die französischen Schiffe in der Nacht vom ersten auf den zweiten Juli eine Stunde nach Mitternacht in der Nähe von Alexandria an.

Der französische Oberfeldherr überlegte, welch niederschmetternden Eindruck es auf die Araber und Türken machen müßte, wenn er nun — sogleich mitten in der Nacht — die Stadt erstürmen würde, und wie seiner Soldaten Muth und Freudigkeit sich steigern würde, wenn er ihnen über Nacht zu einem raschen Siege verhülfe.

So wurde denn um 2 Stunden nach Mitternacht die Stadt angegriffen, die Mauern wurden erstiegen; nach einem kurzen Kampfe befanden sich die Krieger, von drei Seiten eindringend, in den Straßen Alexandriens. Die Kühnheit der Franzosen hatte Alle in solches Erstaunen gesetzt, daß der Wiberstand, welchen sie fanden, kaum der Erwähnung werth ist; auch hatte die Einnahme der Stadt nur sehr wenigen Franzosen das Leben gekostet.

Mit dem größten Eifer wurde nun die vollständige Ausschiffung der Truppen betrieben, nnd sobald die ganze Armee marschfertig war, nach Süden vorgerückt. Eine Besatzung unter dem General Kleber blieb in Alexandria zurück; am 5. unb 6. Juli zog das Hauptheer weiter.

Der Heereszug ging nicht den Nil entlang, sondern von Alexandria südlich nach dem Thale der Natronseen (Seite 31) und dann durch dieses nach Kairo zu.

Allein jetzt begannen für die armen Soldaten Leiden, von welchen sie bisher noch keine Vorstellung gehabt. Ein Offizier der Armee, welcher den Zug selbst mitgemacht hat, spricht sich folgender Maßen darüber aus:

„Nicht lange, so verursachte die brückende Hitze, der Hunger und ein noch peinlicherer Durst den Soldaten unsägliche Drangsale, denen mehrere erlagen. Das Unglück zu vollenden, stellte eine in unseren Gegenden unbekannte Lufterscheinung (Fata Morgana), die eine Wirkung des Lichtes ist, ihren verblendeten Augen einen unermeßlichen See dar, worin die Sandhügel und alle Ungleichheiten des Bodens sich abspiegelten. Die Täuschung dieser Lufterscheinung ist so groß, daß man dadurch das zehnte Mal so gut, als das erste Mal, verblendet wird; und da sie hauptsächlich Morgens eintrat, so verdoppelten die athemlosen, von Anstrengung erschöpften Franzosen ihre Schritte, — ließen aber neuerdings den Muth sinken, nachdem die Sonne, in ihrer vollen Kraft, das Dunstgebilde des Gewässers, an dem sie das Ziel ihrer Leiden zu finden wähnten, zerstreut hatte. Die Sonne flammte gleichsam; man mochte auf diesem Gluthherde stille stehen, oder sich bewegen, — die Pein war immer dieselbe. Die Nacht, statt Ruhe herbeizuführen, brachte andere Qualen mit sich: es fiel ein kalter Thau, der die Glieder erstarren machte und selbst die Gebeine zu durchbringen schien. Das Murren wurde allgemein, und Diejenigen, deren Selbstverleugnung sonst keine Grenzen hatte, gaben jetzt beinahe Zeichen von Verzweiflung.“ Nur der Oberbefehlshaber verlor die kalte Ruhe nicht, womit man am Sichersten drohende Gefahren beschwört.

Er sprach den erschöpften Kolonnen frischen Muth zu, richtete die Wankenden wieder auf und machte den Standhaften neuen Verheißungen. In Damanhur gab es eine kleine Rast und Erholung. Allein kaum hatte man diesen Ort verlassen, so begannen die Leiden der geplagten Soldaten von Neuem, und wieder ertönte unwilliges Murren und lautes Aufruhrgeschrei. Der General that diesmal, als höre und merke er Nichts und ritt an der Spitze der Armee ruhig weiter.

„Endlich wird man des Nils mit seinen beiden, von üppigen Ernten bebeckten, Ufern ansichtig. Das Erste, was uusere Soldaten vornehmen, ist,

sich in den Fluß stürzen, der jetzt auch für die Franzosen zum Gotte wird."
— So spricht der oben erwähnte Theilnehmer am Zuge.

Erquickt, gestärkt und getröstet, begiebt sich das Heer wieder auf den
Marsch. Aber binnen vier Tagen muß es dem Feinde zwei Schlachten lie=
fern. Die französische Kriegskunst behält die Oberhand über den Ungestüm
der Mamelucken, die sechshundert Todte auf dem Platze lassen und in wilder
Hast die Flucht ergreifen.

Fliehende Mamelucken.

Ach, der Kampf mit dem Feinde war das Leichteste, und den im Kriege
abgehärteten und in der Schlacht erprobten Soldaten hätte davor nicht ge=
graut; aber der Leiden des Marsches war kein Ende, und dagegen waren sie
nicht gewappnet. Denn Aegypten war nicht mehr der herrliche Lustgarten,
von Berg zu Berg mit vollsaftigen Pflanzen bedeckt, Stadt an Stadt und
Dorf an Dorf. Seit die Türken Herren des Landes geworden, waren fast
alle Kanäle verschwunden, sie hatten sich nach und nach mit Schlamm und
Sand gefüllt, und Türken und Araber waren viel zu träge, sie wieder her=
zurichten und im Stande zu halten. So war aus dem blühenden Kemi
eine Wüste geworden, und nur unmittelbar an den Ufern des göttlichen Nil
ist noch die alte Pracht zu erkennen. Nach der allgemeinen Ueberschwemmung
treibt auch jetzt noch der Boden überall, so weit das Wasser gereicht hat,
üppige Saaten; allein man war jetzt im Monat Juli, gerade vor der Ueber=

Das Land der Pyramiden.

Leipzig: Verlag von Otto Spamer.

schwemmung, — der Marsch durch das Delta zeigte nur eine baum= und
schattenlose Ebene, ohne Vegetation, ohne Quellen und Brunnen, fast ohne
Ortschaften; denn diese liegen nur am Wasser, die Armee aber marschirte
nicht diese Straße.

Die Soldaten schalten laut den Feldherrn, der sie in ein unwirthbares
Land geführt; verwünschten ihn und den Tag, da sie ihr schönes Frankreich
verlassen, und endlich bemächtigte sich ihrer eine unwiderstehliche Traurigkeit
und Melancholie. Sie waren lebensmüde, matt, ließen die Arme sinken, blieben
zurück, — und viele fanden ihren Tod. Die Offiziere hatten einen schweren,
schweren Stand.

In der Nacht nach dem 21. Juli bricht die Armee von dem Dorfe
Ombinar auf. Am folgenden Tage Mittags gegen 2 Uhr trifft sie bei dem
Dertchen Embabeh in der Nähe der Pyramiden auf das Hauptheer des Fein=
des. Jetzt gilt es, die Entscheidungsschlacht zu schlagen!

Dem rechten Flügel der Franzosen stehen gegenüber 10,000 Mamelucken,
tapfere Krieger mit glänzenden, strahlenden Waffen, trefflichen Pferden, schnell
wie der Blitz. Ihrem linken Flügel gegenüber haben die Franzosen ein ver=
schanztes mit vierzig Kanonen besetztes Lager und 20,000 Mann Janitscharen.
Hinter diesem Lager wälzt der Nil seine gewaltigen Fluthen, und über diesen
hinaus sieht man Kairo mit seinen dreihundert Minarets. Hinter den Mame=
lucken erheben sich ernst und majestätisch die ewigen Pyramiden.

Bonaparte reitet wieder durch die Reihen seiner Soldaten, stachelt ihren
Ehrgeiz und feuert sie zu großen Thaten an. „Soldaten!" ruft er. „Ihr greift
jetzt die Tyrannen von Aegypten an. Bedenkt: Von den Gipfeln dieser
Pyramiden schauen vierzig Jahrhunderte auf euch hernieder!"

Die „Tyrannen" und die „Pyramiden" verfehlten ihre Wirkung nicht.
Es war ein verzweiflungsvoller Kampf, in welchem von beiden Seiten mit
Löwenmuth gefochten wurde; aber die Franzosen blieben Sieger. Tausende
der Feinde fanden ihren Tod auf der Wahlstatt, viele wurden in den Nil ge=
sprengt; Murad Bey, der Anführer der Mamelucken, ergriff die Flucht mit
2500 Mann, — Das war Alles, was ihm noch geblieben. Die Franzosen hat=
ten nach dem eigenhändigen Bericht des Generals Bonaparte, den er an die
Regierung nach Paris schickte, „nur zwanzig bis dreißig Todte." Es ist je=
doch möglich, daß sich der General etwas verzählt hatte!

Das ganze Lager fiel in die Hände der Sieger sammt allen Kanonen,
Lebensmitteln, Schätzen und dreihundert Kameelen. Die Soldaten machten
reiche Beute, besonders, indem sie die gefallenen Mamelucken plünderten,
ihrer kostbaren Waffen, Kleider und ihres Geldes beraubten. In dem
soeben angeführten Berichte heißt es: „Es gab keinen unter ihnen, bei welchem
unsere Soldaten nicht vier bis fünf Hundert Louisd'or erbeutet hätten."

Der Hauptvortheil der gewonnenen Schlacht aber war, daß sich die
Hauptstadt des Landes ohne Schwertstreich unterwarf; am 25. Juli hielt

Bonaparte seinen Einzug in Kairo. Allein während der kühne Eroberer nun be=
schäftigt war, die hauptsächlichsten Städte Unterägyptens durch einzelne Korps
seiner Armee besetzen zu lassen, eine regelmäßige Verwaltung einzurichten und
namentlich Abgaben einzutreiben, brach ein furchtbares Unglück über ihn herein,
in Folge dessen er und sein ganzes Heer leicht in Aegypten hätten ihr Grab
finden können.

Die französische Flotte hatte sich auf der Rhede von Abukir aufgestellt.
Da erschien am 1. August, gegen 3 Uhr Nachmittags, der englische Admiral
Nelson mit vierzehn Linienschiffen und zwei Briggs in Sicht. Um 6 Uhr
ist der unversöhnliche Feind da und zeigt seine Ankunft durch den Donner
der Kanonen an. Schon nach einer halben Stunde gelingt es einem Theile
der englischen Flotte, sich zwischen das Land und die französische Flotte zu
legen, diese somit abzuschneiden und zwischen zwei Feuer zu bringen.

Mit welchem Heldenmuthe wird gekämpft! Wie versteht man es auf
beiden Seiten, mit Ehren zu fallen! Die Nacht bricht ein, — der Kampf
ruht nicht, — unaufhörlich brüllen die Geschütze und das Feuer von 1200
Kanonen beleuchtet dieses schreckliche Schauspiel. Der französische Admiral
Brueys war Einer der Ersten, die verwundet worden. Mit kaltem Krieger=
muth führt er das Kommando, als ob Nichts vorgefallen wäre. Um 8 Uhr
reißt ihn eine Kanonenkugel zu Boden; man will ihn wegbringen und Ver=
suche zu seiner Rettung machen. „Nein“, spricht er, „hier ist mein Platz;
ein französischer Admiral muß auf seinem Ehrenbette sterben.“ In einer
Viertelstunde war er nicht mehr. — Dem Kapitän Du Petit Thuars waren
die beiden Schenkel abgeschossen worden; er blieb an seinem Platze. Jetzt riß
ihm eine feindliche Kugel den Arm weg. „Schießt!“ ruft er. „Schießt,
und ergebt euch nicht! — Und wenn ein Engländer seinen Fuß auf unser
Schiff setzt, dann werft meinen Körper in's Meer! Schießt! Schießt!“ Das
waren seine letzten Worte.

Mit solchem Muthe kämpften die tapfern Männer hüben und drüben.
Aber den Engländern waren die Franzosen auf dem Meere nicht gewachsen.
Kurz vor 10 Uhr wird das französische Admiralschiff (der Orient) in Brand
geschossen; ein Viertel über Zehn fliegt es mit furchtbarem Donnergekrache in
die Luft. Der Kampf dauert die ganze Nacht; er dauert mit gleichem Un=
gestüme den folgenden Vormittag; — am 2. August Mittags 2 Uhr waren
sämmtliche französische Schiffe zertrümmert, oder von den Engländern genom=
men, — das Schlachtgetöse schwieg, und Buonaparte hatte keine Flotte mehr!

Das war eine verzweifelte Lage! Denn wenn die Türken und Araber
den ernsten Willen und das Geschick dazu hatten, so mußte es ihnen gelingen,
die Franzosen aufzureiben. Der Feldherr sah Dies wohl ein, deshalb gab
er sich alle erdenkliche Mühe, einmal die Einwohner für sich zu gewinnen,
und dann den Muth und die Zuversicht seiner Soldaten wieder zu heben.

Dazu bot sich ihm verschiedene Gelegenheit dar.

Es kam die Zeit der Nilüberschwemmung, und der Austritt des Flusses aus seinem Bette wurde, wie in alten Zeiten, mit großen Festlichkeiten begangen. Der französische Feldherr wohnte selbst allen Feierlichkeiten bei, warf mit eigenen Händen Goldstücke unter das versammelte Volk, vertheilte kostbare Festgewänder an die Vornehmsten der Stadt, kurz — er that alles Mögliche, sich beliebt zu machen. Das war vierzehn Tage nach der Schlacht bei Abukir.

Untergang der französischen Flotte.

Kurz darauf war der Geburtstag des Sultans, und die Franzosen feierten ihn mit, als wäre es der ihres eigenen Herrn und Gebieters! Militärische Schauspiele, Feuerwerke, Gastmähler, Aufzüge, Musik, Vertheilung kostbarer Geschenke und Spendung reichlicher Almosen an die Armen, — Nichts wurde vergessen.

Aber auch der 22. September, der Jahrestag der Gründung der französischen Republik, ward festlich begangen. Auf dem Hauptplatze Kairo's ist ein großes Amphitheater errichtet, mit mehr als hundert Säulen geziert. In der Mitte desselben erhebt sich ein mit Inschriften bedeckter Obelisk; auf sieben Altären liegen Tafeln mit den Namen der gefallenen Krieger; Alles ist mit Fahnen, Standarten und Waffen aller Art auf's Prächtigste geschmückt. Am Eingange steht ein mächtiger Triumphbogen, auf dem die Schlacht bei den Pyramiden abgebildet ist; darunter steht die arabische Inschrift: „Allah ist Allah, und Muhamed ist sein Prophet." Diese Unterschrift paßte freilich nicht im Geringsten; Bonaparte wollte aber den Siegern und den Besiegten schmeicheln, — so kamen Bild und Spruch zusammen. Bei dem glänzenden Gastmahle, welches er gab, weheten französische und türkische Fahnen vereint über den Gästen; neben dem Halbmond prangte die Freiheitsmütze; an den Wänden hingen Tafeln mit der Verkündigung der Anerkennung der „Menschenrechte" und mit Sprüchen aus dem Koran. Während die zweihundert Gäste in ausgelassener Fröhlichkeit tafelten, marschirte eine Abtheilung Militär hinaus nach dem Dorfe Gizeh und pflanzte auf der Spitze der höchsten Pyramide (der des Königs Chufu) die dreifarbige französische Fahne auf. Auf das Festmahl folgten Pferderennen, Wettläufe und andere Volksbelustigungen; den Abend erleuchtete eine brillante Illumination.

Am folgenden Tage wurde das „ägyptische Institut" gegründet, und Das ist der eigentliche Gewinn, den die Welt aus der Expedition nach den Ufern des Nil gezogen hat. Das Institut vereinigte die ausgezeichnetsten Geographen und Geschichtsforscher, Archäologen, Sprachkenner, Physiker, Anatomen, Mineralogen, Botaniker, Zoologen, Astronomen und Geometer, — kurz, die ersten Gelehrten Frankreichs. Während der regelmäßigen Sitzungen arbeiteten diese Mitglieder des Instituts um die Wette, des Landes frühere und jetzige Beschaffenheit, Geschichte und Sprache zu erforschen. Professor Monge war Vorsitzender; sich selbst machte Bonaparte zum Vice-Präsidenten. Es wurden eine Bibliothek, eine Sternwarte, ein botanischer Garten, ein chemisches Laboratorium und eine Sammlung von Alterthümern errichtet.

Aber in noch anderer Weise machte sich die außerordentliche Thätigkeit des energischen Mannes bemerkbar, der an Alles dachte und Alles that. In der Hauptstadt wurden Werkstätten aller Art, Gießereien, Manufakturen und Fabriken angelegt; auch ein paar Windmühlen ließen bald zum großen Erstaunen des Volkes ihre Flügel durch die Lüfte sausen.

Aber es kamen auch Dinge vor, welche dem Volke nicht gefielen, wodurch es im Gegentheil auf's Neue erbittert wurde. Das Heer mußte ergänzt werden, — man steckte die jungen Leute von sechzehn bis vierundzwanzig Jahren unter die Armee. Man brauchte Geld, — es wurden neue ungeheure Brandschatzungen ausgeschrieben. Das Volk wollte nicht bezahlen, — man erschoß die Widerspenstigen. Hier und da wurde rebellirt, — man brannte die Dörfer nieder, welche sich widersetzt hatten. Von Tag zu Tag wurde die Lage der Franzosen bedenklicher, dazu kam, daß die Engländer verkleidete Sendboten im Lande umher schickten und zur Empörung aufstacheln ließen. Der Sultan hatte eine Verkündigung erlassen, in welcher es hieß: „Das französische Volk ist eine Nation von verstockten, zügellos lasterhaften Ungläubigen. Darum sammelt euch und ziehet aus zum Streit! Eure Säbel sind schneidend, spitzig sind eure Pfeile, eure Lanzen sind durchbringend und eure Kanonen gleichen dem Donnerkeile. Euch ist es vorbehalten, den Anfang zur Vertilgung dieser Gottlosen zu machen. Gleich dem Staube, den die Winde zerstreuen, wird keine Spur übrig bleiben von diesen Ungläubigen."

Eine Sitzung des ägyptischen Instituts.
Rechts an der Ecke General Bonaparte; neben ihm auf dem Sessel Professor Monge als Präsident; vorn links eine Mumie in offenem Sarge; am Fuße desselben ein kleines hölzernes Gestell, das die alten Aegypter als Kissen unter den Kopf stellten, wenn sie sich niederlegten.

In allen Städten brach der Aufruhr in helle Flammen aus.

Die Verschwörung war im Stillen gereift; Dunkel der Nacht hatte sie bedeckt; jetzt trat sie an den lichten Tag.

Am 21. Oktober (1798) bilden sich murrende und drohende Gruppen. Mit Aufruhrgeschrei zieht das Volk durch die Straßen. Vereinzelte Franzosen werden verspottet, verhöhnt; und als die Volksmassen noch größer geworden sind und das türkische Militär sich mit ihnen vereinigt hat, werden die Ungläubigen überfallen und getödtet. Bald heult ein wildes Wuthgeschrei durch alle Gassen. Ohne Gnade werden alle Franzosen, — auf den Straßen, in den Häusern, wo man sie trifft, — hingewürgt. Kairo zählte 300,000 Einwohner; alle hatten sich verschworen, keinen Franken am Leben zu lassen. Es war eine furchtbare Metzelei! Drei Generale fanden in den Straßen der Stadt ihren Tod.

Als Bonaparte seine Regimenter um sich versammelt hatte, zog er nach und nach durch alle Gassen, von einem Platze zum andern; seine Kanonen spieen Tod und Verderben, und seine Soldaten gaben keinen Pardon; sie wußten wohl, daß sich's jetzt handelte um Tödten, oder Getödtetwerden. Die Türken und die Araber fochten mit einer unvergleichlichen Tapferkeit; aber der französischen Kriegskunst konnten sie nicht widerstehen.

Niemand hat die Tausende gezählt, die erschossen, durch einstürzende Häuser zerschmettert, oder mit dem Bayonnette niedergestoßen wurden. Trauernd wendet sich der Genius der Menschheit ab von solchem Bilde. Der Soldat in der Schlacht hört auf, ein Mensch zu sein; und der blutigste, der mörderischste Kampf ist der Straßenkampf.

Von Platz zu Platz, von Straße zu Straße wurden die Flüchtigen gejagt. Sie verschanzten sich in den Tempeln. Man stürmte die Tempel und scheuchte die Fliehenden weiter.

Endlich hat sich Alles, was noch die Waffen trägt, in der großen Moschee gesammelt. Und heran zieht das Frankenheer. Die Moschee wird umstellt; von allen Seiten gähnen drohende Feuerschlünde; die Bayonnette sind aufgepflanzt, die Gewehre geladen; rachefunkelnde Augen bewachen die Ausgänge.

Der Obergeneral fordert die so Eingeschlossenen auf, sich auf Gnade und Ungnade zu ergeben; aber sie ziehen vor, das Glück des Kampfes noch einmal zu versuchen, — und wieder ertönen die Kanonen, krachen die Gewehre und klirren die Säbel.

Da überzieht sich der Himmel; die Luft verdunkelt sich, schwere Gewitterwolken ziehen herauf; schwarz stehen sie über der geängsteten Stadt. Ein Blitz, — ein furchtbarer Donnerschlag! Die in ihrem Tempel Belagerten fallen zitternd auf die Kniee. Dort ist ein solches Gewitter nichts so gewöhnliches, als bei uns. Blitz auf Blitz, Schlag auf Schlag! Horch, wie grausig der Donner rollt! Aller Muth ist nun geschwunden; die Zagenden flehen um Gnade und wollen sich ergeben. Stolz antwortet Bonaparte: „Die Stunde der Milde ist jetzt vorüber; ihr habt begonnen, ich werde endigen, wenn es mir gefällt."

Die Thore der Moschee wurden mit der Axt eingehauen, die Mauern durch das Geschütz zertrümmert, — alle Ausgänge waren besetzt, entfliehen konnte Niemand, das Blut der Türken floß in Strömen; alle büßten es mit dem Leben, daß sie sich gegen den fremden Eindringling vertheidigten. Das ist der Krieg!

Bonaparte in der syrischen Wüste.

## II.

### Fortgang und Ende der Expedition.

Zug nach Syrien. — Jaffa. — „Der Große." — Vergebliche Bemühung vor Saint Jean d'Acre. — Der Schlaftrunk. — Was das ist, ein Rückzug. — Der große Sultan Kubir. — Die zweite Schlacht bei Abukir. — Heldenmuth der Araber. — Bonaparte's Abreise. — Friedensschluß. — Die Engländer. — Kleber's Tod. — Menou. — Schlag auf Schlag. — Ende. — Folgen der Expedition.

Während Bonaparte nach Suez abgegangen war, um die Spuren des alten Kanals zu besichtigen, der einst den Nil mit dem Rothen Meere verband, hatte Djezzar, Pascha von Syrien, die Feste El Arisch an der Grenze Aegyptens besetzt. Das war eine Herausforderung, und nun reifte in dem Gehirn jenes unternehmenden Geistes ein Plan, der ihn schon einige Zeit beschäftigte, und welchen er nun unverzüglich in's Werk setzte. Er verließ Aegypten und machte den nachbarlichen Welttheil Asien zum Schauplatz neuer Thaten.

Mit zehn Tausend Mann zog er über die Landenge nach Syrien. Hier, in der Wüste, deren Gefahren schon vor zweitausend Jahren das Heer der Perser kennen gelernt hatte, wäre er einmal beinahe verschmachtet, ein andermal fast einem feindlichen Hinterhalte in die Hände gefallen; doch kam er glücklich, auf seinem Kameele reitend, hinüber nach Kleinasien.

Anfangs März 1799 steht das französische Heer vor der Festung Jaffa. Es wird ein Unterhändler in die Stadt gesandt mit der Aufforderung, der Kommandant möge sie sogleich übergeben. Statt irgend einer Antwort läßt dieser dem Boten den Kopf abschlagen und bereitet sich zur Vertheidigung vor.

Jaffa war aber eine feste Stadt und nicht so leicht eingenommen. Hohe Mauern, starke Thürme, ein auserlesenes Heer und zwölfhundert der geschicktesten Kanoniere mit einer furchtbaren Artillerie vertheidigten sie. Nach drei Tagen sind die Mauern hier und da durch die französischen Geschütze zertrümmert; und nachdem der Feldherr seine Soldaten angefeuert, sie an alle vollbrachten Heldenthaten erinnert und wiederholt mit den alten Römern und den unwiderstehlichen Schaaren des großen Alexander verglichen hat, wird die Stadt gestürmt.

Ferne sei es, die Schauberscenen zu schildern, die sich jetzt auf allen Punkten der Stadt dem Auge boten! Aber Eins sei gesagt, — es darf nicht verschwiegen sein, denn es zeichnet den Mann, welchem seine Schmeichler den Beinamen des Großen gaben; es zeigt uns, wie der Krieg die Menschen wilden Thieren gleich macht, — es zeigt uns den blutgetränkten Boden, aus welchem der Lorbeer des Feldherrn erwächst.

Zwei Tage und zwei Nächte hatte das furchtbarste Gemetzel angedauert; der Tod hatte reiche Ernten gehalten; alle Straßen waren bedeckt mit Leichen, — es war selbst einem Bonaparte zu grausig. Er befiehlt, man soll die Todten in's Meer werfen, und schickt zwei seiner Adjutanten ab, daß sie jetzt der Wuth der Soldaten Einhalt thun. Bisher war kein Pardon gegeben worden; jetzt solle man Die, welche sich ergeben wollen, am Leben lassen und gefangen nehmen. Die Adjutanten, welche noch ein menschliches Regen in ihrem Herzen fühlen, eilen hin und thun, unterstützt von anderen Offizieren, das Mögliche, die blutgierigen Soldaten zu besänftigen, und es gelingt ihnen, manchem armen Geängsteten, der schon das Bayonnett auf der Brust fühlte, das Leben zu retten.

Vier Tausend Albanesen oder Arnauten (das sind die Bewohner der türkischen Provinz Albanien oder Arnaut am adriatischen Meere), welche einen Theil der Besatzung ausmachten, hatten sich in eine große Karavanserei zurückgezogen, sich hier zu vertheidigen. Man hatte bereits Kanonen aufgefahren, die Mauern zu zertrümmern, und die Franzosen standen bereit, ihr blutiges Werk fortzusetzen, — da erschienen Beauharnais und Croisier, die beiden Adjutanten, und brachten Pardon. Die Arnauten legten die Waffen nieder, ergaben sich als Gefangene, und Beauharnais und Croisier hofften, sich den Dank des Obergenerals verdient zu haben. Allein dieser fuhr sie in heftigem Tone an: „Was soll ich mit all diesem Volke anfangen? Kann ich es füttern? Wie mag man mir solche Streiche machen?!"

Die Adjutanten rechtfertigten sich mit dem Auftrage, welchen sie erhalten hätten, aber Bonaparte grollte: „Man muß den Sinn meiner Worte recht auffassen! Greise, Weiber, Kinder kann man leben lassen; Soldaten müssen sterben. Was soll ich mit vier Tausend Gefangenen machen?"

Am 10. März 1799 wurden auf Befehl des Generals Bonaparte, nachmaligen Kaisers Napoleon I., 4000 wehrlose Albanesen gemordet. Sie waren in eine Karavanserei eingesperrt.

Straßenkampf in Jaffa. Offiziere suchen dem Blutvergießen Einhalt zu thun.

Man stellte Kanonen an den Thüren auf und schoß so lange in die dicht gedrängten Massen, bis auch der letzte Mann niedergestreckt war. „Das ist Kriegsrecht," sagte der Besieger Italiens und Aegyptens.

Aber durch die vielen Todten entstanden ansteckende Krankheiten, und bald wüthete die Pest unter den französischen Truppen. Alle Spitäler waren gefüllt, als das Heer abzog.

Es sollen hier nicht die Einzelheiten des syrischen Feldzuges erzählt werden; nur die Hauptsachen seien angeführt.

Am 16. März erschien die Armee vor der Festung Saint Jean d'Acre, und Bonaparte hoffte, nach wenigen Tagen siegekrönt einziehen zu können. Allein hierin hatte er sich getäuscht. Er ließ die Mauern Tag und Nacht beschießen, ließ seine Truppen wiederholt Sturm laufen, — aber Tag um Tag, Woche um Woche verging, — es war unmöglich, Herr der Stadt zu werden. Die Besatzung, unterstützt von einer englischen Flotte, vertheidigte sich mit einem unglaublichen Muthe und einer unerschütterlichen Hartnäckigkeit.

Zwei Monate hatte die Belagerung gedauert; mehr als tausend seiner Krieger hatte der Länderstürmer vor diesem einzigen Platze eingebüßt, — da mußte er unverrichteter Sache wieder abziehen.

In einer Proklamation an seine Soldaten erinnerte er diese an alle die Heldenthaten, welche sie vollbracht, überschüttete sie mit Lob und Schmeichelei, sagte ihnen aber auch, daß jetzt die Jahreszeit sei, in welcher die Engländer in Aegypten landen würden, deshalb müsse er schnell dahin eilen, obwol nur noch einige Tage dazu gehört hätten, die Festung zu nehmen. „In wenigen Tagen hättet ihr den Pascha in seinem eigenen Palaste gefangen genommen; allein die Einnahme des Castells ist den Zeitverlust von einigen Tagen nicht werth." Dem schlauen Corsen hingen die Trauben zu hoch; er fand sie deshalb sehr sauer und zog ab.

Das geschah am 20. Mai. Am 24. war man wieder in Jaffa. Hier war natürlich des Bleibens nicht. Das Heer war auf dem Rückzuge und wurde täglich von den Feinden bedrängt. Also weiter! Immer weiter!

Allein nun sind noch sechzig Pestkranke in den Spitälern zu Jaffa. Was mit ihnen machen? Mitnehmen? Da könnten sie noch gesunde Soldaten anstecken. Zurück lassen? Wer weiß, wie es ihnen unter den Händen der Türken geht. Auch sollen diese keine französischen Gefangenen haben. Bonaparte läßt den Kranken einen Schlaftrunk eingeben, der sie in einen so tiefen Schlaf versenkt, daß sie nicht mehr daraus erwachen. Der Feldherr sagte: „Man hat sie von allen ihren Leiden erlöst," — wir würden sagen: „man hat sechzig Kranke mit Opium vergiftet, um ihrer los zu sein."

Die Leiden und Entbehrungen des Heeres auf dem Rückzuge überstiegen zuweilen alle Vorstellung, und es war sehr natürlich, daß Unterordnung und Mannszucht sehr dabei litten. In der großen Noth dachte Jeder nur an sich. Erblickte man in der glühenden Wüste den Ueberrest einer alten Mauer, so lief Alles in verzweifelter Hast darauf los, und wer zuerst da war, labte sich in dem Schatten und ruhete aus; es dachte aber kein Soldat daran, dem Herrn Offizier das gute Plätzchen zukommen zu lassen. Fand man in einer Höhlung etwas Wasser, so suchte Jeder, den Andern weg zu stoßen und den köstlichen Fund für sich zu nehmen, — Offizier, oder Gemeiner, es war in solchen Dingen kein Unterschied mehr. Aber die Offiziere mußten sich Alles gefallen lassen, denn die Forderungen der Natur sind mächtiger, als die Gesetze der Disciplin; die Soldaten waren ungehalten, gereizt, murrten beständig, und — das Heer war auf dem Rückzuge! Der Rückzug, — das ist ein schlimmes Wort. 1800 Mann hatte man durch die Gefechte, 600 durch die Pest verloren, und trotz aller schönen Redensarten war denn doch Nichts erzielt worden.

Den erlittenen Verlust zu verbergen, die errungenen Siege zu vergrößern, die Empörungslust der Türken und Araber zu dämpfen und den Muth seiner Truppen wieder zu entflammen, ordnete Bonaparte in Kairo einen Triumph-

Das Land der Pyramiden.

Kampf der Franzosen und Mameluken.

Leipzig: Verlag von Otto Spamer.

Einzug des Heeres an. Feste und Gelage füllen die nächsten Tage, die Rück= kehr des großen Sultans Kubir (des Vaters des Feuers, wie sich Bona= parte von den Arabern nennen ließ) zu feiern, des Unwiderstehlichen, der abermals Städte und Länder und Völker unter seine Füße getreten. In einer überschwenglichen Proklamation verkündete der Obergeneral selbst den Bewoh= nern von Kairo seine neuen Heldenthaten.

Die Franzosen schwelgten nun wieder in allen Lebensgenüssen und hatten bald die bösen Tage der Wüste vergessen.

---

Mitte Juli geht eine türkische Flotte von hundert Schiffen, nachdem sie Alexandria bedroht, bei Abukir vor Anker und landet 18,000 Mann, die auch sogleich Dorf und Fort erstürmen und besetzen.

Bonaparte bedarf eines Sieges. Er erläßt eine Bekanntmachung an die Bewohner Kairo's, in welcher er sagt: „Achtzig Fahrzeuge haben sich un= terfangen, Alexandria anzugreifen; allein, durch das Geschütz dieses Platzes zurückgetrieben, sind sie bei Abukir vor Anker gegangen, wo sie sich auszu= schiffen beginnen. Ich lasse sie nahen, weil ich sie anzugreifen, Alle, die sich etwa nicht ergeben wollen, niederzumachen und die Andern bei Leben zu lassen gedenke, um sie zu Kairo im Triumphe aufzuführen.“ Dann zieht er ab, die Seeschlacht von Abukir in Abukir selbst zu rächen.

Die Türken hatten sich trefflich verschanzt, und eine tüchtige Artillerie unterstützte sie. Die Flotte lag auf eine halbe Stunde vom Lande entfernt im Meere.

Gleich anfangs gelang es dem Scharfblicke des französischen Oberfeld= herrn und dem Ungestüm des Generals Murat, eine Abtheilung Türken von 3000 Mann so einzuschließen und von jeder Hülfe abzuschneiden, daß sie geradezu in das Meer gesprengt werden konnte. Ergeben wollten sie sich nicht.

Bonaparte sagt selbst in seinem Berichte, den er nach Paris schickte: „Wenn es eine europäische Armee gewesen wäre, würden wir dreitausend Gefangene gemacht haben: hier waren es dreitausend Todte.“

Allein damit war der Sieg noch nicht entschieden. Lange wogt der Kampf hin und her, und unmöglich ist es den Franzosen, das Fort und die nächstliegenden Verschanzungen zu stürmen, obwol sie dieselben mit der größ= ten Heftigkeit bombardiren und berennen; die Türken leisten verzweifelten Wi= derstand. Da läßt man denn ab von dem nutzlosen Beginnen und wendet seine ganze Kraft gegen das Dorf. Siehe, — siehe, — auf einmal stürzen die Türken aus den Schanzen, werfen sich auf das verlassene Schlachtfeld und fangen, ihrem Gebrauche gemäß, an, den todten Feinden die Köpfe ab= zuschneiden. Das bemerkt Murat, der unübertreffliche Reiteranführer. Wie ein Sturmwind saus't er mit seinen Schwadronen daher und wirft sich zwi= schen sie und die Schanzen, — die Türken werden niedergemetzelt, — ihr

Oberanführer, Mustapha Pascha, wird von Murat gefangen genommen,
— die Schanzen werden jetzt erobert, — die Schlacht ist für die Fran=
zosen gewonnen.

Aber das Fort von Abukir hatten sie noch nicht. 13,000 Türken lagen
auf der Wahlstatt, oder hatten den Tod in den Fluthen des Meeres gefun=
den, nur einige Mann hatten Pardon angenommen; — in dem Fort jedoch
befanden sich noch fünftausend tapfre Streiter, die man nicht in das Meer
sprengen konnte, und die auch nicht gesonnen waren, sich zu ergeben.

Diese vertheidigten sich noch acht Tage lang auf's Tapferste gegen die
fortwährend anstürmenden Feinde; aber — die Lebensmittel waren bereits
aufgezehrt, das Pulver ging zu Ende, es blieb nichts Anderes übrig, man
mußte kapituliren. Die Franzosen konnten ihren Gegnern das Zeugniß nicht
versagen, daß sie wie Helden gefochten.

* * *

Ueberall in dem ganzen Lande tobte noch der Krieg. Namentlich in
Oberägypten wehrten sich Türken und Araber auf's Verzweifeltste. Gene=
ral Desaix, welcher hier befehligte, rückte kämpfend bis zur Südgrenze vor,
— er konnte aber nicht den Frieden erzwingen. Es wurden Wunder der
Tapferkeit gethan. General Belliard schlug mit tausend Mann eine zehn=
fach größere Heeresabtheilung des Feindes. Gleichen Heroismus bewiesen aber
auch seine Gegner. In Benhut warf sich ein kleiner Rest der zersprengten
Araber ein in Haus, das mitten im Dorfe stand und ansehnlicher und größer
war, als die übrigen Hütten. Hier verschanzten sie sich, hier vertheidigten
sie sich, hier wollten sie mit Ehren fallen, aber sich nicht ergeben.

Mit dem Muthe der Todesverachtung schossen sie aus allen Fenstern,
und jeder Schuß streckte einen Franzosen nieder. Belliard wußte sich nicht
anders zu helfen: er ließ das Haus anzünden und gab die tapfere Helden=
schaar dem Feuer preis. Da stimmten die Araber mit Begeisterung einen
religiösen Triumphgesang an, — die Flammen schlugen von allen Seiten in
die Höhe, — an den Fenstern erschienen zwischen Flammen und Rauch hin=
durch die gebräunten Gesichter, die schwarzen, funkelnden Augen der Araber,
— Schüsse krachten, — voll und kräftig erscholl der feierliche Sang aus dem
Hause des Todes. Aber nach und nach wurden der Schüsse weniger; seltener
erschien der schwarze Bart und das weiße Gewand eines der dem Tode Ge=
weihten an einem Fenster; schwächer wurde der Gesang, immer schwächer, —
jetzt erlosch er ganz und, — nur die Balken knisterten noch, die Flammen
leckten gierig an dem Gebäude, und dicker Rauch stieg gen Himmel: — Belliard
stand vor dem Grabe der Tapferen. — — —

So kamen die Franzosen nie und nirgends zur Ruhe, und Bonaparte
sah ein, daß er sich unmöglich auf die Dauer hin werde halten können

„Weg nach Paris".

Da er aber die Schmach nicht auf sich nehmen wollte, mit seinem Heere aus dem Lande hinaus gejagt worden zu sein, verkündigte er seinen Offizieren, er sei jetzt durchaus nothwendig in Frankreich selbst.

Er überließ den Oberbefehl dem General Kleber und begab sich nun zurück nach Frankreich auf jener „Route de Paris", mit welchen großsprecherischen Worten der effectreiche Geist der französischen Soldaten den Weg bezeichnet hatte, den sie vorüber an vieltausendjährigen Denkmälern und Alterthümern genommen.

Am 24. August 1799 befand sich Bonaparte auf dem Meere und am 6. October landete er glücklich zu Frejus. — Durch seine Abreise änderten sich die Verhältnisse in Aegypten nicht wesentlich. Anfangs war das Heer im höchsten Grade ungehalten und murrte laut, daß es von seinem Feldherrn verlassen werde in einem fernen Lande, der glühenden Sonnenhitze und der Wuth der Feinde preisgegeben; allein bald sah man, daß Kleber ein eben so tüchtiger General war, als Bonaparte, und gab sich zufrieden.

Buonaparte hatte richtig vorausgesehen, daß Aegypten nicht auf die Dauer zu halten war, wenigstens nicht mit den Streitkräften, welche Frankreich nach dem Lande der Pharaonen abgesendet hatte. Die vereinzelten Schaaren der Feinde in allen Gegenden des Landes sammelten sich; weitere Heeresabtheilungen kamen von Syrien heran marschirt; andere landeten auf englischen und türkischen Schiffen an der Nordküste; — die französische Armee aber schmolz von Tag zu Tage mehr zusammen; jedes Gefecht kostete Menschenleben, und die Pest konnte durchaus nicht gänzlich vertilgt werden; stets waren die Spitäler angefüllt. Bald war das Heer gerade auf die Hälfte seines ehemaligen Bestandes herab gekommen; diese anderthalb Jahre der Besetzung Aegyptens hatten fünfzehn Tausend Franzosen das Leben gekostet.

Mit dem besten Willen, mit aller Aufopferung konnte Kleber, der nicht die geringste Unterstützung von Frankreich zu erwarten hatte, sich nicht länger halten. Darum schloß er Friede, so lange er noch einen ehrenhaften Frieden schließen konnte; jetzt stand er immer noch achtunggebietend da; wäre sein Heer noch mehr zusammen geschmolzen, so hätte man ihn gar keiner Unterhandlung mehr gewürdigt. Am 24. Januar 1800 unterzeichnete er den Friedenstraktat, nach welchem die Feindseligkeiten sogleich eingestellt werden, die Franzosen aber in den nächsten Monaten das Land räumen und auf türkischen Schiffen in ihr Vaterland heimkehren sollten.

Man war mit der Ausführung der einzelnen Bestimmungen beschäftigt, ganz Oberägypten war bereits von den Franzosen verlassen und wieder von den Türken besetzt, Kleber's Heer zog sich nach Alexandria hin zusammen, — da meldete Ende Februar ein Brief des englischen Admirals Sidney Smith, seine Regierung bestehe darauf, daß sich die Franzosen auf Gnade und Ungnade den Engländern als Gefangene ergäben, und alle englischen Kriegsschiffe hätten strengen Befehl jedes Schiff mit Franzosen feindlich anzugreifen.

Was nun machen? Der Friede war unter englischer Vermittelung, sogar auf einem englischen Schiffe abgeschlossen worden, — und nun erhob mit einem Male Englands alte Feindseligkeit wieder ihr Haupt. Vor den Franzosen lag das Meer, auf welchem sie nicht heimkehren konnten, wollten sie nicht Gefangene der Engländer werden, — hinter ihnen drängte ein mächtiges Türkenheer, welches die Ausführung der Friedensbedingungen verlangte. Sidney Smith rieth wohlmeinend, es möchten beide Theile friedlich ihre augenblicklichen Stellungen behalten, bis der Einspruch der britischen Regierung durch Unterhandlungen beseitigt sei.

Ein Fanatiker zur Empörung aufrufend.

Allein dazu waren weder die Franzofen, noch die Türken kaltblütig genug. Am 19. März eröffnete Kleber wieder die Feindfeligkeiten, — Schlacht folgte auf Schlacht, und die Franzofen befetzten siegreich wieder ganz Aegypten.

Und nun brach zu Kairo abermals eine furchtbare Empörung aus, bei welcher die Bewohner und Vertheidiger der Hauptstadt eines Theils durch Muth, Tapferkeit und Aufopferungsfähigkeit Alles leisteten, was jemals für Vaterland und Religion geleistet worden ist, andern Theils durch Raub und

Plünderung Schmach und Schande auf sich luden. Die unglückliche Stadt wurde von den Franzosen belagert, bombardirt, — es dauerte einen vollen Monat bis sie wieder in den Händen Kleber's war. Ganze Quartiere hatten die Franken abgebrannt, um nicht jedes einzelne Haus erstürmen zu müssen; Greuel wurden verübt, vor deren bloßer Schilderung uns graut.

Aber der Krieg kennt kein Erbarmen. Ueberall, in allen Städten, erhoben sich die Einwohner gegen die schwachen Besatzungen; — mit Blut wurde ihnen die Obmacht der Franzosen wieder in's Gedächtniß geschrieben. Am 14. Juni kehrt Kleber von einem Gastmahle zurück. Da wirft sich ein schmutziger Bettler vor ihm nieder, ihm eine Bittschrift zu überreichen. Der General beugt sich zu ihm herab; da springt jener auf und stößt ihm einen Dolch tief in die Brust. „Ich bin ermordet!" war Kleber's letztes Wort. Der Bettler aber war Soleiman El-Halebi, der besonders von Syrien nach Kairo gekommen war, um den feindlichen Feldherrn zu tödten. Schon über einen Monat hatte er sich in der Stadt aufgehalten, den General bespäht, seine Gewohnheiten ausgekundschaftet, bis er sicher war, sein Opfer nicht zu verfehlen. An dem Begräbnißtage Kleber's wurden die Priester, welche den Mörder verborgen hatten, öffentlich enthauptet; dem unglücklichen Soleiman wurde zuerst die rechte Hand, die den tödtlichen Stoß geführt, verbrannt; dann wurde er auf einen zugespitzten Pfahl gespießt. „Allah ist Allah, und Muhamed ist sein Prophet!" So sprach der arme Fanatiker und hauchte erst nach vier Stunden unsäglicher Pein sein Leben aus.

General Menou übernahm nun den Oberbefehl. Durch immer neue Steuern, welche er dem Lande auferlegte, — unter allen nur erdenklichen Titeln wurden Abgaben eingetrieben —, sowie durch eine ungeschickte Einmischung in die inneren Angelegenheiten der Verwaltung und Rechtspflege machte er sich bei den Einwohnern im höchsten Grade verhaßt. Nicht minder mißliebig wurde er bei dem Heere; seine steten Neuerungen waren Allen lästig; er verstand es durchaus nicht, den Geist der Einheit und Zusammengehörigkeit zu pflegen, wie Bonaparte und Kleber. Im Allgemeinen war das Land jetzt ruhig; aber schon im folgenden Jahre erdröhnten die Kriegsdonner wieder.

Es war am 8. März 1801, als eine englische Flotte bei Abukir vor Anker ging und etwa sechzehn Tausend Mann an das Land stiegen. General Menou schickte nur eine so kleine Truppe dahin, daß diese die Ausschiffung der Engländer nicht verhindern konnte, vielmehr fünf Tage später geschlagen und zurückgetrieben wurde. Nun kam Menou selbst mit allen verfügbaren Streitkräften herbei. Am 21. März kam es zu einer neuen Schlacht, welche in Folge der gänzlichen Unfähigkeit des Obergenerals wieder verloren ging.

Jetzt folgte Schlag auf Schlag. Am 26. März segelten 57 türkische Schiffe mit sechs Tausend Mann in den Hafen von Abukir. Ueber die Landenge von Suez her kam der türkische Großwessir mit 25,000 gedienten Kriegern. Menou vertheilte ungeschickter Weise sein kleines Heer. Auf allen Seiten geschlagen, zurück geworfen, wurden die Franzosen endlich in Kairo belagert. Die Pest wüthete wieder in der Stadt. Die Zahl der Soldaten, welche täglich in die Spitäler kamen, stieg bis auf 150; während die ganze französische Besatzung nur 6000 Mann zählte. Trotz der Erfahrung und des Eifers der Aerzte starb beinahe die Hälfte der Kranken. Von der Einwohnerschaft Kairo's erkrankten binnen vier Monaten über vierzig Tausend, und von ihnen starb weit über die Hälfte.

Endlich ward am 28. Juni eine Uebereinkunft unterzeichnet, infolge deren die Franzosen nach zwölf Tagen die Stadt verließen, den nächsten Weg nach dem Meere marschirten und von dort aus auf englischen Schiffen nach Frankreich gebracht wurden.

Eine nennenswerthe französische Besatzung befand sich noch in Alexandria, wo Menou selbst kommandirte. Die unter dem unfähigen Menschen dienenden Generäle geriethen in Verzweiflung, daß sie seine hirnlosen Befehle ausführen mußten; aber da war Nichts zu machen. Am 2. September 1801 wurde auch diese Stadt verlassen.

Ein solches Ende nahm die französische Expedition nach Aegypten, welche so großartige Erwartungen rege gemacht hatte. Drei Jahre hatte sie gedauert, vielen Tausenden von Menschen das Leben gekostet. Das Wunderland des Nils zu einer französischen Colonie zu machen, war nicht gelungen. Traurig kehrten die Ueberreste des stattlichen französischen Heeres wieder heim.

Und doch war selbst der verunglückte Zug nicht vergebens! Araber und Türken wurden bekannt und vertraut mit unserer abendländischen Kultur, und wir lernten eine Kultur der Vergangenheit kennen, — deren sich das Volk Aegyptens schon vor Tausenden von Jahren erfreuete. Die französischen Gelehrten brachten Sammlungen von unbezahlbarem Werthe mit heim; sie hatten Beobachtungen angestellt, welche ein ganz neues Licht über längst vergangene Zeiten und über ein dahingegangenes großes Volk verbreiteten.

Bisher war das alte Kemi ein Buch mit sieben Siegeln verschlossen; jetzt ward es geöffnet. Die Kenntniß der Sitten und Gebräuche des weisesten Volkes des Alterthums, altägyptische Kultur und Geschichte, — Alles ward uns klar. Ein sehr umfangreiches, daher natürlich auch sehr theures Prachtwerk, ausgestattet durch viele vortreffliche Kupfertafeln, ist von den französischen Gelehrten herausgegeben worden. Aus ihm lernte man erst kennen, wie das alte Aegypten dereinst beschaffen gewesen, und welch kostbare Denkmäler vergangener Zeit heute noch daselbst zu finden sind.

Seit jener Zeit wurde das gewonnene Material unablässig durchforscht; und nun eilten Jahr für Jahr andere Gelehrte an die Ufer des Nil, um neue Schätze zu heben; Deutsche, Engländer, Franzosen und Italiener machten sich den Rang streitig, wer am Meisten leiste in der Ergründung ägyptischer Alterthümer; Sammlungen wurden allerwärts angelegt; nicht nur London, Paris, Turin, Rom, Wien, Berlin, Florenz, Leyden, Neapel, — auch Petersburg, Mailand, Prag, Haag, Dresden, Leipzig, Cambridge, Kopenhagen, Frankfurt a. M., Genf u. s. w., selbst New-York haben ihre ägyptischen

Sammlungen. Die Literatur über das alte Kemi ist schon so groß, daß sie
kaum mehr zu übersehen ist. Das große Kupferwerk der französischen Ge=
lehrten ist durch ein anderes, noch prächtigeres eines deutschen Gelehrten, des
trefflichen Lepsius in Berlin, schon weit übertroffen, aber — den Franzosen
bleibt doch das Verdienst, zuerst das Zauberwort gesprochen zu haben: „Se=
sam, thu' dich auf!"

Das Interesse für Kemi ist heutigen Tages so lebhaft, daß man sich
einer näheren Kenntniß jenes Wunderlandes gar nicht mehr verschließen kann.
Wer von den wanderlustigen Engländern das Geld dazu hat, zieht an den
Nil, wie die minder Begüterten den Rhein befahren; deutsche Gelehrte sind
Jahr ein, Jahr aus drüben in den Trümmern der so unendlich großen Vergangen=
heit. Wenn Du hinüber kommst, — in den Ruinen der alten Tempel findest
Du Landsleute; denn auch bei uns ist es schon Mode geworden, daß die Rei=
chen sich nicht mehr mit einem Ausfluge nach der Schweiz, oder nach Italien
begnügen; sie gehen jetzt bis zu den Katarakten des Nil.

Und wer nicht in Wirklichkeit dahin kann, wenn die Schwingen gebunden
sind, — der betrachtet wenigstens ägyptische Ruinen in seinem Stereoskope.
Eine ganze Karavane von französischen Malern und Photographen ist Ende
des Jahres 1861 wieder nach Alexandria aufgebrochen, ihr folgte bald nach=
her der Reise= und Jagdzug des Herzogs von Sachsen=Koburg, sowie der Prinz
von Wales mit seinen Begleitern, um das Wunderland mit eigenen Augen
zu sehen. — Ebenso wahr, wie schön sagt Professor Brugsch:

„Die französische Expedition, glorreicher für die Wissenschaft, als für
die Waffen Frankreichs, eröffnete von Neuem Aegypten und lehrte den Reich=
thum der Denkmäler des höchsten Alterthums kennen, welche das Land des
Nil in unermeßlicher Fülle theils über, theils unter der Erde birgt. Geweckt
vom Donner der Kanonen unter den Pyramiden, erhob sich die Göt=
tin des Nilthales aus ihrem tiefen, tausendjährigen Schlummer."

Rückkehr Bonaparte's.

Das heutige Alexandrien.

# Schluß.

## Blick in die Gegenwart.

Woran ein alter Aegypter sein Land wiedererkennen würde. — Die alte Sprache. — Ein Besuch in den Katakomben. — Antiquitäten-Händler. — Das Leben der Fellah. — Abbo. — Said-Pascha und Mariette. — Reise durch die Denkmäler. — Zeit und Geld. — Der Goldschmuck der Königin Jah-Hotep. — Das Wort eines ägyptischen Priesters.

———❦———

Wenn heute ein alter Aegypter wiederkäme, und wir führten ihn in das Land seiner Väter, in sein Land, und sprächen zu ihm: „Erkennst du es wieder, dein vielgeliebtes, dein herrliches Kemi?" dann würde er verwundert sein ernstes Haupt schütteln, uns staunend anblicken und antworten: „Hier ist nicht Kemi. Mein Kemi war ein prachtvoller Garten, wie es keinen zweiten gab auf Erden. Hier aber ist ja nur Armuth und Dürftigkeit. Und gar dieses Volk! Woher stammt und kommt dies schmutzige Volk? Das sind ja nicht einmal Kuschi." Mit Verachtung würde er sich abwenden, der alte Aegypter, der stolze Rem-en-Kemi.

Wir führen ihn weiter! Dort erscheinen die Minarets der Moscheen Kairo's am Horizonte. „Sonderbare, mir gänzlich fremde Stadt!" murmelt der Alte.

Aber nun wenden wir uns nach Südwesten, wo das Gebirge in eine hundert Fuß hohe Terrasse ausläuft. Da bleibt er plötzlich stehen; sein Auge sieht starr nach Einem Punkte; er zittert, er fällt auf die Kniee, — „Die Pyramiden! Die Pyramiden!" ruft er aus und beuget das Haupt und küßt die heilige Erde.

Ja, die Pyramiden sind das Wahrzeichen, welches dem Fremden sagt, daß er wirklich in Aegypten ist; alles Uebrige ist verwüstet oder liegt in Trümmern. Am Furchtbarsten hausten die Sarazenen. Was die Perser und Griechen übrig gelassen, was römische Wuth und christlicher Fanatismus verschont, — das fiel unter den gewaltigen Streichen dieser Bekenner des Islam. So groß war die Zerstörungssucht dieser Weltenstürmer, daß unter ihren bluttriefenden Händen ganze Städte von der Erde verschwanden. Von der großen, mächtigen Hauptstadt Memfi z. B. steht auch nicht eine Mauer, nicht ein Pfeiler, nicht eine Bildsäule mehr. Die Stätte, wo Moses seine Wunder verrichtet, wo der berühmte Tempel des Ptah gestanden, wo Psametif, Hopra und Jahmes gelebt, ist nur noch kenntlich als ein weites, ödes Feld, hügelig, bedeckt mit unzähligen zerbröckelten Steinen, den Ueberresten der ehemaligen Prachtbauten, Paläste und Tempel der Hauptstadt. Mit den Steinen des zertrümmerten Memfi hat man drüben am östlichen Ufer Kairo gebaut.

Und die alten Einwohner, wo sind sie? Wo sind die Nachkommen des großen Sesoosi?

Als die Sarazenen vor jetzt tausend Jahren das Land eroberten, verschwand das Christenthum wieder und mit ihm die alte Sprache. Der Halbmond trat an die Stelle des Kreuzes und das Arabische an die Stelle des Aegyptischen. Nur wenige widerstandsfähige Muthige flohen mit ihrem Christenthume und ihren kirchlichen Schriften in den fernen Süden und erhielten sich da zwischen den Bergen, bis die Zeiten des Sturmes vorüber waren und — ihre Kindeskinder wieder zum Vorscheine kommen konnten. Das sind die Kopten, die jetzt noch Christen sind und sich als Dolmetscher, Makler, Kommissionäre und dergleichen ihr Brod erwerben. Sie sprechen jetzt auch Arabisch; können kein Wörtlein Aegyptisch mehr; und dennoch sind ihre ägyptischen, mit griechischen Buchstaben geschriebenen Bibeln, und Gebetbücher die Hauptquelle für die Sprachstudien der Aegyptologen. Das Koptische ist nichts Anderes als entstelltes Aegyptisch, mit entstellten griechischen Buchstaben geschrieben. Aber, wie gesagt, die koptischen Priester lesen die Gebete vor, ohne ein Sterbenswörtchen davon zu verstehen.

Bei diesen Kopten ertönen also noch ägyptische Klänge. Sie selbst sind, wie gesagt, Nachkommen jener Bevölkerung, die vor tausend Jahren noch an den Ufern des Nils wohnte, aber sich damals schon mit den Griechen und Römern vermischt hatte. Daher gleichen sie in ihrer Gesichtsbildung auch durchaus nicht den Statuen und Bildern, die wir von alten Aegyptern besitzen.

So ist denn Alles dahin geschwunden, wodurch Kemi groß und berühmt war. Von der altägyptischen Pracht und Herrlichkeit ist Nichts mehr zu sehen.

An den Ufern des heiligen Jaro lebt jetzt ein anderes Volk, das keine Ahnung hat von der hehren Vergangenheit seines Landes, von der hohen Kultur, die schon vor Tausenden von Jahren blühete, dort zwischen den gelben Bergen. Selbst die Todten ruhen nicht mehr in ihren Gräbern!

Wenn du jetzt kommst zu den Bergen im Westen, wenn du die Eingänge aufsuchst, welche die Pforten waren zur Wiedervereinigung mit Amun, dem Unbegreiflichen, — dann siehst du davor sitzen ein schmutziges Fellahweib, und um es her lauern drei, oder vier häßliche Kinder, die — womöglich — noch schmutziger sind, als ihre Mutter. Sie lassen dich eintreten, denn du bist ja ein Fremder, und die Fremden bringen Geld. Sie geben dir auch eine Fackel mit, denn es ist dunkel drinnen in den Bergen, in den unterirdischen Gängen und Sälen. Eines der schmutzigen Kinder begleitet dich.

Vorsichtig gehst du hinein. Schwarzer, kohlenähnlicher Staub bedecket den Boden. Trittst du in das erste Gemach, so findest du dich in Gesellschaft von Schafen und Ziegen. Zwischen ihnen liegt ihr Besitzer, dessen Farbe kaum noch etwas heller ist, als der Staub, auf dem er ruht. Träge hebt er sich empor, aber sein Auge siehst du funkeln bei dem Scheine deiner Fackel, — du wirst ihm ja Geld geben. Es ist aber auch schon Mancher, der hinein gegangen, nicht mehr gesehen worden, — der Todte ruht bei den Todten.

Und der gierige Usurpator dieser Grabeshöhle fährt mit seinen golddurstigen Fingern in sein Gewand und bringt ein paar kleine Figürchen zum Vorschein, — einen Ra, eine Jsi, eine Pascht, — welche er in dem Leibe einer Mumie gefunden hat, oder wenigstens gefunden haben will, und bietet sie dir zum Kaufe an. Der Preis ist hoch, den der Mann fordert; aber es ist zu rathen, daß du dich jeden Falls mit ihm verständigst, denn — — unter der Erde giebt es keine Polizei.

Du willst nicht länger hier verweilen? Du kannst es nicht aushalten bei den Schafen und Ziegen, hier in dieser Luft, gegen welche die Atmosphäre einer Menagerie noch reiner Sauerstoff ist? Gut; der Fellah führt dich weiter hinein durch enge Gänge, durch weite Säle, bald wagerecht, bald schief abwärts tief unter den Boden. Aber sei vorsichtig;. verlasse dich nicht zu ruhig auf deinen Führer; mit eigenen Augen sehen, daß man in keinen Schacht stürzt, ist sicherer; und etwas Mißtrauen schadet hier auch nicht.

Wenn du dem Manne lange genug folgst und ihm ein besonders gutes Trinkgeld versprichst, führt er dich vielleicht an einen Platz, wo noch ein paar Mumien in ihren Särgen zu sehen sind. Viele lassen sich nicht mehr finden. Die Habgier hat schon sehr aufgeräumt. Die Luft ist erstickend hier, tief unter der Erde. Du kehrst um? Du thust wohl daran. — Aber was ist denn dieser schwarze Kohlenstaub, in welchen man oft fußtief einbricht?

Das sind die zertretenen Leiber der Alten; das sind Mumien, welche mit frevelnder Hand zerbröckelt worden sind, damit für die in ihnen verborgenen Kleinodien Geld gelöst werde, und die man dann an den Boden geworfen.

Das sind die zertretenen Leichen der Zeitgenossen eines Chufu, eines Sesoosi, eines Ramessu! Hüte dich, hüte dich, daß nicht ein Funken deiner Fackel in diesen Staub falle; er zündet augenblicklich, und rasch eilt die Flamme weiter in dem Pulverstaube; ehe du es nur denken und fürchten kannst, sind die Gänge mit Feuer gefüllt, und dann — wehe, wehe dir!

Du trittst heraus und athmest tief auf in der frischen Luft. Der Bewohner der Grabeshöhle folgt dir bald nach und bringt eine noch unversehrte Mumie mit, die er in einem benachbarten Stollen geholt. Vor deinen Augen wird die Leiche mit geübter Hand zertrümmert, ausgeleert und — dann in's nahe Feuer gelegt. Mit der Mumie eines alten Aegypters kocht die Fellah-Mutter ihren Kindern den Brei. Die morschen Leichname sind für diese Leute das hauptsächlichste Brennmaterial.

* * *

So sieht es jetzt dort aus! Alles zerstört, Alles verwüstet, Alles in Trümmer! Die ganze Gegend gleicht einem Schlachtfelde, mit Gebeinen und Fetzen von Leichentüchern bedeckt. Die schönsten Särge werden rücksichtslos in Stücke zerschlagen, die Mumien mit der Axt zerhauen, zerrissen, zerwühlt, um einen Edelstein, oder ein Blättchen Gold, womit die Nägel der Finger und Zehen bedeckt sind, oder einen Ring, ein Halsband, oder ein Statuettchen von Bronce zu finden. Denn damit wird ein großer Handel getrieben. In Kairo sind ganze Magazine angefüllt mit solchen Dingen, die um vieles Geld an die Reisenden, namentlich an Engländer, verkauft werden. Aber man fabricirt auch daselbst sehr schöne Alterthümer, wie wir wissen; Töpfe, Schalen, Götterbilder, Aruringe, Halskragen, alles nur Erdenkliche machen geschickte Fabrikarbeiter so täuschend nach, daß es selbst einem Kenner schwer hält, die Täuschung zu entdecken. Fragst du einen Antiquitätenhändler: „Ist Das aber auch echt?" so wird er dir antworten: „Herr, was denken Sie? Es giebt auch Nachgemachtes, freilich; sehen Sie z. B. hier. Aber daß der Käfer echt ist, das sieht man doch auf den ersten Blick, und die Bastsandalen sind ja getragen und abgenutzt. Ich werde Ihnen doch — bei Allah — Nichts für alt verkaufen, was nicht alt ist! Uebrigens will ich es Ihnen schriftlich geben, daß die Dinge echt sind. — Sehen Sie, ich war selbst bei der Ausgrabung. Sie wissen, droben bei Gurnah, wo die alte Hauptstadt Theben gestanden hat, im Thale Biban el Moluk, wo die Königsgräber sind, ist gleich links ein Seitenthal. Von dem zweigt sich ganz hinten ein sehr enges Thälchen wieder nach rechts ab. Dort haben wir vor zwei Monaten den Eingang eines bis dahin unbekannten Grabes entdeckt." Und so weiter. Der Mann müßte sein Geschäft schlecht verstehen, wenn er dich nicht gründlich überführte, daß seine Waaren echt sind. Er beweist dir es sogar durch Zeugen aus der Nachbarschaft. Eine Hand wäscht die andere; morgen steht er wieder Zeuge zu Allem, wozu ihn sein Nachbar verlangt. —

Ja, diese Geschäftsleute sind so verschmitzt, daß sie die Trümmer der durch
die Fellah zerschlagenen Mumien wieder zusammenleimen, neu umwickeln und
als unversehrte Mumien verkaufen.

„Sie finden den Preis zu hoch?" fragt der Kaufmann erstaunt, wenn
du auf seine Forderung nicht sogleich eingehst. „Wissen Sie denn, daß ich
vielleicht für das Doppelte, ja Dreifache Gold und Kleinodien in der Leiche
finden könnte, wenn ich sie nur öffnen wollte? Aber ich mag das nur nicht
thun, weil wohlerhaltene Mumien jetzt sehr selten und sehr gesucht sind."
Kurz, er überzeugt dich, und du kaufst die „wohlerhaltene, unversehrte, noch
mit allen Binden umwickelte" Mumie. Lasse sie so eingewickelt und freue
dich deines Erwerbes; denn wenn du sie untersuchtest, könntest du finden, daß
sie zwei rechte Beine hat, und daß ein großes Loch in der Brust mit Stroh
ausgestopft ist. — Wozu hätte auch Allah die Reisenden geschaffen, wenn man
sie nicht betrügen dürfte? — —

Du suchst die alten Städte am Nil und findest elende Dörfer, die Bewohner in einem entsetzlichen Schmutze; eine Masse beißenden Ungeziefers,
gegen das nur die Haut eines Fellah gefühllos herzuhalten vermag. Das
Volk ist über alle Beschreibung faul, verschmitzt und diebisch. Habe daher ein
wachsames Auge auf Alles, was du mit dir führst; lege Nichts neben dich
auf den Boden; wenn du dem Araber auf die Hände siehst, so stiehlt er mit
den Füßen und vergräbt das Deine in den Sand. Bist du weg, so findet
er's schon wieder.

Die Fellah sind so arm, daß sie nur zweimal im Jahre Fleisch essen,
am Beiram-Feste und am Kurban-Beiram; sonst sind rohe Zwiebeln und ein
schlechtes, über getrocknetem Miste gebackenes Brod Jahr ein, Jahr aus fast
die einzigen Nahrungsmittel der Bauern. Glücklich schätzt sich, wer zuweilen
etwas saure Milch, Käse, Honig oder Datteln haben kann.

Die Wohnungen der Fellah sind nur aus Erde gemacht und gleichen eher
den Höhlen der wilden Thiere, als menschlichen Häusern. Sie sind etwa
acht Fuß hoch und haben vorn eine niedere Oeffnung, durch welche die Familie ein- und auskriechen kann. Fenster giebt es darin nicht. Von verschiedenen Zimmern ist keine Rede; das Ganze ist eine künstliche Erdhöhle,
die man, da sie dieselbe Farbe wie der Boden hat, von der Ferne nur selten
von diesem zu unterscheiden vermag. Einige Töpfe sind der einzige Hausrath
eines Fellah; Bett, Stuhl, Tisch und dergleichen sind ihm sehr entbehrlicher
Luxus. Ein Fellah-Dorf sieht aus wie ein niedriger, unregelmäßiger, zer-
rissener Erdhügel, dessen Seiten von drei bis vier Fuß hohen Löchern durch-
brochen sind.

Welch ein Unterschied zwischen dem früheren weltberühmten Reichthum
der alten Aegypter und der Armuth dieser Elenden, welche nur noch auf
und von den Trümmern einer ehrwürdigen Vergangenheit leben! Das zeigt
sich namentlich in den größeren Orten, welche wirkliche Häuser besitzen.

Wohnung ägyptischer Fellah.

Tritt in eine solche Hütte! — die Treppen gehören zu einer mit Reliefbildern geschmückten, bemalten Tempelwand; der steinerne Tisch ist ein Stück
von dem Palmenkapitäl einer Säule; der Kloß, auf welchem die Frau das
Bißchen Knüppelholz hackt, ist das ehrwürdige Haupt einer Statue der Königin Ramale. — Die Tempelruinen sind zur Hälfte unter Flugsand begraben.
Oben auf das flache Dach des großen Tempels von Atbo, bei dem heutigen
Edfu, wurde nach und nach ein ganzes Dorf gebaut. Was von dem Tempel noch aus dem Sande heraus sah, diente als Damm bei den Ueberschwemmungen. In das Tempeldach, d. h. den Boden ihrer Hütten, brachen die
Bauern Löcher, und da hinein warfen sie ihren Kehricht.

Nur Trümmer und immer wieder Trümmer siehst du noch. Die Obelisken sind umgestürzt, oder in andere Länder ausgeführt, — 22 stehen jetzt
in den verschiedenen Hauptstädten Europa's, — die Bildsäulen sind zerschlagen, den Sphinxen die Köpfe abgehauen; und diese grauenvolle Zerstörung
hat bisher zugenommen von Jahr zu Jahr! Die Europäer sind unermüdlich
im „Annektiren", um in ihre Museen Alles zu führen, was irgend trans-
portabel ist, — hat man doch sogar Gräber ausgebrochen und in Berlin
wieder aufgestellt! Gleich eifrig sind die Eingeborenen im Zerstören und Fort-
schaffen, aber nicht aus Kunstliebe, oder Wissensdrang, wie der Abendländer.

Endlich wurde vor vier Jahren diesem Vandalismus einiger Maßen ein
Ziel gesetzt. Angeregt von den Franzosen faßte der Vice-König von Aegypten,
Saïd Pascha, den Entschluß, zu retten, was von den Alterthümern seines
Landes noch irgend zu retten sei. In Kairo will er im alten Tempelstyle, —
einen Glaspalast errichten, welcher aus einem Vorhof und sieben Sälen
bestehen, deren größter allein 150 Fuß lang und 54 Fuß breit wird.

Hier sollen alle transportabeln Denkmäler, welche sich noch vorfinden, aufgestellt werden; was aber nicht zu transportiren ist, soll vor jeder ferneren Beschädigung geschützt sein. Dem französischen Gelehrten Mariette gab der Pascha zur Ausführung seines Planes unbeschränkte Vollmacht; er konnte jeden Eingeborenen (aber freilich keinen reisenden Engländer), der Etwas zerstören, oder entwenden wollte, sofort einstecken lassen; konnte Hunderte von Arbeitern anstellen und — durfte Geld verbrauchen, so viel er wollte; der Vicekönig trug mit großer Bereitwilligkeit alle Unkosten.

Und Mariette machte von der ihm verliehenen Gewalt und den ihm gewährten Geldmitteln den umfassendsten Gebrauch. Er ließ Sphinxe und Bildsäulen, welche unter dem Sande begraben waren, wieder an das Tageslicht schaffen, Felsengräber öffnen, Tempel, die nur noch mit ihrem obersten Theile aus dem Boden sahen, wieder vollkommen frei legen. Das Dorf auf dem Dache des großen Tempels von Atbo (über 100 Hütten), ließ er abreißen und anderwärts wieder aufbauen. Für das neue Museum in Kairo sammelte er während der Jahre 1858 bis 1861 mehr denn 18,000 Gegenstände an. Im Jahre 1861 ist er, freilich sehr leidend, vor der Hand wieder nach Frankreich zurückgekehrt, um ein umfassendes gelehrtes Werk über seine großen ägyptischen Arbeiten herauszugeben.

Wer heute Aegypten besucht, hat einen ganz anderen Genuß, eine viel reichere Belehrung, als er sie noch vor wenigen Jahren haben konnte. Wo noch vor fünf Jahren nur ein Kapitäl aus dem Flugsande sah, steht jetzt eine ganze Säule da; statt des Daches eines Tempels sieht man jetzt das ganze Gebäude. Freilich, was zerstört, zertrümmert, zerschlagen ist, das ist hin und kann auch nicht wieder ersetzt werden. Aber wer die Reise an die Ufer des Nil unternimmt, wird sich doch reichlich belohnt fühlen für die mancherlei Mühen und kleinen Unannehmlichkeiten, die mit jeder Reise verbunden sind.

In den Katakomben.

20*

Damit du, lieber Leser, aber einigermaßen siehst, welche Masse herr=
licher Ueberreste der grauen Vorzeit du noch dort zu finden hoffen darfst,
haben wir dir hier in Vogelperspektive einen Ueberblick der wichtigsten, noch
erhaltenen Denkmäler der Baukunst beigefügt, wie du sie am Strande des
heiligen Jaro sehen wirst.

Merke aber: du hast hier keine Landkarte, welche die Entfernungen ge=
nau angiebt, sondern ein lebendiges Bild, wie du es sehen würdest, wenn
du dich etwa 100 Stunden jenseit der Südgrenze Aegyptens auf einen hohen
Berg stellen und, nach Norden gewendet, mit Einem Blicke das ganze Nil=
thal bis zum Meere überschauen könntest. Die Breite des Thales ist also
nicht verkürzt, wol aber die Länge, bei der alle Strecken, auf welchen sich
keine Monumente befinden, verschwinden. Die wirklichen Entfernungen sind
in der folgenden Uebersicht angegeben.

Wir haben unser Werk mit einer Reise begonnen; schließen wir es auch
mit einer solchen! Durchfliegen wir noch einmal das Land, welches wir nun
kennen gelernt haben! Wir haben es gesehen in seiner Pracht und Größe
vor dreitausend Jahren, — wir sehen es noch einmal heute in seinen Trümmern!

Etwa siebenzig Stunden südlich von Pilak bildet ein Arm des Nil ähn=
liche Wasserfälle, wie wir sie in der Nähe jener Insel gesehen und Seite 8
bis 10 beschrieben haben. Man nennt sie den zweiten Katarakt des Nil;
auf unserem Bilde sind sie ganz im Vordergrunde dargestellt. Wenn man
sagt: „Der zweite“, so ist dabei von der Mündung des Flusses an gezählt;
denn von oben ist es der neunte. Das Brausen und Tosen hört man eine
halbe Stunde weit. Das Wasser schießt mit Blitzesschnelle dahin, und wenn
noch ein halbes Dutzend rüstiger Ruderer den Lauf des Bootes beschleunigen
hilft, hat der Reisende von Tagesanbruch bis zum Mittage 20 Stunden zu=
rückgelegt, befindet sich wieder in dem Hauptarme des Nil und ist bei Ep=
sambal (Ibsamboul, Abu=Simbel) angekommen. Hier findet er zu beiden
Seiten des von Wüstensand ausgefüllten Thales die beiden Felsentempel, welche
wir mit einander bei einem Feste des großen Gottes Ra besucht haben. (Man
vergleiche unser Tonbild.) Der Sand quillt hier zwischen den Felsen hervor, wie
in der Schweiz die Gletscher zwischen den schneebedeckten Bergen hervorbringen.

Nachdem wir rechts an einer steilen Felswand, auf deren Höhe die
Festung Ibrim (Brim) liegt, vorbei gefahren und nur flüchtig die Eingänge
der vielen Felsengräber beachtet haben, kommen wir an einen herrlichen Pal=
menwald, der sich viele Meilen weit am Ufer hinzieht, und endlich — 30
Stunden von Epsambal — nach Derr (Derri, Deir). Hinter dem Orte
findet sich ein Felsentempel, dessen Eingang durch vier Säulen geziert ist.
Die Vorhalle ist von sechs mächtigen Pfeilern getragen; an den Hauptsaal
schließen sich rechts und links kleine Kammern.

Bei Derr wird die Verbindung der beiden Ufer durch eine Fähre ver=
mittelt. Benutzen wir diese! Wenige Stunden nördlich finden wir auf dem
linken Ufer bei Amada (Amadon) die noch recht wohl erhaltenen Reste eines

80 Fuß langen und 30 Fuß breiten Tempels. An einer aufgesetzten Kuppel sieht man, daß er eine Zeit lang als christliche Kirche diente; auch waren innen die Wände mit Lehm beworfen und mit Heiligen bemalt. Der Bewurf ist aber zum größten Theile wieder abgefallen.

Bei Wady Sebua (Löwenthal, vergleiche Abbildung S. 70) erblicken wir noch eine 30 Fuß breite Sphinx-Allee, die uns besonders deswegen interessant ist, weil wir hier die menschenköpfigen Löwensphinxe sehen. Ihre Länge von dem Barte bis zum Schwanze beträgt 12 Fuß. Ihre Zahl ist sehr groß, aber sie sind fast alle unter dem Flugsande begraben; nur wenige schauen noch daraus hervor. Am Anfange und am Ende der Allee standen je zwei Kolossal-Statuen; die Trümmer des vorderen Paares ragen noch 15 Fuß aus dem Sande hervor; von den hinteren liegen nur noch Stücke umher. Der Tempel selbst ist noch ziemlich gut erhalten, nur zur Hälfte mit Sand gefüllt. — Von den Löwensphinxen hat das Wady (Thal) und der darin liegende Ort den Namen Sebua.

Bei Korti sind die Ruinen des kleinsten, weiterhin bei Dakke (Tuffey) aber die des schönsten ägyptischen Tempels in ganz Nubien (Aethiopien). Auch sind diese letzteren noch in besonders gutem Zustande. Die Pylonen sind über 50 Fuß hoch.

In dem Wady Ghyrsche treffen wir bei Tulzis einen kolossalen Tempel, der halb in den Felsen gehauen, halb davor angebaut ist. Die Bildhauerarbeit ist noch sehr roh, plump; aber Alles riesenhaft. An den großen Statuen, welche als Pfeiler dienen und ganz bemalt sind, sieht man noch hier und da Spuren von Vergoldung. Um zu dem Tempel zu gelangen, hat man sich von Tulzis aus durch die Trümmer einer ganzen Stadt durchzuarbeiten. Wer hier im Sande nachgraben will, kann noch manche schöne Antiquität finden. — Wir kommen nach Dandur (Dendour, Garba Dandour). Hier treten jenseit des Tempels, der sich noch in leidlichem Stande befindet, zum ersten Male aus den Sandsteinbergen einzelne Granitfelsen hervor. Bis Dandur hatten wir rechts und links nur Sandstein; hier aber ist ein deutlicher allmählicher Uebergang, und fünf Stunden weiter, bei Kalabsche (Kalaptsche, Galabsche) sind wir mitten im Granit. Zu beiden Seiten des krystallhellen Flusses grünende, blumenreiche Gefilde, herrliche Akazienwälder, das weite Thal kesselförmig eingeschlossen von den schwärzlichen Felsen, — ein prachtvoller Anblick! Viele Hütten des Dorfes Kalabsche, von welchem das ganze Thal den Namen Wady Kalabsche hat, sind aus Steinen erbaut, die ganz mit Hieroglyphen bedeckt sind. In der Umgegend liegen weit und breit nach allen Seiten hin Trümmer aller Art; in der Mitte des Dorfes ein alter Tempel, welcher ohne Zweifel zur Zeit der höchsten Blüthe ägyptischer Kunst errichtet worden ist. Eine lange Treppenflucht führt von den 110 Fuß hohen Pylonen zu einer festgemauerten und geplatteten Terrasse am Nil. Sie ist noch außerordentlich fest, der Tempel aber sehr zertrümmert. Hingegen sind die Farben der Wandmalereien noch so frisch, als seien sie erst aufgetragen worden.

Eine halbe Stunde weiter, nach Nordwesten zu, kommt man, immer zwischen zerschlagenen Kolossen, zertrümmerten Steinen und Ueberresten aller Art hinschreitend, nach dem kleinen Tempel von Dar-el-Waly (Bert Oualli). Dieser ist deshalb merkwürdig, weil in ihm ein Triumphzug des Sohnes der Sonne abgebildet ist mit vielen Gefangenen und wilden Thieren jeder Gattung (Löwe, Giraffe, Strauß, Gebirgsziege und verschiedene Antilopen). Nicht minder interessant sind die übrigen Darstellungen, zum Theile halb erhaben, zum Theile vertieft, geistvoll aufgefaßt und fehlerfrei gezeichnet.

Von Derr bis Kalabsche sind 45 Stunden; wir haben also von dem zweiten Katarakt an schon einen Weg von 95 Stunden zurückgelegt. Noch fünf Stunden nördlicher liegt, ebenfalls auf dem linken Ufer, Tafa (Teffa). Südlich von diesem Dorfe treten die Granitfelsen so weit hervor, daß sie von dem Wasser des Flusses bespült werden; die Bewohner von Tafa können also nur über die Berge hin oder zu Schiffe nach Kalabsche kommen; es giebt keinen Pfad längs des Niles. In dem Orte selbst sind die Ruinen eines kleinen Tempels; in den westlichen Bergen finden wir noch zwei Felsentempel. — Hier verschwindet der Granit wieder, und abermals sind die steilen Thalwände auf beiden Ufern Sandstein. Das Thal selbst aber erweitert sich und ist ganz und gar mit Erinnerungen an die Herrschaft der Aegypter bedeckt. Da sehen wir Ueberreste fester Lager mit zehn Fuß dicken Mauern, — Steinbrüche, — Trümmer von Kolossen, — Ruinen von Tempeln, — vier Stunden stromabwärts bei Kardassy (Gartaas) noch ein 30 Fuß breites und 36 Fuß langes Stück einer zerstörten Säulenhalle. Nun betreten wir die Granitregion, die uns nicht verläßt bis Suan. 15 Stunden nördlich von Kardassy ist die ägyptische Grenze. Der zweite Katarakt ist 70 Stunden südlich von dieser Grenze; der Weg zu Wasser aber beträgt 120 Stunden.

Jetzt sind wir wieder in bekannten Gegenden. Da kommt die Insel Pilak, von den Arabern Djeziret el Birbe, d. i. Insel der Tempel, genannt (s. Seite 7 und 8). Hinter ihr durch die Wasserfälle und die Stromschnelle Schellal (s. Seite 8 bis 10) gelangen wir am Ende des Granitgebirges nach Assuan mit den großen Steinbrüchen und Mauerüberresten des alten Suan (Syene). Hier liegt im Nile die Djeziret el Sag, d. i. Blumeninsel, bekannter unter dem Namen Elephantine, mit den Trümmern einer Stadt und den Ruinen zweier Tempel.

Neun Stunden weiter liegt auf dem rechten Ufer Ombu bei dem Kum (Berg) Ombu. Es ist ein armseliges Dorf, in dessen Nähe sich aber die Ueberreste eines großen und eines kleinen Tempels der alten Stadt Ombo befinden, beide aus feinstem Sandsteine. Der größere ist besonders dadurch merkwürdig, daß er durch eine dicke Mauer, welche ihn seiner ganzen Länge nach durchzieht, in zwei symmetrische Hälften getheilt ist. Nichts Aehnliches kommt in dem Nilthale mehr vor. — Wir kommen an den ersten Engpaß, Hadjar Silsilis, wo die alten berühmten Steinbrüche von Silili sind (s. Seite 14 bis 16).

Die Steinbrüche von Silsili mit altägyptischem Schiffe.

In diesem Engpasse wird die Fahrt oft durch heftige von Norden kom-
mende Windstöße aufgehalten; hat man ihn hinter sich, dann geht es munter
voran, bis links bei dem Dorfe Edfu die mächtigen Pylonen des alten Tempels
von Atbo gleich Kirchthürmen gen Himmel ragen (Seite 16). Die Fellah
nennen den Tempel Kalla, d. h. Citadelle, weil er die ganze Gegend be-
herrscht. Hier giebt es Viel zu thun für Den, der Säulen, Wandgemälde
und dergleichen studiren will! — Drei Stunden weiter liegt auf dem rechten Ufer El Kab. Hier finden wir außer interessanten Tempelresten und
sehr schönen Felsgrotten noch zwei Umwallungen, welche ohne Zweifel in alter
Zeit als Festungswerke zum Schutze gedient haben. Die vier Seiten der
einen sind zusammen etwa 8000 Fuß lang; die Höhe der Mauer beträgt 27,
die Dicke 35 Fuß. In dieser einen Umwallung hätte allein eine Stadt von
mehr als 10,000 Menschen stehen können. — An dem Querthale nach dem
rothen Meere vorbei, gelangen wir nach Esne, — auf dem linken Ufer, —
dem Sna der alten Aegypter. Hier steht noch ein zwar sehr zerstörter aber
doch überaus prächtiger Tempel mit Säulen, 33 Fuß hoch und 5 Fuß dick.
Mehr als 45,000 Quadratfuß der Tempelwände sind mit erhabenen Bildern
und Hieroglyphen bedeckt. — Eine Stunde nördlich davon findet sich noch ein
kleinerer Tempel. — Die Griechen gaben der Stadt Sna nach ihrer Weise

einen griechischen Namen und nannten sie Latopolis. Gegenüber, am östlichen Ufer, lag Contra-Latopolis, Contralato. Die Trümmer eines kleinen
Tempels, welcher durch Feuer zerstört zu sein scheint, erinnern an Kabuija,
der bei seinen Verwüstungen auch dieses Element zu Hülfe nahm. — Wieder
links finden wir bei Armont (an der Stelle des ehemaligen Erment) einen
Tempel, an welchem noch ein großes, mit Quadersteinen ausgemauertes Bassin
zu sehen ist. Der Tempel mit diesem Weiher, der an jeder Seite 80 Fuß
mißt, ist mit einem großen Mauerwall umschlossen, wie wir deren zwei bei
El Kab gesehen haben. Neben dem Tempel liegt eine christliche Kirche. Sie
ist aus Trümmern der alten verschwundenen Stadt Erment aufgebaut. Die
aufeinandergesetzten Steine zeigen bunt durcheinander gewürfelte Bilder und
Hieroglyphen in den verschiedensten Richtungen. Auf dem einen Steine stehen
die Köpfe der Figuren nach oben, auf dem andern nach unten, auf dem
dritten nach der Seite, — der Baumeister hat die Steine geschichtet, wie es
gerade der Zufall gewollt hat. Und diese aus Trümmern errichtete Kirche ist
jetzt noch weit mehr zertrümmert, als der daneben stehende alte Tempel! —
Von dem Dache des Tempels aus kann man in der Ferne die Ueberreste der
alten Hauptstadt Tape (Theben) erblicken. An der Stelle der ehemaligen
großen Königsstadt liegen jetzt nicht weniger als neun Dörfer; links, vom
Süden anfangend: El Akalteh, Abu-Hamud, El Bairat, Medinet-
Abu und am nördlichen Ende Gurnah; rechts Luxor (ein ansehnlicher Ort
mit etwa 3000 Einwohnern), Kafr, Karnak und Med-a-Mud.

Welcher Reichthum von Denkmälern! Bei El Akalteh ein 6000 Fuß
langer und 3000 Fuß breiter ummauerter Platz zu Wettrennen. Anderthalb
Stunden braucht man, um nur ein einziges Mal um die Mauer zu gehen! —
Bei Medinet (d. h. Stadt) Abu stehen noch zwei Stockwerke eines Riesen-
palastes. Welche Menge von Trümmern rund umher! Ueberall zerbrochene
Säulen, Sphinxe, Kolosse, Obelisken! Da stehen auch noch (nordöstlich von
Abu) die 60 Fuß hohen sogenannten Memnons-Bildsäulen, Statuen
des Königs Amenhotep III. (siehe Seite 73). Weiterhin ein gigantischer Prachtbau, das Grabmal des Königs Ramses II., Os-ma-n-Ptah
(des Vielgeliebten des Ptah), von uns Osymandias genannt. Dann
kommt das sogenannte Rhamesseum, ein Palast des Königs Ramses, dessen
zertrümmertes granitenes Standbild, 35 Fuß hoch, umgestürzt noch in dem
vorderen Hofe liegt. Von Schulter zu Schulter mißt die Statue 21 Fuß.
Sie ist so kolossal, daß man sich in einige Entfernung stellen muß, um ihre
Gestalt zu erkennen. Ganz im Norden bei Gurnah wieder ein Palast und
die herrlichsten Galerien, Zimmer und Säle in den Fels gehauen! Gegenüber auf dem östlichsten Ufer der kolossale Tempel bei Karnak (siehe Seite
84 bis 86), und von da eine Allee von ein Tausend sechs Hundert
Sphinxen eine halbe Stunde weit nach Luxor (Luksor, siehe Seite 19).

Drüben in den westlichen Bergen, 300 bis 400 Fuß hoch, mit
vorspringenden, terrassenförmigen Anhöhen, sieht man unzählige Löcher.

Wüstenpost von Kairo nach Suez.

Es sind Eingänge zu den Gräbern. Südwestlich von Gurnah zieht sich eine Felsschlucht in die lybischen Berge, welche zu den Königsgräbern führt; das ist das Thal Biban-el-Moluk (Seite 114). —

Etwa 15 bis 20 Stunden weiter liegen die Trümmer des alten Tenthori in und bei dem heutigen Dorfe Denderah. Die Ueberreste der zerstörten Stadt bedecken einen Raum von einer halben Stunde in die Länge und einer Viertelstunde Breite. Ein großer und ein kleiner Tempel sind die letzten Denkmäler von Bedeutung. Was jetzt noch folgt (— die Pyramiden abgerechnet —), ist nicht mehr viel. In dem mittleren und nördlichen Aegypten haben die Feinde Alles zu gründlich zerstört. — Acht bis neun Meilen weiter zweigt sich links der große Kanal ab (Seite 24), welchen die Araber Bahr Jusef nennen.

Nun kommen die Tage der Ruhe für den Reisenden. Er kann behaglich in seiner Barke sitzen und die üppigen Ufer an seinen Blicken vorüberfliegen lassen; denn erst etwa 100 Stunden weiter ist er gezwungen, wieder auszusteigen. Hier ist das Dorf Achmouneyn auf den Trümmern des alten Schmun (Hermopolis magna) erbaut; hier steht auch noch ein Tempel, der aber, da er aus Kalkstein aufgeführt worden, sehr zerfallen ist. Jedoch geben selbst diese Reste noch ein lebendiges Bild ehemaliger Größe und Herrlichkeit.

Abermals steigen wir aus bei Benisueff und wandern an der Seite des Kanales hin, der uns zu dem Bahr Jusef führt. Noch ein Stückchen weiter nördlich geht von diesem ein anderer Kanal westlich durch das Gebirge und geleitet uns in das Thal El Fayum (siehe Seite 24 bis 27, und die Karte Seite 308). An dem Dorfe El Lahun vorbei, kommen wir zu den Trümmerhaufen der ersten Pyramide, des Labyrinthes und der zweiten Pyramide (auf unserer Karte roth bezeichnet; das Gelbe stellt den Kalkfels, das Grüne angebautes Land dar; rechts im Thale der Nil, links der Bar el Jusef). Am höchsten Punkte des Thales liegt an der Stelle des alten Piom jetzt Medinet el Fayoum (auf der Karte ebenfalls roth). Der See, welcher lange nicht mehr die frühere Größe hat, heißt Birket el Kerun.

Zehn Stunden nördlicher kommt die Region der Pyramiden. Bei Mitraheni verlassen wir unser Boot, besteigen ein paar kräftige Esel und reiten zur Stufenpyramide bei Sakkarah. In der Nähe sind noch neun kleinere Pyramiden und die Gräber der Apisstiere (Hapi). Haben wir auch diese gesehen, so gehen wir wieder zu Schiffe, an Altkairo (rechts) und El Gizeh (links) vorbei nach der Insel Bulak und der dabei liegenden gleichnamigen Vorstadt Kairo's. Wir besuchen nicht alle 43 Pyramiden; den drei größten widmen wir einen besonderen Ausflug von Kairo über Gizeh (siehe Seite 29 und Seite 88 bis 100). — Von Kairo aus bringt uns ein Eisenbahnzug mit Windesschnelle nach Alexandria zurück, und die Reise ist vollendet.

———

Du fragst wol: „Aber wieviel Zeit und Geld kostet eine solche Reise?" und diese Frage ist sehr natürlich. Die Fahrt von Triest nach Alexandria kostet 8 Tage und 120 Gulden. Drei Tage Aufenthalt in Alexandria und Eisenbahnfahrt nach Kairo, die in einigen Stunden gemacht ist, 60 Gulden. Vierzehn Tage in Kairo kosten 80 Gulden. Die Nilreise von da bis zum zweiten Katarakt und wieder zurück beansprucht mit einem Ruderboote 2 Monate Zeit und 400 Gulden Geldaufwand. Dabei ist gerechnet eine in's Einzelne gehende Betrachtung der Monumente, wie sie der gebildete Laie vornehmen wird, aber allerdings kein Studiren der Wandgemälde und Hieroglypheninschriften, wie es sich der Mann von Fach vielleicht angelegen sein lassen wird. Benutzt man statt der Ruderbarke das Dampfboot, so können 4, auch 5 Wochen Zeit gespart werden; in den Ausgaben macht es keinen nennenswerthen Unterschied.

Die Reise kann also von Triest aus und wieder dahin zurück für etwa 800 Gulden oder 460 Thaler in einem Vierteljahre, oder auch (mit Benutzung der Nildampfschiffe) in zwei Monaten gemacht werden. — — —

So sieht es jetzt noch aus an Jaro's Strand; aber so bleibt es nicht. Wer kann alle die Denkmäler überwachen? Wer kann das rohe, zerstörungssüchtige Volk vollständig im Zaume halten? Wer kann jeden europäischen Antiquitäten-Jäger beaufsichtigen? Gerade jetzt ist die Liebhaberei an Alterthümern wieder sehr groß. Auf der Londoner Industrie-Ausstellung dieses Jahres war vielleicht die größte Merkwürdigkeit ein 3600 Jahre alter Goldschmuck der ägyptischen Königin Jah-Hotep. Vor drei Jahren fand Mariette bei Gurnah ein bis dahin noch unentdecktes oder unbeachtetes Königsgrab. Er öffnete es, und siehe, es enthielt die Leiche der genannten Königin. Die Mumie war mit kostbarem Gold- und Silberschmucke bedeckt. Letzterer ist besonders interessant, da die alten Bewohner Kemi's wenig Silber trugen. Die Hauptstücke sind ein prachtvolles Diadem von gediegenem Golde, mit Edelsteinen besetzt, von dessen Rückseite sich eine Zunge, oder ein Bogen über das Haupt der Trägerin erhebt, anscheinend das Haar zu theilen, welches durch das Stirnband auf die Schultern niederfiel. Dann ein goldener Halskragen mit goldenen Gehängen. In dem Sarge stand auch noch ein äußerst niebliches, auf vier Rädern gehendes silbernes Schiffchen. Auf zwölf Bänkchen sitzen zwölf kleine silberne Ruderknechte; der Steuermann und der Schiffsoffizier, welcher die Mannschaft beaufsichtigt und den Ruderern den Takt angiebt, sind von Gold. In der Mitte sitzt auf einem besonderen Bänkchen die Königin Jah-Hotep selbst.

Der Eifer, ägyptische Alterthümer zu sammeln, ist kaum zu irgend einer Zeit größer gewesen, als heutigen Tages. Seite 69 dieses Werkes sind die „Nadeln der Kleopatra" abgebildet, und es ist von ihnen erzählt, daß die eine, noch stehende Obelisk schon seit einem Menschenalter an die Franzosen, der andere, umgestürzte seit ebensolange an England verschenkt ist. Ein Jahrzehnt nach dem anderen verging, und Niemand machte Miene, die kostbaren,

aber etwas schweren und unhandlichen Geschenke heim zu holen. Ganz kürz-
lich (1862) erst haben die Engländer ihren Obelisken, der bereits vollständig vom Flugsande bedeckt und unsichtbar geworden war, aus dem Sande
wieder ausgegraben, haben sich das unschätzbare Geschenk, welches sie nun
schon so lange besitzen, zum ersten Male ordentlich angesehen und überlegen
jetzt, ob und wie sie es nach Hause bringen sollen.

So verringert sich jedes Jahr die Zahl der Denkmäler in Aegypten.

Bis jetzt hat nur Eines der Zerstörungswuth der Menschen getrotzt, —
das sind die himmelanstrebenden Pyramiden. Sie stehen noch hoch und erhaben in ihrer Majestät; allem Eifer und aller Mühe spottend, schauen sie
stolz auf die sie umgebende Trümmerwelt nieder. Darum sagen die heutigen
Bewohner des Nilthales auch mit einer gewissen ehrfurchtsvollen Bewunderung:
„Alles fürchtet sich vor der Zeit, aber die Zeit fürchtet sich vor
den Pyramiden."

Zwar sind auch an ihnen die Folgen der Zerstörung schon sichtbar genug; zwar ist ihre frühere seltsame und erhabene Schönheit dahin; aber sie
sind doch noch! Und wenn noch tausend Jahre um sind, und das letzte
Mäuerlein der alten Tempel ist zertrümmert, und die letzte Säule ist zerschlagen; wenn keine Tempelhalle und kein Obelisk, keine Sphinx und kein
Osiribild mehr zu sehen ist; wenn unsere Nachkommen alle diese Wunder
nur noch in unseren Kupferwerken erschauen können: dann werden die Pyramiden noch stehen und dem Wanderer, welcher dorthin pilgert, sagen: „Ja,
du bist im alten Kemi! Das ist heiliger Boden, auf dem du stehst, und hier
sind wir noch, wir, die ägyptischen Pyramiden!" — Durch Menschen werden
die Pyramiden nie zerstört werden; aber den Einwirkungen der Zeit können
sie nicht widerstehen. Viertausend Jahre haben sie gestanden, sie können noch
viertausend Jahre stehen; aber fallen müssen sie doch endlich, wie alles Ent-
standene. Wenn sich eines der alten Felsengräber öffnete und langsam, feierlichen Schrittes träte ein ehrwürdiger Priester Kemi's daraus hervor, der
würde in seiner Weise sprechen: „Alles Gewordene vergeht. Der alte Gott
Sebek (die unendliche Zeit) lebt noch, und Nichts ist, das seiner Macht
widerstände! Tausend mal tausend Jahre sind vor ihm nur ein Augenblick;
Alles, was geschaffen ist, vernichtet er, Alles muß fallen vor ihm, das Ent-
standene muß vergehen, — ewig sind nur Sebek und Pascht, Nef und
Net, die Unerschaffenen; ewig ist nur Amun, der Viereinige." — Er ist
und bleibt, wenn Sebek längst den Spruch vergessen gemacht hat:

„Alles fürchtet sich vor der Zeit;
aber die Zeit fürchtet sich vor den Pyramiden."

Ende.

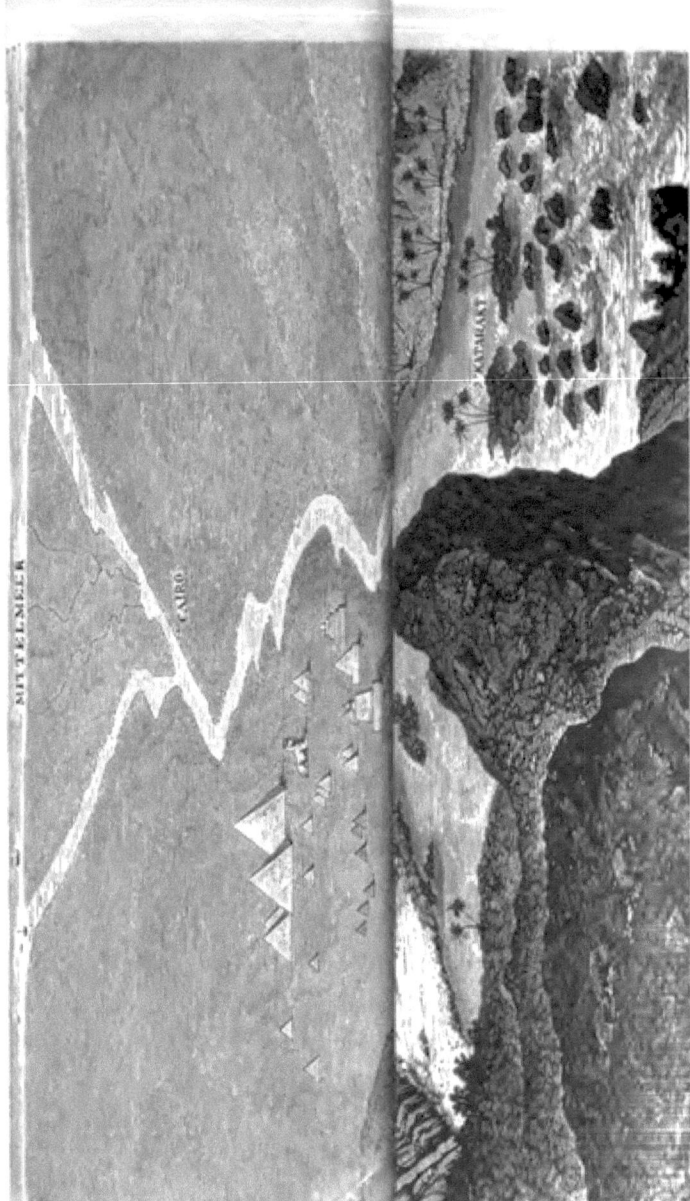